【北京社科名家文库】

沉浸于求索之中

BEIJING SHEKE MINGJIA WENKU

陶西平自选集

陶西平◎著

首都师范大学出版社
CAPITAL NORMAL UNIVERSITY PRESS

图书在版编目(CIP)数据

沉浸于求索之中:陶西平自选集/陶西平著. —北京:首都师范大学出版社,2013.12(2022.4重印)
(北京社科名家文库)
ISBN 978-7-5656-1749-2

Ⅰ.①沉… Ⅱ.①陶… Ⅲ.①教育学—文集 Ⅳ.G40-53

中国版本图书馆CIP数据核字(2013)第308490号

北京社科名家文库
CHENJIN YU QIUSUO ZHIZHONG
沉浸于求索之中
陶西平自选集
陶西平 著

项目统筹:杨林玉　　责任编辑:佟 旭
责任设计:王征发　　封面绘画:王征发
责任校对:李佳艺　　责任印制:李 然
首都师范大学出版社出版发行
地　址　北京西三环北路105号
邮　编　100048
电　话　68418523(总编室)　68982468(发行部)
网　址　http://cnupn.cnu.edu.cn
印　刷　三河市博文印刷有限公司
经　销　全国新华书店
版　次　2014年3月第1版
印　次　2022年4月第9次印刷
开　本　710mm×1 000mm　1/16
印　张　37.75　　插　页　2
字　数　447千
定　价　88.00元

出版说明

1978年，中国改革开放的元年。自那一年开始，中国已经走过了波澜壮阔的30年。这是伟大的30年，是改变中国的30年，是震惊世界的30年，也是哲学社会科学蓬勃发展的30年。

在哲学社会科学这30年的辉煌成就里，浸透着为新中国哲学社会科学奠基的老一辈专家呕心沥血的求索，也镌循着寻着他们足迹的后来者追求真理的步伐。“学之大者，国之重器”。我们有责任将这些“大者”潜心研究的成果，重新编辑出版以飨读者。为此，北京市社会科学界联合会和首都师范大学出版社将这一套《北京社科名家文库》奉献给读者。她以自选集的体例形式，每年推出一批，争取在几年内达到百种以上。《北京社科名家文库》将系统展示当代哲学社会科学名家学者30年来的学思精华，展示他们的学术探索历程和风采。同时，为使这套《北京社科名家文库》更加丰富，编委会决定在首都师范大学出版社已出版的《当代著名学者自选集》中挑选符合体例的图书，编辑成《北京社科名家文库·纪念辑》，这将更完整地反映北京学人在学术风范和学术使命上的历史延续。

我们相信，《北京社科名家文库》将能够成为具有文化传承价值的经典性大型出版工程，成为集中展示首都哲学社会科学重要成果的一个窗口。由于我们水平所限，定有不足之处，希望读者和同仁给予批评指正。

编　委　会

2009年11月

陶西平先生

目录

北京社科名家文库

北京社科
名家文库

难忘的教育生涯

那是57年前，我从大学的课堂踏进中学的教室，给孩子们上了我平生的第一节课。那是一节历史课，我记得是讲三国的历史，为了讲得生动，我还专门准备了草船借箭的故事。结果，不到20分钟备课的内容就讲完了，我站在讲台上不知还要干些什么。我就是这样尴尬地开始了我的教育生涯，那时，我刚二十出头，并不懂得教育的真正意义。

如今，我教过的第一个班的学生，都已年过七十，我还常会和白发苍苍的她们聚在一起，当她们深情地谈起当年那段学习经历对她们一生的影响的时候，我才更深地懂得了这就是教育。

我虽然在相当长的时间里担任公务员，但我始终把自己当成教育工作者，别的朋友也把我看成是教育人，这可能就是我一生中最引以为自豪的一件事。

是我的教育工作经历在我的心中铸下了深深的教育情结。我曾经在小学和中学工作过三十年，教过语文、数学、外语、历史、地理、政治，担任过班主任、教导主任、校长。我担任中学校长的时候，也还兼着高三的语文课。当我被调任北京市教育局局长的时候，我上完了一生中在中学的最后一节课，第二天去教育局报到。

后来，我先后担任了北京市教育局局长，主管教育工作的北京市市长助理兼教育局长，分管教育科学文化的北京市人大常委会副主任，1995年担任联合国教科文组织协会世界联合会副主席。同时先后担任七届全国人大内务司法委员会青少年专门小组副组长，八届、九届全国人大教科文卫委员会委员，中国教育国际交流协会副会长，中国教育学会副会长，中国职教学会副会长，中国民办教育协会会长，北京市社会科学界联合会主席。现在还在担任国家教育咨询委员会委员，教育部总督学顾问，联合国教科文组织协会世界联合会副主席，中国民办教育协会名誉会长，中国教育学会副会长和北京市社会科学界联合会名誉主席。

即使身份变成了公务员，我也一直没有离开教育，只不过从教育工作的办学者，变成了教育工作的管理者和研究者。

多年来，我主要工作和研究的领域是基础教育，重点研究方向是基础教育整体改革的理论与实践，以整体优化思想为指导探讨基础教育良性发展的教育思想、教育方式和管理方式，推进基础教育的整体改革。在学校管理与教育评价研究方面，先后进行了学校管理体制改革的理论与实践研究，教育评价的理论与实践研究，区域教育现代化的理论和实践研究，教育公平与义务教育均衡发展研究。在全面推进素质教育的理论与实践研究方面，先后进行了借鉴多元智能理论、开发学生潜能的实践研究，中学德育研究，可持续发展教育的理论与实践研究和家庭教育研究。此外，还进行了职业教育研究和民办教育研究。但现在看来，我的认识虽然在逐步加深，但总体上还是很肤浅的。

这本文集选编了从20世纪80年代中期改革开放后，我担任北京市教育行政领导工作以来，发表过的有关教育问题的文章和在一些关于教育问题的会议上的讲话，时间的跨度将近25年。

二十多年在教育发展的历史长河中不过是一瞬间，但是这二十多年的教育改革与发展，气势之磅礴，成就之辉煌是历史上少有的。建设中国特色社会主义的教育，和整个中国特色社会主义事业一样，是摆在中国人民面前的新的课题。因此，每前进一步都会遇到新的挑战，而迎接了一次挑战，也就为迈出下一步铺下了一块牢固的阶石。教育就是这样，永远充满着无穷的困惑，又永远充满着无穷的魅力。

我从20世纪50年代开始从事基础教育工作，经历了新中国教育的几乎整个求索历程。无数坚忍不拔的教育工作者，在党的领导下，在一条坎坷的创新道路上前进。他们善于发现问题，也善于提出解决所发现的问题的办法，因此，教育始终在不断进行改革之中，也始终不断取得创新的成果。教育创新已经成为教育事业发展的不竭的动力。

但在推进教育改革的过程中，也会在注意一种倾向的时候忽视了掩盖着的另一种倾向，这样就造成了今天的改革方向，明天却可能变成改革的对象。

20世纪80年代初期，我读到了巴班斯基关于教学过程整体优化的文章，他的追求教学工作的质量和效益的统一，亦即教学过程整体优化的思想，给我很大启发。我想我们的教育事业不就是充满着提高全民素质与培养优秀人才的统一，积极发展与均衡发展的统一，继承传统与推陈出新的统一，规模与质量的统一，投入与效益的统一，全面发展与因材施教的统一，知识与能力的统一等诸多理想的追求，从而要求实现整体优化吗？

我想到企业界流传着的一个“穿越玉米地”的故事。那是说，有一些人进行穿越玉米地的比赛。比赛的要求是看谁穿越得最快，看谁在穿越的过程中掰下的玉米最多，还要看谁被玉米叶划破的伤口最少。那就是要求所有的参赛者都要兼顾速度、效益和安全。

于是，我开始感到，教育改革当然是针对教育的偏颇，但最终不只是为了这种偏颇的消失，还要尽力防止新的偏颇的出现。教育是一个系统工程，它是由若干个相互联系而又相互制约的因素组成的系统，这些因素的矛盾运动促成了教育的发展。教育改革的过程正是不断推动这些相关因素由不和谐达到和谐的连续过程。

这也使我进一步加深了对党在社会主义现代化建设事业进程中始终高度重视改革、发展与稳定的关系，在推进教育事业发展进程中始终坚持全面发展的教育方针的理解。于是实现整体优化的思想逐渐地成为我思考教育问题和参与教育实践的哲学基础，并指导着我对教育整体改革的探索。

教育整体改革就是要使改革的阶段性目标服从于教育事业的长远目标，教育改革的局部目标服从于教育事业的整体目标，通过教育事业诸多环节的变革实现教育事业朝着既定目标的整体变革。当然，整体改革的协调性并不影响改革的坚定性，整体改革的全面推进也并不影响改革的重点突破，关键在于把握住各项改革的进程必须始终明确它的归宿。

20 世纪 80 年代中期以后，我在教育行政岗位上参与了北京市有关整体改革的宏观思考与实践。这本书所编选的文章有一些是那时对教育改革和发展的认识和所制定的方针与政策，从一个侧面反映了那个阶段教育改革的脉搏和脉络，以及留下的问题与思考。

建立和谐社会，是为了实现多年来志士仁人所追求的理想，也是顺应了发生巨大变化的时代潮流。随着我国新的社会利益格局的形成，社会阶层和利益群体呈现复杂和多样化的态势，不同社会阶层和利益群体之间的存在、矛盾和冲突，引发了一系列社会问题。应对复杂格局、理顺社会关系、构建和谐氛围就成为当前社会主义现代化建设面临的理论和实践的重大课题。

和谐的教育既是和谐社会的子系统，又是建设和谐社会的基础工程。和谐的教育应当体现在为人人各尽所能、各得其所创造良好的条件，提供公平的机会；体现在为不同社会阶层和利益群体之间的流动拓宽渠道；体现在将以人为本的科学发展观、建立和谐社会的理念作为指导思想，使学校教育在和谐中求得发展，在发展中创造和谐。

基础教育的和谐发展是向公民提供均等发展机会的重要条件，而在义务教育阶段以政府办学为主体的多元化格局的形成，是满足不同类型人群需要的必要举措，因此，进一步推进基础教育，特别是西部地区、农村地区、边远山区和少数民族地区公共教育事业的发展，特别关注贫困家庭、流动人口子女的入学问题，是促进教育和谐的重要任务。而大力支持民办教育的发展，鼓励民办教育形成适应多种需求的办学特色，则是完成办学体制格局的不可或缺的组成部分。提供公平的就读机会就是提供公平的开发个人潜能的机会，也就是提供公平的发展机会。而公平的发展机会是社会活力与和谐、稳定的源泉。

从全民学习、终身学习作为一种新的教育制度理念的提出，到学习化社会作为一种社会形态理念的提出，都突出了在我们所处的时代学习对发展的重大作用。不同社会阶层和利益群体之间的和谐相处，需要利益的合理协调，需要通过沟通增强理解，更需要有相互流动的通道。一旦不同的利益群体形成凝固的格局，则矛盾和冲突就必然会加剧。而最重要的流通通道之一就是终身学习体制的建立。每个人都有继续学习的机会，每个人就都有通过继续学习获得新的发展的机会。因此，教育，特别是终身教育体系的建立，对社会的和谐有着极为重要的催化和转化功能。我们必须改变对继续教育的种种偏见，进一步加大建立终身教育体制力度。

20世纪70年代终身教育理念的倡导，80年代信息技术在教育领域的应用，90年代我国加入WTO，对我国教育都产生了重大影响。新世纪之初，以人为本的科学发展观的提出，也同样将对推动我国现代教育发展产生深远影响。全面、协调和可持续发展的科学发展观，是推动和谐社会建立的重要理论基础，也是教育改革与发展的重要指导思想。学校教育只有坚持全面、协调和可持续发展，才能促进学校的和谐。和谐的学校教育应当是重视全体学生全面素质提高的教育，不应当只重视一部分学生发展而忽视另一部分学生的发展，不应当只重视学生考试成绩的提高而忽视学生素质水平的提高，也不应当只重视学生共性的教育而忽视学生个性的教育。和谐的学校应当是公平的、民主的教育。通过树立干部与教师的以人为本的服务意识，营造干群之间的和谐，教师之间的和谐，师生之间的和谐，以及学生之间的和谐，形成学校公平与民主的体制架构与团结合作的文化氛围。和谐的学校教育应当是开放的、社会广泛参与的教育。通过形成家长、社区和社会的广泛参与，使学校教育把为社会的发展服务与为人的发展服务紧密地结合起来，并在取得家长、社区和社会理解的同时，自觉地置身于其监督之下。

教育战线应当自觉地肩负起为全体人民各尽其能、各得其所而又和谐相处所必须承担的历史责任，让教育更加和谐，从而使教育成为和谐社会的有力支柱。这本文集的一些文章，是在我不直接担任教育行政领导工作以后，站在立法机关和学术团体成员的角度，对推进教育和谐发展的思考和政策建议。

一般认为，“教育”两个字来源于《孟子·尽心上》，“得天下英才而教育之，三乐也”。《说文解字》解释，“教，上所施，下所效也”，“育，养子使作善也”。但是现代意义的用汉字表示的“教育”一词是怎样出现的呢？前些年，日本教育学会前会长大田尧先生在清华大学举办的素质教育论坛上说，中国使用的不少西方词语都是引入的日本的译法，现在中国的常用词中大约有五百多个都是如此。大田尧认为，许多词翻译得很好，而翻译的最不好的词语之一就是“教育”。我们现在讲，凡是增进人的知识技能、影响人的思想品德的活动都叫教育，这是一个非常广义的教育概念。狭义的教育是指学校教育，是根据一定社会的要求，有目的、有计划、有组织地对受教育者的身心施加影响，把他们培养成一定社会所需要的人的活动。大田尧先生对通常的学校教育概念提出了质疑，甚至是很明确的否定。他认为，根本不可能通过对受教育者施加影响而把他们培养成为你所需要的人，原因在于人总是按照他自身的个性来发展的。因此，他说“教育”这个词翻译得不好。我想这是对教育根本价值的争议。

从教育的发展过程来看，最早的教育论述都是蕴含在政治、伦理思想中的。中国的孔子、孟子、朱熹等教育家的教育观点体现在他们的政治观点和伦理观点，特别是伦理观点之中。古希腊也是如此，从苏格拉底到他的学生柏拉图，再到柏拉图的学生亚里士多德等，他们关于教育的思想也是蕴含在他们的政治思想和伦理思想当中的。所以，单独的、成为体系的，特别是成为科学体系的教育学说，在世界古代和中国古代应该说都没有。

一般认为，从17世纪初到19世纪中叶，教育学科开始成为独立的学科，开始形成独立的教育学。我们通常认为，17世纪夸美纽斯的《大教学论》和19世纪赫尔巴特的《普通教育学》从教育的目的、功能，到教育的组织体系，比较系统地对教育作出论述，教育学开始成为一个系统的、独立的学科。到了19世纪末20世纪初，教育学自身不仅形成了一个学科，而且开始和其他学科产生了交融，其他学科也介入了教育学科的研究。教育学科在研究过程中不断分化，产生了许多教育学的分支，像教育哲学、教育社会学、教育史、教育心理学、教育统计学、教育经济学等等。教育和其他的学科交融越多，教育学的分支也就越多，这是科学发展的规律。但教育的悲剧可能也正在这里，越分越细，最终缺乏统一的、系统的思考。

教育本身是个人发展和社会生活延续的手段。教育和生产力、生产关系、政治制度、社会意识形态、各种社会实践都有非常密切的关系，而且还要受人自身的身心发展规律的制约。所以，教育学的发展不是单一学科发展的结果，而是受多种因素影响的结果，这种影响在现实的教育科学研究中也是十分明显的。

教育科学本身所涉及的领域在空间上是广阔的，在时间上是连绵的。因此，我们应该有一个整体观，要认识到，教育的内部和外部、内部因素之间和外部因素之间都有着非常广泛的联系；应该有一个动态观，要认识到，教育是与时俱进、持续发展的。纵观几千年来的教育学发展史，从最初蕴含在伦理学和政治学当中，到独立出来形成一个体系，再到形成若干分支，无不是与时俱进的结果。由此可见，教育学是一个有着广泛联系的，有着广阔的研究领域的，不断发展、不断完善的科学。这样来定位，就使得我们不至于简单地把教育只看成是已有规律在实践当中的应用，或者只强调用我们已认识的规律去指导我们的实践，甚至用我们已经认识的规律去否定现在成功的实践。在现实生活中确实存在这样的问题：有一些被实践证明是很成功的、谁都认为是好的东西，但却被一些人用一些已有的学说否定了，说它不符合什么什么理论。我们应该看到，教育学仍然是处在发展中的科学，教育科学的发展受到太多因素的影响，这种影响不仅动摇着已知规律的应用，也动摇着已知规律本身。当然，也有的同志讲教育本身就不是科学，或者说教育最多只是一个准科学，教育的规律可重复的东西不是特别多，或者在重复应用的时候受其他因素的干扰太多。这种影响就决定了不同国家教育追求的差异性。现在世界各国都在进行教育改革，但是教育改革的内涵和它所追求的目标是不一样的。同时，各国在教育发展过程中的改革措施也是不断调整的，这种调整与各个国家的政治、经济、文化的影响有很大关系。

现在的教育科学在相当大的程度上受脑科学研究成果和心理学研究成果的影响。其中作为心理学研究成果的多元智能理论影响到我们的教育观、学生观、发展观。现在的脑科学研究成果否定了过去的许多结论，比如过去我们认为脑功能的发展是受脑生理结构制约的，而科学家近年来在全脑功能开发方面所做的研究表明，人脑中有一部分功能是不会改变的。在此背景下，教育学要研究的问题，就是明白人有哪些东西是不可改变的，我们不要费劲去改变它；哪些是可以改变的，我们就在这个领域里发挥教育的作用。

再有，我称之为"基于基因科学的教育学的躁动"。这种躁动可能不是一个坏现象。哈佛大学生命科学院在基因科学研究方面取得很大成就，科学家用一个人的一滴血就可以把这个人的基因排序搞得很清楚。一位中国的学者参与了这项研究。前几年，他来中国跟我谈一个问题，他说，未来的教育学可能要建立在基因科学基础之上。比如人的善良基因和犯罪基因是一对，有的人可能犯罪基因略强一点，有的人可能善良基因略强一点。犯罪基因强的人，童年时代的独立性、反叛性就比较强，如果我们对这些孩子采用压制、打击的教育方法，就会使他们的犯罪基因因受到刺激而更加活跃，这些孩子以后发生犯罪行为的可能性就会大大增加。另外，现在用一滴血就可以判断一个孩子的艺术潜质，判断他将来是不是有成为艺术家的可能性，这样我们就可以对家长作出指导，以减少他们在教育中的盲目性。所以，要针对基因的不同排序来研究不同的教育方式。当然，我认为科学问题虽然解决了，但是法律问题、伦理问题还没有解决。但不管怎样，我们对人的了解越来越清楚了，将来脱离开对人的很多本质的认识来研究教育学是不行的。

还有，对教育的有限效能以及对教育的负效能的关注问题。根据脑科学的研究成果，教育本身的效能是有限的，我们要集中力量使有限效能发挥得更好。对教育效能的研究和对教育效益的研究不是一回事。效能是指目标的达成度，过去我们的效能研究比较多地关注已确定的教育目标的达成度是多少，提高目标达成度的相关因素有哪些，但是对另外一个方面——教育的负效能的研究很少。有人举了两个例子，一个例子是说，在我国革命战争年代做出突出贡献、新中国成立后第一批被授予将军称号的六百多位前辈中，受过教育的不到1/4，其中很多人大概只达到初中水平。再有，2006年中央电视台举办了讨论浙商现象的论坛。浙商是中国进入市场经济后，第一批涌入市场大潮做出成就并且走向世界的商人，他们有许许多多的优秀品质。但在论坛结束的时候，人们却得出这样一个结论：第一批最有成就的浙商，文化程度一般都在初中以下。这就出现了一个问题，革命战争年代冲锋陷阵的那些将军文化程度高的不多，改革开放年代，市场经济大潮到来的时候，下海经商的人文化程度高的也不多，那么文化程度高的人哪儿去了呢？浙江省教育厅的一位副厅长对我说：我们以后可能出现不了像浙商那样的人了，因为浙江省已经普及高中阶段的教育。这还真成问题了。一位市委副书记对我说：还真是这样，我们家三代人都读书，当市场经济大潮来的时候，我们家没有一个人敢下海。这从另外一个侧面提出了一个问题，是不是念书多了也有负效应，书念多了，胆子就小了。当然，应该说这不是念书的问题，而是我们念的书和念书的方式问题，或者说是我们的教育内容和教育方式有问题，不当的教育本身产生了负效能。许多学校在建校50周年或者百年校庆的时候，都要讲我们学校出了多少院士，多少部长，多少领袖人物，他们的身上怎样体现出学校教育的成果，但是很少有人讲我们学校出过罪犯，出过对社会的破坏者，他们留给我们的教训是什么。这说明我们对教育的负效能问题研究得还很不够。

"9·11"事件发生后，美国在2002～2007年教育部的规划中，对教育目标进行了修正，强调两点：一点是保卫美国国家安全的教育，另外一点是保卫美国民主制度的教育。美国的教育目标和国家的利益紧密相连，教育目标随着形势的变化而变化。教育科学始终处在发展的过程中，我们应该认识到这一点，从而进一步理解教育的使命。

科学发展和时代变迁的加速，加快了当前教育科学发展的步伐，形成了"学派纷呈，百花竞放"的局面。我到普陀山见到了普济寺的方丈，他一见面就讲：欢迎你，我的同行！我心想：我也不信佛教，怎么是你的同行了？他说，我们都是教育工作者，我也是搞德育的。我一想，他说的有道理。普济寺的方丈是当年主持世界佛教大会的成员之一。于是我开玩笑地说，依您在佛教界的地位，您不但是一个教育工作者，而且应当是一个教育家了。后来，北京教科院有一位到香港读博士的人来看我，我跟她说了这件事。她给我提出了一个问题：您说为什么耶稣不是教育家？我一听就愣了，是啊，普济寺的方丈都是教育家了，耶稣还不是教育家？她说：第一，耶稣只有一本著作，就是《圣经》，还是别人写的他的言行，他自己没有著作，而教育家必须有很多著作。第二，《圣经》里面也没有引文的目录，而教育家的书必须写明引文出处。第三，还没有人写很多书来反对耶稣，而教育家必须得有人反对。我听了以后笑了。

的确，现在只要有一个教育家，就会有反对他的另一位或者另几位教育家，可以说是学派林立。由于影响科研成果的相关因素过多，而学者研究时往往难以考虑周全，所以造成许多教育科学研究成果的局限性以及由此形成的教育政策生命力的短暂性。海尔集团总裁张瑞敏有一个著名的“三只眼理论”，他说，任何一个企业都必须有三只眼，一只眼看内部建设，一只眼看外部市场，还有一只眼看政府的政策变化。我们现在的教育研究大都没有“三只眼”，所以存在不少片面性。不同学派的文章越来越多，但是有生命力的东西越来越少。

这种形势给教育工作者既带来了机遇，也带来了挑战。机遇是我们有很多空间，有很多问题可以研究；挑战是我们怎样能够真正产生一些有影响，而且有比较长时间影响的研究成果。我们要清醒地面对现实，以激情去追寻梦想。这本文集有一些文章就是我完全以一个教育研究者的身份，对宏观教育政策问题和教育科学的发展进行的思考。

世界上没有理想的教育，但是有教育的理想。没有任何一个国家的教育是人民全满意的，也没有任何一个国家的教育工作是完美无缺的。但是，从古至今的教育家、教育工作者，都有理想教育之梦。他们一方面勾画着自己的梦，另一方面探索着美梦成真的路，从而成为不断实现自我超越的人。其实，我就是一直沉浸在追梦之中。

2012 年 2 月 15 日

第一辑

战 略 思 考

实现教学过程整体优化　积极推动首都普教改革*

“七五”计划期间第一个新的学年来到了，首都普教战线的发展史揭开了新的一页。

在新的学年里，全市的普教工作要认真贯彻落实《中共中央关于教育体制改革的决定》和市教育工作会议精神，把普及九年制义务教育作为中心任务，以整体优化的思想推动普教工作的各项改革，扎扎实实地提高教育质量，形成首都普教工作的优势和特色。争取在“七五”期间普教工作的较大发展，以期与首都的地位相适应。

一

中央《决定》的公布，“教师节”的设立，《义务教育法》的颁布和施行，为繁荣我国的教育事业指明了前进的方向，奠定了发展的基础。1985 年，市教育工作会议的召开，市委、市政府作出的为教育办十件实事的决定，为我市普教事业的发展创造了良好的条件。教育战线出现了很好的形势。

---

* 原载《北京教育》1986 年第 8～9 期。

各级领导普遍提高了对教育工作重要性的认识，市、区（县）领导同志带头联系学校，指导工作，帮助解决问题，加强了领导教育的针对性和科学性。社会各单位关心、支持教育，与学校挂钩，对形成“尊师重教”的社会风尚，改善学校的办学条件和教育环境，改进师生的思想政治工作，都起了很大的促进作用。庆祝第一个教师节，使全社会关心教育，尊重教师的活动达到了一个高潮。

广大中小学、幼儿园的干部和教师的社会地位逐步提高，生活待遇不断改善，不少同志积极投身教育改革，为提高教育质量做出了重大贡献。几年来在普及小学教育，提高初中的教育质量和发展职业教育等方面，我们都取得较为显著的成绩。涌现出一批教育改革成绩卓著的区、县、学校和干部、教师。

当开始踏上实现“七五”计划的新的征程的时候，首都普教战线面临的最根本的任务是切实提高教育质量。

为首都社会主义建设事业发展服务，为首都的精神文明建设服务，这是我们考虑教育质量的出发点，也是我们办学思想的出发点。

当前，中、小学和幼儿园的教育所承担的任务都是为 20 世纪末和 21 世纪初首都的发展提供人才。基础教育不只是为培养教授、工程师、研究员等专家、学者打基础，更重要的是为提高整个民族的素质、劳动者的素质打基础。首都的社会主义建设不仅需要一批出类拔萃、才华横溢的优秀人才，而且需要大量的从事工业、农业和第三产业的高素质的劳动者。教育的过程不能只是选拔和淘汰的过程，而应当是提高全体受教育者的素质的过程。

为首都的发展培育跨世纪的人才，还必须面向未来，面向世界。我们培养的人，必须能够在改革以后的经济体制下生活和工作，必须能适应社会主义制度下的商品经济的发展，必须能适应技术革命形势下的生产劳动，必须能适应国际交流日益扩大的新形势。而传统的教育内容与教育方法是无法完成这一历史使命的。

所以，我们的质量目标，必须是培育既有全面发展的素质，又能发展个性特长的人。他们不仅有坚实的知识基础，而且有勇于改革的创新精神。总之，要从这里形成我们的质量观。

用这样的目标来检查，我们深感当前的教育质量还远不能适应首都建设发展的需要。当前在教育质量方面存在的问题，主要表现为片面性、保守性和低水平。

由于对基础教育任务的认识存在着片面性，我们办学在相当程度上还受到立足于淘汰多数，选拔少数的思想的影响，因而选拔率，即升学率还成为不少同志衡量教育质量的主要的甚至唯一的标准。这种办学思想的片面性导致教学过程的片面性，从而影响了受教育者的素质。

其次，传统的教育思想、教学内容和教学方法存在着相当程度的保守性。整个教学过程是一个封闭式体系。重视书本知识的传授，忽视实事求是精神的培养和智力的开发；重视教师的主导作用而忽视学生的主体作用；重视课堂教学而忽视课外教育，忽视同家庭教育、社会教育的协调；重视共性教育而忽视为学生的个性特长发展服务；缺少效益观念，忽视观念更新。这样，就严重地制约了培养适应现代化建设需要的人才。

同时，我们当前的教育无论从普及，还是从提高的要求来看，还都处于较低的水平上。小学阶段义务教育的普及是在一般标准下验收的，相当一部分初中在办学中还存在不少问题，即使从培养出类拔萃的优秀学生来看，我们也还没有能够充分发挥首都的优势。

进一步提高教育质量，必须认真解决一系列实际问题。

首先，需要增加教育经费，经费是提高教育质量的保证。几年来，我市的教育经费随着财政收入的增加而逐年增长，增加的比例超过了财政收入增长的比例。“七五”期间，将继续保持这个趋势。同时，随着教育事业费附加的征收，社会对办学的支援，教育经费的紧张状况有所缓解。

其次，必须加强师资队伍的建设。建立一支数量足够，质量合格而稳定的教师队伍，是教育战线最为紧迫的任务。今年市教育工作会议已将师资队伍建设问题作为重要议题来研究。会议制定了“七五”期间的师资补充规划和师资培训规划，制定了提高教师社会地位和改善教师福利待遇的措施，同时提出了改进教师政治思想工作和管理工作的意见，这将对我市师资队伍的建设产生深远的影响。

除了上述客观条件外，端正办学思想和提高管理水平，是提高教育质量的又一重要问题。相同的办学经费和师资条件，办学的成果往往大不相同，这里的核心问题在于学校的办学思想和管理水平不同。一条是经费，一条是师资，另一条是对经费和师资的管理，充分发挥它们的效益。三者结合起来，在正确的办学思想指导下，提高教育质量才能有切实可靠的保证。

总之，回顾取得的成绩，面对艰巨的任务，展望光明的前景，我们普教工作者要在新的学年里坚定信心，最大限度地发挥主观能动作用，为提高首都教育质量做出新的贡献。

二

为了提高首都的教育质量，我们必须树立整体优化的思想，推动全面的教育改革。

我们要实现教育行政管理的整体优化。经费、师资等客观条件，无疑给学校工作带来很多困难。目前，许多校长以相当大的精力用于筹措经费和寻求教师，这虽是必要的，但还必须把主要精力用于研究办学思想和提高教育质量，用于学习业务和推进教学改革。只抓教学业务而不去争取和创造良好的办学条件固然不行，只强调客观困难，而在教学改革和提高质量问题面前无所作为同样不行。必须协调好主、客观的关系，才能实现行政管理的整体优化。

当前，我市教育战线存在着一些明显的薄弱环节。比如在贯彻全面发展的方针上，学生的思想品德教育是薄弱的；在普及九年制义务教育工作中，初中教育是薄弱的；在全市的教育工作中，农村和山区教育是薄弱的。因此，必须重视加强薄弱环节的建设。但是，还必须看到首都有自己的优势，有一批历史悠久、声誉很高的学校；有一批学识渊博、德高望重的优秀教师；有一批基础扎实的优秀学生；还有一些得天独厚的客观条件。因此，我们首都教育发展的策略是在加强薄弱环节的同时，充分发挥自己的优势，创造革新与领先的成绩。每个学校都要从这点出发，考虑自己的发展。

为了实现教育行政管理的整体优化，还要充分协调市、区(县)和学校之间的相互关系。全市要有统一的目标、统一的规划，但各级领导又要从自身的实际出发制定自己的发展战略和策略。统而不死，活而不乱，就能最大限度地发挥整体功能，增强整体效益。

全面安排，因材施教，实现教学过程的整体优化是我们学校办学应当树立的思想。

学校实现教学过程整体优化必须搞好全面安排和因材施教。教学内容和教学形式的全面安排是学生全面发展的保证。学校应当从时间、人力、物力上为全面安排提供充分的条件。当前，学校必须重视以下四个方面的综合安排：一是德、智、体、美和劳动技术教育的综合安排；二是教育、教养、发展智能的综合安排；三是课堂教学和课外教育的综合安排；四是学校教育和社会教育、家庭教育的综合安排。没有对教学过程中诸因素的全面安排，就没有学生的全面发展。

对学校工作全面安排的中心环节是提高课堂教学质量。当前，中小学课堂教学质量不高，是影响学生全面发展的根本原因之一。优秀的教师是通过提高课堂教学质量，一方面渗透全面发展的教育，提高学生各方面的素质；另一方面减轻学生课外作业的负担，使学生在课外有较充裕的时间，去全面提高自己的素质，发展自己的个性特长。反之，靠用大量的课外作业来弥补课堂教学之不足，势必造成学生学习负担过重。因此，既减轻负担，又提高质量，关键在于改革课堂教学。

课堂教学的改革更应贯彻整体优化的思想，既要有质量标准，又要有效益观念。必须要考虑完成学科教学任务所消耗的时间和物力。没有效益观念的教学改革，有时会进一步加重学生的负担，事倍功半。因此，单纯用升学率或考试成绩来衡量教师的工作，而不考虑其所加于学生的负担，是不科学的。应当通过检查教师课堂教学状况，通过学生学习情况的追踪调查等多种形式，评教评学，对教师的教学质量与效益作全面的评价。

对教学对象的因材施教，是达到发展学生的个性特长，使不同类型、不同水平的学生都得到提高的重要途径。在班级授课为主的形式下，实现因材施教，是摆在我们面前的新课题，需要认真进行研究。在实现因材施教的过程中，要贯彻两条原则：一是普及和提高相结合的原则。既不能为培养少数优秀学生而放弃多数学生的成长，也不能为帮助学习有困难的学生而放弃优秀学生的提高，统筹兼顾，才可能全面地提高学生的素质。二是发挥优势，培养特长的原则。要从每位，包括基础薄弱的学生身上，发现优势，寻求突破，最终形成学生的个性特长，使每个学生都能认识自己的价值，做出自己的贡献。

当然，实现教学过程的整体优化，不是指平均使用力量。每个学校总要从本校的实际情况出发，分析自己的优势和劣势，从而扬长避短，形成本校的特色。任何一个学校的发展，总是从一点开始突破，形成优势之后，向整体优化过渡的。没有办学特色，就不可能实现整体优化，而不以整体优化为归宿的突破和优势，也不可能巩固。

我们希望全市所有学校，都能把办学思想统一到实现整体优化的思想上来，依此制定本校“七五”期间的发展规划，推动全面的教育改革。

三

在新的学年里，首都普教工作的重点是在实施九年义务教育规划的过程中，以实现整体优化的思想推动各项改革。紧紧抓住提高质量这个中心课题，着重于：(1)开展全面评价学校工作质量的研究；(2)加强学生思想教育；(3)分期分批办好初中，大面积提高初中教学质量；(4)努力培养一批全面发展，学有特长的优秀学生。同时，进一步加强师资队伍的建设和改善办学条件。

普及九年制义务教育是我市在“七五”期间最伟大而又最艰巨的智力工程。按照《北京市实施〈义务教育法〉办法》规定的步骤：义务教育到普及标准的年限，城区、近郊区的城市地区和远郊县城为1987年，农村地区为1990年。个别有特殊困难的地方，可适当推迟。

我们要广泛深入地开展《义务教育法》的宣传工作，切实解决办学经费和师资质量问题，通过开展“教育思想”问题的讨论，引导干部和教师树立为社会主义建设发展服务和实现教学过程整体优化的思想。

要制定北京市中学和小学工作质量评价的试行标准与办法，先在三十所中小学试点，然后在全市范围内试行，各区县还可从实际出发制定自己的评价标准和办法，以探讨从制度上保证全面贯彻党的教育方针的途径。要健全市和区县教育行政部门的视导制度，加强对学校全面工作的检查、指导与评价，推动学校工作向整体优化发展。同时继续进行并逐步总结和推广他们的经验。市教育局还将制定并公布远郊区（县）各类中学和小学办学要求的试行意见，从农村地区和山区的实际出发，提出不同层次学校的建设目标与要求。

全市加强对中小学生德育、智育、体育、美育和劳动技术教育的全面规划与指导。特别要加强学生的思想政治教育和品德教育，树立良好的校风。

加强学生的思想政治教育和品德教育是实现教学过程整体优化的重要环节，是学校教学改革的重要课题，也是加强精神文明建设的基础。我们要按照《中共中央关于教育体制改革的决定》中提出的目标，坚持革命传统教育与观念更新相结合，正面引导与严格要求相结合，培养自主精神与加强管理相结合，提高思想认识水平与形成良好的行为习惯、树立良好的校风相结合的原则，寓教育于教学之中，寓教育于管理之中，开展多层次、多渠道、多种形式的教育工作。

市教育局要组织教育行政部门、小学的干部和教师认真学习小学思想品德教学大纲，编写小学思想品德课课本，搞好使用大纲和课本的试点，并注意推广试点的经验。要编写并公布北京市中学德育大纲试行草案，修订中、小学"三好学生"标准，继续进行中、小学生德育评价的研究与试验，继续开展在课堂教学中进行思想教育的研究，总结交流教书育人的经验，推动教学过程中教养、教育、发展任务的有机结合。市、区（县）和学校都应加强对家庭教育的指导，要办好家长学校或搞好家长委员会的工作。要继续研究、总结、交流按教育规律教育学生，耐心教育、循循善诱并取得成效的经验，同时，要健全和严格执行学生管理制度，加强考试的管理。农村地区的初中，自1987年起五年内，面貌应有相当的改变。

为实现这个目标，市区(县)教育部门应有计划地调整教学的行政指挥、教研、培训各部门之间的关系，健全教学指挥系统，统一领导和规划市、区(县)的教学工作。同时努力加强教师队伍和管理队伍的建设。

全市将隆重庆祝第二个教师节。市委、市政府要表彰与奖励两千名先进教育工作者，评选与表彰一批特级教师、模范校长和模范班主任，组织普教系统优秀教师和“尊师重教”先进单位的讲演团。同时，将组织全市性教学改革的经验交流活动，总结与宣传中、小学各主要学科教改流派的经验，推动教学研究的百花齐放，并将在“七五”期间编辑出版一百本教学经验专著。

在新的学年里，我们要贯彻调整、巩固、立足提高的方针，促进全市职业教育的健康发展。要健全幼儿教育的领导体制，加强幼教师资队伍的建设，明确幼教教改方向，进一步发展学前教育事业。同时，师范教育、校外教育、特殊教育、民族教育以及勤工俭学事业，也都将有进一步的发展。

我们相信，只要全市广大普教工作者同心同德，兢兢业业，一定能胜利完成“七五”期间的第一个学年的任务，谱写首都普教事业发展史新的光辉篇章。

对社会主义初级阶段普通教育发展战略的几点想法*

党的十三大描绘了我国在社会主义初级阶段教育事业发展的蓝图，把教育事业放到经济发展战略的首要地位。这一重大战略决策，对我国社会主义建设事业的发展有着极其深远的意义。

社会主义初级阶段是我国在生产力落后、商品经济不发达条件下建设社会主义必然要经历的特定阶段。我们一定要从这一基本国情出发，来确定普通教育的发展战略。

从分析普通教育事业发展的现状可以看到，当前教育事业发展的主要矛盾是：教育事业发展的战略地位和教育条件的落后状况之间的矛盾，经济建设发展对教育事业发展提出的需要和国家财力为教育事业发展提供的可能之间的矛盾，全国对迫切发展教育事业提出的共同要求和地区间实际教育发展水平的不平衡性之间的矛盾，以及培养专门人才的基本模式与教育体制之间的矛盾。总之，教育事业发展存在的根本问题是教育现状不能适应社会主义现代

---

* 原载《人民教育》1988 年第 2 期。

化建设事业的要求。

为了实现我国经济发展战略的第二步奋斗目标，经济建设要转到依靠科技进步和提高劳动者素质的轨道上来。而科技进步和劳动者素质提高的基础在于教育，因此国力的竞争实质上已成为教育的竞争。我们必须从国家和民族面临严峻的挑战的紧迫感出发来看教育的战略地位。但是，我国教育条件的现状还相当落后。新中国成立三十多年来，特别是党的十一届三中全会以来，教育事业有了很大发展，但是总的来看，教育基础仍然很差。就现状看，基础教育校舍、设备简陋，教育经费严重不足，教师队伍来源、提高都缺乏必要的物质保证，师资水平较低。这种落后的教育现状与教育的战略地位就形成了尖锐的矛盾。

从这一实际出发，我们一方面要努力把教育的战略地位转化为全社会的共同认识和各级政府的实际行动，一方面要合理地控制教育事业的发展速度和规模。

教育的战略地位必须通过广泛的宣传与实践成为全社会的共同认识，要形成尊师重教、捐资兴学、从教光荣的社会舆论和社会心理。尤为重要的是教育的战略地位要体现在各级政府的实际决策之中，体现在各级政府的建设事业规划之中，以及在发展规模、经费等方面的实际地位之中。同时，要对确保教育的战略地位实行法律监督。

教育要为社会主义建设服务，同时也受社会经济发展水平的制约。教育对经济建设的作用要通过受教育者的数量和质量来体现，而关键在于质量。教育质量的获得除了取决于正确的教育方针之外，决定的因素是办学条件和师资水平。脱离当前经济发展水平来确定过大的发展规模和过高的发展速度，必然在实际上降低办学条件标准和师资水平，也就降低了教育质量；同时，还会加剧教育内部的各种矛盾和社会各界的不满。对教育发展不能只考虑经济发展的需要，还要根据经济发展的水平来确定教育事业发展的规模与速度。教育发展只能建立在经济水平提供的改善办学条件和师资条件的实际可能的基础上，而不能只出于我们主观愿望的需要。控制发展速度，立足创造条件，切实保证质量，应是我国普教事业发展的重要原则，也是几十年来有过的“急于求成”发展教育事业的后果给我们的教训。

教育事业发展与国家财力提供的可能之间存在着很大的差距。这当然需要由国家和各级政府随着财政收入的增加，保证教育经费的逐年增加来解决。当前统一教育经费的计算口径，确定对教育预算与决算的监督程序都是十分重要的。但是由于经济增长速度的制约，教育经费增长的速度终究是有限的。党的十三大报告中指出要“继续鼓励社会各方面力量集资办学”，这应是社会主义初级阶段筹措教育经费的重要途径。一定要改变一切由国家包下来的观念，要认识到集资办学不是教育经费不足情况下的权宜之计，而是我国重要的办学原则。要鼓励企业、事业单位办学，同时要发展集体办学、个人办学等多种办学形式。并允许上述单位、集体或个人，接办现有公立学校，或实行联合办学。要制定政策和制度，对办学单位予以资助，提供师资来源和子弟入学的优惠条件。

社会各界扶植、支持、资助学校举办各种校办企业，是间接的集资办学形式，同样应当予以鼓励。目前，很多地区校办企业收入超过教育事业费附加的征收额。这是社会主义初级阶段教育经费的重要来源。因此，要调整政策，调动学校发展勤工俭学事业的积极性和各界扶植校办企业的积极性。

为加快社会主义现代化建设速度，各地区对教育事业的发展都提出了迫切的要求。但是各省、自治区、直辖市，同一省市的不同地区，实际的教育发展水平差距很大，这是由历史条件和各地经济发展水平不同造成的。要承认客观差别，各地区只能在原有的基础上，制定本地区发展教育的规划。特别是经济发展状况不同，教育如何为当地的社会主义经济建设服务也就不同。《中共中央关于教育体制改革的决定》中指出："基础教育管理权属于地方。除大政方针和宏观规划由中央决定外，具体政策、制度、计划的制订和实施，以及对学校的领导、管理和检查，责任和权力都交给地方。"基础教育地方化是贯彻教育为社会主义经济建设服务方针的根本保证之一，只有这样才能确定符合当地实际的教育发展规划、教育管理制度，乃至学制、学科设置、教材、招生制度、人员任用制度等等。这样才能办出各地的教育特色，从而引发地区间教育竞争，通过比较、鉴别，促进全国教育事业的发展。目前，我国基础教育地方化还有待于进一步制度化。只有解除对因地制宜发展教育事业的种种束缚，整个教育事业的发展才能有蓬勃的生机。

社会主义初级阶段的中心任务是发展生产力。而发达国家的历史表明，现代生产的发展不仅依靠培养合格的专门人才，更重要的是要提高劳动者的素质。但是，我国现行基础教育体制脱胎于适应选拔需要的旧教育体制，甚至在一定程度上受科举制度的影响。虽然近年来职业教育的发展对这种体制进行了有力的冲击，但我国的职业教育目前尚未完全跳出普通教育的模式，需要进一步探索职业教育的学制、课程设置、教学内容、考核办法、选拔制度等问题。现在的教育体制基本上是为适应高一级学校选拔新生的需要。系统知识的传授占据了学生大量时间，并有一系列制度保证；而其他素质的提高在教学计划中往往成了软指标，没有足够的制度来保证，从而造成明显的脱离实际和片面追求升学率的倾向。教育要面向全体学生并为全面提高学生素质服务，这是教育思想的问题。端正教育思想要靠在正确的教育思想指导下建立的教育体制来保证。教育改革的目标之一，就是寻求在学校中全面提高学生素质的合理结构，实现整体优化。因此，我们不但需要分别制定对学生进行德育、智育、体育、美育和加强劳动教育的要求，更需要将这些要求统一到一个完整的教育大纲之中；并制定配套的考核和选拔制度，使之具有综合施教的可行性，从而使端正教育思想着眼于观念的转变，着手于体制的改革，最终取得教育为社会主义经济建设服务的实际效果。

合理控制发展规模，鼓励社会集资办学，实现基础教育地方化，建立全面提高学生素质与培养合格专门人才相结合的新教育体制，这些都是我国社会主义初级阶段教育发展战略的重要研究课题。

党的十三大对普通教育事业的发展提出了更高的要求，认真研究普教发展战略是贯彻十三大精神的重要步骤，必将有助于我国社会主义初级阶段教育事业沿着正确的方向稳步前进。

百年大计　教育为本*

“百年大计，教育为本”是十三大明确提出的战略思想，它肯定了教育在社会主义现代化建设事业中的重要地位，也提出了对教育事业发展的根本要求。在首都建设事业的进程中，切实贯彻党的这一战略思想，是建成社会主义现代化首都的关键问题之一。

我国社会主义初级阶段，大约需要经历百年。贯彻党的基本路线，实现社会主义现代化，使我们的经济发展和人民生活达到中等发达国家水平，就是这百年的“大计”。当然，在这个基础上，我们还有更长的“百年”，更高的“大计”。实现这一宏伟目标的根本，就在于发展教育事业。这是因为人民生活水平的提高，取决于经济的发展，经济的发展取决于科技的进步和劳动者素质的提高；而无论是专门人才的培养还是广大劳动者素质的提高，都主要依赖于教育事业。因此，社会主义现代化建设的水平，最终取决于教育事业的发展水平。国力的竞争，归根结底是国民素

* 原载《学习与研究》1988 年第 3 期。

质的竞争，也就是教育的竞争。新技术革命的发展，国际经济的角逐和政治风云的变幻，都使我们产生保持国家在世界上应有地位的紧迫感，甚至危机感。而有战略眼光的领导者都清醒地意识到：这种紧迫，首先是发展教育事业的紧迫；这种危机，首先是来自教育的危机。所以，必须把“百年大计，教育为本”的战略思想真正贯彻于我们的工作之中，以承担起我们这一代人的神圣使命。

教育要真正成为“本”，就应当有“本”的地位，起“本”的作用。十三大报告把教育放在我国经济发展战略的首位，这就明确了作为“本”的教育应有的地位。我国教育的根本方针是为社会主义现代化建设服务，而人才培养的周期是很长的，提高国民素质更需要若干代人的努力。教育是面向未来的事业，它可以产生眼前的社会效益，但更重要的效益在于未来。由于教育效益的滞后性，就决定了教育发展的超前性。所以把教育放在“本”的地位，就是要有着眼于未来的战略眼光和着手于今日的战略行动。经济要发展，教育必须先行。

教育要先行，就要以经济建设为中心，以发展生产力为标准，在人才结构与数量需求预测的基础上，制定事业发展规划；在人才的素质与规格需求预测的基础上，制定培养目标和培养途径；同时优先增加投入，以创造完成教育发展规划和实现培养目标的必要条件。这是检验各级领导与社会各界是不是把教育放在首要战略地位的根本标志。教育的服务性决定了教育事业的发展必须服从于经济建设目标的需求，科学的教育规划一定要建立在对实现经济建设目标的人才需求预测的基础上。这种预测，应当包括对经济建设目标提出的人才类别、层次、数量以及基本素质和专业要求的预测。依照这种预测来确定发展规划，才能减少教育事业发展的盲目性和培养目标的片面性。全面的人才需求预测，是连接教育与经济的纽带。

目前，由于经济体制改革正在进行，经济发展规模不断进行调整，给人才需求预测带来一定难度，再加上检测人员不足，检测手段落后，经济部门还没有把这项工作提到日程上来。人才预测还不能适应制定教育发展规划的需要。这项工作做得不好，教育的无政府状态就难以克服，“为教育而教育”的现象就难以改变，教育也难以成为经济发展之“本”。

教育发展规划的实施，教育培养目标的实现，都需要必要的条件。诸多条件中最重要的是校舍、设备和师资，这是教育之“本”。教育的战略地位要靠战略性投入来保证，因此必须优先增加教育的投入。经济建设发展的现实水平决定投入的可能极限，而对教育的战略地位的认识，决定了各级政府的实际投入与可能极限的差距。当前，不少地区的教育投入已达到甚至超过了可能极限，为教育事业的发展提供了可靠的保证。但是，仍然有相当数量的地区由于种种原因，教育投入比重甚小。继续挖掘潜力，不断扩大各级政府的教育投入仍是当前的重要任务。当然，教育事业的发展规划终究不能只来自经济发展提出的需要，还必须同时考虑经济建设水平提供的可能。超越经济发展的现实水平，设定过大的发展规模或过快的发展速度，都会造成教育由于客观条件不具备而质量下降，各种内在矛盾会日益尖锐，同时也必然招致社会对教育的不满。

从我国社会主义初级阶段的国情出发，增加教育投入不能单纯依靠政府拨款，要多渠道筹集经费。应当通过鼓励捐资助学扩大社会的教育投入，通过勤工俭学增加学校自身的教育投入，并通过广泛的宣传增加家庭对子女的教育投入。这样，教育的“本”的地位才能得到真正切实的保证。

“百年大计，教育为本”的战略思想也是对教育提出的要求。教育要真正起到“本”的作用，就要充分发挥社会效益，经得起发展生产力标准的检验，能够适应社会主义现代化建设的需要。社会主义现代化之“枝”荣，才能说明教育之“本”固。但是，我们当前的教育从根本上讲，还没有摆脱传统的教育模式。这种模式无论其结构，还是其思想、内容和方法，都有相当陈旧的部分，不能适应社会主义现代化建设的需要。因此，改革传统教育模式，建立新的为社会主义现代化建设服务的教育体制，是党对教育战线提出的根本要求。我们要根据社会主义建设的需要改革教育结构。为了提高专门人才和广大劳动者的素质，必须建立合理的纵向教育结构。贯穿这一结构的主线是全面提高人的素质，这是一个密不可分的终身教育的过程。因此，从学前教育到学校教育，直到成人教育，必须形成完整的教育系列。每个学段的任务，学段之间的衔接，都是重要的研究课题。这种纵向结构的形成，不仅为个体素质的后天培养建立循序渐进的流程，而且将为整个国民素质的提高建立完整的体系。同时，还必须从经济建设的需要出发，调整教育的横向结构。我国九年制义务教育以普通教育为主体，但高中阶段就开始分流，普通高中教育与职业教育要结构合理，职业教育各专业之间的结构也要合理。高等教育更要根据经济建设的发展调整那些不合理的专业结构。要确定各专业之间的合理比例，还应探讨调整专业结构的良好机制。教育为社会主义建设服务是一个系统工程，合理的教育结构是这一系统工程的外在体现。

社会主义现代化建设的发展，提出了对现代劳动者的素质要求。其共性要求是不断拓宽和加深人的优良素质的广度和深度，包括知识、能力、智力、体力、品德、美感以及各种品质。其个性要求是不同职业的不同的素质结构，以及不同个体发展个性特长的不同特点。我们必须从这一要求出发，转变我们的教育思想，明确我们的培养目标，决定我们的教育内容和方法。但是，传统的教育思想在相当程度上受升学教育的制约，从而对培养对象缺乏全面的素质要求，升学考试的知识要求代替发展生产力的知识要求。在教育途径上，重智育，而轻视德育、体育、美育；重视知识传授，而忽视能力培养和智力开发；重书本知识，而忽视社会实践。这种教育思想不仅体现在学校的教学安排和教师的教学活动上，而且体现在教学制度、课程设置、教学大纲、教材、考试制度上。因此，改革教育思想以适应现代化建设的需要，不只是一般教师的认识问题，首先是政策制定者的认识问题；不仅要有观念的转变，还必须有制度的转变。这样，教育才能最终完成促进科技进步，提高劳动者素质，进而推动经济发展的任务，才能真正起到“本”的作用。

十三大确定的党的基本路线，更新了我们的观念，引导我们进入了新的境界。全社会重视并且努力创造教育发展的条件，教育自身不断启动活力，推进改革，我们的百年大计就一定能够实现。

启动教育内部的活力*

首都的普通教育自党的十一届三中全会以来，有很大发展。为了使教育改革更深入全面地开展下去，教育质量得到进一步提高，当前要特别注意启动教育内部的活力。

启动内部活力的关键是要振奋普教战线同志们的精神。办学条件和师资水平是办好学校的关键，但不是绝对的因素。一些条件比较差的学校就办得很有起色。比如，北京曙光路中学，原来是一所比较差的学校。该校附近的小学教师教育调皮的学生时经常说："你再不好好学习，'曙光'就在前头。"然而，曙光路中学的教职员工振奋了精神，学校越办越有起色。现在该校录取新生的分数线提高到全区中等以上水平。相反，我市市属重点中学的办学条件多数是比较好的，但是通过对二十多所市重点中学的调查，办得很有起色的也不过八九所，还有七八所办得不很景气。另外，存在于其他行业的"平均主义"、"大锅饭"等现象，在教育部门，在学校内部也有。

---

* 原载《求是》1988年第10期。

启动内部活力就要深化教育改革，对教育改革进行新的探索和实践。与此相呼应的是，社会上对教育观念是否需要更新，教育改革如何深化，也都投以注意的目光，展开了广泛的讨论。这是随着时代发展必然产生的现象。促使问题提出的背景主要有四点。

第一，是形势发展的必然结果。目前我国社会正在经历深刻的变化。要建设有中国特色的社会主义，要致力于发展社会主义商品经济。这个发展过程必然引起社会各方面，例如劳动方式、分配方式、交往方式和生活方式等的变化。这些变化又必然会在意识形态领域产生反映，对原有的价值观念、道德观念提出挑战。改革的背景必然会引起新的观念的产生，新的提法的出现，这些也就必定会影响到教育。因为教育本身就有培养新的一代应具有的时代精神的任务。

第二，是反思的结果。经过“文化大革命”，人们进入了一个反思时代，要反过来回顾一下几十年走过的路，哪些是经验，哪些是教训。这种反思也会涉及教育。比如，看到现在的一些青年人存在着基础知识薄弱、社会责任感不强以及纪律观念淡薄等弱点，感到是“文化大革命”带来的后果，就会对当时的教育进行反思。在对“文化大革命”时的教育进行否定时，很多同志的对比参照物是“文化大革命”前十七年的教育，认为那时的教育是好的。但有些同志由此作了更进一步的反思。在“红卫兵”身上暴露出来的愚昧、无知、盲从、没有革命人道主义精神和无政府主义等弱点，产生的原因固然很多，但不能说没有教育本身存在的问题。因此，对于“文化大革命”前十七年的教育也要反思。反思就会产生新的观念，会使人认识到教育改革的必要。

第三，是横向对比的结果。近年来，国外的教育思想和教育、教学实践作为信息传入国内，很自然地引起一些同志与我国的教育进行对照，从而发现一些问题，提出新的看法，进行新的探索。

第四，是当前普教战线本身存在的矛盾的反映。如教育质量不高、片面追求升学率等，人们感受、认识到了，就会引起思考。

关于教育的新观念、新看法的提出是有客观背景的。但是不能认为所有新的提法都是新鲜的观念，都有生命力。整个意识形态领域中新观念的出现与形成都需要经历一个过程，教育战线也不例外。我想，经过一段时间的讨论之后，人们会从各种提法中加以选择，最终以能够推动教育前进的观念和思想作为指导。什么是传统的教育观念？这是个复杂的问题。现在仍然起主导作用的传统教育思想和观念，它们的渊源来自很多方面，例如几千年封建教育的影响，老解放区教育的影响，解放以后学习苏联教育的影响，多年来“左”的思想路线的影响，以及近几年国外教育思想的影响，等等。一些进步的教育家在形成中国传统教育思想方面作了很多努力，传统教育思想中有许多值得继承的精华。但是，正如《中共中央关于教育体制改革的决定》中指出的，传统教育思想中存在着必须改革的腐朽部分。这些腐朽的东西主要是受封建教育和“左”的思想路线的影响，特别是封建教育思想的根子比较深。对此，至少有这样几个问题值得研究。

一、破除封建教育的科举制的影响，树立开发教育的观念

传统教育观念始终摆脱不了封建教育的科举制的影响。科举教育的特点主要体现在三个方面。(1)立足于选拔，同时也就意味着淘汰。整个教育过程是一个不断选拔、不断淘汰的过程。(2)全部教学内容和教学方法都是为了适应选拔的需要。(3)以选拔人才为教育的培养目标，选上的就是人才，否则就不是人才。基础教育受毒很深，始终摆脱不了这种影响，甚至从学前教育就开始了。整个学校教育就是为

了升学，教学内容和教学方法都是为升学服务。学历成了人才的标签。可见，片面追求升学率固然有广泛的社会原因，但也有教育思想不端正的因素。

教育过程存在着选拔，但教育本身并不是立足于为选拔服务。有一些人为“选拔教育”辩护提出了两点理由，一是所谓社会对人才的需求，二是差异的不可避免性。他们认为，整个国家发展水平的标志就是尖端人才，因此基础教育的任务就是为宝塔尖顶打底子。实际上这反映了对人才理解的片面性。

在一段时期内，确实出现了把尖端人才当作是我国人才的主要标志，而忽视提高整个民族素质的倾向。《中共中央关于教育体制改革的决定》为人才画了一个圈，一个叫作“数以亿计”的有文化、懂技术、业务熟练的劳动者；还有两个“数以千万计”，即一部分是实际工作的组织管理人员，一部分是文化、教育、科学理论工作者。这是一支浩浩荡荡的人才大军。我们国家的振兴，民族的腾飞，既要靠一支高水平的技术力量，也要靠一大批高水平的劳动力量。这是从社会需要的角度来看，说明我们的教育不能立足于选拔和淘汰。另一方面，人与人之间确实是有差异和分化的，我们要研究一下产生这些差异和分化的原因。现在大学教师埋怨中学质量不高，高中教师埋怨初中质量不高，初中教师埋怨小学质量不高，小学高年级教师埋怨低年级底子没打好，到了小学一年级的教师没的可埋怨了(也有埋怨学前教育的)，但是我们总不能说基础教育质量低全怪小学一年级的老师们吧？基础打不好是有一个过程的。人的基础智力水平并无太大的差异，这是现代科学所证明了的。美国学者布鲁姆的调查结果表明，超常儿童占1%到2%，弱智儿童占2%到3%，95%的儿童智商相差很小，北京的调查结果与此相似。因此，布鲁姆认为，目前学生的学习成绩常规曲线所表示的好、中、差各占1/3，是没有科学根据的。95％的学生应该达到相同的学习高度。那么为什么实际上又达不到呢？原因有三个，即学生学习基础、学习动力和教师教学质量上的差异。不难看出，这三个原因都是后天的。学习基础和学习动力是由这个学生的学习史，包括家庭影响决定的。因此，教育观念如果立足于选拔和淘汰的话，就会加剧学生之间的分化，加速某些学生成绩的下降。教师的情感即使不用语言表达出来，也会起到信息的作用，传递到孩子的身上。感到教师对自己充满信心的孩子，他们在学习上会越学越有劲；感到教师对自己不抱希望的孩子，他们就可能产生“我不行，我没有出息”的想法，失去了学习的信心。人的差异在相当程度上是由后天条件的不同造成的，如果我们把教育的立足点从选拔转移到开发上来，这个问题就会解决得好得多。教育的任务不是单纯选拔一些尖端人才，而是要开拓每一个人成才的渠道。教师应该是伯乐，又不能仅仅当伯乐。伯乐把好马挑出来坏马淘汰掉，而教师就不能这样做。总之，一是社会需要多层次人才，二是每个人都有成才的可能性，因此教育要立足于开发而不是选拔。

二、破除传统教育在培养目标和教学过程上的片面性，树立教学过程整体优化的思想

我国解放三十多年来的教育工作存在着一定的片面性。首先表现在教育为政治与经济服务上，考虑前者比较多；而对教育要为无产阶级政治服务的理解也存在片面性，相当长的时期理解为教育为政治运动服务。政治运动的一个特点就是针对当时的某一种倾向，集中一切力量打歼灭战，往往是一种倾向解决了，另一种倾向又冒出来。总是以片面的方式来纠正片面性，就造成教育方针的长期摇摆，教育工作

的多次反复。比如，发现学生的思想政治工作薄弱了，就强调突出政治而忽视了教学工作，感到教育质量下降了，又强调抓智育而忽视了德育；强调了社会实践就削弱课堂教学搞“开门办学”，一看不行，又强调课堂教学而完全脱离了实际……教育总处在不断反复中，没有一个持续稳定地提高的过程。我们应该看到，教学过程是一个系统。系统中的各个因素，如德、智、体、美、劳，知识、能力和智力，教养、教育和发展，课堂教学和课外教育，学校教育、家庭教育和社会教育等等，是互相联系又互相制约、互相渗透又互相矛盾的。教学过程的推进，就是这些因素矛盾运动的过程。从整体出发妥善全面地处理好这些因素之间的关系，才可能产生持续稳定地提高教学质量的过程。

培养目标中，对于人的素质的要求，多年来也存在着片面性。过去虽然提人的全面发展，但在具体落实上对人的素质的全面提高并不够重视。我们现在要培养的是在改革后的经济体制下生活和工作的人，是商品经济发展了的社会主义的建设者，是建设有中国特色的社会主义的人。时代必然会对他们提出新的素质要求，而这些素质又往往是在以往的教育中所没有引起重视的。比如效率观念，过去的教育工作本身就很不讲效率，只讲分数，不讲得到这个分数花费了多少时间。留作业的盲目性很大，很多是占领时间式的作业。这样培养出来的学生也不会有效率观念。又比如时间观念、竞争观念、协作观念、民主与法制观念等等。对于“全面发展”这个观念也要赋予新的含义。没有教学过程的整体优化，就很难达到学生素质的全面提高。要实现教学过程整体优化，就必须克服教学过程的片面性和摇摆性。所谓整体优化，就是以全面提高人的素质为目标，从实际出发，综合地处理好教学过程中各个相关因素之间的关系，制定推动教学过程的最佳方案。要实现教学过程的整体优化，必须要解决好三个问题：一是全面安排，没有全面安排就没有学生的全面发展，同时，安排的各个相关因素之间又是互相渗透、互相联系的。二是实事求是，讲求效益。不同条件的学校要从自己的实际出发，作出不同的安排。三是突破一点，形成特色。并不是各因素平均使用力量，齐头并进，而是找到一个最佳的突破点，打开缺口带动全面。

三、破除传统教育封闭性的影响，树立开放教育的观念

传统教育的封闭性首先表现为教学过程的封闭性。教学过程是以传授书本知识为起点，由教师把书本知识教给学生，学生经过学习、练习、复习，然后再回答给教师，就此完成了一个封闭型的教学循环。在这里，知识是不能增值的。这样的过程暴露出三个矛盾。一是重视书本知识的传授，忽视实事求是精神的培养。重视前者是对的，但忽视后者就会出毛病。书上怎么说，学生就怎么记，怎么回答。长此以往，学生很容易形成“唯书”思想。二是重视教师的主导作用，忽视学生的主体作用和对学生创造精神的培养。在教学过程中，学生始终处在被动状态，智力没有得到开发，创造力没有得到培养，更没有知识的增值。这个过程容易造成学生以教师的话为本，形成“唯上”的观念。不是不要书本知识，也不是不该听教师的话，但是到了“唯”的程度就成问题了。三是重视共性教育，忽视为学生个性发展服务。现在的教育是使用同一种教材，考试时用同样的考题、统一的标准答案，最后达到统一的培养标准，因此就出现了人才规格模式化的倾向。目前，我们对“三好生”的评定标准逐渐形成了一个模式——高分、达标、守纪律。培养“三好生”的途径是截长补短式的。比如，物理成绩冒尖而语文成绩差一点儿的学生往往会被告知，不要总钻物

理，也得补习补习语文，否则成不了“三好生”。实际上很多成才的人物在学校读书时，并不是“三好生”。我们大家都非常敬佩郎平同志，希望国家出现更多的郎平式的优秀人才，而哪个班主任都害怕班上出现一个像郎平那样迷恋排球的学生。这是因为我们观念中的人才模式是各方面均衡发展的“标准件”。均衡发展是优秀学生的一种类型，但不是唯一的类型。模式化会扼杀许多优秀人才的成长，现在相当多的人才不从基础教育阶段培养是不行的。教育既有强制性还有服务性。强制性是指教育要培养社会对人才所需要的共性，但对强制性强调过多，只剩下共性，就不是现代化的教育了，还要重视为学生的个性发展服务。

传统教育的封闭性还表现为信息渠道的封闭性。现在向学生传递信息的渠道太单一，学校、课堂是唯一的信息渠道，学生脱离社会实践，学校教育与家庭教育、社会教育脱节。比如德育，我们花了相当大的力量企图在学生的周围筑起一道堤坝，避免与社会形形色色的思想接触，把他们保护起来。这样往往产生两种结果，一种是学生听不进去，因为他们感到教师讲的道理与社会上传递来的信息格格不入，于是不接受；另一种是听进去了，接受了，但走向社会后又觉得满不是那回事儿，于是失望、无所适从。我们的教育应该培养的是能够认识社会、了解社会，进而发展社会的人；而不是在学校挺健康，走进社会却不知所措的人。总想在学生周围筑起的一道堤坝，实际上是一道千疮百孔的堤坝。因此，学校教育应该加强与家庭教育、社会教育的联系。最近北京提倡两件事，一是把本校培养出来的成才的学生请回来作报告，讲他们在学校受到的教育对走上社会后所起的作用；二是提倡工厂、企业、商店等对学校开放，允许学生们参观。这是很好的事。现在我们又大力提倡组织学生参加各种社会实践和公益活动，这也是增加开放度和了解社会的一条重要途径。

传统教育的封闭性还表现为教学阶段的封闭性。学前教育与小学、小学与初中之间的衔接，都存在着需要打破教学阶段的封闭性的问题。一些人把教育理解为学校教育，其实这是陈旧的观念，当前“终身教育”的概念已经提出来了。但是现在的学校教育与终身教育之间也是封闭的，学校教育不对学生走上社会后如何继续提高负责任，因此对学生自学能力的培养也重视不够。

传统教育的封闭性首先来自自然经济的影响。这种经济形式的本身就不是以交换为目的，就是封闭的。其次，书院式、私塾式的封建教育就是“两耳不闻窗外事”的封闭教育。受其影响的传统教育必然具有封闭性。现代化的教育就要破除封闭性，树立开放教育的观念。以德育为例，当前面临着相当多的难题。有的同志讲，从德育内容到德育方式都需要有所更新。德育方式应变信息灌输式为信息处理式，变单渠道为多渠道，变单层次为多层次，从单一的模式化向多样化、灵活化发展。知、情、意、行，过去总讲知是德育的开端，思想教育工作把很大的力量花在讲道理上，结果往往出现认识与实践不一致的现象。其实，品德的形成过程应当是多开端的，特别是在基础教育阶段应当更多地重视情和行。

四、破除传统教育单纯重视个别劳动的思想，树立重视教育管理的观念

目前教师的劳动开始受到应有的重视。现代教育中，要提高教育质量不能只靠教师的个别劳动，教育管理是提高教育质量十分关键的因素之一。许多人总认为是从教师手里出质量，而不是从校长手里出质量，把校长看作“二线”。实际上教学过程，特别是整体优化的教学

过程本身是一个系统工程。整体优化的实现取决于管理水平，即一个学校的好坏取决于校长的水平。现在是多学科教学，不是哪一个教师能够把学生的全部学科承担下来的，每一个学生的成长都是教师集体劳动的结果。而教师的集体劳动需要有人组织，这个组织工作就是管理。管理水平低，各学科之间冲突就大，管理水平高，各学科之间就协调。办学条件得以充分利用，教师队伍形成好的结构，都要靠好的管理。现在没有人否认“没有好的厂长，产品质量就上不去”，都能认识到现代工业要有先进的管理，但对于有一个好校长就会有一个好学校的观念却很淡薄。其表现是，现在学校管理层地位不高，校长的地位和待遇不高，造成校长来源困难，现有干部不稳定。不重视教育管理，同样是受到了封建社会自然经济和封建教育的影响。一家一户的自然经济势必忽视生产管理，而书院式的教育不需要更多的管理。不把提高教育管理水平问题提到日程上来，我们的教育很难有光明的前途。

加强教育管理需要抓两个方面的工作。第一，提高管理人员的素质和水平，这是搞好管理的基本条件之一。第二，进一步推进管理改革。首先，管理体制的改革，关键在于搞清责、权、利的关系。过去的体制有一个重要的弊端就是职责不清，又缺乏应有的权力，结果使许多事谁都负责，又谁都不负责。体制改革就要明确各部门的职责以及为履行职责所应有的必要的权力。如实行校长负责制，若不给校长以一定的人权、财权，那么这个责任制还不过是一个空的架子。只有当校长有权聘任有关人员，有权对教职工进行奖惩，有权支配学校资金时才能对学校工作进行全面安排，才能对人择优使用，进行劳动优化组合，既把多余人员精简下来，又提高办学效益。其次，管理目标的改革，关键在重视成果。以往我们订计划、作总结多是考虑做哪几件事，效果如何无关紧要。改革，就要做到管理目标重视成果，明确要解决的问题，也就是要重视教学质量的不断提高，重视学生素质的实际增强。再次，管理方式的改革，关键在于科学管理和民主管理。科学管理就是求实，即从实际出发，进行认真的调查研究，掌握客观规律，按客观规律办事。科学管理是和提高干部的水平联系在一起的。管理干部应当善于运用理论指导工作。民主管理就是群众参与管理，要从制度上加以解决，而不是单纯改进领导的民主作风。群众敢提意见，领导善于接受意见，并不能真正解决学校的民主管理问题。唐太宗肯纳谏，但他仍是君主，不是民主。教师真正能够参与学校管理的最成功的形式，目前就是职工代表大会，这是加强民主管理的重要途径。另外，在中学还应包括建立学生的民主管理形式。总之，管理问题，中心是责、权、利问题，明确职责，赋予权力，尊重权利，保护合理利益，并把竞争机制引进学校，充分发挥各方面尤其是广大教师的作用，建立、健全有关的规章制度，这样，人们的积极性才会调动起来，学校也才能充满活力和生机。

最后是思想政治工作的改革，关键是“朴素”二字，即克服思想政治工作中的形式主义和华而不实。朴素的思想政治工作，一是要通情，二是要达理。在相当长的时间里，思想政治工作摆脱不了“以阶级斗争为纲”的影响，基本上是否定式的。许多做法流于形式。比如，认为每周开半天学习会就是支持思想政治工作了，实际上有看报的，有聊天的。政治学习成了一种特殊的生活内容，大家都要准备一套在学习会上使用的语言。须知思想政治工作首先要通情，加强情感的培养和交流。思想政治工作不必非规定在一定的时间内，以一定的形式来进行。北京十二中的领导曾经做了两件事给我的印象很深。一件是在新教职工联欢会上，党总支出了十道题让大家猜。题目都是关于本校教师的，如“哪位教师在我校工作时间最长?”“哪位教师住家离学校最远，却几十年如一日按时到校上课?”“哪位教师在今年的学术年会上得奖?”等。教师们踊跃抢答，答对者有奖，题目中提名的教师被请上主席台。这是一场游戏，没讲什么大道理，但十道题目中的十位教师深深感受到领导的关心和肯定，受到鼓励。另一件事是，学校在墙报上为每位老教师挂出两张照片。一张是他们年轻时刚到十二中的照片，另一张是现在已经白发苍苍的照片。两张照片并排挂在一起，表彰了他们为教育事业贡献了一生的精神。通情才能达理。达理就是讲实实在在的历史、实实在在的现状和实实在在的前景。

教育思想的讨论不应立足于对教师的旧的教育思想影响的批判，而是对各种主张的切磋；不仅要讨论不该怎么办，还要更多地讨论应该怎么办。展开讨论必然会有各种争论，对此要打破旧的形而上学的观念，好像有争论就必定要分出对与错。现实生活本来是复杂的，争鸣并不都是相互否定、相互排斥的过程，还包括相互理解、相互吸收。

要鼓励各种改革实践。教育改革目前有两种类型，一种从宏观到微观，一种从微观到宏观。往往前者认为后者是小打小闹，不解决根本问题；而后者认为前者华而不实。其实，无论哪种做法最终都要实现宏观与微观的统一。在教育改革中，我们主张促进各种流派的形成，进行各种改革试验。先有百家才有争鸣，北京正在着手树立各个学科的不同流派。如此做下去，教育战线的思想才能真正活跃起来，才会出现新的面貌和生机。

打好质量纵深战　办好教育为人民*

今年年初邓小平同志南方重要谈话之后，落实小平同志南巡谈话精神，进一步解放思想，加快教育的改革和开放步伐，更好地为经济建设再上一个新台阶服务，已成为我们今后一个时期工作的主旋律。

一、进一步解放思想，加快教育改革开放步伐，主动为经济建设再上一个新台阶服务

小平同志重要谈话，对全国人民是极大的鼓舞，使人们进一步明确了必须坚持以经济建设为中心，加快经济发展的速度。为了加快经济发展速度，就必须加快改革开放步伐；为了加快改革开放步伐，就必须进一步解放思想。北京在学习和贯彻小平同志重要谈话精神的过程中，改革开放确实迈开了新的步伐，经济发展速度明显加快，形势是喜人的。今年上半年北京市经济发展表现出六个特点：

* 1992 年 8 月 25 日在北京市中小学领导干部会上的讲话，原载《中小学管理》1992 年第 6 期。

一是经济发展速度加快，效益回升；二是商业、旅游业、金融业等第三产业继续发展；三是外向型经济发展很快，给国民经济注入了活力；四是市场繁荣，流通顺畅，物价改革的效果良好；五是多种经济成分全面发展；六是市政建设取得了突破性的进展。

可以说，经济形势十分喜人，但也要看到形势是逼人的。北京经济发展遇到的主要问题，一是本市经济发展速度低于全国，更低于上海。如不继续解放思想，加快改革开放步伐，就有落后的危险；二是工农业内部结构调整进展得比较缓慢；三是国有大中型企业的亏损应引起高度重视；四是改革的措施虽已出台或将陆续出台，但改革的任务还十分艰巨；五是资金和部分物资趋于紧张。作为为经济建设服务的教育必须了解经济发展的总形势，这样才能主动适应经济发展的需要。

我市教育战线经过几年的努力，形势是喜人的，表现在以下几个方面。(1)基础教育到职业教育、成人教育、高等教育，已形成比较合理的格局。(2)目前北京市的教育规模跟全国各大城市相比是大的。(3)教育体制和学校内部管理体制改革，教育结构改革，教育思想、教育内容、教育方法的改革，都在不断地深入发展。(4)教育经费不断增加，最近国家教委对北京市多渠道筹集教育经费的情况进行了检查，认为北京市在财政、税务、收费、产业、社会集资和建立人民教育基金这六个筹措教育资金的渠道方面，都取得了比较大的进展。(5)校舍、设备、师资等办学条件都得到了相当程度的改善和加强。(6)教育质量稳步提高。

学习小平同志重要谈话之后，教育界思想十分活跃，提出了许多改革的设想。我们认为，必须首先明确深化教育改革所需要解决的中心课题，即如何使教育事业更加适应经济发展的需要。从整体上看，北京市的教育事业还很不适应北京市经济建设发展的需要。这突出地表现在两方面。

一方面是在发展上不适应。教育的重要任务之一是多出人才。从发展规模上看，我市义务教育虽然已经普及，但学前教育发展得还很不够，高中阶段教育的规模和首都地位很不相称。从发展水平上看，我们的办学条件，总体上达到了所要求的基本标准，而这个基本标准还是很低的。师资数量还没有完全得到满足，师资水平存在的问题更多。教育经费仍然严重不足。因此，从我市教育事业的发展上看，还不适应首都经济建设的需要。

另一方面表现在质量上不适应。教育的任务除了多出人才，还要出好人才。而目前，在培养人才的规格上还不能满足我市经济建设对各类人才的需要。当前，各类经济部门再上新台阶时，普遍感到人才匮乏，不惜重金招聘人才。并且深感由于劳动者素质不高，劳动生产率上不去，产品质量也无法保证。所以，学习小平同志重要谈话，教育要上一个新台阶，归根结底是要加快适应社会主义建设需要的速度。既要加快教育发展的速度，又要加快教育提高的速度。教育改革必须围绕这样一个主题：是不是有助于加快教育规模的发展和教育质量的提高。脱离了这个主题来谈改革，是不符合社会主义建设的实际需要的。

为加快我市教育发展和提高的速度，必须进一步解放思想。教育战线解放思想的任务是十分艰巨的。因为教育历来是在计划经济模式指导下运行，我们的教育观念当中有许多东西来自于计划经济模式。因此，当经济运行体制由计划经济体制向社会主义市场经济体制转变的时候，为经济服务的教育也必须适应这种转变。而在实现这种转变的过程中，许多旧的观念会束缚我们的手脚，因此必须进一步解放思想。当前，需要进一步解决这样一些问题。

1. 要从教育自成一个封闭体系的思想当中解放出来，树立主动适应经济建设需要的开放观念。过去，教育是根据计划经济发展需要领取任务的，我们可以关起门来搞教育。现在就需要解决主动适应的问题。比如目前城近郊区都在发展第三产业，吸引投资进行高水平的商业街、区建设，这就对教育提出了新的需求。像西城区把西单大街改造成高水平的商业街，把阜成门大街改造成金融街作为区重点建设，西城区教育局为了适应西单商业街的需要，决定逐步把36中办成独立设校的高水平的商业职业高中，再把一所小学改成储蓄所，作为112中的实习基地，为金融街的发展服务。我想这是解放思想的体现，它打破了封闭的教育体系，主动地适应经济发展的需要。

2. 要把各类教育从各自为战的状态中进一步解放出来，树立提高教育整体效能的观念。以往不仅教育体系本身是封闭的，各类教育本身也是封闭的。基础教育、职业教育、成人教育、高等教育各成体系，造成教育的内部互不相通，发挥整体效能比较差，这个思想必须进一步解放。最近宣武区搞了个劳动者素质工程，就是在全面调查宣武区劳动者素质状况的基础上，从本区经济发展的需要出发，提出全面提高该区劳动者整体素质的目标，然后调动全区各部门和各类教育的力量去实现这个目标。这就是真正在实践当中树立了大教育观念，有了大教育规划和行动。我们的教育经费虽然很紧张，但浪费也是有的，造成了效益不高。昌平县崔村乡在一所中学里同时建立了职业高中和成人学校，一所学校一套班子、三个职能，结果效益发挥得很充分，比各搞一摊效益要高得多。这就打破了部门所有制的思想。为了提高教育的整体效能，在今年市人代会通过的《政府工作报告》里，提出要推广农村教育综合改革和进行城市教育综合改革试点。教育综合改革就是根据本地区经济建设的需要，以提高劳动者整体素质，发挥各类教育的整体效能为目的，对各类教育进行统筹与协调的综合性改革。这次改革是在一个地区进行的，是过去进行的各种单项改革发展的必然趋势，是改革的进一步深化。全市即将推广昌平县农村教育综合改革的经验，并在宣武区进行城市教育综合改革的试点。

3．要从单纯升学教育的压力中进一步解放出来，树立提高劳动者整体素质的观念。这个问题讲了多次，但解决得不是很好。合格劳动者进入社会有两个出口，一个是从普通教育出口，通过上高中上大学，毕业后进入社会；另一个是职业教育出口，经过多种类型的职业教育，最后走进社会。通过普通教育升学这条路虽然很重要，但在整个劳动者中所占的比例并不很大。大量的劳动者必须通过职业教育出口。现在还有相当多一批人是从第三条路出口，就是没经过任何培训直接进入社会。如果我们不改变单纯的升学教育观念，不面向全体学生全面地提高各类教育的质量，劳动者的整体素质就难以提高，经济的腾飞也将成为一句空话。

4．要从教育事业的发展单纯依靠国家投入的思想当中进一步解放出来，树立不断增强自我发展能力的观念。教育当然要依靠国家的投入，国家的投入当然应当逐年增加。但是要加快教育事业的发展，就不能单纯依靠国家投入，国家投入的增加终究是有限的。增强自我发展的能力有两条重要途径。一是多种形式办学。目前正在进行各种试点，如民办的街道幼儿园(所)，私人办的小星星幼儿园，民办公助的西坝河四小，公办民助的汇文中学，自负盈亏的蒙妮坦美容美发学校等，同时一些区县正在与外方或港澳台进行合作办学的意向性洽商。随着经济体制改革的深入，多种形式办学不但可以更广泛地发展起来，而且会涌现出一批办学水平较高的学校。另一条途径是多种渠道筹措教育经费。除财、税、费、产、社、基都要大力发展外，目前要做三件事。一是进一步推动校办企业的发展。经过多年实践，已经证明校办企业是了解经济建设的重要窗口，是学生参加生产劳动的重要的阵地，是教育经费的重要补充渠道，是教育管理体制改革的重要支柱。当前，经济建设发展迅猛，经济体制改革步伐加快，为校办企业的发展提供了机遇，也提出了挑战。要抓住时机，加强领导，推进改革，大力加强规模大、效益高的企业建设，发展校办企业集团和合资企业，推动校办企业再上一个新的台阶。二是改革收费制度。如托幼园所的收费标准批准权限即将下放，今年在部分普通高中和职业高中进行了招收自费生的试点，并对适当提高非义务教育收费标准问题进行了研讨。但是，乱收费问题仍是社会普遍关注的问题，各校必须遵守市教育局印发的四个文件，不得巧立名目，所收的“转档费”、“入学押金”、违反规定招收自费生等一律要清退。三是吸引外国人士合作办学。崇文区的重要经验是“谈生意，做善事”，在每洽谈一次重大合资项目的同时，提出附带支持一所学校的建设，这也是帮助对方扩大宣传、扩大影响的一种方式。各区县要效仿这种方式。

5. 要从学校内部管理体制改革差不多了的思想中解放出来，树立不断深化改革，完善运行机制的思想。四年来的实践证明，学校内部管理体制改革为学校注入了生机与活力，为推进教育的其他各项改革，稳定教师队伍，提高教育质量奠定了基础。深化改革的重点，一是进行扩大办学自主权的试点。改革的重要目标是调整学校内外部关系，是进行扩大办学自主权的试点。既要让学校拥有更多的办学自主权，又要做到管而不死，放而不乱。目前汇文中学和十一学校都在进行类似的试点。扩大办学自主权总的原则是该管的要管住，该放的要坚决放。学校管理体制改革的关键环节之一是实行聘任制，所有的学校必须坚持聘任，而聘任的主要障碍是人才流通渠道没有疏通。目前，崇文区在汇文中学、广渠门中学、178 中、李村小学、永生小学进行了试点，其中汇文中学聘任后的富余人员，全部由区教育局另行安排工作。汇文中学今年开学后教职工由 216 人减少到 174 人，净减少 42 人，最后将减到 130 人，相应的教职工待遇也有大幅度提高。将高的劳动生产率和高待遇结合在一起，是我们改革的重要方向。

总之，进一步解放思想是加快改革开放步伐的关键，而只有加快改革开放的步伐，才可能加快教育适应社会主义建设需要的速度。但是，教育的周期长，有其自身的规律，因而改革既要积极，又要稳妥。我们的方针是一切改革都必须经过试点，试点的胆子要大，步子要大，经过试点证明是有效的就积极推广。相信在小平同志重要谈话精神的鼓舞下，随着经济改革热潮的到来，教育改革的热潮也必将蓬蓬勃勃地掀起。

二、打好质量纵深战，办好教育为人民

教育的根本任务是提高全体公民的素质，多出人才，出好人才，因此教育的核心问题是质量。围绕着质量这个核心，还有许多外围的问题。有提高质量需要的物质条件，像校舍、设备、师资、经费等；还有保证提高教育质量所做的工作，如学校内部管理改革，制定和健全学校规章制度等，这些都是必要的。近几年，在外围工作方面我们经过努力，为提高教育质量创造了一些条件。但是，对质量这个核心，我们研究得不够，对质量的情况若明若暗，对抓质量若即若离，我们不能总是打外围战，必须将主要精力放在核心问题上打一场纵深战。“依靠人民办教育”这个上篇文章北京市做得不错，我们打好纵深战才能做好“办好教育为人民”这个下篇文章，也才能得到人民更多的

支持。

关于进一步提高普通教育质量问题，谈以下几点意见。

1. 关于加强德育工作问题。小平同志重要谈话再次强调了“两手抓”的问题。提高公民的思想道德素质是教育的重要任务。近几年来，我们抓德育工作是有成效的，在加快改革开放步伐的今天，德育的首要地位不能改变，对德育的要求不是降低了，而是提高了。坚持党的基本路线一百年不动摇，就要求我们的德育能够培养出一代又一代坚持党的基本路线的人；要使经济建设上新台阶，要搞好精神文明，都要求提高公民的思想道德素质；要求我们的德育更能符合各阶段学生的年龄特点，摆脱形式主义，具有实效性。因此，德育决不能削弱，削弱德育会犯历史性错误。德育要改进，而改进是为了加强。这里我想强调三点。

(1)要坚持不懈地进行爱国主义、集体主义、社会主义和“两史一情”的教育，这是中小学政治教育的主要内容。要通过生动活泼的形式加强这方面的教育，以培养爱国的公民、社会主义事业的接班人。

(2)要坚持学生参加社会实践和生产劳动的制度。目前，德育基地建设有进展。还要进一步搞好劳动、军训基地，要精心组织，使学生参加社会实践的时间得到保证。

(3)要大力加强学生日常行为规范的养成教育。学生的行为文明是学校精神文明建设的外在表现，也是学校教育质量的外在表现。一个社会的行为文明是这个社会精神文明水平的重要标志。在举国关注北京申办2000年奥运会的时候，进一步加强学生行为规范的养成教育，具有极为重要的现实意义，它已成为全社会迎奥运行动的重要组成部分。近几年，在贯彻中小学生日常行为规范方面，我市取得了很大成绩，特别是以“一改观、三突破”为重点，学校发生了可喜的变化。当前，我们要在这一基础上进一步突出两项任务：创优美环境，讲礼貌文明。创优美环境是在过去“一改观”的基础上，突出强调美化。全市所有学校都要在原有基础上，研究并落实学校的美化规划，不管是大而富丽者，还是小而简朴者，都能成为陶冶学生情操的美的环境。今年将要表彰一批美育先进学校，美的环境是一个重要条件。讲礼貌文明更应成为开放国家的学校教育的工作重点。最近市教育局政教处正在拟订礼仪常规，我们要下大力气把这件事抓好。

2. 关于提高九年制义务教育质量问题。全面提高义务教育质量，是提高整个教育质量的基础。近期，我们要着重抓好三件事。

(1)改进小学升入初中的办法。经市政府批准，自 1993 年起改进小学升入初中的办法。主要原则是：取消区县统一组织的小学毕业升学考试；在学生就近升入中学的同时，允许部分优秀学生选择中学就读；择优办法由区县根据实际情况决定，要保证充分的校内监督、上级监督和社会监督，并给中学以复审权。这次改进的关键措施是取消区县统一组织的小学毕业的考试，为减轻小学生过重的课业负担，初步创造一个外部条件。在实施过程中，各区县要从区县实际出发，采用适合本区县情况的择优方式。这是一项复杂的工作，需要及早研究方案，做好准备。

(2)以加强基础薄弱初中为重点，提高初中教育整体水平。初中教育是我市普及九年义务教育工作的薄弱环节，而基础薄弱初中的教育又是最为薄弱的部分。为提高我市初中教育水平，我局曾于 1986 年到 1989 年将办好基础薄弱初中作为普及九年制义务教育的一项重要工作列入了工作日程。三年中，市、区教育行政部门向城近郊区 88 所基础薄弱初中额外投资 1,200 多万元，调配教师 700 多人，并通过多种途径指导学校工作，取得了显著效果。其中 69 所学校先后改变了面貌，有的还跨入先进学校行列。但是，目前我市初中仍然存在一些基础薄弱学校。它们存在不少困难和问题，办学水平偏低，社会声誉较差。为此，我局决定在过去工作的基础上再用一段时间，适当集中人力、物力、财力，进一步加强基础薄弱初中。先以城区和近郊区的城镇地区最近调查确定的23所基础薄弱初中为重点，从1993年起用三年时间，提高其教学质量和声誉，从而推动全市初中整体教育水平的提高。其基本目标是：通过几年努力，各个基础薄弱初中建立起一支结构合理、团结协作、有较强工作能力的领导班子，师资队伍得到加强，初步形成良好校风，学生退学流失率不超过3%，犯罪率不超过1‰，初中毕业升学统一考试及格率不低于85%，体育锻炼达标率达到80%以上，社会声誉有较大提高。

主要措施有以下一些。①适当调整布局，将一些规模小、质量低、效益差的薄弱初中合并到附近办学条件好的学校。一些初中与职业高中合设；而初中质量比较低的学校，要在职业高中学校的布局调整中通盘考虑，将初中与职业高中分开设校。②将有的基础薄弱学校和重点中学联合在一起，试办重点中学分校。③争取高校支持，将部分薄弱初中办成大学附中。④在基础薄弱学校中选送一批优秀后备干部到教育行政学院轮训。⑤选派高等师范院校优秀毕业生充实基础薄弱初中的师资队伍。⑥市、区教研部门作出规划，用三年或更长一点时间，帮助基础薄弱学校培养学科教学带头人。⑦市、区教育行政部门分期分批投入一定数量的教育经费，较大幅度地改善基础薄弱学校的办学条件，使其达到北京市中学办学条件的一般标准。⑧加强督导检查，帮助基础薄弱初中提高管理水平。

(3)抓住改进初中招生办法的契机，全面提高小学教育质量。取消区县统一组织的小学毕业升学考试，必须推动小学教育质量的全面提高。要进一步推广“快乐教育”和学生素质评价的经验，要做到“一减轻，三加强”，即学生的过重课业负担确实得到减轻，品德教育、能力培养(书写能力、表达能力、动手能力、创造能力)和体育锻炼等确实得到加强。要抓住这个契机推进小学的教育改革，不是降低教学质量，而是更全面地提高教学质量。

3. 关于提高高中阶段教育质量问题。普通高中教学改革的重点放在全面落实过渡性的教学计划，改进会考制度和改革高考科目设置上。目前，实行会考与减少高考科目已成为配套的措施，因此，各类普通高中应根据本校情况研究如何相应地改进教学工作。经国家教委批准，自1993年起我市高考科目设置分文、理两类，每类考试科目减到五科，文科考语文、数学、外语、历史、政治，理科考语文、数学、外语、物理、化学。这是除三南、上海方案之外的第三个改革方案，目前，社会反映良好。今后，将随着会考可信度的进一步加强(包括命题水平、考场组织、评卷、登录等各项工作的可信度)，高考科目将进一步减少。

进一步试验初中后、高二后和高三后的多层次分流。这种分流打开了通向职业教育的多条渠道。李铁映同志在山东会议上明确指出了“产学结合，校企结合，以职养教”的职教发展的方针。这是职业教育发展带方向性的方针，其根本点在于职业教育必须摆脱普教的办学模式，在全面提高素质的基础上，突出专业技能的培养。而要达到这个目的，办学就必须和企业结合，使学生在学习过程中就参加生产实践，在创造价值过程中，提高技能水平。“以职养教”并非只是为了养活职教，减少政府的投入，但是仅凭政府的职教投入难以加快职教发展与提高的步伐，所以要和企业结合或自办企业。这样可以全部或部分补充职教经费，而师生都可在参与生产、经营过程中，提高自己的水平。蒙妮坦美容美发学校是我市一所完全“以职养教”的学校，它不要国家投入，每年还上缴五万元。它将教学、生产、经营紧密结合，师生在教与学的过程中都参与生产经营，毕业生水平较高，分配到高级美容美发厅，学生的感受就像从这间屋走进那间屋一样。最近它已在八个城市建立了分校，即将成立北京蒙妮坦美容美发教育集团。昌平农村职业学校正在推进专业与企业结合的改革，每个专业都管一个企业，学校就是一个企业集团，促进师生和生产劳动紧密结合。这样的改革尝试无疑会对提高中等职业教育水平起到促进作用。

4. 关于提高幼儿园教育质量问题。我市市立幼儿园占整个幼儿园的比例很小，市立幼儿园和社会办的部分骨干幼儿园构成带动全体幼儿园质量提高的示范力量，其中还有少量是重点示范园。当前，要按照“保教结合，教养并重，面向全体幼儿，全面提高幼儿素质”的方针，认真贯彻《幼儿园管理条例》和《幼儿园工作规程(试行)》，要使所有幼儿园学法、知法、执法。要通过贯彻这两个法规，促进教育观念的转变，进而促进教育实践的转变。必须加快、加大幼儿园教育改革的步伐，并将教研工作认真地开展起来，将教研的方向统一到法规上来，使幼儿教育的质量在改革过程中得到提高。

5. 关于“全面育人，办有特色”问题。“全面育人，办有特色”是我市提出的学校办学的方针。过去我们谈全面育人比较多，谈办有特色比较少，对学校的发展、学校间的相互促进都产生一定的影响。学校办有特色是每一位校长办学应有的重要的指导思想。因为学校的特色是在全面育人的基础上形成的，通过迁移反过来促进学校的全面育人；学校的特色是学校的个性，是凝聚师生的力量，是学校集体荣誉的源泉；学校以其特色赢得社会声誉，从而参与教育大家庭的交流。没有特色的学校，将全面育人变为均衡育人，学校除了面对升学没有其他，没有生气。

最近，台湾最好的一所女子中学的乐仪队来北京表演，我请了许多位中学校长去看。这所学校的学生百分之百升大学，但它却是以乐仪队的出色表演驰名。台湾派这个乐仪队来北京显示它的教育实力，说明特色何等重要。北京也有许多有特色的学校，许多学校因为重视了特色的形成而名声大振，也有不少本来很有名的学校，由于忽视了发展特色，而日渐平平。因此，我们贯彻全面发展的方针必须重视办有特色。市、区重点中学必须有自己的特色，通过特色起示范作用。其他各类学校也只有通过发展特色，才能更好地推动学校整体面貌的改变，那种“填平补齐”的办学指导思想是不可能真正办出一所好学校的。

特色可以从多方面形成。学科特色，如北大附中的数学，该校多次获得国际中学生奥林匹克数学竞赛奖牌；艺术教育特色，如展览路一小的合唱；体育特色，如北航附中的排球；教育思想特色，如一师附小的“快乐教育”；校风特色，如多年来坚持学雷锋的西城区的雷锋小学。我市中小学校徽、校旗、校歌、校训也应各具特色。这些都会形成学校的个性。

我们一定不要把全面育人和发展特色对立起来，人的全面发展是指综合素质，它总要通过人的特性才能体现。一个学校全面育人，发展特色是重要途径，而往往也是通过特色来体现全面育人的办学水平。特色常常是全面育人的突破口，而一旦形成就必须保护它，发展它，使它成为学校的宝贵财富和光荣传统，从而推动全面育人的落实。在打好质量纵深战的时候，我们希望全市各类学校，包括校外教育系统的宫、家、馆、站，都能贯彻“全面育人，办有特色”的办学思想，在“办有特色”上下一番功夫。

（六）关于实施“五四工程”，加强青年教师队伍建设问题。提高教育质量的关键在于教师队伍建设。90年代随着相当一批骨干教师陆续退休，新一代的青年干部、学科带头人和优秀班主任的迅速成长，就成为提高教育质量的关键问题。因此，今年北京市召开了青年教师工作会议，会上提出了加强青年教师队伍建设的“五四工程”。这项工程的目标在于促使各区县、学校制定加快青年教师队伍建设的规划，“八五”期间能初步形成一支市、区县、学校三级青年骨干教师队伍。这支队伍包括三部分人，青年干部、青年学科教学带头人和青年优秀班主任。这是一项有重大战略意义的任务。青年教师工作会议之后，我们又在人民大会堂举行了特级教师收徒弟的拜师会，会上143位特级教师收徒弟500多名。我们要求全市高级教师凡有条件的都要带徒弟，履行指导青年教师的职责。各校都要落实为青年教师配备指导教师的工作，要开好拜师会。同时我们还制定了与青年教师有关的评职、奖励等一系列的鼓励政策。教研部门、进修部门都要在培养青年骨干教师的工作中充分发挥作用。

培养青年教师的工作不是孤立的，我们要通过师傅带徒弟促进教育思想的转变，促进良好职业道德的形成，促进教育改革的推进，促进教育质量的提高。实践证明，抓好这项工作对推动教育工作上一个新台阶有重要意义。为了保证新师资的质量，我们要进一步办好师范学校。各师范学校要在办学条件标准化、学校管理规范化的基础上，把着眼点放到提高学生的素质和专业技能上来。

增加教育投入　重在投入效益*

目前，北京市通过财、税、费、产、社、基等途径，使得教育投入有很大增加。教育投入大幅度增加，投入效益就成为突出的问题。用钱不当，投入结构不合理，目的性不强，往往就得不到应有的效益，造成花钱不少，效益不高。因此，北京市始终坚持把"重在效益"作为增加投入的前提。

北京市在增加投入，重在效益方面突出抓了四个环节。

一、先制订调整布局规划，再投资兴建校舍

教育基本建设是一项大的基础工程，也是一项大的投入过程。兴建校舍是百年大计，不科学合理规划，势必造成效益不高和浪费。我们在"增加投入，重在效益"的原则下，在组织修建校舍时坚持"合理布点，适度规模"的原则来调整布局，然后再对修建校舍进行投入。

比如城近郊区的校舍改造。北京市小学入学人数从

---

* 原载《人民教育》1992 年第 11 期。

1986年起逐年增加，为解决高峰期间的校舍严重不足问题，确保不出现“二部制”，市委、市政府先组织人力进行深入调查，摸清生源变化情况和当前学校布局存在的问题，确定合理调整布局的方案，然后作出规划，5年内共投资2.6亿元，在城近郊8个区，改、扩、建小学校舍51万平方米，净增教室2,200间。不仅保证了小学在高峰期没出现“二部制”，使300多所小学改善了办学条件，校容校貌大为改观，并且使布局基本合理，规模基本适度。

从1993年起，初中在校生将增多，到1995年达到高峰。为保证初中不出现“二部制”，市政府仍然采取先调整布局再投入兴建的方针，决定“八五”期间对城近郊8个区部分中学校舍进行改、扩、建，建筑面积30万平方米，投资1.8亿元，已开工20万平方米。

在城近郊区调整布局，改、扩、建校舍的同时，远郊区县、近郊区的农村地区也开始对中小学进行学校布局调整、适度规模办学、兴建校舍的工作。

顺义县委、县政府统筹规划，结合全县实际作出调整学校布局、适度规模办学的决策，确定了“五统一”的原则。“统一领导”，建立中小学教学楼建设领导小组，县常务副县长负责，组织各有关局协调、解决施行中的问题。“统一规划”，县教育局会同规划局在调查研究的基础上，制订了全县中小学调整布局和建设规划的初步方案，由县委、县政府讨论修订，经市政府、市教育局审核、确定。“统一实施”，建设规划由县计委统一报批建设面积，县房地产管理局统一审批占地，并于1988年下半年一次批齐所有占地，为加快进度奠定了基础。由县建委工作质量监督站负责质量监督。“统筹资金”，建设资金来自群众捐款，乡镇财政出一部分，县财政按每平方米100元标准补贴一部分，使资金来源有保证。“统一标准”，既从当前经济、社会发展实际出发，从国家财力和群众承受能力出发，又要考虑今后几十年的发展，避免短时间内进行重复建设，造成更大浪费，县委、县政府统一制定建设标准。

在调整学校布局的工作中，顺义县坚持多渠道筹措资金，除征收教育费附加、农村教育费附加外，还建立了人民教育基金制度，大力发展校办企业，并在全县发动人民群众捐资助学。几年来，全县社会各界、集体和个人捐资总额达4,700万元，捐资人数达30万人次。

经过四年多的努力，顺义县中小学校舍改造取得了显著成果。目前全县建成中学教学楼97栋，建筑面积28万平方米，总投资1亿多元，已在全县基本形成乡镇中心小学楼房化，下面辐射4～5所高标准的联办小学格局。今年又有24栋中学教学楼正在兴建，建筑面积11万平方米，投资5,000万元。预计今年年底，全县规划中的最后6栋教学楼工程将全部开工，于1993年全县全部实现中学和中心小学楼房化。顺义县的“五统一”取得了较好的投入效益。

海淀区是我市近郊区之一，也是文化、科技密集区，委属高等院校集中于海淀，区属中学教学质量在全市名列前茅。但该区有相当一部分中小学地处山后农村地区，办学条件较差，规模分散，点多，班数少，校舍破旧。这不仅浪费了人力、物力、财力，也严重影响教学质量的提高。为此，该区决定对山后农村地区中小学调整布局，加大投入，改善办学条件。

海淀区委、人大、政府、政协领导共同研究，先搞出调整布局的规划。该区山后农村原有中学16所，小学68所；调整后中学为14所，小学为43所，共减少27所。计划新建校舍建筑面积166,400平方米，投资约1亿元，确定在“八五”期间完成。今年5月，全区各行各业全面动员，为山后农村中小学改善办学条件集资。这一举措得到全区人民的拥护。到7月底，全区已集资2,485万元。

总之，当群众掀起兴学热潮的时候，既不应该是顶漏补顶，墙漏补墙，也不应该是想在哪儿建就在哪儿建，想怎么建就怎么建。首先要考虑的是布局合理，规模适度。这样，才能使有限的投入发挥出较理想的办学效益。

二、先制定办学条件标准，再分步落实达标

我们确定增加教学设备的原则是“按需配备，分类达标”，即根据教学需要配备，分类分层次逐渐达到标准。

1988年，北京市人民政府文教办公室、北京市人民政府计划委员会、北京市机构编制委员会办公室、北京市规划局、北京市教育局五个单位联合发出《关于颁发〈北京市中(小)学办学标准(试行)〉的通知》。《通知》指出：“《标准》作为各级政府从实际出发制定改善中小学办学条件规划的依据。”随后，将印制的《北京市中学办学条件标准》和《北京市小学办学条件标准》发至市政府各有关委、办、局，各区县政府，各中小学校校长。

《办学条件标准》分为《中学办学条件标准》和《小学办学条件标准》，分别对中小学教职工的编制及配备，中小学校舍规划面积定额，中小学各科教学仪器配备，体育器材及医疗卫生器械、音乐教学设备、美术教学设备、图书资料配备和中小学办公家具配备等九个方面的办学条件标准作了规定，把办学条件分为基本、一般、较高三个层次。

教职工编制及配备是按编委及人事部门有关规定结合北京市实际情况制定的，按照基本、一般、较高三个层次分别对教师、职工编制作出规定，并分出城市学校、农村学校，高中、初中、小学，重点

校、一般校等不同类别的配备标准。三个层次还分别对学校干部、教师学历，教师与职工比例等作出规定。

《中小学校舍面积规划定额》中基本标准是依据原教育部 1982 年颁发的《中等师范学校及城市一般中小学校舍规划面积定额》制定的。它适用于那些占地困难，通过改造又不能从根本上改变用地现状的学校，是全市实施义务教育的基本要求，属于必须达到的标准。

一般标准是依据国家计委颁发的标准，即《中小学建筑设计规范》制定的。它适用于改扩建具备场地条件和新建的校舍。

较高标准是为各区县建设高标准学校提供的参考意见，主要依据《中小学建筑设计规范》并考虑到今后教学发展及开展学生第二课堂活动需要制定的。它适用于区县重点校、示范校。另外，根据目前多渠道筹资办学情况，有集资来源的学校可采取较高标准进行建设。如小学基本标准中普通教室使用面积 47 平方米(每生 1.04 平方米)；一般标准 49.5 平方米(每生 1.1 平方米)；较高标准 56 平方米(每生 1.24 平方米)。

中学校舍标准中，较高标准比一般标准增加实验室设备数量，增设标本室、模型室。分组实验设施将两个人一组改为单人实验。增加了计算机室、语言实验室、音像室、报刊阅览室等。

又如完全中学的理科教学仪器配备，基本标准配备 349 项，一般标准配备 781 项，较高标准配备 898 项；电教器材配备，基本标准配备 10 项，一般标准配备 14 项，较高标准配备 26 项。

图书配备，中学较高标准每生 50 册，一般标准 40 册，基本标准 30 册；小学较高标准每生 40 册，一般标准 30 册，基本标准 20 册。

由于有了办学条件标准，市、区县教育行政部门按照规定标准配备。在配备过程中，做到分类达标，按需配备，减少了盲目性。

为了促进标准的落实，市人大常委会和市政府联合，自1986年起连续6年，每年组织以落实达标为重点的义务教育大检查。到1991年年底，城近郊区学校的全部，远郊区县除53个贫困山区乡外，全部按规划达到基本标准。今年年底又将有42个乡通过验收，最后11个乡将在明年全部达标。目前，在全市中小学中，中学已有35%达到一般标准，16%达到较高标准；小学已有28.9%达到一般标准，5.7%达到较高标准。

三、先改革学校内部机制，再不断提高教师待遇

北京市从1988年开始实行中小学内部管理体制改革。改革的基本思路是“改善待遇，转换机制，打破三铁，提高效益”。提高效益，即提高教育的质量和效能。这是改革的根本目的。而效益的提高来自机制的转换。同样的提高待遇，在铁饭碗、铁交椅、大锅饭和平均主义的分配方式下，往往起不了多大作用。但是，在实行了责任制、工资总额包干和校内结构工资制之后则可以焕发出勃勃生机。目前，北京市除中小学外，市属高校、市属中专也全部实行了学校内部管理体制改革，市属技校、成人学校也已在试点基础上逐步推开。当前，我市深化学校内部管理体制改革的方向，是进一步扩大学校办学自主权和进一步完善教职工聘任制。目前，试点已取得进展。如汇文中学是扩大学校办学自主权的试点单位，该校目前只受两点约束，即一要遵守法律、法规，贯彻教育方针，接受教育行政部门的督导；二要参加会考。其余权力均放给学校，包括人权、财权、教学计划、课程设置等权力。该校在原来改革的基础上，本学期开学又减少教职工42人，劳动效率大大提高，相应地教师待遇也大大提高。崇文区实行完全聘任制的试点。该区教育行政部门成立人才交流中心，各校多余人员的

关系转入交流中心，组织校际人员交流和发展为教育服务的第三产业。

在逐步转换机制的基础上，我们努力提高教师待遇。“七五”期间先后建成教职工住宅 80 万平方米，管理体制改革补助经费每年递增 10%，去年决定全市人均增加 10 元工资计入工资总额，今年又决定各类学校再人均增加收入 5%，计入工资总额。在改革内部机制基础上，提高待遇才能更充分地发挥效益。

四、先抓住重点、难点，再带动全面改善

先抓住重点，即抓住提高教育质量迫切需要的重点设备，先做到雪中送炭。这些重点设备，一方面是教学需要的常规设备，另一方面是提高教学质量非有不可，而学校又一时难以解决的先进设备。这些都必须优先安排。

例如图书配备。前几年，能供中小学生阅览的图书极少，许多书籍不适合学生阅读。为加强学生思想品德教育，提供健康性、知识性、思想性强的书籍，市委、市政府决定出版中小学生文库。《文库》分《儿童文库》(小学四至六年级)、《少年文库》(初中)和《青年文库》(高中)三种。每套文库 100 本，包括社会科学、文学作品。并为每套文库做一个书箱，分别发至全市中小学，各个教学班每班一套。《儿童文库》印制 6,000 套，投资 150 万元。今年开始印制《儿童文库》第二套，供小学一至三年级学生阅览，印制 2 万套，仍然每个教学班一套，计划投资 400 万元。去年通过发动各行各业为学校捐书，全市小学生均图书超过 20 册，中学生均图书超过 30 册。

再如，组织制作“两史一情”系列声像教材。为对广大中小学生进行近代史、现代史和国情教育，生动形象的教材是增强教育效果的迫

切需要。为此，市政府决定抓住史、情教育的特点，利用现代化教育手段，实现德育方法改革，拨出专款制作中小学“两史一情”教育录像带，发至全市中小学校，每校一套。市教育局在音像出版社的配合下编辑制作了录像带教育片，其中小学 10 集，初中 6 集。录像片中有大量的史实资料，使广大学生在观看情理交融、真实感人的录像片过程中接受生动教育。今年又决定再拨专款制作系列影视片录像带，仍然发给每所中小学。

计算机要从娃娃抓起。这就必须增加投入，对全市完全中学和小学配备计算机。我市对完全中学按 4 人一组配备，每套 1 台教师机，2 台学生机。目前，完全中学已配备 282 校，5,148 台，今年将全部配齐；小学对具备安装计算机条件并有师资的先配备，目前已配 236 校，2,265 台。城镇地区小学的 1/5，农村地区中心小学的 1/6 基本配齐。

雪中送炭还必须突出难点。目前普及义务教育的难点在山区。

北京市总面积的 61%为山区。由于地理环境、社会历史、经济发展等种种原因，山区教育水平很低。我们为此做了许多努力，如兴办山区寄宿制小学，减少乃至消灭单人岗位等。

门头沟区根据山区特点对中小学进行统一规划，调整布局，适度规模办学。全区到 1994 年将实现一乡一所初级中学，一个中心校辐射几所完小的布局。比原来减少中小学 80 所，消灭单人岗位和复式班。目前门头沟区已陆续办起小学高年级寄宿制学校 8 所，低年级寄宿制学校 2 所，初中寄宿制学校 4 所。实践证明，在山区中小学实行寄宿制有利于贯彻落实《中华人民共和国义务教育法》，有利于集中人力、物力、财力，有利于干部、教师队伍建设，是提高山区教育质量的有效途径。

又如，为解决山区教师的困难，我们采取了一系列措施。主要有为山区学校统一购置汽车解决教师购粮、购菜、购煤及教师进修交通问题，同时增加山区教师的工作补贴(郊区补贴、山区补贴、进山补贴)，并分别制定奖励政策。

1988年，北京市中小学实行内部管理体制改革，实行内部结构工资制。市、区县、乡财政予以补贴。我们对全市5个山区县的补贴由市财政全部包下来。从开始人均月增30元到现在人均月增40元，并坚持做到市财政补贴每年递增10%，促进了山区教师队伍的稳定。

再如，为解决边远山区中小学课桌椅破旧不堪的问题，我们从1989年起连续4年每年拨款250万元，共1,000万元，统一订购、制作20余万套新型课桌椅全部调拨给山区学校。

为适应山区学校办学特点和教学需要，我们从1989年起集中3年时间，投资700余万元，为山区小学完小、完小复式班、初小复式班、单人岗位按不同需要分别配备了教具柜和电教箱，已全部到位。教具柜主要有：数学教具如量角器、分数板、几何体模型及演示器、演示算盘、三角板、圆规、电流实验盒、地球仪、矿石标本、弹簧秤；语文课用的汉语拼音磁性教具；电教用的收录机、小学专用投影仪、银幕等。对复式完小另加风琴、仪器柜及135手动幻灯机等。在电教箱里按照小学各年级的不同需要，分年级安排。主要有教学录音带，其中空白录音带10盒，小学语文朗读录音带8～15盒，小学思想品德教育录音带8～12盒。自制投影用品如投影资料册、投影资料(软片)、投影墨水及笔，供教师自制软片用。除此之外，为小学三至六年级分别配置了数学投影片。小学复式完小电教箱配备16种，复式初小配备13种，单人岗位配备5种。农村完小在上述配备基础上，在品种、数量上均有增加。

今年，我们要在增加投入的同时，进一步增强效益观念，继续遵循“增加投入，重在效益”的原则，使有限的资金发挥更大的作用。

民族的希望*

——实施全面素质教育

站在新世纪的门前，我们的心中充满着对未来的美好憧憬，肩头却深感责任的沉重。一切经过理性思考的人，都会得出这样的结论：必须把对民族昌盛的热切期望，化为促进教育繁荣的现实的努力。而实施全面素质教育则是促进我国教育繁荣的基础工程。

全国人大八届四次会议批准了我国《关于国民经济和社会发展“九五”计划和2010年远景目标纲要》(以下简称《纲要》)。《纲要》是我国经济、社会综合发展的跨世纪的宏伟蓝图，是全面完成社会主义现代化建设第二步战略目标并向第三步战略目标迈出重要步伐的行动纲领。作为实施科教兴国战略的具体目标，《纲要》明确规定要“改革人才培养模式，由‘应试教育’向全面素质教育转变”。这是以法律性文件的形式确立了素质教育的地位，规定了实现由“应试教

* 收入郝克明主编《面向21世纪·我的教育观》(综合卷)，广州，广东教育出版社，1999。

育”向素质教育转变的方向。因此，实现这种转变就成为当前我国教育改革，特别是基础教育改革的重要目标。

一、实施全面素质教育是基础教育事业面临的紧迫任务

实施全面素质教育是我国迎接新世纪的机遇和挑战的迫切需要，也是全面开发人的潜能，促进人的全面发展的迫切需要。

(一)落实科教兴国战略，加速知识创新，迎接新世纪的机遇和挑战

提出实施全面素质教育的根本目的是为了使基础教育事业适应社会主义现代化建设的迫切需要。小平同志在 1985 年曾指出：“我们国家，国力的强弱，经济发展后劲的大小，越来越取决于劳动者的素质，取决于知识分子的数量和质量。”在这里，小平同志将劳动者的素质和知识分子的数量和质量看作是增强综合国力的决定性因素，这不仅符合现代各国经济发展的共同规律，对于我国这样的人口大国来说，更有其特殊的意义。沉重的人口负担严重制约经济发展和生活水平的提高；而巨大的人力资源，则可以成为任何国家无法比拟的优势。是人口负担还是人力资源，主要差别在于人的素质。因此，实现人口负担向人口资源转化的过程就是提高民族素质的过程，而实现这种转化的根本途径在于教育。

面对世纪之交的新形式，我们既具有采用新技术、加快产业结构优化升级和经济发展的历史机遇，又面临着在科技和经济上占优势的西方发达国家的强大压力，以及国际激烈竞争的严峻的挑战。我们必须认真落实科教兴国的战略，加速知识创新。在全国人大九届一次会议的《政府工作报告》中就明确提出，科学、教育和文化工作的根本任

务是提高全民族的思想道德素质、科学文化素质和创新能力。教育能否完成这一根本任务，已经成为关系到我国以什么姿态进入新的世纪，关系到在激烈的国际竞争中能否赢得更大的主动，关系到国家的前途和民族的命运的重大问题。

江泽民同志在北京大学百年校庆纪念会上的讲话指出：当今世界科学技术突飞猛进，知识经济已见端倪，国力竞争日趋激烈。

知识经济的出现，标志着人类社会正在步入一个以知识资源为主要依托的经济时代。由工业经济转入知识经济，比二百多年前由农业经济转入工业经济的意义更重大、更深远，知识经济引发的经济革命，将是重塑全球经济的决定力量。知识将成为最重要的经济因素，带动社会生产中各种劳动形式向以脑力劳动为主和不断开发新的知识资源的方向发展。知识经济的悄然兴起可以说是一场无声的革命，它对我们现有的生产方式、思维方式、生活方式，包括教育、经营管理乃至领导决策等活动都将产生重大的影响。知识经济必将要求教育通过变革，以有利于形成适应知识经济发展的人的素质结构。比如知识经济呼唤创新能力，对于一个国家来说，拥有持续创新能力和大量高素质人力资源，就具备了发展知识经济的巨大潜力；缺乏科学储备和创新能力的国家，将失去知识经济带来的机遇。知识经济要求应变能力。知识经济的一大特征是“千变万化”。一个企业如果要生存、发展，会面临许多问题。过去都是用静止的观点来研究这些问题，现在在知识经济形成的过程中，这些因素都是动态的，而且变化非常快，不能适应，企业就要垮下去。此外，知识经济要求合作能力。在知识经济的大背景下，企业只有联合并存，才能形成强大的集体以抗击狂风巨浪的冲击；个人只有善于合作共事，才可能具有竞争的实力。知识经济还要求人具有良好的心理素质，要经得起失败的考验。一个人很难永远是成功者，理性地面对失败，应是当代人必须具备的心理素质之一。

总之，为迎接知识经济的到来，教育还要采取更为开阔、进取的诸多形式来培养、训练我们的新一代，使他们具有更加全面的素质。

（二）全面开发人的潜能，促进人的全面发展

教育的重要任务是开发人的潜能，而实施素质教育正是为了全面地开发人的潜能。其中，通过实施素质教育，实现人脑功能的全面开发，就是当前教育改革的重要课题。

知识的生产实际上要依靠人的创新意识、创新能力，而人脑是智慧的载体。我国科学院院士王选曾说过，防止盗版的最好的办法之一，就是加快软件的更新速度，他刚一盗版，我新一代软件就出来了。所以，有人认为21世纪的竞争是人脑智慧潜能开发的竞争，不无道理。从这样一个大背景出发，世界各国都非常重视脑科学的研究。美国近十年来，对脑科学的研究有相当大的投入，并不断取得新的进展和成果。我国教育工作者也已开始意识到这一点，我们也要加快脑科学的研究。这是一个有远见、有先导意义的课题，而这个课题的研究给我们的启示是，实施素质教育的目的正是为了全面开发人的潜能。

我们审视现行教育的时候，会发现现行教育确实有许多不科学之处。像对人脑潜能的开发就存在着单一性和片面性。比如，在教学内容上，我们比较侧重知识在教学过程中的循环，老师把知识传授给学生，学生考试时再还给老师。在这样一个封闭的教学过程中知识没有增值。形象思维的弱化影响了脑潜能的全面开发，影响到学生全面素质的提高，特别是影响了学生创新能力的培养和智力的全面发展。

实施素质教育正是通过课程体系、教学内容、教学方法的改革来克服现行教育中存在的片面性，使左右脑的潜能，也就是全脑的功能都得到充分的开发，使形象思维和抽象思维能协调发展，从而促进人脑和人的整体的潜能的全面开发，使人的全面发展成为现实。

二、实施全面素质教育，顺应世界教育改革的潮流

在迎接新世纪到来的时候，世界各国都把制定教育发展战略放在一个重要地位。全面提高公民素质，培养更强的一代新人，几乎成为每个国家未来发展战略的核心。

在新世纪即将到来之时，联合国教科文组织曾就教育问题做过几次重要的研究：1972 年提出了一个报告《学会生存》；1993 年，为了研究迎接新世纪的教育战略，联合国教科文组织成立了国际 21 世纪教育委员会，并于 1996 年，即教科文组织成立 50 周年之时，提出了一份报告《教育——财富蕴藏其中》。这两份报告中的一个重要观点就是：21 世纪的教育应该把终身教育放在社会的中心位置上，终身教育是进入 21 世纪的一把钥匙。这就要求基础教育应当承担为终身教育打好基础的任务。由此，教科文组织的报告提出了教育的四个支柱：学会认知、学会做事、学会共同生活、学会生存。

这一报告中还提出，现在的正规教育系统不顾其他学习形式，越来越强调获取知识，而现在十分重要的是应该把教育作为一个整体来加以设计。这种看法应该在制订教学计划和确定新的教育政策方面给未来的教育改革以启示和指导。这份报告是将实施全面素质教育作为世界性教育改革课题提出的生动体现。

在法国，1996 年以国家名义委托组建的学校思考委员会提出了一份报告《为了学校》。这份报告阐述了关于法国的未来教育改革的有关问题。报告提出了 21 条建议，核心观点是从入学的义务到必学的

义务。报告认为，法国的义务教育实施一百多年以来，适龄人入学率已达百分之百。国家已经承担了让学生入学的义务，公民也承担了送子女入学的义务，但学生的学习结果并不让人满意。

报告提出了法国教育改革的口号：让所有人掌握最起码的知识。这是报告中最引人注目的口号。什么是最起码的知识？报告提出，学校应保证在法国就学的全部学生在 16 周岁时，能够掌握以下六方面的知识，以保证他们获得未来成人和未来公民真正的权力。这六方面的起码知识是：(1)会读会写；(2)能计算；(3)能理解空间和时间；(4)学会观察事物和有生命的实体，学会操作简单机械；(5)接受体育、艺术教育；(6)掌握公民的行为规则和价值观。

法国学校思考委员会报告中提出的“起码知识”，既包括知识，又包括能力、情感、品德和价值取向。报告还要求学校承担一个责任，叫做“失败率为零”。也就是说，全部学生都应该达到掌握起码知识的水平，学校不应该使一个学生失败。这当然是一种理想，法国教育界也认为不可能百分之百的学生都掌握起码知识。但是，面向全体学生培养全面素质无疑是他们教育改革设想的重要目标。

日本第十五届中央教育审议会通过一年多的研讨，广泛征求了日本各界的意见，于 1996 年正式向文部大臣提出了第一次咨询报告《关于面向 21 世纪我国教育的发展方向——让孩子们拥有“生存能力”和“轻松宽裕”》。报告分析了日本现今孩子们的生活现状以及所处的家庭及社会的现状，展望了未来的发展趋势，确立了今后教育的发展方向——在“轻松宽裕”的教育环境中培养孩子们在未来社会中的“生存能力”。报告认为，在今天这种急剧变化的社会里，各种知识的老化提前了，只保持在学校里学到的东西已经不行，必须不断地进行继续教育，即到了需要终身学习的时代。而且，在这种很难作出明确预测的社会里，根据当时的状况进行思考和判断的能力显得更加重要。在以多媒体为代表的信息化社会里，知识和信息的存取变得便利，现在迫切需要的是，根据得到的知识及信息得出新的有价值的东西的创造性。

报告认为，今后孩子们必须具备的是：无论社会如何变化，他们能够自己发现问题，自我思考，主动做出判断和行动，有较好的解决问题的素质和能力，并且能够自律，善于和他人协调，善于为他人着想，感情丰富和充满人性，同时能够强健地生存下去。它把这种素质和能力称之为在今后急剧变化的社会里的“生存能力”，并认为全面而协调地培养这种能力是十分重要的。

在美国，《美国2000年教育目标法》提出了美国联邦政府教育改革的方向是实现八大目标：(1)所有儿童都要有良好的学前准备；(2)所有读完四年级、八年级和十二年级的学生，对英语、数学、科学、外语、政治经济、艺术、历史和地理等具有挑战性的科目必须具有相应的实际应用能力，具有独立思考和继续学习的能力，并能在现代化经济生活中胜任工作；(3)高中生的毕业率至少要达到90%；(4)学生的科学和数学能力要居于世界领先地位；(5)每一位美国成人都要有文化，并拥有在世界经济竞争中所必需的知识和技能；(6)每所学校都成为无毒品、无暴力、无武器和无酒精的场所，都具有良好纪律，充满好学上进的风气；(7)教师要接受旨在提高其专业技术的继续教育，具备培养21世纪学生所需要的知识和技能；(8)每所学校都要与家长结成伙伴关系，使家长更积极地关心与参与促使儿童增长社会知识、文化知识和感情的活动。这一目标的实施，是为了克服美国现行基础教育的弊端，从而提高美国学生的整体素质。

在德国，德国的职业教育计划中把“关键能力”的培养提到重要地位。这一计划提出把五项关键能力作为培训重点。一是任务的组织和实施能力；二是交流与合作能力；三是学习和工作方法的使用能力；四是单人或集体承担责任的责任心；五是心理和体力承受能力。它指的关键能力实际就是我们所指的基础素质。

以上说明，各国在迎接新世纪的时候，都在考虑自己的教育发展战略，在反省教育能不能适应变革的新世纪的挑战。在这些教育改革的思路中，普遍地比较重视全体社会成员的全面素质的提高。所以，全面实施素质教育，既是迎接新世纪时我们国家教育的一种战略思考，也顺应了世界教育改革的总趋势。

三、实施全面素质教育是对我国基础教育发展与改革历史经验的深刻总结

新中国成立以后，国家教育方针经过几次调整，加上很多大家都知道的原因，我们在教育方针的贯彻中不断出现反复。

党的十一届三中全会以前，贯彻教育方针的反复，比较集中在“三中心”问题上。在一个阶段里，比较强调书本知识的教学，强调课堂教学的作用，重视教师的主导作用；但同时又出现了忽视政治思想品德教育，忽视和生产实践相结合，忽视学生的主体作用的倾向，由此提出进行教育改革。但是改革之后，往往把原来的课堂教学、书本知识、教师的主导作用全部否定。于是又出现了新的倾向，一方面政治思想品德教育力度好像是加大了，生产劳动实践的时间增加了，学生的自主能力重视发挥了；但同时又出现了忽视课堂教学、书本知识、教师主导作用的情况，造成教育质量下降。新中国成立以来，这样的反复出现过多次，虽然在反复过程中也不断取得经验，但这些反复的本身给教育事业的改革和发展造成不少损失，使我们走了不少弯

路，也使我们培养出来的人不同程度地存在着不同类型的素质缺陷。

1978年以后，随着全党工作重点的转移，教育改革逐步深化。最初，大家针对在“文化大革命”中否定“三中心”这一弊端，强调课堂教学，强调加强书本知识的传授，强调教师的主导作用。当时的口号就是“加强双基”，也就是加强基础知识教学，加强基本技能训练。加强双基的口号是对“文化大革命”中“教育革命”的否定。随着教育改革实践的发展和一些国外教育理论，如布鲁纳、布卢姆、赞科夫、苏霍姆林斯基、巴班斯基等人的教育理论在国内的传播，大家认识到只强调基础知识和基本技能是不够的，开始引入了能力和发展的概念，口号转变为“加强双基，培养能力，发展智力”。在教育改革进一步深化的过程中，大家又发现一些心理因素，其中包括兴趣、意志、情感等因素对人的成长也是十分重要的，又开始把这些东西综合起来，提出了“非智力因素”的概念。于是教育改革的目标和内涵愈加丰富，形成“加强双基，培养能力，发展智力，开发非智力因素”的口号。这样，在对改革目标和培养目标逐渐加深认识的基础上，在1983年前后，素质教育这一概念开始引起人们的关注。因此可以说，素质教育这一概念的产生是人们对培养目标内涵的认识越来越丰富、对培养目标内在联系和内化作用的认识越来越加深的结果。特别是邓小平同志为景山学校题词“教育要面向现代化，面向世界，面向未来”之后，素质教育这一更加深刻、更加综合的概念就进一步引起了人们的重视。

因此，素质教育是在改革的实践中，人们加深了对教育方针理解的基础之上提出的，是对新中国成立以来基础教育发展和改革历史经验的深刻总结。

四、实施素质教育的实质就是全面贯彻我国的教育方针

实施素质教育既有其时代特点，也有着继承性。素质教育的实质就是要全面贯彻我国的教育方针。我国宪法中规定，国家培养青少年儿童在品德、智力、体质等方面的全面发展。我国的《义务教育法》也有同样表述。在《中华人民共和国教育法》中，进一步明确提出："教育必须为社会主义现代化建设服务，必须与生产劳动相结合，培养德、智、体等方面全面发展的社会主义事业的建设者和接班人。"要全面贯彻这一方针，其实质就是实施素质教育。素质教育的提法深刻地理解并体现了我国教育方针的本质。

从素质教育角度来理解全面贯彻国家的教育方针，有三个特点应当引起重视。

(一)素质教育体现了教育方针中教育功能的前瞻性

我国教育方针中规定要培养德、智、体等全面发展的社会主义事业的建设者和接班人。这里必须明确的是，教育是面对未来的。邓小平同志在"三个面向"中特别强调教育要面向未来，这是对教育功能的重要概括，也就是教育的前瞻性。

学校教育，特别是基础教育的价值体现在未来。教育能否真正为社会主义现代化建设服务，主要看什么？主要不是看学校里的学生怎样，而是看学生毕业后步入社会时所能发挥的社会功能的性质和水平。我们现在评价 20 世纪 50～60 年代的教育，可以肯定其中许多优点，也可以指出当时教育中的一些不足，其根据是什么？是 50～60 年代培养出来的人在社会上表现出的带共性的优点和缺点。如果我们教育的出发点只是追求暂时的、片面的或者表面的效果，那么这种教育就很难经受起社会和历史的检验。那么，是什么决定受教育者在未

来社会中所发挥的社会功能的性质和水平呢？那就是受教育者的素质结构。

一个时代有一个时代对人的素质结构的不同要求，传统的素质结构应该根据时代的需要不断加以调整，赋予其时代的内涵。比如，《中国教育改革和发展纲要》中提出了四项基础素质：思想道德素质，科学文化素质，身体心理素质，劳动技能素质。什么是科学文化素质呢？最早对科学文化素质的认识偏重于掌握知识。但是，面对新世纪的挑战，不仅要求人掌握知识，而且要掌握更新知识和运用知识的科学方法，要有热爱科学、尊重科学、按科学规律办事的科学意识，有奉献、创新、协作、求实的科学精神。

(二)素质教育体现了教育方针中教育对象的整体性

教育，特别是基础教育，是为提高民族素质多出人才、出好人才奠定基础。我们不仅要培养各种类型的专家，而且更要重视整个民族素质的提高。我们的教育对象是全体适龄公民。这些人将来可能是政治家、艺术家、科学家和其他类型的专门人才，也可能是普通劳动者；有的人可能有相对固定的职业，也有的人可能其职业不断变动；有的人可能以从事脑力劳动为主，也有的人可能以从事体力劳动为主。但这所有人的整体素质决定了中华民族的素质，决定着我们国家人力资源的水平。所以，为提高中华民族的素质，基础教育必须面向全体受教育者，不能单纯面向被高一级学校选拔、继续接受教育的少数学生。这应该是素质教育的基点，也是教育方针的基点。所以，素质教育不是选择适合教育的儿童，而是创造适合每个儿童的教育。

(三)素质教育体现了教育方针中教育内容的基础性

马克思认为，劳动力就是人在从事劳动生产过程中人的体力和智力的总和。在这里，马克思使用了“总和”这个词，我认为，这个总和的概念就是指人的素质结构。《中国教育改革和发展纲要》把思想道德素质、科学文化素、身体心理素质、劳动技能素质所形成的结构概括为人的基础素质。法国将六种起码知识视为人的基础素质。基础教育的任务就是使学生在学校受教育阶段真正打好素质基础。

在培养基础素质过程中，必须突出全面、精要和内化。

突出全面。必须重视学生全面素质的提高。我国的一些专家正在研究素质结构的提纲，国外也在做这项工作。大家都在研究哪些素质是符合时代要求的基础素质，基础素质要达到什么水平。这一问题的研究可能需要很长时间，但以《中国教育改革和发展纲要》里提出的四方面素质作为基础素质结构的框架是合理的。

突出精要。现在教育内容庞杂艰深，教学方法重复烦琐，这是导致教学质量下降的一个重要原因。精要是打好基础的重要条件。法国的教育改革方案对“会读”的要求定为三条，这就很精要。抓住这三条去培养学生，最后学生可能把这三条的起码知识都掌握了。如果反过来，把三条淹没在一百条里，学生在学习之后，可能记住了三十条，但那三十条可能都不是最基础的，都不一定是最重要的。基础的最主要的东西只有精要化以后才可能掌握好。

现在小学语文教学中有一种练习，即让学生解释带点的字。有人统计，小学语文要做上万个这种练习，因为认字大概是3,000～5,000个，一个字有时是多义字，同一字就要作多种解释。结果是，教师让学生练习了很多，学生记住了许多，但语文教学中最重要的基本能力会听、会说、会读、会写，学生并没能掌握好。

所以如果做不到精要，就很难真正打好基础。我们现在教育质量低，就低在太多太难，而不是低在太容易太简单，如果我们把最基础的东西真正把握住，教育质量要比现在高得多。

第三，突出内化。打好基础一定要重视良好素质的内化，使学生形成比较稳定的品德、智力、才干等内在品质。人在进入社会以后，当年上学时学的很多知识可能会忘记，其中包括那些在考试时得过100分的知识。但是人们在学校受教育阶段的一些比较稳定的品质可能在他们一生中起作用。良好的素质是需要通过内化，通过科学的教育过程来实现的。素质教育必须高度重视教育过程，没有科学的过程，就没有科学的教育。“应试教育”比较重视暂时的结果，特别是考试结果。实际上，使学生内化为内在品质的往往是教育过程。这个过程的效果可能暂时无法考出来，但却会与人相伴终生。

五、现行教育的弊端

现行教育不等于“应试教育”。现行教育中有很多优良传统，它为我国的社会主义现代化建设作出了很大的贡献。但是现行教育中确实相当普遍地存在着“应试教育”的弊端。由“应试教育”向全面素质教育转变是一个完善性的口号，而不是一个批判性的口号。由“应试教育”向全面素质教育转变口号的提出，没有否定教育工作者的劳动，而是在教育工作者多年所积累的教育改革经验基础之上提出的进一步发展的目标。

单纯以应试为目的的教育和全面素质教育不同，它主要有三个明显的特点。

(一)教育目标的短视性

“应试教育”单纯重视暂时的、表面的教育效果，也就是考试成绩。应该说考试成绩与学生素质有关系，但考试成绩并不能标志着学生的素质水平。因为素质是更为深层次的、长久起作用的人的品质。为应付考试而进行的教育实际上是一种肤浅的、庸俗化的教育。在

“应试教育”的错误导向和不良社会风气影响之下，教育领域弄虚作假现象屡见不鲜，这些现象的屡禁不止，更造成教育效果的虚假性。

（二）教育对象的局限性

“应试教育”着眼于选拔能进入高一级学校继续学习的学生，而这种选拔又以现行学科考试成绩作为主要依据，所以“应试教育”忽视了全体学生的发展，把培养优秀学生和提高广大劳动者素质对立起来，使基础教育实际上成为面向少数人的教育。由于用来要求和评价学生的唯一尺度是分数，用来要求和评价老师的唯一尺度也是分数，就造成教育难以帮助每个学生在他自己的起点上前进。联合国教科文组织的报告里曾经提出，终身教育的观点归根结底就是要解决不使人在14～20岁就决定他的一生命运这一问题。我们也存在这个问题。当一名学生初中毕业后，他能上什么样的高中，就决定了将来能上什么样的大学，就决定了他将来在社会上会怎样。实施全面素质教育就是要改变从14～20岁就决定人一生的命运这一现象。

（三）教育内容的片面性

由于以考试为选拔的主要手段，加上现行考试制度不完善，导致学校教育内容被分为考试内容和非考试内容。考试内容被大大强化和扭曲，学生学业过重。不仅德育、体育、劳动教育被削弱，智育也存在严重片面性。非考试科目的学习走过场，非考试能力，如书写能力、动手能力、口头能力、计算机使用能力等这些在未来社会非常重要的基础能力，在教学过程中不被重视，造成学生素质的很多缺陷，影响了受教育者全面素质水平的提高。

同时，由于考试所显示的结果被无限夸大，教育过程的教育性被严重忽视了，而且把教育过程和指导学生应考的过程实际上等同起来。在“应试教育”比较严重的地方，教育过程就是指导应考的过程。

教师在教学过程中不但不能自觉地提高学生素质，甚至经常违反教育规律。

早在1996年3月28日，江泽民同志在国家教委召开的交通大学负责人座谈会上发表重要讲话就指出：我们的经济工作正在实现经济体制和经济增长方式的两个根本性转变。在这种形势下，我们的教育工作必须进一步解决好两个重要问题，一是教育要全面适应现代化建设对各类人才培养的需要，二是全面提高办学质量和效益。这里，江泽民同志提出了教育的两个根本转变，第一个转变实际上是指教育结构的转变，另一个根本转变就是教育质量和效益的转变。现在提出基础教育由“应试教育”向全面素质教育转变，正是提高办学质量和效益的核心与关键。

六、实施全面素质教育必须推进教育事业的整体改革

实施全面素质教育是一场深刻的历史性变革，因此推进这项变革的过程必须是领导与群众相结合、理论与实践相结合、全面与重点相结合、统一与多样相结合、借鉴与创新相结合的过程。

(一)坚持加强领导与发动群众相结合，全面激发推进实施素质教育的热情

教育战略地位的落实，教育改革的推进，首先是政府行为。实践证明，只有各级政府的领导者真正把经济的发展转到依靠科技进步和提高劳动者素质的轨道上来，“科教兴国”的基本战略方针才能得以落实，教育事业的发展才有根本的保证。而教育事业的改革同样需要各级政府的高度热情。这种热情不仅表现在推进办学体制、管理体制和教育结构的改革上，而且应当更多地倾注于教育思想的变革之中。实践证明，各级党委、政府领导者的教育思想极大地影响着这一地区教

育改革的动力与指向。只有各级领导树立了正确的认识和信念，并以此来加强对所在地区的教育观念变革的领导，才能改变陈旧教育观念实际指挥教育行为的状况。因此，各地区制定和落实教育改革规划与制定和落实教育发展规划同等重要。没有改革的发展是盲目的发展，而没有正确教育思想指导的改革与发展，甚至可能给社会主义事业带来危害。在实施素质教育过程中的地区差异，相当程度上反映了各地区领导者之间教育观念的差异。所以，从某种意义上说，全面推进实施素质教育，首先必须解决领导者的认识问题。

实践告诉我们，教育的质量与效益体现在所培养的人在步入社会以后发挥的社会功能的性质与水平上。教育效益的滞后显现，就要求教育行为必须高度前瞻。政府对现行教育工作的领导实际上是服务于社会未来的发展。因此，加强对教育工作的领导，就不能因迁就现实或者急功近利而产生短视行为。但同时，教育的变革又是一个积累的过程，需要通过一项一项的改革措施，逐步达到相对完善，所以，又必须明确制定改革的阶段性目标，并付诸实施。着眼于未来而又着手于现在，才能向着实施全面素质教育的目标迈出坚实的步伐。

实践还告诉我们，教育事业的改革与发展，必须成为广大群众的自觉行动。人民群众对教育的需求是教育事业发展的强大动力，人民群众的办学热情带来了兴学重教的热潮，人民群众的教育价值取向也对教育改革的方向产生重大影响。因而必须通过积极引导，使正确的价值取向在社会上占主导地位。而教育改革的成功归根结底还要靠广大教育工作者的不懈努力，他们是培养21世纪优秀人才的实施者。实施全面素质教育否定的是现行教育中不适应现代化建设、不适应改革开放、不适应未来需要的部分，改变的是产生诸多弊端的教育现象，而绝不是全面否定我国的现行教育，更不是否定广大教育工作者的辛勤劳动和为社会主义现代化建设所作的巨大贡献。因此必须使广大教育工作者以昂扬的主人翁姿态投入到这一伟大变革中去，只有使改革由政府的层面，推广到广大教育工作者的层面，才能改变不少同志等待与观望的局面，从而全面激发推进全面素质教育的高度热情。

(二)坚持理论探讨与广泛实践相结合，逐步完善素质教育的理论体系，同时取得教育实践的丰硕成果

邓小平同志教育理论的深刻内涵指导着我国素质教育的理论研究，也指导着我国实施素质教育的实践。素质教育的理论体系也和一切理论体系一样，有自身产生、发展和完善的过程。加强教育科学研究以完善素质教育理论体系，进而指导教育实践的健康发展，无疑是紧迫任务。

但是，历史经验也告诉我们，认识来源于实践，没有广泛的教育实践做基础，我们也难以深化对教育规律的认识。因此，坐而论道，无休止地停留在空泛的议论之中，是无法取得真理性的认识的。必须建立起促使广大教育工作者投身于教育改革实践的管理体制和激励机制，积极推进各项实践，认真研究已有的改革成果，从而将推进教育改革的过程和完善教育理论的过程有机地统一起来，使教育事业在理论和实践相结合的过程中取得丰硕的成果。

(三)坚持整体优化与突出重点相结合，增强教育改革的时代性、针对性和实效性

教育改革是以面向社会主义现代化建设为中心的有机整体中的一部分。因此，是一项庞大的系统工程，必须综合考虑影响教育事业健康发展的各种相关因素，研究它们之间的相互联系和相互制约，从而妥善处理好各种关系，以促进整体优化。

但是，为了增强教育改革的实效性，必须赋予教育改革以强烈的时代性和明确的针对性。把一切教育内容不分主次地都纳入教育改革的体系之中，正如有的同志说：素质教育是个筐，什么都往里装，这实际上是以虚无主义的态度来对待教育改革，反而使广大教育工作者在这场深刻变革面前无所适从或者无所作为。

实施全面素质教育从根本上讲是使教育适应未来世界对民族生存与发展的要求，适应人在未来世界自身生存与发展的要求。同时，又是针对现行教育存在的难以达到这种要求的弊端的。所以，在重视整体优化的过程中突出重点，才能使教育改革有的放矢，才能取得教育改革的实效。

教育体制改革，教育结构改革，以及教育思想、教育内容、教育方法的改革，历来是教育改革的重点，已经取得了显著的成效。面对新的世纪，提高全民族创新意识，增强全民族的创新能力，培养具有超越世界水平的创新人才，已成为教育面向现代化，面向世界，面向未来的最直接的课题。因此，改革现行教育的弊端，逐步形成培养创新人才的教育模式，无疑应当成为实施全面素质教育的着力点。

21 世纪将进入学习社会，人们已经不可能再以学校教育中所学的知识适应知识高速更新的变化。有的专家预测，一个接受现行学历教育的人，当他到 50 岁的时候，所需的知识 95％必须依靠更新。因此，终身教育将代替一次性学习成为新世纪教育的主体形式，基础教育的重点将由使学生掌握知识向主要使学生掌握获取知识的能力转变，学习能力将成为未来人的重要素质。因而，我们必须对教学过程进行科学化、民主化的改造，才能更好地培养学习能力。这也无疑应当成为实施全面素质教育的着力点。

历史经验告诉我们，必须树立通过克服片面以达到全面、弥补不足以达到完善的教育改革观，有针对性地突出教育改革的各项重点，这样，才能避免教育改革的表面化，从而取得教育改革的实效。

(四)坚持统一性与多样性相结合，创造实施全面素质教育的生动活泼的局面

实践充分证明，在推进教育事业改革的过程中，必须坚持以邓小平同志的教育理论为指导。只有这样才能保证我们的教育改革始终遵循社会主义的方向，把握社会主义事业的全局，树立正确的世界观与教育观，掌握科学的方法论，这是推动教育事业改革的强大的思想武器。

同时，必须坚持依法治教。经过多年的努力，我国的教育法律体系已经基本完备，法律是全国人民意志的集中体现，《中华人民共和国教育法》是规范我国教育行为的基本准则。教育事业正是在法治的轨道上统一着前进的步伐。

实践又同时证明，在强调统一性的时候，又必须高度重视教育改革与发展的多样性。这是由地区的差异、教育对象的差异和教育自身特点决定的规律。

我国幅员辽阔，地区发展不平衡，同时各地区也有着各具特色的文化背景。因此，不可能以相同的内容、相同的要求、相同的方式来规范所有地区的素质教育工作。因地制宜是取得教育改革实效的重要条件。《中华人民共和国义务教育法》规定义务教育由地方负责，分级管理，是为实现教育的地区多样性提供了法律保障，而区域经济进一步繁荣将为教育的地区多样性奠定经济基础。

我们在近年来的改革实践中深深体会到，教育必须树立面向全体受教育者的观念，但同时也要看到组成全体的个体之间是有差异的。因此，真正实现面向全体的全面提高教育质量的目标，就必须因材施教。因材施教是教育多样性最微观但也是最本质的体现。所以，培养优秀人才和提高全民族素质，从根本上讲是统一的，统一于因材施教的过程之中。

正如企业是经济的细胞一样，学校是教育的细胞。学校教育既是科学又是艺术；既有普遍规律，又有特殊的色彩、风格与魅力。因此，在同一地区，我们既要尽可能提供大体相当的办学条件，以体现教育的平等性，又必须鼓励每所学校办出自己的特色，寻求自己实施全面素质教育的有效途径。只有一所所色彩斑斓、风格迥异的学校涌现，才有可能形成教育改革与发展的生动活泼的局面。

（五）坚持善于借鉴与敢于创新相结合，发扬优良传统，突出时代精神，逐步完善适合我国国情的素质教育体系

教育改革既是对教育中的糟粕的扬弃，又是对优秀教育传统的继承。我们必须珍惜已有的成功探索，认真地总结，认真地推广，以丰富教育理论的宝库，奠定教育创新的基础。无视已有的经验，认为实施全面素质教育是“一切从零开始”，必将使教育改革成为无源之水、无本之木。

为了迎接新世纪的到来，世界各国无一例外地都把加强教育、提高人才素质放在重要的战略位置。各国的教育战略构想尽管背景不同，但体现了世界教育改革的潮流与发展趋势，给我们以启示，也为我们的适应时代要求的战略思考提供了可贵的借鉴。

但是，实践给我们的又一深刻启示是：教育必须创新。为了全面推进实施素质教育的改革，需要树立新的教育观念，需要建立新的管理体制，需要编写新的教材，需要探索新的教学方法，还需要新的运行机制、新的教学手段。这就要求我们全体教育工作者在以江泽民同志为核心的党中央领导下，以大无畏的气概，以高度的聪明才智，去进行前所未有的探索。在世界教育改革的洪流中，实际上正在进行着各国之间教育创新能力的较量，我们必须在这场较量中，坚持胜利的信心。

我们已经在实施全面素质教育的这场历史变革中取得了重大进展。在未来的征途上，我们必将以更加坚实的步伐沿着这条道路，向新世纪前进。

以积极的心态迎接入世对教育的挑战*

我国加入 WTO 是党中央、国务院在全面分析国内外形势的基础上作出的一项重大战略决策。加入 WTO 以后，我国教育事业的对外开放将进入一个新的阶段，对我国深化教育改革，推进教育的现代化必将是一个有力的推动。

一、我国加入 WTO 对教育服务的承诺

(一)水平承诺

水平承诺是 12 个服务贸易部门都要遵守的共同承诺。如中外合作办学，学校的土地使用期限为 50 年，在中国领土内可以设立代表机构。

(二)部门承诺

1. 教育服务承诺的范围。除军事、警察、政治和党校等特殊教育和义务教育外，我国在初等教育、中等教育、高等教育、成人教育及其他教育服务等五个项目上做出了

* 2002 年 5 月在广东省学校领导干部会议上的讲话，收入陶西平著《让失败率为零》，北京，人民教育出版社，2003。

有限开放市场的承诺。

2. 教育服务贸易的提供方式。教育服务贸易有四种提供方式。第一种是跨境交付。我国对跨境交付方式下的市场准入和国民待遇均未作承诺，即我国可以自行决定开放程度。第二种是境外教育消费。即出国留学和培训，我国承诺允许境外消费，对国民待遇未作限制。第三种是在消费服务国的商业存在。就是一个成员国的教育机构到另外一个成员国去开设学校，进行教学、科研和文化交流的活动。商业存在实际上就是以商业形式存在。对于这一提供方式，我国允许中外合作办学，允许外方在合作办学中可以控股。目前我们将控股翻译成为"多数拥有权"，即我们承诺外方可以在中外合作办学的投入中获得多数拥有权。我们翻译成为"多数拥有权"有两个用意，一是"多数拥有权"可以和不得以营利为目的相协调，二是"多数拥有权"没有完全明确地承诺决策权。对商业存在，我们没有承诺国民待遇。第四种服务的方式是自然人流动。自然人流动总体上是指人的个体的行为，实际上指的是教师的流动，是教师以个人的身份参加外国的教育服务。对于自然人流动，我国有条件地承诺了国民待遇。

在四种教育服务方式中，最可控的是中外合作办学，因为中外合作办学是办在中国；可控性较弱的是远程教育。具体承诺除了以上四个方面之外，还包括对初等、中等和高等教育服务实行政府定价，主要是防止这些教育服务的价格过高或者价格不合理；并承认教育服务贸易没有过渡期，而其他服务贸易的承诺有一些是有过渡期的。

3. 基本原则的承诺。WTO的《服务贸易总协定》规定了许多共性的原则。如按《服务贸易总协定》的规定，法制统一的原则、非歧视原则、公开透明的原则等，这些在我们的教育领域也都必须遵守。

二、我国加入WTO将对教育事业带来的影响

(一)加入WTO对我国教育事业影响的特点

加入WTO对我国教育有直接的影响也有间接的影响，有机遇也有挑战。但从总体上来看，这种影响有长远性、关联性、动态性的特点。

1. 长远性。加入WTO对教育的直接冲击不像经济部门那么大，不会立即有明显的反应，但是给我们国家经济和社会带来的深层次影响或早或迟都会传递到教育上来，并且最终会反映成对教育数量结构的要求和教育质量的要求。加入WTO对经济的冲击越大，最终对教育的影响就越深远。所以从长远来看，最终还是会对教育产生较大的影响。有一些人认为加入WTO对我国教育不会带来很大的冲击，而另一些人认为加入WTO会对我国的教育带来很大的冲击。其实两种分析都是有道理的。所谓不会带来很大冲击，就是眼前一下子不会让我们茫然失措，但它对经济的冲击、对社会的冲击最终还是会影响到教育。如去年布什当选总统就任前，参加了在美国新泽西州举行的一次IT产业的发展研讨会，研究美国IT产业发展的瓶颈在什么地方，最后研讨会一致认为美国IT产业发展的瓶颈就是缺乏软件蓝领。把IT业发展过程中的一些思想、一些设计转化为现实生产力，软件蓝领就显得更为重要，因为这些软件蓝领实际上是掌握技术的熟练工人，当然这种工人不是原来一般意义上的工人。所以布什在这个会上指出这反映了美国教育的一个重要问题，美国的教育必须作调整。布什把其IT业的发展最后归结到了需要在教育上作调整。这种思想现在也传递到了我国。最近我国要在全国办三十几所软件学院，培养软件蓝领，实际上就是发展高等职业技术教育。这是教育结构的问题，

是某种人才数量不足的问题，也是教育的质量问题。因此，加入WTO对于经济的冲击最终会传递到教育上来，其影响是长远的。

2. 关联性。所谓关联性就是机遇与挑战的关联性。加入WTO后，很难绝对地讲哪些是机遇，哪些是挑战。机遇与挑战的多少与大小一方面取决于我们承诺的多少，另一方面还取决于我们的竞争力。从教育自身来看，我国教育方面的承诺越多、开放度越大，机遇就越多，但是挑战也就越大。我国哪个领域越开放，机遇就越多，反过来，可能会遇到越大的挑战。另外，从教育的发展环境上看，所有其他部门的承诺越多，市场越开放，对其挑战就越严峻，对与其相关的教育的挑战也越大。所以我们说挑战和机遇都是相对的，是相互关联的。我们要看到影响的这种特点，它是一把双刃剑，在面临挑战越严峻的时候，实际上也就提供了更多的机遇；当提供的机遇越多，开放领域越多时，实际上我们面临的挑战也越大。

3. 动态性。机遇与挑战也是辩证的、互动的、可以互相转移的。我们工作做好了，就可以战胜挑战，赢得机遇；如果我们工作做得不好，就可能丧失机遇，在挑战面前失败。

所以，对于加入WTO对教育的影响的分析，应该考虑到它的这些特点。考虑到它的长远性、关联性和动态性。只有这样来认识加入WTO对教育的影响，才有助于我们保持积极的心态。

(二)加入WTO对我国教育的促进作用

加入WTO为我国教育的发展带来了机遇，对我国的教育事业的改革与发展将起促进作用。

1. 促进教育发展的作用。通过引进国外的优质教育资源与资金，可以拓宽我们教育投资的渠道，一方面可以增加我国教育供给的总量，另一方面也可以增加教育的多样性、选择性，进一步激发广大群众对教育的需求，从而促进教育的发展。以留学为例，加入WTO使留学教育出现了更多种形式。过去主要是全程留学，学生去国外接受高等教育，就在国外念高校；接受高中教育，就到国外念高中，整个学历教育都在国外进行。由于成本比较高，后来出现了半程留学，如高等教育在国内念两年，后两年到国外念。现在又出现了境内留学、不出国留学，即在国内念书取得双学历的教育。如北京的中加学校是中国与加拿大合作办学的，这是中国第一所中外合办的普通高中，其全部的教学活动都在中国进行。教学计划大部分按照中国的教学计划，一部分加入了加拿大的教学计划。学生在高中学习三年，通过中国的高中会考后，可以取得中国的高中毕业证书。但同时，其高中毕业生又要接受加拿大的省、教育部的考试，考试合格后，取得加拿大的高中毕业证书。学生拿到加拿大的高中毕业证书以后，可以报考加拿大的大学。这些学生不出国就取得了国外的学历，可以叫做国内留学。这种形式目前有发展的趋势。国内留学还包括远程教育。目前一些国家的开放大学开始进行在中国完成远程教育，取得国外学历证书的试验。还有一种就是国际文凭组织。按照国际文凭组织的课程设置与教学内容在中国进行学习，高中毕业后，除了拿中国的高中毕业证书还可以拿国际文凭。这种国际文凭是世界主要国家的主要大学都承认的、通用的。这些对我们教育的发展都有促进作用。我国目前出国留学动态是：我国最优秀的高中毕业生，因为能考上国内最优秀的大学，一般不出去；出去的往往是中等偏上或中等学生，其家庭条件较好。这些学生出去的最大好处是提高了其自信心。这也是一个不增加我国财政的支出就可以使教育事业得到发展的渠道。

2. 促进教育开放的作用。我国教育已经开放了，加入WTO可以进一步促进教育的开放。教育的开放不外乎两个方面，一方面是引进来，另一方面是走出去。我国目前的教育开放，前一阶段主要是引进来比较多。应该看到加入 WTO 后，我们所有的承诺都是双向的，外国可以到我国来，我们也可以到别国去。所以，我们除了要重视引进来以外，还要重视走出去，要实施走出去战略，主动地参与国际教育服务贸易的竞争。在新的条件下扩大对外开放，必须更好地实施引进来和走出去同时并举、相互促进的开放战略，努力在走出去方面取得明显进展。实施走出去战略是把对外开放推向新阶段的重大举措，是更好地利用国内外两个市场、两种资源的必然选择。我国现在在走出去方面还做得很少，有的刚刚开始起步，实际上国外也存在中国可以进入的教育市场。有的人埋怨我们由于出国留学造成一年大概有 1,000 亿元要流到外国去，但我们还很少思考怎么再从外国赚回 1,000 亿来。我国各级各类学校都存在走出去的可能性，有些地方作了一些小的尝试。比如北师大曾考虑能否办一所加中学校，教汉语、中国文化，面向华侨，特别是新移民的子女，也面对加拿大的一些愿意学汉语、了解中国文化的人。去年，北京联合大学在韩国汉城与西江大学联合，由西江大学招生，联合大学派教师任教，毕业以后取得北京联合大学学历，这就是韩国的国内留学。又如，北京有一所职业高中——劲松职业高中，主要以烹调为特色，在英国举办各种烹调培训班，同时又让国外的旅游团队在其学校里进行一天到一周的烹调培训，去年仅此一项收入就达 350 万元。目前，我国还有一些优势教育资源，正在策划在国外办普通中小学。如北京市教委正与韩国联系，准备在汉城办一所从小学开始的学校。这是由于新移民增加了后，新移民希望自己的子女能够接受中国的基础教育，但是因为他们都在国外工作，希望我国能在国外特别是华人聚集比较多的城市办一些学校。所以我们的对外开放应该是两个轮子，引进来和走出去。过去一个轮子很大，一个轮子很小，现在要把两个轮子做得一般大。所以加入 WTO 以后，由于承诺是双向的，给我们创造了走出去的条件。

3. 促进教育改革的作用。这是加入 WTO 以后，对我国教育影响最大的方面。我们经过 15 年谈判加入 WTO，很重要的是为了使中国的改革能在外力的推动下加快步伐。改革开放以来，我国的教育改革都在不同程度上受着国外教育的影响。如在人才培养模式上，素质教育的提出在一定程度上就是由于知识经济时代到来以后，我们原来的人才培养模式难以适应知识更新的速度。不管是从 IT 时代过渡到生物经济时代，还是再过渡到纳米经济时代，都必须以创新能力的培养为重点的素质教育来全面提升我们培养的人才的素质，这就是受国外教育的影响。再如终身学习的概念也是如此。终身教育把学校教育往前延伸到零岁，以后延伸到老死。我们教育体制的改变也是受到国外教育理念的影响，包括我们高等教育的专业设置和高等教育的某些学位及学位制度的实行。再如我们的职业教育的发展受国外职业教育的影响也是很大的。目前，对中国职业技术教育影响比较大的有三种类型：一是德国双元制职业教育，学校教育与企业教育相结合，以企业为主，学生的学习主要在企业里进行；另一种是澳洲的 TAFE 教育体系，其特点是教学与生产紧密结合，在职业教育的学校里边构筑生产实习的环境，每一个学校里边都有工厂；第三种是北美的社区教育，它的职业教育主要建立在社区，和社区成员的终身学习联系起来。这些职业教育模式在中国的影响都是较大的。还有职业教育的劳动力市场的准入制度、持证上岗制度等都借鉴了西方。此外，我们的教育思想、教育方法、教学内容、教学手段都引进了很多新的东西。通过引进、借鉴、吸收，对我们教育的改革起了很大的促进作用。

4. 促进依法治教的作用。多年来我们一直非常重视教育法制的建设。由于 WTO 的规则要通过我们的法律来体现，因此，加入 WTO 有利于进一步推进我们教育的法制建设，推进依法治教，推进依法行政，进一步转变政府职能，使我们的教育改革发展能走向法治与效率的轨道。

(三)加入 WTO 对我国教育的挑战

1. 国际竞争的挑战。由于教育市场的进一步对外开放，外国的教育服务贸易会进一步进入我国，教育市场的竞争可能日益加剧，使我国教育面临严峻的挑战。比如，新西兰的优质教育资源比较多，基础教育特别是高中阶段教育也较好，价格比较低廉，自然环境和社会治安也比较好，签证相对容易，因此，留学新西兰的人比较多。新西兰教育部长最近提出，新西兰已接受了很多国家的留学生，目前中学已经饱和了，没办法满足各国家中学生留学的需要，所以现在提出一种新的合作形式——到中国的中学办中新合作的试验班。这种实验班的高中三年，由新西兰派英语教师来强化英语，以中国的课程、教材为主，一年预科以新西兰的课程教材为主，然后可以到新西兰留学。它的大学还有容量，所以希望更多的人去那儿念大学。中学的容量不大，它就把中学办到你的国家来，可见争夺市场之迫切。

2. 人才竞争的挑战。国外教育机构进入我国以后，特别是国外教育机构的本土化，有一部分中外合作办学机构，要国内的人去教书；加上自然人流动，我们一部分优秀教师要出去，所以优秀人才的竞争可能加剧。这样，我们便面临着如何建立吸引优秀人才的竞争机制的挑战。

3. 教育效能的挑战。一是对教育结构的调整更加紧迫。因为加入 WTO 以后经济结构、产业结构与城乡结构都将发生变动，我们的教育结构如何适应经济结构、产业结构、城乡结构的这种变动，能否尽快地调整教育结构来适应经济、产业结构调整的需要，这是对教育效能的挑战。二是转变人才培养模式的任务更加紧迫。推进全面素质教育，深化教育改革的步伐能否按照预期的目标加快，这也是对我们教育效能的考验。否则，就会出现中外合作办学或者国外教育机构培养出来的人才更适合我们国家经济发展的需要，而我们自己培养的人才将来就会找不到工作。因此，这对我国人才培养模式提出了挑战。三是对我们教育的管理方式、观念提出了挑战。目前，我们的管理基本上还没有脱出计划经济体制下的方式。尽管我们进行了很多改革，但到现在为止，我们的管理观念、方式、效率仍难以适应加入 WTO 后的节奏。

4. 意识形态的挑战。加入 WTO 后，国外的意识形态、价值观念、文化生活方式可能通过教育活动对我们的教育产生影响，使我们德育、思想政治工作、优秀民族文化传统的继承和发扬都面临着挑战。

三、以积极的心态，应对加入 WTO 对教育的挑战

从以上分析可以看出，加入 WTO 以后机遇与挑战并存，我们应以一种积极的心态来面对。

(一)增强机遇意识，促进教育事业的进一步发展

我们既要看到挑战，也要更多地想到机遇。只有机遇意识增强了，才有可能采取积极主动的姿态抓住机遇，才能够发现机遇，利用机遇，从而发展自己。抓住机遇来促进教育事业的进一步发展，通过发展来增强我们的国际竞争力，这样才不会面对激烈的国际竞争丧失主动权。因此我们应该进一步解放思想，实事求是，抓住机遇，深化改革，全面提升我国教育的规模与水平。当然，也要善于利用 WTO

的有关规则，比如 WTO 的例外条款，在政府承诺的协议框架之内，采取积极的态度，把握有利时机，利用可能的国外的优质教育资源，来推动我国教育规模的扩大和质量水平的提高。

（二）增强双向意识，全面地推进教育的对外开放

“走出去，引进来”应该坚持这样一些原则。一是趋利避害原则。我们利用 WTO 的规则尽可能地趋利避害。如我们在引进国外教育资源时，要考虑到国家是否需要，是否处于世界前沿学科领域，尽量不把国家不需要且低水平的教育资源引进来。又如有些地区送教师去国外培训，花了很多钱，却把教师送到一个水平很低的学校。二是稳步原则。要利用 WTO 的一些规则，比如说中外合作办学的审批制度，在审批过程中，我们完全可以有选择的余地，选择要慎重，中外教育合作产生的纠纷也已经不少了。三是双向原则。要积极地设法走出去。广东是改革开放的前沿，走出去的条件最好，与外边的联系也最广。广东完全有条件在走出去上多走几步。四是求真的原则。所谓求真的原则，就是在我们所获得的大量信息中，有些缺乏真实性，有些缺乏时效性，从而影响我们对问题的分析和理解。因此，我们在获取国外信息、研究国外信息时，就要注意研究它的历史、现状，研究其动态及发展趋势。我去年和英中贸易协会主席讨论教育时，我说在英国的基础教育中苏格兰的教育比较好，很正规，要求也严，跟英格兰教育不一样。英中贸易协会主席说：“你还不了解，英国最好的教育是北爱尔兰教育。”我问为什么，他说：“因为北爱尔兰的小学升中学是要考试的、选拔的，现在英格兰很多人都主张学习北爱尔兰的方式。”我说我们刚借鉴你们小学升中学不要选拔，你们现在又认为选拔好。他说英国的教育部长布朗非常主张实行男女分校，认为男女合校非常影响男生的学习质量。所以经常是我们想学人家的时候人家已经开始改变。最近，一位博士在美国做基础教育的研究，他拿回来的材料就提出来，美国基础教育的重要动态就是增强选择性。因为美国认为原来的教育比较凝固，没有选择，学校间也没有竞争机制，因此美国基础教育很难摆脱落后与质量低下状态，而刺激教育发展的一个重要方式是增加选择。由于学校可以选择，学校就必须增强它的竞争力。日本一直强调公平、公正教育，但日本近几年来所进行的教育也是要增强选择性，发展学生个性，增强学校的个性。文部省反省了日本最近若干年来推行公平教育的结果是出不来在世界领先的人才。我们现在要推行公平教育，而日本却恰恰要开始改变这些东西。

(三)增强创新意识，加快教育改革的步伐

不是说加入 WTO 才要教育改革，而是加入 WTO 后，应加快这种步伐，增强这种意识。我们教育要创新与改革应加快步伐是毫无疑问的。在今年的全国人大五次会议上，关于教育的议论基本上是两个方面，一是追求教育的公平与公正，二是追求教育的质量与效益。这是两个趋势，也是呼声最强烈的。这反映出许多人认为现在的教育不够公平、不够公正，质量效益不够高。

关于教育的公平与公正问题，集中体现在关于要求实现教育的均衡化这种呼声上。我觉得比较准确的表述是李岚清同志讲的，我们应该实现教育的相对均衡发展。在全国基本实现九年义务教育之后，我们在各级各类教育发展过程中都遇到了两个问题，一是贫困地区、少数民族地区的教育问题，二是弱势群体的教育问题。各界都很关注这两个问题。随着经济发展的不平衡，贫困地区和少数民族地区及弱势群体接受教育遇到的问题也越来越多。这两个问题要求教育能通过改革做到相对均衡发展。近年来，国家已为贫困地区教育的发展花了很大的力量，加大了投资力度。各地区、各省在其范围之内也要进一步考虑到相对贫困地区的教育的发展。相对均衡发展，我理解就是分区规划、分类指导、共同发展。贫困地区的教育应由国家、省、县三级分担，而不要只简单地规定以县为主，因贫困地区县里没钱。另外一种是对贫穷的阶层、下岗的职工、残疾人，特别是流动人口子女的教育问题。据估计现在流动人口子女大概有240万～260万，其中深圳、北京、上海都有20万左右，这一部分人的教育问题也是必须予以高度关注的问题。现在中央规定，以流入地为主，各地区都要采取不同的方式重视对弱势人群的教育。总的来说，大家要求教育公平公正，这是我们教育改革的方向，当然我们也希望教育的均衡发展不要泛化。

另一方面就是追求质量和效益，主要反映在两个方面。一是教育结构。教育结构既有总体结构，也有职业教育与高等教育的专业结构，目前这些方面存在的问题已影响了我国的教育效益。在教育的摆位问题上，根据今年朱镕基同志作的《政府工作报告》，我们的基础教育、义务教育提的是“加强”，高中阶段教育提的是“积极发展”，高等教育提的是“稳步发展”，中等职业教育与高等职业教育提的是“大力发展”。所以职业教育界今年看到“大力发展”是比较兴奋的，再加上今年要开职业教育工作会议，觉得职业技术教育可能会迎来春天。专业结构上有一个适应的问题。我国现在出现了高校毕业的学生，一部分专业的供不应求，一部分专业的供过于求，所以要通过结构的调整来提高效益。

另外一方面更重要的还是质量，各级的人代会都对推进素质教育给予了关注。我们国家面对新的形势，必须要改变人才的培养模式，全面提高培养人的素质。到现在为止，我们对于推进素质教育的总体形势的估计是认同。不像开始时，大家对什么叫素质、什么叫素质教育有很多分歧，应不应提素质教育、有没有素质教育与素质能不能教育等争议较多。现在大家都认同了素质，认同了实施素质教育的重点应放在培养学习的创新精神和实践能力上，素质教育的核心是要加强德育。比如说，课程改革正在加紧进行，国家级、地方级、校本课程的三级体系正在形成，两级教材管理体制正在建立，新教材在一部分地区的学校从今年秋季开始要使用了。因为教材不变，实施素质教育就很难。再如教学手段改革，我们提出教育要超越式发展，实际上很重要的是指信息技术的运用。因为我们其他方面可能与国外的差距比较大，而信息技术的起点与一些国家前后相差的年份不多，所以在这方面我们的步子可以比较大。我们现在讲素质教育与开始讲素质教育，很大的差别还在于招生考试制度包括高考在进行改革，而这种改革有利于推进素质教育。因此，素质教育正在逐步地深化。此外，进行了许多有益的探索与创新，不同地区、不同学校、不同教师都在进行着实施素质教育的种种实验，有的已经取得了比较好的效果，有的产生了比较广泛的影响。

但是，在推进素质教育的过程当中也存在不少问题。一是认识上的问题，可以称为起点问题，如什么是素质、什么是素质教育等。每当素质教育推进到一定阶段时，就会回到这个起点的争议上来。如今年的人代会上又开始讲到底什么是素质、什么是素质教育、素质教育是否否定了我们的传统教育等，起点上的分歧还是存在的。二是实践问题。推进素质教育过程中出现了一些片面性问题。如有的学校实际上存在着二元体系，一个体系是抓素质教育，一个体系是抓“应试教育”。再有一种是虚假性。即没有真正搞素质教育，也没有真正搞改革，而是在搞形式主义，走过场。

在推进素质教育过程中需要处理好几个关系。

1. 提高全面素质与培养优秀人才的关系。过去，“应试教育”主要是立足于选拔，在某种程度上有利于优秀人才的脱颖而出；素质教育比较强调面向全体，有利于全面素质的提高。从我国现状来看，整个民族素质的提高是非常必要的，优秀人才的脱颖而出也是亟须的。所以这两者如何协调起来，在全面提升所有学生的素质的过程中又能够给优秀人才的脱颖而出创造条件，需要我们在推进素质教育的过程中因材施教来解决。这个问题如何把握好是当前一个很重要的问题。否则我们一方面抓全面素质教育，一方面优秀人才又只能靠从国外高价引进。

2. 提高学生的全面素质与提高学生应试能力的关系。现在出现了两种情况，一方面是高等学校的招生考试在改革，其改革的方向，是有利于考核学生的全面素质与综合能力、创新精神。因此，现在的考试在某种意义上，与以前的考试是有区别的，这种考试已成为我们素质教育过程当中的一个环节。另一方面现在各种类型的考试不是在减少而是在增加，不仅在学校体系内部要考试，公务员要考试，不少行业的准入也要考试，要考试就有一个应试的问题。因此把提高学生的应试能力教育纳入素质教育里边，在提高学生的素质的同时，提高学生的应试能力，这是需要处理好的一个问题。

3. 素质教育的切入点与素质教育的体系的关系。在抓素质教育时，由于我们没有一套完整的经验，也没有一部素质教育的教育学，每个人都是凭着自己对素质教育的理解来寻找实施素质教育的切入点的。因此，出现了许多实施素质教育的改革实验。这些改革试验，都是有意义的。如创新教育、创业教育、快乐教育都是素质教育切入点。但是这些切入点再深化之后，往往最后都涉及人的全面素质。所以切入点尽管不同，深入后都差不多。大家都希望以自己的切入点来统率整个素质教育，出现了群雄并起的局面。我认为这是一个素质教育自身体系的问题。要处理好素质教育的切入点与素质教育体系的关系。

4. 教育改革的重点与教育工作之间的关系。全国基础教育工作会议提出的教育改革重点实际上是实施素质教育非常重要的内容。如教学工作，提出在加强双基的同时要注意学生情感和态度的培养，提出要培养学生搜集和处理信息能力、研究性学习能力、合作学习能力等。这些教育改革目标都是必要的，但有一个问题，它们和日常教学工作是什么关系？研究性学习是必要的，但学习不能全部都是研究性的。它总要有一些接受性学习，总要有一些体验性学习。那么接受性学习、体验性学习与研究性学习如何整合起来，才能形成我们日常的教学工作体系呢？这个问题我们往往缺乏研究。在如何学习这个问题上，我们现在强调合作学习，是不是所有的学习都要合作进行呢？要不要个人掌握的技能、个人记忆的东西呢？个体学习与合作学习如何整合起来，这也是日常教学工作要解决的问题。所以拿出一节课是很容易的，但日常教学要始终贯彻就难了，这就有一个教学改革工作的重点与日常教学工作的关系问题。

5. 信息技术与学科教学的关系。最初要求在学校里进行信息技术教学，让学生掌握信息技术，现在已提升到了更高的层面，就是进行信息技术与学科教学的整合，再进一步可能会用信息技术改变学科教学模式，甚至包括学科教学的理念。

6. 国外先进教学理念与实践和我们的优秀的教育传统之间的关系。有人说过去我们的教育是全盘苏化，现在是全盘西化，这就有一个国外先进教育理念与我们优秀教育传统的关系问题。由“应试教育”向素质教育转变，是给“应试教育”加了一个引号，并不是说原有的教育就是应试教育，而是说原有教育由于单纯应试，而产生了种种弊端，把这些弊端概括起来成为“应试教育”。因此，要改变的不是全部的传统教育，而是要清除传统教育的弊端。这样，处理好国外先进教育经验与我们传统教育整合的关系也是十分必要的。

要处理好这些关系，需要两个条件，一是创新，一是整合。整合也是一种创新。我们在创新方面花的力量比较多，在整合方面比较少。如果进一步加强教育改革，需要加强整合的力度。因为不整合起来的话，我们的素质教育就永远是分散的。推动素质教育最终还是呼唤出现有中国特色的素质教育、体现素质教育精神的教育学。如果没有这样一部教育学，我们的素质教育的进步、深入是有难度的。

(四)增强人才意识，改善培养和吸引人才的机制

我们重视人才，但实际我们有时并不十分重视建立培养和吸引人才的机制。北京电视台有个栏目叫 SK 状元榜，从各省市重点中学里各请一两个优秀的学生进行知识竞赛，一周一个周状元，然后，一个月比赛下来又出现了一个月状元。这个栏目是由韩国的 SK 集团来赞助的。从第一期开始，它给所有参赛的学生都建立了档案，一直跟踪他们，以便于将来使用这些人才，这应当引起我们深思。江泽民同志在去年“七一”讲话中有一段关于人的全面发展的论述，其中有两点给我们很深的启示。一是社会主义的各阶段都要重视人的全面发展。这与我们过去认为人的全面发展只有在共产主义才能实现这个观念相比是有创新的。这样，人的全面发展这个概念就从学校的教育方针发展到整个社会的人才发展方针。二是人的发展与社会的发展是互为前提、互为基础的。这个观念也是创新。因为我们原来讲到培养人的时候，主要是讲社会主义现代化建设需要全面发展的人，主要强调人要适应社会发展的需要；现在同时强调社会的发展也给人的全面发展提供了前提，也要适应人的发展需要，因此人的发展与社会的发展是互为前提的。这又给我们一个启示，讲人的全面发展，不仅要讲学生的全面发展，也要重视教师的全面发展，要给每一位教师提供发展的条件、发展的机遇。如果没有教师的全面发展，何谈学生的全面发展？对于人才要十分珍惜，我们要时刻想到优秀人才一需要培养，二需要留住，三需要充分发挥他们的才能。

（五）增强规则意识，进一步加强教育法律法规建设

归根结底加入 WTO 的承诺要以法律形式来体现，因此我们应增强规则意识，按规矩办事，坚持社会主义法制统一的原则，进一步加强教育的法制建设，推进依法行政工作。

要加快对外合作办学的立法步伐。朱镕基总理在今年的《政府工作报告》中提出“鼓励、支持、规范社会力量办学和对外合作条例”，这种鼓励、支持和规范要通过法律法规来体现。所以加入 WTO 以后，我们加快了对外合作办学条例的制定。对外合作办学原来只有 1995 年国家教委制定的《对外合作办学暂行规定》，这个暂行规定颁布以后起了很大作用。但为了适应加入 WTO，需要制定一个效力高于规定、由国务院颁布的新法规，现在初步的名称为《中外合作办学条例》。这个条例的制定应当考虑处理好五个关系。

1. 维护国家的教育主权和提高我国教育竞争力的关系。要求一切办学活动必须遵守我国法律法规，同时要在政府的宏观调控下大胆引进国外先进的教学内容、方法和手段来增强我国教育的整体实力和国际竞争力。

2. 教育的公益性原则与引进国外优质教育资源的关系。我国要坚持《教育法》确定的任何组织和个人不得以营利为目的举办学校和其他教育机构的原则，但是我们又承诺可以以商业方式存在，投资可以有回报，所以这个关系是要处理好的。我国《教育法》现在没有修改，承诺与《教育法》两者如何结合，我个人认为，我们现在的中外合作办学和民办教育是公益性的本质和商业存在的形式的有机结合。

3. 坚持社会主义方向和防止国外敌对势力利用教育交流活动来进行政治、宗教、文化等意识形态渗透的关系。我们既要借鉴西方的先进理念、经验，又要重视西方文化和价值观念带来的冲击和影响。

4. 遵守 WTO 规则和保护与促进我国教育事业发展的关系。我们必须做到既要遵守 WTO 的规则，又要保护和促进我国教育事业的发展。

5. 中外合作办学与我国民办教育的关系。中外合作办学从某种意义上来讲也是一种社会力量办学，如果它与我国民办教育的有关规定相差太大，就会出现问题。一般国家的国民待遇是指什么呢？是指外国人在你国内进行经济活动，应该享受和你国家的国民同等的待遇。但我国民办教育担心的不是外国人可以和我们享受同等的待遇，而是中国人享受不了外国人在中国享受的待遇。就是对外国人优惠，对本国人不优惠。我们的民办教育非常担心的就是这种“超国民待遇”，所以这里有一个与民办教育如何衔接的问题。目前这个问题正在研究，有待于通过民办教育的立法加以协调。总之，《中外合作办学条例》即将公布，它的公布对于规范中外合作办学，把我们的承诺法制化是有利的。

(六)增强主权意识，坚持教育的社会主义方向

加入 WTO 后，我国的教育也要增强主权意识，捍卫国家的利益。这里要强调三点：一是国家主权，不能损害通过法律体现出来的国家的主权；二是意识形态，不能在教育中放弃社会主义方向；三是中华民族的优秀文化传统，不能在教育交流中把民族的优秀文化传统放弃掉。我们要加强和改进学校的思想政治工作，如果不这样，我们的主权意识、社会主义方向和中华民族传统在实际的教育活动中也很难保证。

再谈优质教育*

一

当代优质学校、优质校长、优质教师的标准是什么？

一个优秀的学生可能在高二时转进一所学校，这个学生毕业后当然就成为这所学校的荣誉，但这个学生在这所学校里可能没有发生多大的变化，他本来就很优秀，他在别的学校也会很优秀。有的学校往往把某个院士曾是该校毕业的学生作为荣耀，但仔细去了解，这个院士也许就在这所学校学习过几个月。因此，要从学校的转化功能和发展功能来看优质学校和名校。我认为，能够使教师和学生都得到良好发展的学校就是优质的学校；能够使教师和学生得到良好发展的校长就是优质的校长；能够在自身发展的过程中使学生得到更好的发展的教师就是优质的教师。我们现在讲人的发展应该是所有教师和学生的发展，我们应该看到教师的发展是学生发展的前提条件。关键在于要从发展的过程看优质学校，这个观点也许不能作为家长选

* 原载《基础教育参考》2004 年第 4 期。

择优质学校的标准，但却是我们评价学校的一个重要标准。

地域不同，环境不同，对优质标准的理解和认识也会不同。有的想成为国家级优质学校，有的想成为省级优质学校或地县级优质学校甚至乡镇级优质学校。优质的概念是相对的，中国规定的优质学校的标准也不可能是世界优质学校的标准。我认为，现在教育理想主义太泛滥了，动不动就是“全国一流，世界知名”，越是这样，社会对教育越不满意。教育的目标应该是要分层次的，不可能定一个太高的达不到的理想化的标准。标准太高了努力了多年都达不到，各界就会对教育失去信心。要从动态的、发展的角度看优质教育，优质是相对的，不是绝对的。

二

国家、社会、社区和家长应当为发展优质教育提供什么样的基本条件和营造一个什么样的氛围呢？

学校办学的基本条件包括：办学目标、办学思想、办学力量、办学的物质条件和社会环境。应该确定一个合理的目标，配备合适的力量，创造必需的条件，改善应有的环境和鼓励社会适度的参与。研究优质教育应当注重切合实际，要务实，不能离开中国的国情去空谈什么优质教育。要不然政府和社会对学校造成很大压力，而学校根本做不到。因此，不能在解决一个大家关注的问题的同时不顾及其他方面的问题。教育是一个系统工程，要整体优化。现在有几个概念，一是优质教育，一是优质资源，一是优质学校，一是优质校长和优质教师。总之提出这些概念无可非议，关键是要提高质量，不要把优质教育神化和虚化。优质教育的立足点是要扎扎实实地全面提高整体发展水平。发展优质教育要求真务实。

三

我们应当如何保护、利用和拓展优质教育资源，以满足基础教育均衡发展，满足社会对优质教育资源日益增长的强烈需求呢?

优质教育的形成是个动态的过程，是历史积淀和现实努力相结合的过程；是物质条件的改善和教师水平的提高相结合的过程；是学校管理水平和学校文化建设相结合的过程；是实际水平与品牌效应相结合的过程。

优质教育一旦形成就应该具有以下特点：

一是具有稳定性。质量、信誉相对稳定，不会因学校的一时一事的变化而影响它的信誉。

二是具有凝聚力。教师与学生都会为进行这种教育感到自豪。

三是具有吸引力。对社会、家长和学生都有吸引力。

四是具有推动力。学校内部和社会各界对它的期望促使它不断地向前发展。

五是具有辐射力。可以从教育理念、教育行为、甚至教师、教学设施影响或支持其他学校。

优质教育资源的形成总是与一定的条件、一定的规模相结合的。优质学校的师资水平和办学条件应该与它的规模相适应。因此，优质教育资源规模的扩大应该和改善它的条件相结合，抛开条件的改善去追求扩大优质资源规模是自欺欺人的。一杯茶要保持原有香味，有两个条件，一是适度加水，一是加适量的茶叶。如果我们只加水不加茶叶，就是把浓茶变成了白开水，大家都不可能享受这杯浓茶，只能都喝白开水了。因而优质总是和一定的规模相适应的。我们要拓展优质教育资源就要把它的条件改善好，这样才有利于优质教育的均衡发展。但如果把握不好这个度，实质上就会使我们的优质学校降低水平，而不可能达到使更多的人享受优质教育的目的。

换一种眼光看教育*

长期以来，在传统的智力理论的基础上形成了一整套教育观念，这些教育观念支撑着学校教育制度，并逐步发展、完善，形成了以这种智力观为基础的完整的教学体系。多元智能理论的可贵之处就在于，它向传统的以单一的智力理论为基础的教育观念提出了一系列挑战。

首先是对传统的教育智力内涵的局限性的挑战。多元智能理论认为，人的智能是多元的，包括音乐智能、身体运动智能、数学逻辑智能、语言智能、空间智能、人际关系智能、自我认识智能、自然观察者智能、存在智能等。因此，以语言智能和逻辑智能为核心的传统的教育智力内涵具有很大的局限性。

其次是对传统教育智力与现实世界割裂性的挑战。传统的智力理论注重人脑的智力水平，而多元智能理论则强调人在实践中，特别是在解决问题的过程中所表现出来的各种智能。因此，多元智能理论把人的智力和现实世界密

---

* 原载《中国职业技术教育》2005 年第 31 期。

切结合起来。

还有是对传统教育智力活动过程凝固性的挑战。传统的教育活动比较单一，仅仅是传授—接受的关系。多元智能理论打破了这种凝固性，它认为，智力活动是多种智能互相作用的过程。

传统的智力理论只局限于学业智力范畴，只通过传授学业知识发展学生的智力，只以学业成绩作为评价标准。这一系列偏颇不但对学生智力的发展造成了直接的不良影响，而且也从整体上导致了学校教育以片面追求学业成绩为目的，最终导致教育出现严重的应试化倾向。所以从某种程度上说，传统的智力理论支撑了教育的应试化现象，而多元智能理论挑战的正是这种应试化现象。

作为心理学研究成果的多元智能理论实际上已成为一种教育哲学。它从全新的角度来看问题，拓展了人们的视野，帮助我们更为清晰地来认识人，认识人才。

建设和谐社会归根到底要以人为本。多元智能理论深刻地体现了以人为本的思想。我们以前强调人的全面发展是为社会的发展服务的，我们的教育方针是教育为社会主义现代化建设服务。江泽民同志在 2001 年“七一讲话”中有一段话，他说，社会经济的发展和人的全面发展是互为前提、互为基础的。这是对以人为本的一种很重要的诠释。人的全面发展是社会发展的前提和基础，而社会的发展又是人的全面发展的前提和基础。人的全面发展的目的是为了使社会发展，而社会发展的目的又是为了人的全面发展。

以人为本是我们党和国家发展的出发点和归宿，当然也就是教育工作的出发点和归宿。这就需要我们换一个角度，换一种眼光来审视我们的教育。我所讲的换一种眼光看教育，就是要用以人为本的眼光来看教育，来实施教育。

我觉得在以人为本的科学发展观的指引下，我们的教育观念应该在以下几个方面作出调整。

一、以人为本，调整教育观

根雕原理：弃之荒野的树根是无用的废料，然而到了根雕艺术家手里，它却成了艺术品。这种加工，不仅使树根具有了艺术价值，而且它的社会价值、经济价值也提高了。

从某个侧面说，教育的过程也如一位根雕艺术家加工一个根雕艺术品的过程。

首先要关注教育能力。教育工作者的任务是创造适合学生发展的教育，而不是选择适合教育的学生。好的教育要体现在教育能力上。以前，我们看一个学校的好坏，大都看它的毕业生的水平。其实毕业生的水平不一定能完全体现一所学校的教育能力。优质教育的重要特征是具有高水平的教育能力，即具有高水平、能促使所有学生全面发展的能力。

其次要关注服务对象。我们的教育是为人的发展服务的，所以要树立人人都能成功的学生观，以欣赏的眼光看待学生的优点，以发展的眼光看待学生的缺点，把发展学生的优势智能和提升学生的弱势智能结合起来。

再次要关注教育的效益。在重视增加教育投入的同时，要重视教育的投入产出比，遏制公共教育经费使用的盲目性。现在教育投入不足是一个大问题，但是我们不能忽略教育也有产业的属性，它是要讲究投入产出比的。当我们进行一所学校与另一所学校的比较时，应该把投入产出比作为一项重要指标。我们如果对有的学校进行了特别高的投入，而对另一所学校投入很低，却用同一个标准来评价这些学校，那显然是不公平的。

二、以人为本，调整主体观

过河原理：一个学者要过河，小船来到河中央后，他询问船夫到对岸的距离，发现船夫的语言有基本的语法错误，就很看不起船夫，说："你这半辈子算白活了！"船夫没说话。船继续往前走，忽然狂风大作、波涛汹涌，船夫问学者："你会游泳吗？掉在水里能辨别方向吗？"学者回答"不会"。船夫说："我的船就要翻了，你这一辈子算白活了！"

这个故事说明，解决不同的问题需要不同的智能。现在学校对学生的培养，注重的是"解答"问题的能力，而在实践中，需要的是"解决"问题的能力。可以设想，如果让那个学者坐在教室里设计游到对岸的方案，他可能会设计出十几个，但这并不意味着他能在实践中解决问题。

各种智能本身没有优劣之分、好坏之差，每个人都有可资发展的潜力，只是表现的领域不同而已。所以，我们不能笼统地说哪一个学生更聪明，而应该说哪个学生在哪一个领域里更聪明。

我们应该把所有的学生都看成是学习过程中的主体，要在微观领域推进教育的均衡发展。应该看到每位学生都有自身的优势智能，不能以唯一的目光看待学生、以唯一的方法教育学生、以唯一的标准评价学生，特别是要防止以一部分"明星"学生为主体取代以所有学生为主体。

三、以人为本，调整发展观

图钉原理：图钉有一个图钉盖、一个图钉尖，如果两者都有即可以按在墙上，如果只有一个图钉盖或只有一个图钉尖就按不进去。

对人才来说，坚实的素质基础就好像图钉盖，良好的个性特长就好像图钉尖，人才就是素质基础和个性特长的统一体。全面发展的教育应该是使学生的素质基础和个性特长都得到充分发展的教育，而不应该只是指素质基础的全面发展。所以我们要引导学生发现自己的优势，发展自己的兴趣，发现自己的特长，也发现自己的不足。总之，要引导学生正确认识自己。

全面发展的教育应该是扬长补短的教育，而不是填平补齐的教育。在推进全面发展教育的过程中，许多人把全面发展理解为均衡发展，把均衡发展理解为平均发展，然后进行一种填平补齐、达标式的教育。按照他们的思路，郎平排球打得非常好，但物理学得不太好，那就不要练球了，多花点时间学物理；刘绍棠文学水平比较高，但是数学差一点，所以就不要写作了，多花点时间学数学。如果我们不能使我们的教育真正变成一种“扬长”然后“补短”的教育，那么我们就永远培养不出优秀的人才来。

四、以人为本，调整教学观

饮茶原理：日本有一个名将叫丰臣秀吉，一次作战以后他很渴，找人要水喝，这个人先端给他一大碗温度比较低的水，他一饮而尽；后来给他端了一碗浓度稍微大一点的茶，他又喝了；最后给他端了一小碗温度比较高的浓茶，他慢慢地品起来。他觉得这样的喝法很舒服，就问这个人：“你为什么这样给我水喝?”这个人说：“你刚打完仗，口比较渴，所以我给你一大碗温度比较低的水；你喝完这碗水之后可以喝一点茶了，所以我就给你一碗浓度稍微大一点的茶；你休息过来后，需要的是品茶，所以我给你一碗温度比较高的浓茶。”

这个故事告诉我们，最好的服务是适应对方需要的服务。我们的教学应该从教育活动的实际出发，适应学生的不同需求，实现共性教育和个性教育的结合。

现在很多教师在教学展示中注意运用多种教学方法。多种方法的应用是适应不同学生的智能优势的。有些学生只要你写一个定义他就明白了，因为他的语言智能强；有些同学你一进行公式推导，他就明白了，因为他的数学推理能力强；但也有的人这两种智能都不强，这就需要教师用他的优势智能帮他理解，所以这里就有一个教育方法的综合应用问题。

我们现在强调个性化教学研究，但是我国有着大班化背景，全国范围内初中 55 人以上的大班加上 65 人以上的超大班所占的比例为 51%。在这种大班化背景下要解决个性化教学问题，就必须继承和发扬中国个性化教学的优良传统，探索新形势下的复式教学之路。这种复式教学不是原来那种简单的复式教学，而是要根据学生的不同情况，采取分层教学、分组教学的方式，进行分类教学。

五、以人为本，调整动力观

蛙跳原理：两只青蛙掉到一个坑里，因为坑很深，所以上面的青蛙们就对它们喊："别跳了，坑太深了。"一只青蛙没跳，趴在坑底，太阳升起时就被晒死了。而另一只青蛙却一直跳个不停。外面的青蛙越喊，它跳得越欢，最后一跃出了坑。青蛙们问它为什么让它别跳它还要跳，这只青蛙回答："我误会了。因为我听不清，所以还以为你们这么多人给我加油呢！"

这个故事告诉我们，学生发展的动力最主要的还是激励，要借以鼓励为主的激励机制来增强学生发展优势和提升弱势的信心。一个人总是会跌倒的，但关键是要鼓励他迅速爬起来。

形成一个引导和激励的机制，是发挥学生主体作用的重要途径。这种引导和激励不是针对一部分人，而是针对所有的学生。

要处理好惩罚与激励的关系。对学生处罚不是目的，目的在于使学生形成前进的动力，所以要坚决防止对学生滥施惩罚。

六、以人为本，调整师生观

钉孔原理：一个人脾气不好，问父亲怎么改。父亲说：“你每发一次脾气，就在院子的栅栏上钉一颗钉子，用以提醒自己。”过了几天，这个人告诉父亲：“我已经好几天没钉钉子了，这些天我都没发脾气。”父亲很高兴，又告诉他：“如果你一天不发脾气，就去拔掉一颗钉子。”过了些日子，这个人又来告诉父亲：“我把钉子拔完了，现在坏脾气改掉了。”父亲拉着他的手来到栅栏边说：“你看，虽然钉子被拔掉了，但是钉孔都留在上面。你要记住，你伤害了别人的情感，是会在别人的心上留下伤痕的。”

培育学生的健康情感是培养学生健全人格的重要内容，我们必须高度重视。学生的心理障碍、心理疾患和由此引发的事故甚至悲剧是很多的。因此我们应该把培养健康的心态看作培养学生健全人格的重要方面。

师生关系是培育学生健康情感的重要因素，因此要最大限度地减少对学生的师源性情感伤害。我们往往用一个美好的目标，用一个善良的愿望来掩盖实际上不良的教育行为。有些伤害不是一过性的，它会对学生的心理造成永久的创伤。

七、以人为本，调整评价观

罗森塔尔效应：著名心理学家罗森塔尔和助手们来到一所学校，他们从一至六年级各选了3个班，对这18个班的学生进行了“未来发展趋势测验”。之后，罗森塔尔将一份“最有发展前途者”的名单交给了校长和相关的教师，并叮嘱他们保密，以免影响实验的可靠性。其实，名单上的学生是随便挑选出来的。8个月后，罗森塔尔和助手们对那18个班级的学生进行复试，结果凡是上了名单的学生，个个成绩都有了较大的进步，且性格活泼开朗，自信心强，求知欲旺盛，更乐于和别人打交道。罗森塔尔的“权威性谎言”对教师产生了暗示，左右了教师对名单上学生能力的评价，而教师又将自己的这一心理活动通过自己的情感、语言和行为传达给学生，使学生变得更加自尊、自爱、自信、自强，从而使各个方面都得到了异乎寻常的进步。

教育评价的最终功能是激励学生，而不是简单地作出判断。评价不能只是分出学生谁好、谁坏，最重要的是要立足于激励。所以要调整我们的评价观，评价的根本目的在于使学校、教师、学生明确方向，树立信心。

评价方式影响着教育的效果，所以必须高度重视评价方式的人性化，将绩效性评价与发展性评价统一起来，通过评价激励学生进取。

八、以人为本，调整教育过程观

木碗原理：这是阿根廷的一个故事。父母、孩子和爷爷一家人吃饭。爷爷因为手颤抖，所以经常把碗摔在地上，父母不耐烦了，就弄来一个小木碗，让老爷爷在旁边的小木桌上吃饭。一天，父母回家看到孩子正拿一块木头刻着什么，他们好奇地问孩子，孩子回答说：

“我在刻木碗，将来你们老了用。”孩子的话让父母很震动，晚上，他们又重新把老爷爷请到大桌上吃饭了。在这个故事中，父母一句话也没说，但孩子从他们的行动上学会了怎样对待老人。

知、情、意、行是教育过程，但不是所有的有效教育都是从知开始的。我们必须强调体验是学生发展的重要环节。要重视为学生创造一个良好的体验环境。

教师的行为是学生作出判断的重要的体验依据。学生年龄越小，教师的行为对学生的行为判断的影响就越大，所以我们要把师德建设放在教育工作的重要地位，要强调新形势下的身教重于言教。

教师对自身行为的矫正有着巨大的教育震撼力。我们过去为维护师道尊严，始终把教师塑造成这样的形象，即教师的一切都是对的。其实教师也有很多错，但是教师又不肯在学生面前承认自己的错。实际上，教师能够在学生面前承认自己的错误对学生来说是最好的教育。我们应该倡导教师勇于承认自身的错误，从而引导学生全面地、正确地认识自己的错误。

九、以人为本，调整教育价值观

分苹果原理：美国《时代周刊》调查过两组人，一组有犯罪记录，另一组事业有成。面对同样的问题：小时候，母亲做的哪件事情对你一生影响最大？有两人讲到同一件事。有犯罪记录的人说：“母亲端来一盘苹果，弟弟抢着说要大的，遭到母亲的批评。其实我也想要大的，但这样说会挨批评，所以我就反着说，结果母亲很高兴，把大苹果奖励给我。那件事给我留下的深刻印象是，要想得到最多，就得说假话。”另外一个人却说：“母亲端来苹果，我想要大的，可母亲说，你们都去锄草，谁锄得多就可以得到大苹果。最后，我锄草最多，所以得到最大的苹果。那件事给我留下的深刻印象是，要想得到最多，就得付出最多的劳动。”

这是个价值观的问题。我们不能说讲假话的孩子智商低，但他没有树立正确的价值观。帮助学生树立正确的价值观是教育价值最重要的体现，教育应当坚持“育人为本，德育为先”。

过去，我们往往在有意无意间扭曲了学生的价值观。有一些孩子学会了看教师的脸色行事，回答别人提出的问题时眼睛看着教师，教师微笑就是答对了，瞪眼睛就是答错了。当学生的回答接近教师所期待的教学目标时，教师就表现得特别高兴。这其实都在潜移默化地影响着学生的价值观。

实际上，德育是我们的教育目标，而不单纯是一项教育工作。它不单纯是班主任、政治教师和团队干部的事，必须使全体教师都成为德育的骨干力量。

十、以人为本，调整方法论

穿越玉米地原理：企业家之间的竞争就好像在比赛穿越一片玉米地。首先，要比谁穿越得快，这是比速度；其次，要比谁在穿越的时候掰的玉米多，这是比效益；再次，是比谁在穿越以后，身上被玉米叶割破的伤口少，这是比安全。企业在任何时候都不能只顾一项指标，只有实现速度、效益、安全的整体优化，才能长盛不衰。

这是个方法论问题。面对教育事业发展与改革的复杂局面，我们必须从整体着眼观察问题，必须充分估计构成教育体系各相关因素的相互联系和相互制约的关系。因此，对教育事业存在的问题不能企图通过单一的措施来解决，必须全面、综合考虑解决问题的途径。同时，要防止一种倾向掩盖另一种倾向。

要通过不断的反思，对学校教育进行“文化体检”，即检查学校的管理、教育教学活动是否符合学校的价值观标准，并根据检查的结果不断进行调整，以保证学校的和谐发展。

我们更要重视提高学校干部和教师的整体素质，教育既是科学，又是艺术，更是一种修炼。学校只有真正成为学习型组织，才能不断创新、持续发展。

加快区域教育的协调发展*

协调发展是教育现代化的重要标志之一，是在科学发展观指导下我国教育发展方式的重要原则。

教育均衡发展是协调发展的首要问题。我国政府在推动教育均衡发展方面已经做出了巨大的努力。在全国范围内基本实施九年义务教育、大力加快西部地区实施义务教育的步伐，就是在全国范围内促进教育协调发展取得的光辉成就。与此同时，区域内的教育协调发展问题，也已为很多地区的政府所关注，在实践方面已取得了一些喜人的成绩。许多专家对这一问题进行了认真的调研和深入的探讨，取得了许多富有理论和实践意义的研究成果。

区域教育的协调发展既是教育的理想又是现实的追求；既是长期的历史使命，又要有阶段性目标；既要逐步建立区域内相对协调的教育体系，又要将这一体系有机地融入全国的教育体系之中；既是国家的责任，又是地区政府的责任。

---

* 原载《中国教育报》2006 年 2 月 12 日。

区域内的教育协调发展，无论是省域或县域，甚或包括邻近的省或县形成的区域，首先是服务于区域的经济发展和社会的和谐与进步，因此，它是地区总体发展规划的重要组成部分。当然，区域内教育协调发展规划的实施，需要上级政府、本级政府和下级政府的共同努力。当前，在中央政府增加了对教育的投入、县级政府增强了对义务教育的管理责任的背景下，加大省级政府对教育的统筹力度就成为一个紧迫的任务。因此，省域内教育协调发展问题的提出，具有重要的现实意义。

省域内教育协调发展是一项巨大的系统工程。它既要符合国家的教育发展方向，又要切合地区的实际情况；既要关注教育自身发展的需求，又要服从和服务于经济与社会发展的进程；既要重视教育规划、教育投入的协调，又要重视教育布局、教育结构的合理；既要满足对数量的追求，又要切实提高教育质量。因此，必须有明确的战略构想，同时必须采取正确的策略措施。

省域内教育协调发展的重点是缩小城乡教育的差别。农村教育是教育事业最为薄弱的部分，而农村教育水平的提高，关系整个民族素质的提高，关系经济增长方式的转变，关系社会主义新农村的建设，关系全面建设小康社会目标的实现。调整政府教育经费的支出结构，切实向农村倾斜，是发展农村教育的关键。城乡一体化和农村城镇化既是解决三农问题的根本出路，也是缩小城乡教育差距的基本途径。

省域内教育协调发展的关键在于进一步深化教育改革。当前教育发展的失衡，除城乡教育失衡外，突出的表现还有：在教育发展上，数量与质量的失衡；在办学体制上，民办教育与公办教育的失衡；在教育结构上，职业教育与普通教育的失衡；在国民教育体系中，初中教育与小学和高中教育的失衡。这些都需要通过持续地深化办学体制改革、教育结构改革，以及教育思想、教育内容、教育方法的改革来实现。

省域内教育的协调发展是一个长期的、渐进的过程。省域内的教育非均衡发展状态是长期形成的，根本原因在于经济发展的非均衡状态和地区不同的历史文化背景，当然，一个阶段的政策导向也是原因之一。因此，要改变这一状态也必然要经过长期的努力。又由于教育的协调发展是教育与经济、文化和社会发展的互动过程，同时是一个相对的动态过程，因此推进教育协调发展也必然是渐进的，不可能一蹴而就。这就需要各级领导树立正确的政绩观，有长远的构想与阶段性目标，更需要有扎扎实实的工作。

衷心希望我国各省、自治区、直辖市都能对本区域的教育协调发展问题进行深入的研究，更希望在区域教育协调发展的实践中涌现出更多的成功的范例。

指导现在　探索未来*

——谈谈教育科研机构的任务

20世纪初中国才有高等师范教育，才把教育作为一门科学。

1902年，京师大学堂成立了师范馆，中国的教师专业化开始起步。那个时候就有要不要师范教育的争论。鲁迅写过文章回忆，当时有人撰文说：如果当老师还要上师范学堂的话，那当爸爸也要上父范学堂了。当时很多人反对师范教育，而有了师范教育，才有了教育科研的基地。到1933年，广西省政府在桂林设立了独立于高校之外的教育科学研究所，这有可能是中国最早的独立的教育科研机构。抗战期间，我们党在延安的中央研究院里设立了一个教育研究室。1956年成立了中央教科所筹备处，1960年正式成立中央教科所。到20世纪90年代，很多高校都成立了教

* 2007年9月26日在北京教育科学研究院第二届学术委员会成立大会上的讲话，收入陶西平著《追梦人——陶西平教育漫笔》，北京，人民教育出版社，2008。

育科研机构，北京约有四五十家。

北京在20世纪80年代以前没有独立的基础教育科研机构，只有教研部门。1954年，市教育局的中教科、小教科分别成立了教学研究组，那时候指导全市中学教研工作的就是中教科的这个教研组，大约有9个人。1956年，市教育局撤销了中学教研组，人员并入了北京教师进修学院，在北京教师进修学院里面成立了中学教研组。1981年，北京教育学院设立二部，也就是教学研究部，下面设中学9个学科教研室，还有职业教育研究室，这时候还是停留在教学研究指挥机关的阶段。1986年7月，教学研究部脱离教育学院建立了北京市教育局的教研部，这是一个行政机构、一个教学指挥机构，教育学院的小学教研室、师范教研室并入这个机构，1989年，市教育局的幼儿教研室也并进去了，到1990年底，教学研究部已经有21个学科研究室。与此同时，北京教育科学研究所于1981年5月开始筹建，1984年3月正式成立，到1990年，当时的教科所里面设了教育管理研究室、德育研究室、基础教育研究室、学前教育研究室、农村教育与职业教育室、图书资料中心。从正式意义上说，北京市独立的教育科学研究机构的出现始于1984年北京市教科所的成立，历史不是很长。各区县的情况是，从1954年以后，陆续成立教学研究组；1958年各区县成立教育局以后，陆续成立教研室。1983年到1985年，19个区县都建立了教育科研机构。大致在20世纪80年代中期，北京的教育科研机构开始从教学研究机构中独立、分化出来。

1981年，北京地区的高等学校开设教育科学研究专设机构的有6个，1986年底有35个，1992年底增加到42个。1988年，在市高教局下面成立了独立于大学之外的高等教育研究所。成人教育机构在1955年建立了北京工农教育研究室，1966年停办，1969年撤销，

1979年恢复，1986年扩建成为北京市成人教育科学研究机构。

之所以回顾这一历程，是想说明北京市的教育科研机构是在原来教研机构的基础上分离出来的，这种分离无疑是一种进步。1996年成立北京教育科学研究院，把原来的教育科研机构和教研机构合并了，组建成规模比较大、业务门类比较全、综合实力比较强的教育科学研究机构。北京教科院是全国地方教科院里面实力最强的教育科研机构之一。

从以上演变的趋势我们可以看出，教育科学研究的机构不断增加，从事教育研究的专职人员不断增多，教育研究在推进教育改革和发展中的地位不断提高，教育事业的发展越来越趋向理性化。另外，教育科学研究机构原本是从教学研究机构当中分离出来的，而到成立北京教育科学研究院之后，教育科研机构反而把教学研究机构并入其中，这种变化反映了我们对教育研究任务的认识更全面了。

现在北京教科院的任务包括两个方面，第一个方面是指导现实的教育教学工作。这是原来教学研究机构的主要任务。教学研究机构之所以独立设置，而且设置在教育行政部门之下，是因为它是全市的教学指挥机构，指导着现实的教学工作，负责落实已有的教育法律法规、政策以及改革的方案。指挥现实的教育教学工作，就要研究现实的教育教学工作中近期可以解决的问题，不断改进现实的教育教学工作。教学研究工作带有一定的行政性。当时北京成立教学研究部的时候，我就讲，实际上，中国的教学研究机构相当于英国的督导机构，英国的督学是负责现在的教学工作的，是学科性和行政性的工作。第二个方面就是策划未来的教育改革和发展。这是原来科学研究机构的任务，要研究影响教育事业未来发展的关键性问题、前瞻性问题，对未来的教育决策提出建议。因此，教育科研机构为教育决策服务应当包括两个方面，一是针对具体的现实教育问题提供决策服务，二是为更宏观的长远决策提供服务。

举两个例子。北京教科所成立以后，在所长梅克同志的主持下，研究了关于教育评价的问题。他带着研究教育评价的那支队伍——在教科所里面加起来一共三个人，在基层进行了很多实验。1986 年以后我做北京市教育局长，梅克同志找到我，给我讲教育评价问题。他讲之前，我只是听说过教育评价这个概念，但不知道教育评价是怎么回事。梅克就从理论到实践，讲清楚了教育评价的必要性和目前实施的可能性，他认为，教育改革发展到现阶段需要提出教育评价问题。我领会后，在教育局的党组会上讨论教科所的这个意见，最后根据他们的意见，教育局决定在全市开展教育评价活动。于是，1987 年底召开了第一次北京市教育评价工作会议，这在全国也是第一次由教育行政部门召开教育评价工作会议。各区县主管教育的副区长、教育局的主要负责同志、校长都来听教科所同志的报告。他们先讲教育评价的概念，然后讲教育评价的实施方案，再讲试点学校推进教育评价工作的进展和经验。北京市当时参会的人跟我说的大都是一句话：又出来新花样了，怎么又来了一个教育评价……当时全国都看北京，北京开展教育评价，很多地方也都开展起来。现在，教育评价已经成为教育事业发展中不可或缺的动力和工具。这些都是教育科研的作用。教育科研是研究未来的教育应该做而现在的教育行政部门还没有考虑到的问题。最近，北京教科院关于可持续发展教育的研究影响很大，全国有一千多所学校参加实验，香港地区也参加了这项研究。现在把可持续发展教育研究的成果整理出来，提出一个可持续发展教育的指导纲要送到教育行政部门，北京市教委认为将这一理念引入到北京市的教育工作中十分必要，于是通过并颁行了这个纲要。这也显现出教育科研成果对教育决策的指导作用。

指导现在和探索未来，这两方面的任务都很重要，但是，这两者的性质和工作方式是有区别的。前者侧重于具体研究如何指导基层落实已经决策的东西，研究如何解决落实过程中出现的问题，而后者是设计未来。这两者之间有非常密切的关系，但有不同的侧重，其成果检验方式也应该不同。如果我们都用检验教育科研成果的方式来检查教学研究工作，如一年写多少论文，一年出多少著作，那这部分研究人员就很难履行其应当承担的责任。

从以上分析我们可以看出，指导现在和探索未来是教育科研机构的双重任务。

教育创新要关注多元多样的世界教育现状*

当今世界，改革创新已成为教育事业的主题。联合国教科文组织总干事伊琳娜·博科娃去年曾指出，21世纪的教育需要重大创新，这是因为我们的世界正在变得越来越复杂、越来越融合，知识驱动性也越来越强。在这种情形下，我们必须就教育的目的、学习的内容、为什么学习以及如何学习开展批判的、持续的交流和对话。

博科娃的这个观点，对我们更好地把握教育发展趋势，更有效地开展教育改革创新具有重要的意义。在全球化的背景下，世界各国的社会、文化背景不同，各个国家对教育创新的追求也就有所不同，再加上在教育创新过程中，创新与继承之间固有的张力关系，使我们不得不面对一个多元、多样、多变的世界教育现状。面对教育价值取向的多元、教育目标实施途径的多样以及教育政策的多变，要求我们在教育改革创新过程中，必须牢牢把握世界教育发展态势，避免在这个多元、多样、多变的教育环境中，出

* 原载《中国教育报》2010年5月25日。

现工具理性和价值理性的背离。

首先，是教育价值取向的多元。由于各个国家的社会和文化背景、教育发展的阶段不同，以及社会阶层的利益关系不同，世界各国对教育价值和目标的追求也就有所不同。例如在基础教育领域，中国正在努力减少教学内容，降低教学难度，来全面提高学生的素质。而日本正在实施新的教学方案，增加课时、加深难度，以保证他们的教学水平。这是因为在国际经济合作与发展组织开展的学生能力评估中，日本学生的数理成绩大幅度下滑，这引起了日本社会各界的普遍关注，舆论普遍认为，这是由于日本推行的"宽松式教育"所造成的结果，要求政府全面否定"宽松式"教育，提高学生学力。教育价值观多元化具有积极意义，有利于推动教育领域的百花齐放，促进观念碰撞，相互借鉴，相互交融。但是，由于价值主体、价值标准、价值取向等的多元化，自然就会出现多元价值观对我们追求的教育核心价值观的冲击，当代"核心价值观"与"多元价值观"的张力关系将会长期存在。在多元中立主导，在多样中谋共识，是教育创新的重要课题。

其次，是教育目标实施途径的多样。对于同一个教育问题，不同国家、不同地区、不同学校解决起来可能有不同的方法。比如说促进教育公平，我们经常提到日本经验，日本的思路是求同，倡导通过政府提供财政性教育经费，实现义务教育学校办学条件标准化，形成均等化的基本公共服务。而英国目前却倡导求异，通过政府和社会共同集资，在基础薄弱地区，建设以不同优势学科为重点的特色学校，通过形成比较优势，提高基础薄弱学校的社会声誉，改变落后面貌。

世界范围内涌现出的教育改革浪潮，既有立足于不同价值追求的实现，也有立足于同一价值追求的不同实现途径的探索，展现出不同地域、不同社会发展水平、不同文化背景下的教育多样性，为各国教育改革提供了宝贵的借鉴。

还有是教育政策主张的多变。当代各国教育改革与发展的政策不断接受时代前进的挑战，经受客观实践的检验，同时要面对大量涌现的新的问题，从而，必然推动教育的反思，并由反思促进新的改变，呈现出多变的态势。教育政策的多变，是当前各国难以避免的现象。例如布什担任美国总统期间，为了提高基础教育质量，颁行了《不让一个孩子落伍法》，采取了一系列严厉措施惩罚教育质量低下的学校和教师。经过实践检验，现在奥巴马政府推进“争上游”计划，变惩罚落后为奖励先进，奖励取得进步的学校而不是惩罚没有进步的学校，以缩小与其他国家学生的差距。

世界教育发展的多元、多样、多变给我们的启示是：为了进一步推进教育的改革创新，着力破除制约教育事业科学发展的体制机制障碍，解决人民群众关心的重点难点问题和突出矛盾，我们应当借用温家宝总理今年五月四日在北京大学和学生共同完成的题词：“仰望星空、脚踏实地。”我想，“仰望星空、脚踏实地”是当代教育工作者在改革创新过程中应该坚持的原则。

仰望星空，就是要视野开阔、兼容并蓄。要有包容多样化的胸怀，尊重多样化的意识，调适多样化的能力。同时，要重视系统思维，我们的教育研究，习惯于通过将整体分解为部分使复杂性看起来更容易掌控。但是，常常难于把握整体的基本特质——相互关联性。从而，陷于目标与后果的反差，工具与价值的背离。因此，要重视整体的关联性研究，使结论更能提供全面与真实的依据，使决策有利于实现整体优化。

脚踏实地，就是要坚持实验，知快守慢。教育政策问题要坚持从实际出发，通过实验，逐一突破。让一部分地区先行先试，要有紧迫感，但又不可盲目求快，要知快守慢。教育需要跨越式发展，但跨越是为了发展，要合乎事物发展的节奏。要坚持尊重科学、求真求实、继承与创新相结合，推动教育事业的持续发展。

多元、多样、多变的时代，挑战着教育的智慧，为所有的教育工作者提供了广阔的研究空间。

以先行先试扎实推进均衡发展*

到2020年基本实现义务教育的均衡发展是《国家中长期教育改革和发展规划纲要（2010～2020年）》（以下简称《规划纲要》）确立的重要目标。为了推进这一目标的实施，国家教育体制改革领导小组在全国不同类型地区确定了41个试点项目，每个试点项目都有明确的目标和责任主体、试验进度安排、切实的政策措施、保障条件和对风险的分析。项目的启动无疑将扎实有力地推动我国义务教育的均衡发展。继制定《规划纲要》过程中科学决策、民主决策之后，就重大问题的解决在较大的范围内先行先试，是落实《规划纲要》过程中的又一重要创举。

义务教育的均衡发展是当前实现教育公平的重点，均衡发展既是义务教育发展的基本原则，又是现阶段义务教育发展的重要任务。

《规划纲要》确定的义务教育均衡发展的目标是：到2020年，全面提高普及水平，全面提高教育质量，基本实

---

* 原载《中国教育报》2010年12月10日。

现区域内均衡发展，确保适龄儿童、少年接受良好的义务教育。在我们这样一个大国，地区经济社会发展的不平衡性、历史形成的教育发展基础的差距，决定了不可能在短时期内消除全国范围内的教育水平差距，因此，在区域内，特别是首先在县域内实现基本均衡应当是未来十年的主要目标，这体现了我国推进义务教育均衡发展的层次性。这次有不少发达地区和欠发达地区的试点项目，就是着眼于缩小县域内的校际差距进而分层推进的，其中"城乡教育一体化"的试验，最具有代表性。

《规划纲要》确定的义务教育均衡发展的主要措施是：建立健全义务教育均衡发展保障机制，推进义务教育学校标准化建设和义务教育教师队伍建设。

完善城乡义务教育经费保障机制，科学规划、统筹安排、均衡配置、合理布局，是义务教育均衡发展的重要保证。一些省级试点，在省域内加强统筹规划，有明确的促进教育均衡发展的经费测算，并切实体现对困难地区的政策倾斜；一些地区对拓宽社会资金注入和发达地区支持的通道，也有很好的设想。这些都使促进均衡发展有了坚实的物质基础。

推进义务教育学校标准化建设是实现区域内均衡发展的关键。由于多种因素的制约，我国难以在未来十年使所有学校都达到同样的办学条件水平和质量水平。但是，应当根据国家的规定制定符合地区实际的办学条件标准，使所有学生都能进入符合办学条件标准的学校就读，从而分阶段推进教育公平。因此，标准化学校的建设就凸显出其重要意义。不少试点地区在改造小学和初中薄弱学校，尽快使义务教育学校师资、教学仪器设备、图书、体育场地基本达标方面，在改扩建农村学校寄宿设施，改善农村学生特别是留守儿童寄宿条件方面，都有切实的措施。

加强义务教育教师队伍建设是使学生接受良好义务教育的前提。教育的差距最根本的是教师水平的差距。当前，加快提高农村地区教师水平成为最迫切的问题。不少试点地区对继续实施农村教师特设岗位计划，吸引高校毕业生到农村从教，加强农村中小学薄弱学科教师队伍建设，重点培养和补充一批边远贫困地区和革命老区急需紧缺教师等方面，都有大胆的设想和创新的举措。

对《规划纲要》明确的义务教育均衡发展，社会关注的热点是：义务教育阶段择校问题和保障农民工子女就学问题。

义务教育择校问题之所以成为热点，一方面由于群众希望自己的子女接受良好的教育，而优质教育资源不足；另一方面由于择校无明确规则，导致出现不合理的现象，特别是在择校过程中的乱收费现象引起群众强烈不满。不少试点地区计划从远近结合进行探索：近期加快薄弱校改造，区域内教师、校长合理流动，优质高中招生名额合理分配到区域内初中。远期推进学校标准化建设、实现区域内义务教育均衡发展、扩大优质教育资源覆盖面。同时，认真落实胡锦涛总书记在全教会上讲话所指出的“着力促进教育制度规则公平，全面推进依法治教和依法治校，坚持用规范管理维护公平”，加强对择校问题的规范管理。为了满足群众多样化教育选择的需求，在由公共财政举办的义务教育学校坚持基本教育公共服务均等化的同时，不少试点鼓励和扶持少数民办学校办出水平，办出特色，为家长和学生提供更多的自主选择。

保障农民工子女就学是伴随城镇化进程必然产生并将长期存在的问题。试点地区对这一问题给予了高度重视。一方面对随迁子女切实落实以流入地政府管理为主、以公办中小学为主的政策，确保农民工子女平等接受义务教育，逐步实现在当地参加升学考试；另一方面，加快农村寄宿制学校建设，优先满足留守儿童就学需求，建立健全关爱农村留守儿童服务体系。

先行先试将为《规划纲要》的全面落实提供宝贵的经验和借鉴，相信各试点地区一定会取得令人鼓舞的积极成果。

到达最边缘*

联合国教科文组织发布了2010年年度教育报告，题目是《到达最边缘》。这份报告反映了世界各国共同的教育追求，以及在欠发达地区实现这一追求过程中的进展与困难。我想，“到达最边缘”对我国教育事业的改革和发展也同样有着重要的启示作用。

报告所说的“最边缘”，是指世界上接受教育的机会尚不能达到的地区和人群。进入新世纪，尽管各国在落实2000年“达喀尔行动纲领”提出的全民教育目标方面做出了很大的努力，但现在仍有数以千万计的儿童没有接受初等教育的机会，特别是在非洲。因此，报告号召发达国家加大对非洲支援的力度，以帮助他们提高普及教育水平，最终使他们摆脱饥饿和贫困。

我国已经全面普及了九年义务教育，在全国范围内少年儿童“上学难”的问题已经解决。但我想，我们的教育事业仍需树立“到达最边缘”的理想，入学机会到达最边缘人

---

* 原载《教育导刊》2011年第1期。

群，办学条件达标到达最边缘地区，因材施教到达最边缘学生，以真正落实《国家中长期教育改革和发展规划纲要》确立的战略目标。

解决入学机会到达最边缘人群问题，需要进一步健全受教育权利的体制保障。在我国，现在主要就学困难的群体有三个部分：一是进城务工人员的子女，其中包括随迁子女和留守子女。由于城镇化进程加快，再加上现行的户籍制度和入学办法，使得这部分孩子的正常入学机会没有完全得到保障。二是贫困家庭的子女，虽然我们已经实行了免费的义务教育，但仍有少数孩子由于家庭生活困难而难于坚持学习。三是残障少年儿童，我国特殊教育事业已有了长足发展，但仍有相当数量的不同类型的残障少年儿童，难以进入特教学校或者随班就读。如果以全国适龄少年儿童总数来测算，以上三部分人所占比例并不很大，所以极易受到忽视。因此，健全体制保障，乃至法制保障，防止他们被边缘化，是我国推进教育公平的重要任务。

解决办学条件达标到达最边缘地区问题，需要进一步完善并落实教育投入的倾斜政策。我国义务教育的普及是令世人瞩目的巨大成就，但这种普及在相当一部分地区是在很短的时间里实现的。而教育规模的迅速扩大，有时不一定能和必要的条件保障同步。因此，尽管我国有一些地区学校的办学条件已经毫不落后于发达国家，但也还有相当一部分地区，没有提供基本的办学条件保障，主要集中在四部分地区：一是部分革命老区，二是部分少数民族地区，三是部分边疆地区，四是部分贫困地区。国家应当制定基本办学条件标准，各省可以从实际出发制定不低于国家标准的办学条件标准，并分期分批推进达标。要依照推进教育公平的反向歧视原则，加强对这些地区的政策倾斜，通过加大中央政府和省级政府的统筹力度，将对边缘地区的财政转移支付制度化。到 2020 年，我们虽然不能保证每所学校都达到同一办学水平，但应当保证每所学校都达到规定的办学条件标准。

解决因材施教到达最边缘学生问题，需要进一步深化教育改革，全面推进素质教育。推进教育公平主要是政府的责任，但是，学校内部的教育公平则要求每位教师都要树立“每个学生都重要”的理念。入学机会的公平是最重要的但也是最初步的教育公平，学生即使在同一学校里甚至同一班级里学习，也不一定受到公平的对待。那是因为我们不少学校和教师偏爱一部分学习成绩好，或者其他方面表现好的学生，而使另一部分学生在整个教学过程中被边缘化。他们很少受到学校和教师的关注，很少受到学校和教师的爱心覆盖。伦敦教育科学研究所曾称这部分学生为“隐形学生”。其实，每位学生都有自己的智能结构，都有自己的优势智能，他们都有着成才的潜质。教育的责任就是通过因材施教，使每位学生的潜质都得到充分的发展，从而实现人人成才。因此，创新人才培养模式，使因材施教真正到达并惠及每一个学生，才是教育公平的最终目的。

百分比是我们描述教育政绩的重要指标，但教育的目标达成度决不能只满足于较高的百分比。“到达最边缘”是时代赋予教育的重要使命，是现代教育的基本特征。我国在未来十年，在《国家中长期教育改革和发展规划纲要(2010～2020 年)》的指引下，各级政府和全体教育工作者如果都能以“到达最边缘”为己任，我国的教育事业的改革和发展必将有新的腾飞。

公平与质量*

——共同的价值取向

最近，有几件事让我们感到世界教育正面临严峻的挑战。

一件事是奥巴马的担心。2010年12月9日，奥巴马在北卡罗来纳州发表演讲，他约十次提到中国，说美国人正迎来新的“卫星时刻”，必须加强对基础设施、科研创新和教育的投资，否则美国在未来的竞争中，有落后的危险。2011年，奥巴马在国会发表国情咨文演讲时四次提及中国，说：“中国和印度等国家已经意识到，只有通过变革，才能在世界上立于不败之地。因此，他们开始尽早着手对孩子进行教育，并延长教育时间，而且更注重数学和科学教育。”他说：“中国加大了对科技研发的投资。就在不久前，中国建成了世界上最大的民营太阳能研究机构。中国还拥有世界上运算最快的计算机。”这说明美国对教育事业对未来综合国力影响的关注。

---

* 2011年8月7日在都江堰“联合国教科文组织教育论坛”上的讲话。

一件事是 PISA 的风波。2010 年 12 月 7 日，OECD(经济合作与发展组织)发布最新 PISA(国际学生评价)项目报告，2009 年共有 65 个国家与经济体的五十多万名 15 岁学生接受了阅读、数学和科学三个测试项目的评估，其中，“阅读”是 2009 年的重点分析环节。结果显示，在阅读测试中，总体排名是韩国和芬兰分列第一和第二，接下来是中国香港、新加坡、加拿大、新西兰和日本。首次以地区身份正式参加 PISA2009 的上海在阅读、数学和科学素养三项评价中均排在第一位，代表了我国发达地区教育改革与发展成效。而这一结果，引起了世界各国对中国教育质量的广泛关注。

还有一件事是《虎妈的战歌》。美国耶鲁大学华裔教授蔡美儿(Amy Chua)的新作《虎妈的战歌》(*Battle Hymn of the Tiger Mother*)引发了中美两国媒体对子女教育问题的热烈讨论。美国报纸刊登的一篇题为《为何中国家长比美国家长强》的文章指出，如果家长的目标是让孩子成为做事效率高的成功人士，那么中国的母亲们无疑比多数美国妈妈更胜一筹。文章认为，中国家长的严格教育和强烈的竞争意识，与美国家长的溺爱与温和形成鲜明对比。如果美国妈妈们继续纵容懒惰、毫无自律却总是期待被赞誉的下一代，不难想象终有一天美国要在全球的竞赛中被中国击败。一些美国儿童心理学家对此持不同意见。他们认为，如果将成功简单地定义为“高分”、“获奖”，那么教育出来的孩子肯定是“疲惫不堪的”、“能力低下的”、“不健康”的儿童。这件事引起国内、外对东、西方教育比较的热烈讨论。

这几件事都说明，教育是各国政府和人民共同关注的焦点，而这种关注聚焦于教育的公平与质量。

2011 年 1 月 19 日，联合国秘书长潘基文和联合国教科文组织总干事伊莲娜·博科娃在联合国纽约总部共同发布了《2010 年全民教育全球监测报告》，报告的主题是“向边缘群体提供教育”。

联合国教科文组织总干事伊莲娜·博科娃在报告序言中指出，各国政府需要紧急行动起来，创建保护贫困与弱势群体的机制。

同时，联合国教科文组织正在制定全球普通教育质量诊断/分析和监测框架，在概念性文件中指出：2000 年，联合国教科文组织世界教育论坛通过了《达喀尔行动纲领》，确认了为每个公民和社会实现全民教育的六项目标，即：扫盲、发展幼儿教育、普及初等教育、促进男女教育机会平等、生活技能培训、全面提高教育质量。达喀尔行动框架内六个全民教育目标中最艰巨的是目标六，即“提高教育各个方面质量，确保优质教育，从而使所有人在学习中，特别是读写、算数和基本生活技能方面获得可度量的和可被承认的学习成果”。文件认为，增加入学机会方面所取得的巨大成功并未带来教育质量和教育针对性的提高，对于发展中国家尤其如此。大多数发展中国家正面临教育质量危机，无法承担危机所带来的后果。同样，大部分发达国家也没有为所有学习者提供有质量的教育。因此，世界正面临质量危机的挑战，教育质量低下的直接后果是影响经济社会发展，造成教育资源浪费，影响生活水平提高，进而影响社会公平公正，最终影响社会安定和谐。

提高教育质量关键在于教师。2010 年 10 月 5 日国际教师节的主题——复兴始于教师。联合国四大主要机构的负责人——联合国教科文组织总干事伊琳娜·博科娃、联合国开发计划署署长海伦·克拉克、联合国儿童基金会执行主任安东尼·雷克和国际劳动组织总干事胡安·索马维亚共同表示：“教师是教育系统的核心，如果没有足够数量的训练有素的、专业的、有积极性的教师，我们就有违背我们 10 年前在世界教育论坛上对全球儿童和青少年所做出的承诺的风险——

到 2015 年普及教育。”他们还强调：“地位低、工资低、工作条件差侵犯了教师的权力，同时也降低了年轻人加入和留在教育行业的积极性。为实现到 2015 年全球大约增加 1,030 万教师的目标，这种情况必须加以纠正。”联合国四大机构负责人反复强调为教师在社会中所发挥的关键作用赋予荣誉的必要性，“复苏始于教师。应当为教师提供体面的工作条件，以保障他们培养年轻一代成为负责任的公民，培养年轻一代具备塑造可持续发展未来所需的知识和技能”。

教师队伍建设面对一系列问题，包括师资来源需要改善，教师地位需要提高，专业发展需要保障，师生比例需要缩小等。教师队伍建设是当代世界教育事业发展共同的关键因素，加强与改革教师队伍建设，对各国教育提出了挑战。

中国教育事业经历了令世人瞩目的快速发展期。2010 年中国的在读学生中，高等教育在学总规模 3,105 万人，中等职业教育 2,231.76 万人，普通高中 2,427.34 万人，初中 5,279.33 万人，小学 9,940.70 万人，幼儿园 2,976.67 万人。这是世界上最大规模的教育。2010 年 7 月 13 日～14 日，中共中央、国务院在北京召开全国教育工作会议。《国家中长期教育改革和发展规划纲要(2010～2020 年)》(以下简称《规划纲要》)正式颁布。《规划纲要》提出“育人为本，优先发展，提高质量，改革创新，促进公平”的方针，同样把促进公平与提高质量作为最重要的任务。

为了促进公平与提高质量，各国都在推进改革。当代世界教育改革的共同点都是：政府主导，问题引领，矛盾错综，摸索前进。而在改革进程中又都不断进行反思，包括对传统教育的反思和对教育改革的反思。美国著名教育家黛安·拉维奇的“逆转”就是这种反思最有力的佐证。

去年三月，黛安·拉维奇在她的新著《伟大的美国学校系统的死与生：考试与选择是如何腐蚀教育的》中指出：标准化考试，从检测学习的其中一个途径变成了目的本身。“不让一个孩子掉队”法案，并未让不达标学校的家长和学生享受到相关福利，导致应试教学，挤压了非考试科目的教学。特许学校，平均而言对成绩的提高并不比普通学校强，且使公立学校生源和资源外流。教学责任制，没有提高学业标准，很多州反而通过降低标准来掩人耳目。将教师工资与学生考试分数提高挂钩是“教师迫害”。这充分说明教育改革是在反思中前进。

联合国教科文组织提出，促进公平与提高质量的目标就是要“到达最边缘”。那就是要扩大入学机会，使人人能上学；提高巩固比例，使人人都上学；保证教育质量，使人人上好学。因此，公平与质量是当代世界教育共同的价值取向，落实公平与优质的价值取向，对各国教育提出了挑战。

爱迪生说过，必要性是创新之母。面对挑战，全球教育需要创新。联合国教科文组织总干事伊琳娜·博科娃在 2009 年 11 月“世界教育创新峰会”上的讲话中说：“21 世纪的教育需要重大创新，这是因为我们的世界正在变得越来越复杂、越来越融合，知识驱动性也越来越强。在这情形下，我们必须就教育的目的、学习的内容、为什么学习以及如何学习开展批判的、持续的交流和对话。”并指出实现全民教育目标需要教育创新；提高各级教育质量需要教育创新；建立全球共享的文化需要教育创新；深刻而快速的变革需要教育创新。她还说过，多样化是创新力的源泉。因此，我们需要加强国际教育的交流合作，以促进教育创新。正如国务委员刘延东同志指出的那样，要以更加开放的胸怀和视野，开展多层次、宽领域的国际合作交流，以开放促进教育水平的提升。

扎实推进义务教育均衡发展*

义务教育均衡发展已经在全国范围内形成了一个浩大的工程。在国务院和教育部的领导下，各省都有了明确的责任，有了规划的保障，增加了投入，制定了标准，加强了督导评估，加大了宣传力度。特别是义务教育均衡发展试点取得了很大的进展，正在创造出一批新鲜经验，为全国提供宝贵的借鉴。这使我们深受鼓舞。

一、领会义务教育均衡发展的意义

联合国教科文组织正在制定全球普通教育质量诊断、分析和监测框架。在概念性文件中指出：当前，大多数国家存在教育质量危机，“来自农村、城市贫民区、贫困家庭和社区、语言及种族上的少数民族、移民和冲突地区的学生通常接受的教育质量最差。这一点最显著的表现就是在基础阶段后续教育、高等教育以及高收入职业和工作中，

* 2011 年 9 月 26 日在全国义务教育均衡发展试点推进会上的发言，原载《北京教育(普教)》2012 年第 7 期。

上述人群整体数量较少。由于大多数接受低质量教育的受教育者通常来自社会的边缘或贫困阶层，将强化社会和收入的不公，维持代际贫困和边缘化。边缘群体的教育质量低下对减少贫困、社会公平、社会凝聚和政治稳定非常不利”。由此可见，当前世界教育的主题已经由入学机会的公平转变为接受保证质量教育的公平。这也就凸显出义务教育均衡发展的时代意义。

《国家中长期教育改革和发展规划纲要(2010～2020 年)》(以下简称《规划纲要》)提出教育公平是社会公平的重要基础，并明确重点是促进义务教育均衡发展和扶持困难群体。

均衡发展既是义务教育发展的原则，又是当前义务教育发展的目标。

实现教育公平首先必须立足于教育发展，是在发展过程中逐步实现基本教育公共服务的均等化。因此，既要防止盲目追求忽视公平的发展，也要防止盲目追求失去发展的公平。

《规划纲要》提出：“到 2020 年，全面提高普及水平，全面提高教育质量，基本实现区域内均衡发展，确保适龄儿童少年接受良好义务教育。”其中“全面提高普及水平，全面提高教育质量”是均衡发展的内涵，“确保适龄儿童少年接受良好义务教育”是均衡发展的目的。

均衡发展中的“均衡”和“发展”是有区别但又不可分割的两个维度。推进均衡发展就是将提高义务教育的均衡水平和发展水平有机地结合起来。均衡是相对的，发展是硬道理。义务教育是一项系统工程，均衡是义务教育系统中诸因素矛盾运动的阶段性状态，而发展是打破均衡再实现新的均衡的反复的、动态的过程。

义务教育均衡发展实际是“两基”达标的后续工程，承接着“两基”达标没有完成的任务。我国义务教育的“两基”达标，是一项伟大的工程，它实现了一个大国的义务教育的普及，令世人瞩目。但是，我们也深知这种普及的水平还是较低的，有些地区甚至是很低的。“两基”还有许多需要进一步完成的任务：比如提高生均经费特别是生均公用经费水平；改善办学条件，包括学习条件、寄宿生的生活条件、交通条件等；健全师资配备，包括制定更加合理的教师编制、提高教师水平；实行标准班额，改变相当普遍存在的大班现象；提高义务教育的巩固率，大幅度减少辍学、半辍学，包括相当数量的流浪儿童。

因此，继续大力“扶贫”仍是义务教育均衡发展的关键。加大对中西部地区、广大农村地区、基础薄弱学校和困难群体的政策倾斜，完成“两基”未竟之业，仍是义务教育均衡发展的工作重点。

二、明确义务教育均衡发展的阶段性内涵

《规划纲要》对到 2020 年实现义务教育均衡发展提出了一个目标、三项任务、三个层次、两个热点。

一个目标是到 2020 年，基本实现区域内均衡发展。

三项任务是建立健全义务教育均衡发展保障机制，推进义务教育学校标准化建设，均衡配置教师、设备、图书、校舍等资源。

三个层次是切实缩小校际差距，加快缩小城乡差距，努力缩小区域差距。

两个热点，一是义务教育阶段择校问题；二是保障农民工子女就学问题。

促进义务教育均衡发展必须坚持从地区实际出发，全面、协调、可持续发展的原则，使义务教育在科学发展的道路上前进。

现在不少地区存在均衡水平与发展水平的反差现象。有的地区均衡水平高，发展水平也高；有的地区均衡水平高，发展水平低；有的

地区均衡水平低，发展水平高。从《成都市义务教育校际均衡监测总报告(2011)》看，他们从教育经费、办学条件、师资配置、教育质量四大方面考量义务教育公平。用了基尼系数分析方法、差异系数分析方法，并借鉴了联合国开发计划署关于人类发展指数的有关计算方法来计算义务教育均衡指数。结果有一些教育水平总体较高的城区均衡指数较低，而有些郊区县教育总体水平较低，但均衡指数反而较高。

因此，我们既要认真解决发展水平较高而均衡水平较低地区的均衡问题，更要重视解决发展水平较低而均衡水平较高地区的发展问题。通过政策倾斜提高困难地区、困难学校、困难群体的发展水平，是实现义务教育均衡发展的根本保证。

三、紧紧围绕义务教育均衡发展的主要任务进行试点

《规划纲要》指出，当前义务教育均衡发展主要应当关注三项任务和两个热点：

这三项任务是：

(一)建立健全义务教育均衡发展保障机制

胡锦涛总书记在全教会上的讲话中强调：促进教育公平，要着力促进教育制度规则公平，全面推进依法治教和依法治校，坚持用规范管理维护公平，探索教育行政执法体制机制改革，完善督导制度和监督问责机制。因此，必须建立健全义务教育均衡发展的法律保障机制、投入保障机制、监督保障机制和统筹保障机制。

促进均衡发展要有对教育资源存量的整合，但更重要的是对教育资源增量的合理配置。因此，不能只是关注重新分配现有资源，必须以增加专项投入作为保障。加大投入是实现均衡发展的根本保证，教育行政部门应当提出实现区域内义务教育均衡发展的预算建议，各级

政府应当有明确的促进均衡发展的预算，并切实落实政策倾斜。同时，也应当拓宽社会资金注入和发达地区支持的通道。

由于均衡发展是系统工程，所以需要建立政府的统筹保障机制。当前，很多地区采取城乡一体化，扩大优质教育资源的覆盖或辐射作用，学区制或集团化，对口帮扶，学校资源共享，委托教育机构管理，干部、教师合理流动等方式，取得了很好的效果。但促进义务教育均衡发展是一项重大的战略任务，必须加强政府的统筹力度。它涉及发展规划、财政、人事等诸多部门，没有各部门的政策支持和政策创新，很难实现基本均衡发展的目标。

(二)推进义务教育学校标准化建设

缩小县域内学校之间的差距需要有明确的、具体的、可操作的目标，才能有效推进，也才能督导评估。由于历史形成的学校之间的差距，即使到2020年也难于全部消除，因此，应当将缩小校际差距的主要目标定位在：县域内所有学校到达到国家和地区规定的办学条件基本标准。这样规定的好处是：(1)目标明确。各县以使所有学校达到规定的办学条件标准为目标，各省以帮助各县特别是困难县的所有学校达标为目标，群众也可做到心中有数。(2)促进发展。将提高均衡水平和提高发展水平统一起来，通过基础薄弱学校达标，既可缩小与高水平学校之间的差距，又可以切实改变基础薄弱学校的面貌。(3)突出重点。为实现这一目标，县级政府必须将工作重点放在加强未达标的基础薄弱学校的建设上，省级政府必须将工作重点放在支持学校达标有困难的县。为此需要做好以下工作：(1)国家制定和修订小学和初中办学条件基本标准，应以生均公用经费、教师、设备、图书、校舍和班额标准为重点，提出基本要求，或提出分层次的要求。(2)各省、自治区和直辖市从本区域实际出发制定相当于或高于国家基本标准的省、自治区和直辖市基本标准。各省可从实际出发，逐步提高达标的比例。

均衡不是没有差异，缩小差距不是消灭差异。相反，差异是实现均衡的重要途径。除了对困难地区和人群实行倾斜政策的差异外，还应当通过推动薄弱学校的特色发展，使薄弱学校形成某一领域的相对优势，从而真正提高社会声誉，在形成差异中缩小差距，同时也就增强了学校之间竞争的活力。

均衡也不是否定选择，可选择是公平的重要内涵。目前，家长的选择有多种形式，有的就地择校，通过规范或者不规范的途径，选择本地的公办学校，或者选择本地的民办学校、中外合作举办的学校就读；有的异地择校，到教育更发达的地区去就读；有的出国择校，出国择校最近有发展的趋势。由公共财政举办的公办义务教育阶段学校，应当坚持基本教育公共服务均等化的原则，通过促进均衡发展，向公民提供均等化的公共服务。同时，应当制定政策，鼓励和扶持少数民办学校办出水平，办出特色，从而满足家长和学生更多的自主选择的需求。有些地区已经形成义务教育阶段公办学校就近入学，民办学校提供选择的良性格局。

（三）均衡配置教师、设备、图书、校舍等资源

教育科研部门、督导部门正在研究对区域教育均衡发展评价的指标体系，通过评估把握区域内均衡发展的水平，以调节推进的步伐和力度。

“两个热点”一是义务教育阶段择校问题，二是保障农民工子女就学问题。不同地区的表现形式不同，必须因地制宜，研究突破性的政策与措施，逐步缓解。

四、以改革创新精神推动义务教育均衡发展试点取得成效

《规划纲要》的亮点之一就是确定了先行先试的改革项目，以改革实验探求解决教育改革与发展的重点、热点和难点之路。义务教育均衡发展的改革试点应当发扬敢想敢干、敢闯敢试、敢为人先的创新精神，追求卓越、崇尚成功的理念，创造改革的新鲜经验，从理论和实践相结合的角度发挥改革"试验田"的作用，积极探索推进义务教育均衡发展的新政策、新形式、新举措，关注义务教育均衡发展的新情况、新动向，特别是在重点、难点、热点问题的解决上一定要有更大的突破。以试验之为，立试点之位。

总之，基本实现义务教育均衡发展必须坚持因地制宜，解决实际问题，务求取得实效。最终在区域范围内，使每所学校面貌改观、存在的问题得到解决、广大群众得了实惠，成为一项实实在在的民生工程。

我国流动儿童教育问题的制约因素和政策出路*

一、当前我国流动儿童教育政策的公正性和实效性问题

(一)户籍制度及区域经济社会发展对流动儿童教育的影响

我国流动儿童的出现是社会发展、社会变迁的产物。全国由于城镇化进程加快、进城务工人员的增加而产生了两支队伍，一支队伍是随迁子女，即所谓的流动儿童，另一支队伍是留守儿童。据估计，目前全国大概有860多万随迁子女，有2000多万留守儿童。所以，这一部分的人的教育问题就凸显出来了。我国是以一户一制为基础的。流动儿童政策的公正性实际上基础在于户籍制度的公正性，因为户籍制度已经把人分成城市居民和农村居民，城市居民与农村居民在若干项政策上都出现了差别或者不够平等的地方。其中包括最基本的选举权，也是随着社会的进步逐步实现完全相同的。因此，户籍制度在相当程度上制约着流动儿童教育政策的制定。由于近年来流动儿童数量不

---

* 原载《教育科学研究》2012年第5期。

断增加，由于对户籍制度改革进程的关注，对于这种流动儿童教育区别对待的公正性，大家的质疑也在增加。

（二）大城市、特大城市流动儿童教育问题的特殊性

现在，各地流动儿童的教育政策并不完全一样，大城市和特大城市的问题是难于达到同城待遇。只要共同居住在一个城市里就应该享受的同城待遇。这种待遇在部分中小城市现在已经可以实现。由于中小城市的经济发展水平和人口规模与它对进城务工人员的需求等相对容易协调，因此中小城市的同城待遇问题多数已经基本解决。但是，在大城市和特大城市同城待遇的实现还需要一个过程。第一步要解决义务教育阶段的同城待遇问题。国家目前采取的“两为主”政策，就是以流入地政府管理为主、以公办学校接收为主。这个政策就是试图缓解同城待遇方面的矛盾。第二步就是要解决《国家中长期教育改革和发展规划纲要（2010～2020 年）》（以下简称《规划纲要》）提出来的，探讨在义务教育完成之后继续享受同城待遇的问题。也就是说，高中阶段教育一直到高等教育，都应该以流入地为主来解决，以最终实现更加完全的公平公正。这种公平公正，就是指对所有人，不分民族、性别、职业、财产状况等，都要保证他们的平等接受教育的权利。

（三）我国城乡发展差异的教育后果

当前，流动儿童产生的因素比较复杂。一种是父母进城务工以后子女随迁，另一种是为了使子女接受更好的教育，父母迁居进城。归根结蒂是由于城市地区的教育水平比农村地区的教育水平高。我国农村地区教育随着“两基”的完成面貌发生巨大变化，但整体上看，农村地区的办学条件，包括学校设施、教师队伍等等的水平由于多种因素都低于城市。这是造成流动儿童教育问题的根本原因。如果农村地区的教育水平很高的话，问题就不会像现在这样突出，正如从城市被派去农村工作的人很少把子女带到农村去受教育。加强农村地区教育事业的发展、提高农村教育的水平、缩小城乡教育的差距，同时，加强留守儿童关爱体系的建设，流动的幅度会相对降低。因此，要用推动教育的均衡发展来缓解这种矛盾。

(四)流动儿童教育政策公正性的差异

目前，各地由于政策不完全一样，所取得的教育公正的效果也是有差别的，有的地区，比如义乌，把所有进城务工人员都叫外来建设者，外来建设者跟本地建设者是同城待遇。外来建设者的子女也基本上享受了同城待遇，这个问题就解决了。但是像大城市，包括北京这样的大城市，要进到北京来接受教育的人数不断增加，公办学校不能完全接受他们进入，所以，就出现了一些校舍条件差、教师水平低的民办学校。这部分民办学校中不少教育质量低、办学不稳定，还常出现安全事故。这说明，在大城市和特大城市的部分地区，流动儿童入学还存在困难。

(五)要关注城市地区流浪儿童的教育问题

流动儿童里还有一个特殊群体，就是流浪儿童。流动儿童，是随迁子女跟着父母，留守儿童待在家乡，跟着其他亲属。但是，还有一部分儿童是流浪儿童，这部分人既没跟着父母，也没留在家乡，由于各种原因流入城市。根据测算数量也不少。实际上，他们也是一种特殊的流动儿童。这部分人的生活没有保障，基本上靠乞讨、偷窃或其他办法来生活，居无定所。目前有一个规定，在我国 150 万人口以上的城市，接受流浪儿童的社会机构应该有 100 个床位。他们并没有真正接受学校教育，实际上在流浪。所以，能上学的问题，对他们来说也没解决。平常统计的时候，经常统计不到这部分人员，这也是需要解决的社会问题。

二、基于流动儿童教育问题的教育行政决策困境成因

我国教育行政决策困境面临几个制约因素，一个是观念的制约，一个是能力的制约，还有一个是政策冲突的制约；同时，也要关注区域教育发展水平差异所产生的因素。

（一）传统观念的制约

传统户籍观念形成了一种地域自我保护主义。地域保护主义本身就有些排斥外来人，尽管当地人自身的生产生活需要外来的劳动者，但是他们不愿意让外来的人和外来人子女享受同城待遇，觉得应该保护户籍人口的利益，包括一部分地区的领导者也这么想。他们认为，本地区的公共财政是有限的，公共财政主要应该为本地人的生产生活服务。流动人口应该由户籍所在地财政来保障生产生活，包括基本教育公共服务。这个观念忘记了另外一点，地区的公共财力实际上也是由流动人口在该地区参与了的劳动而创造的，他们享受同城待遇是合理的。因此，这种观念不是以人为本，只是强调以户籍人口为本，涉及公平、伦理和人权问题。

（二）社会能力的制约

当流动人口享受同城待遇的时候，城市的负担确实会增加。比如北京市有的区，户籍人口和外来人口各占一半，而且，流入孩子接受教育的数量还有增加的趋势。也有一些北京以外的地区，专门有中介机构把儿童运到北京来读书，将其称为当地发展的动力，甚至变成了企业运作。所以，不能说人口流动都是合理的。所以，一部分大城市和特大城市确实有一个接纳能力的问题。这种能力固然有财政因素，也有校舍、设施和教师队伍的因素。当然，还有当地居民的观念因素。由于城市的生活条件、生活习惯、文化积淀和文化水平等与农村

地区有差别，所以，城市居民往往不愿意学校接纳外来务工人员的子女，甚至会产生某种歧视。

(三)政策冲突问题

所谓政策冲突，就是国家制定的区域发展规划及相关政策设计因实际人口数量增加而带来的冲突。例如北京市，中央给北京市规定了规划人口数量。人口规划的制约性与流动人口数量增加难于控制之间会发生冲突。如果一些教育水平较高的大城市完全放开流动人口子女入学，可能会与控制大城市人口数量的政策发生冲突。因此，这两个政策之间怎样找好结合点，是决策难度比较大的问题。所以，要制定阶段性目标，使得热点问题缓解，同时，随着城市发展的进程使政策逐步趋于协调。最近，清华大学的有关研究认为，我国人口向城市、大城市和特大城市聚集的趋势，以后会越来越快。如果不加以控制，估计到2050年，北京市的人口可能会达到5000万至6000万，六环以内整个会变成城区。因此，面对这样的人口聚集趋势，政府的决策不仅要回答现在的问题如何解决，同时要考虑到将来的问题如何解决，这给政府的决策带来一定的困难。

(四)区域教育水平的差异已经成为人口大规模流动的原因，也导致了教育行政决策的道德困境

有的专家认为，人口向大城市聚集的重要动因之一就是教育。如果教育放得越开，这种聚集的速度就越快。所以，这就又出现了一个决策的难题。因为，我们现在的方针：一是加快城镇化的步伐，一是建设社会主义新农村。城镇化步伐越快，新农村的建设就会遇到新的难题。县城地区把高中建在县城，初中也建在县城，这样就在驱动着人向县城集中。当农村地区没有比较高水平的教育中心的时候，社会主义新农村的建设也是困难的。因此，这也造成决策上的难度。所以，不能简单用公平作为唯一尺度来解决。我们是在历史已经形成不公平的现状之下来推进公平，不是一张白纸可以画出最新最美的图画，不能用简单的办法来解决如此复杂的问题。

三、教育行政部门管理者面临的决策冲突问题

(一)教育行政管理部门面临的决策冲突

管理者的决策冲突永远是管理者必须要面对的问题，即使100年以后的管理者，也会面临这种决策的冲突，因为管理者最重要的是需要协调各种关系，处理好各种矛盾。当然，管理者要有主观的愿望、道德观念、道德准则。作为城市的管理者，重要的是要立足城市的发展，在发展的过程中协调各种关系，最重要的是协调不同利益群体之间的关系。联合国教科文组织国际教育局对当今的世界教育改革进行分析发现，因为各国的背景不同，各国的教育改革指向并不一样，美国要提高知识质量，因为学生不做作业，不好好念书。中国是学生负担过重，要减轻负担，推进素质教育。但是，各国教育改革也有共性。他们认为，第一共性就是，教育有着不同的利益相关体，诸多利益相关体对教育的不同诉求，已经成为社会问题。当教育成为社会问题时，教育部门自身不可能完全解决，这就需要由政府来协调。

(二)教育管理者的伦理向度

现在世界出现一个动向，尽管都在讲要扩大学校的办学自主权，要建立现代学校制度，但是各国政府对于教育的干预都在加强。美国很明显，不管是布什还是奥巴马，全面改革方案都是政府出面，英国、法国、日本也如此。日本现在颁布了新的中小学教学计划，政府的干预都在加强。这说明，当一个社会的不同群体利益冲突大的时候，政府的协调责任就会更大。所以，必须既要以价值取向为基础，

又需要有协调利益关系的能力，能使价值追求变成现实，同时又能够在保证社会基本稳定的前提下来推进政策的落实。所以，这是对管理者的水平的严峻考验。

(三)道德与利益的关系不是简单的非此即彼的冲突关系

当然，现在很难说流动儿童教育问题就是管理面临的局部利益和全局利益的冲突问题。也不能简单地把管理者的决策所面临的问题说成是局部利益与公平正义的冲突。更重要的是如何协调好两者的关系，因为把利益与道德完全隔开很难。更大的难题是既不能简单地考虑局部利益就牺牲全局利益，也不能简单地考虑全局利益就牺牲局部利益，关键是怎么权衡好这些关系。这确实要靠认识水平，也要靠管理能力，管理的复杂性就在这里。

四、我国教育行政决策伦理的核心价值

明确教育的核心价值是现在最大的问题。我国教育的核心价值，应该是公平、质量和活力。就是说，教育公平是国家的基本教育政策，提高教育质量是教育工作的核心，建立一个具有活力的教育体制是重要的保障。

(一)公平与效益的动态关系

公平与效益的关系，不同阶段的主张不同，即使在同一阶段，不同人的看法也不同。在一定程度上，这是一对矛盾。我们既要提高广大劳动者的素质，又要满足广大群众接受良好教育的需求，也就是保障公平的受教育的权利。另外一方面，又要回答钱学森之问：为什么我们培养不出世界级大师，培养不出精英人才？总体上讲，从教育体制上来看，我国教育是在实现由精英教育向大众教育的转变。但是，我们的精英人才也没培养出多少。当然，这与人才培养模式有关系。

新中国成立初期及改革开放初期，社会经济发展整体水平和教育发展水平有限，当时从多出人才、快出人才、出好人才角度，比较重视一部分优秀人才的培养，所以设立了重点学校。邓小平同志也强调，应该办重点学校。在公平与效益应该兼顾的时候，比较多地考虑了效益，关注了效益。但同时，也不能说完全忽视了教育公平，因为也一直在搞义务教育的普及。1950 年，全国高中学生才二十多万。现在，普通高中的学生有两千四百多万。义务教育也不是近一两年普及的，而是搞了很多年。我当教育局局长时，整天抓农村地区教育，搞普及。当时提出了人民教育人民办，现在讲，人民教育应该政府办。其实，人民教育人民办的时候政府也出资。而到人民教育政府办时，似乎人民就不用拿钱了。这些都是形而上学的东西。

(二)协调好公平与效益的关系

在现在经济发展水平较高特别是义务教育普及的背景之下，要更多注重教育公平，把教育公平作为基本政策，作为我们的核心价值取向，这是必要的。不管是从建设人力资源强国看，还是从满足人民群众每个人的发展需要看，或从构建和谐社会、促进社会稳定的角度看，更多地要注重公平。但是，在以公平为准的时候，也要考虑到效益。当前，公平与效益应统一在法律上，依法执教，用法律体现公平与效益的关系协调点。法律，应该是体现人民的根本利益的。我们还是应该把法律看成现实利益与长远利益结合的一个比较集中的体现。所以，要强化依法治教，否则，就会变成忽左忽右，终究要有一个稳定的目标来决定我们前进的方向。

(三)实现公平不能绝对化

现在有一种观点说，尽管我们强调公平，牺牲了效益，但是留下了道德。这种永恒的道德标准就是人与人之间的公平。这种提法从理论上讲是对的，因为我们今天都吃饱饭了，基本生活条件我们都具备了。改革开放确实形成了阶层分化，这种阶层的分化我们必须要关注。但是，如果坚持原来所走的道路的话，会变成宁要社会主义的草，不要资本主义的苗，多低水平的公平也比高水平的不公平好，不能回到那个路上去。尽管永恒的价值观是正确的，但是不能把公平绝对化，因为社会还是要不断发展，水平要不断提高。如果又回到满足于低水平公平的角度上，实际上不利于整个小康社会的建设，更不利于社会的现代化。公平与效益是动态的平衡。两者的关系处于一种动态发展过程中会更好一些。

五、我国教育行政决策伦理困境的出路选择

伦理困境永远会有，只不过是表现形式不同。因为世界上没有一个国家的教育决策已经完全走出伦理困境，世界上没有一个国家的教育达到所谓理想的公平，甚至都很难说在向着理想的公平前进，多数是进两步退一步。我们过去解决上学机会公平问题，现在解决上好学机会的公平问题。2000 年，在塞内加尔首都达喀尔举行的世界全民教育会议，形成了《达喀尔行动纲领》，里面有一句话就是："使所有人都有受教育的机会是'胜利'，但是如果不能够使所有儿童接受保证质量的教育，那不过是一种空洞的胜利。"在 20 世纪后半期的时候，各国政府重要的追求，就是要解决所有的孩子都能够公平上学的机会问题，在那个阶段这就是最高标准。但是，到 21 世纪初，上学以后如果不能保障质量，就是白上学，因为教育还有负效能，弄不好还耽误孩子。

（一）突破决策困境

教育决策要走出困境，有几个因素需要关注。其一是，各级政府

的责任划分。因为国家非常大，统一的决策很难适应不同地区的需要。在各级政府责任的划分方面，我们在“十五”计划时提出东部、中部、西部地区区别对待，即使现在推进教育公平，中国这么大的国家，也要不同地区不同对待。由地区之间的不同发展水平决定，追求公平绝对不能意味着东部放慢发展速度。主要是中央政策向中西部倾斜。中央需要通过政策倾斜来实现推进教育公平的战略，特别是中央通过转移支付，加大中西部财政转移支付力度。中央与各级地方政府应当明确责任，中央统一的政策很难适合不同地区的情况。所以，特别要加大省级政府对于本省预算内教育经费统筹的责任。

（二）进行分层决策

目前，我们所追求的是接受有一定质量保障的教育公平，将来还会有对更高质量教育的追求，对义务教育的追求也会发展成对终身教育的追求。公平的道德观念的内涵会不断变化。因为伦理主要是解决人与人之间的关系，这种人与人之间的不协调与不公平会长期存在，只不过表现形式、严重程度不同或社会反映的强烈程度不同而已。眼前需要解决的是我们面临的流动儿童教育政策的问题，这个问题需要解决协调的机制。我们过去重视群体的人权，现在我们也要重视个人的人权，这是一个很大的进步。未来的思路是，实行分层决策，不同地区从自己的实际状况出发进行决策，中央给地方更大自主权，然后中央通过政策倾斜，不断地协调地区间的利益冲突，发现新的问题及时解决。

（三）开展政策实验

现在存在一个问题，就是比较重视通过专家论证来决策，而忽视通过实验来进行决策。所以，容易造成决策的片面性甚至失误。因此，应该通过实验来解决好统筹协调问题。要加强政策试点，如果简单地头疼医头，脚疼医脚，往往容易解决了这个问题，又出现了另一个问题。因此，要加强试点，通过局部地区的实验，来发现各种问题的苗头，从而不至于把好事办坏。

（四）中央与地方教育决策的关系

《规划纲要》提出“两个放权”，一个是中央向地方放权，一个是政府向学校放权。放权以后需要明确各级的责任。地方发展的需求与全局利益之间的博弈会永远存在。放权以后，就不至于使地方教育事业发展过程中所有的问题，都变成与中央政策之间的矛盾。比如说，现在大专院校的设立也要由中央审批，而各地方原来的高等教育基础很不一样，西部和中部的一些地区本来就没有什么高等学校，所以现在应把审批权适度下放。一方面要放权，另一方面放权以后要保障这个权利的分层实施。现在，教育工作中有的很小的事情中央也管，不一定必要。当然，这与现在的体制有关系。总的来看，教育管理体制要能够保证国家的统一和稳定，同时能够充分发挥地区因地制宜改革与发展的积极性。如果放权、分权和责权明确的话，矛盾就会少些。

提高教育国际化水平*

有的人说世界就是一个圆，每一个人都是圆心，所以圆心无处不在。但是这个圆的大小是不一样的，半径就是教育，所受的教育越多心中的世界就越大。而教育的国际化实际上是拉长教育半径的很重要的方式，也就是通过教育的国际化来扩大每一个人心中的视野。

中国在《国家中长期教育改革和发展规划纲要(2010～2020年)》(以下简称《规划纲要》)中上已经明确提出，要将提高教育的国际化水平作为今后十年的一个重要目标。

中国推进教育国际化主要的背景，首先是增强综合国力、参与国际竞争、促进世界和谐的需要；同时是适应培养具有全球化的视野、国际交往能力的人才的需要；也是适应借鉴国际的教育理念与实践，推进教育改革、提升中国教育品质的需要；更是适应加强国际交流，促进中华的优秀文化传播的需要。当然还有就是适应群众多样化的教育选择的需要。所以中国教育需要提升国际化的水平。

---

* 原载新华网2012年5月30日“新华教育”栏目。

在《规划纲要》里提出了国际化人才的三条标准：具有国际视野，通晓国际规则，能够参与国际事务和国际竞争。国际化人才的培养，当然是一个长期的过程，基础教育不可能直接培养出具备这样条件的国际化人才，但是基础教育无疑应当承担起为培养国际化人才打好基础的任务。既然教育国际化是经济全球化发展的客观要求，也是我们国家现代化建设必然的选择，基础教育就应该为培养国际化人才打好基础。所以基础教育在教育国际化方面的定位，第一是树立培养国际化人才的目标，第二是为培养国际化人才打基础。

为了培养国际化人才，为了提高中国教育的国际化水平，应该重视五个问题的研究：第一，把握世界教育发展的态势；第二，借鉴国外的课程和课程体系；第三，促进中外合作办学；第四，加强中外学生的交流；第五，加强国际理解教育。

首先要把握世界教育发展的态势。当前世界各国教育改革的具体指向虽然不同，但是价值追求大致是一致的，一是追求教育公平，一是追求提高教育质量。而为了推进特别是以质量为核心的教育公平，关键在于加强教师队伍建设。所以各国教育改革基本上朝着一个方向，为了有更公平的、更高的质量而加强队伍建设，共同关注的基本上是这三个问题。

联合国教科文组织《2010 年全民教育的全球监测报告》的题目就是“向边缘群体提供教育”，目标就是到 2015 年能够使全世界的，特别是基础教育、初等教育的公平有更大的进展。而联合国教科文组织现在又制定了全球普通教育的质量诊断和分析框架，提出一个判断，认为现在全球除了非洲有些国家以外，基本上普及了义务教育。因此，上学机会的问题在多数地区解决了，但是上学并没有改变他们的命运，原因在于并没有提供保证质量的教育。因此全球现在面临一个教育质量危机，这个教育质量危机不仅是在不发达国家，也不仅是在发展中国家存在，即使在发达国家同样存在着教育质量危机问题。

2010 年 10 月 5 日国际教师节，联合国四大机构共同确立了联合国国际教师节的主题——“复兴始于教师”，这个复兴无疑就是指金融危机之后，全世界所面临的经济的复兴，而复兴从哪儿开始呢？他们认为要从教师队伍建设开始，那就是说，复兴最重要靠人才，而人才培养靠教师。但当前全世界各国的教师队伍建设，从来源到待遇到专业发展，都存在着不同程度的问题，因此应该引起高度关注。我想这些就是世界各国教育改革的共同点。

当代世界各国的教育改革，呈现这样的特点，首先都是政府主导，因为教育涉及了许多的利益相关体，而协调这些相关体相互之间的关系，如果不由政府出面进行高层设计的话，很难自上而下推动整个教育制度的变革。同时多半是问题引领，问题引领就在于各国是从自己存在的教育问题出发，提出教育改革的目标，因此各国提出的教育改革目标的指向有的时候是不同的甚至是相反的。另外，各国教育改革推进都很艰难，因为教育改革涉及的方面太多。由于各国的经济社会发展的水平不同、教育的文化背景不同、教育创新的追求不同，创新跟继承的张力关系就形成多样化的当代教育改革的特点，虽然价值追求大致相同，但是具体的改革指向并不相同。最近引起很多人关注的话题，比如像《虎妈的战歌》，大家以此对东西方的家庭教育进行了比较；比如说中国的上海参加了 PISA 评估，取得了比较好的成绩，有的人也以此对东西方教育进行比较。目前中国实行统一的课程标准，一些同志认为国家统一实行课程标准不适合不同地区的情况，应该改变。美国原来各州有各州自己的标准，但是美国又公布了“共同核心州立标准”的最终定稿，意味着将来有可能有更多的州逐步向着统一标准的方向发展。再比如说中国基础教育正在努力减少教学内容、降低教学难度，以提高学生的全面素质。但是日本小学从 2011 年开始实行新的课程改革方案，2012 年初中开始实行新的课程改革方案，增加了课时，加深了难度。又比如说中国正在试图使学生掌握更加广博的知识，打下更为宽厚的素质基础，扩大学生学习内容的范围。而法国公布了共同基础法令，用法令界定基础教育应该打好的共同基础，他们认为如果在基础教育领域里面加进的东西太多，最后基础反而打不好了，应该界定一下基础教育应该完成和能够完成的任务。我想这些都说明，世界各国都在进行着教育的创新，而各国教育在创新过程中，相互之间可以借鉴许多东西，可以就许多共同关注的问题进行探讨。所以联合国教科文组织总干事伊琳娜·博科娃讲过，全球的教育需要创新，应该就教育的目的、学习的内容、为什么学习以及如何学习，开展批判的、持续的交流和对话。这就是教育国际化很重要的任务，教育国际化的重要任务，就是要把握国际教育的态势，通过批判、持续交流的对话来相互借鉴。

第二，要借鉴国外的课程与课程体系。东西方的课程理念是不完全一样的，因此相互借鉴有助于提高自身的教育质量。目前中国引进的国际课程大概主要有三种类型：一种是国际组织开发的课程，像 IB、PGA；一种是国际性的考试课程，像 A-LEVEL、ACT；还有一种是国别课程，像美国的 AP 课程、SAT 考试，以及其他国家的一些课程。国际课程本来是为了学生随着家长流动而能够连续学习，但是目前中国引进的国际课程相当程度上是为了给学生到国外去学习提供一个通道。目前借鉴国际课程的理念与实践来推进中国教育改革，主要是为促进中国的人才培养模式的创新，因为国外的包括西方的一些教育理念可以给我们提供很多的借鉴，当然中国的一些教育理念和教育方法，也同样可以给其他国家提供借鉴，所以我们注重本土课程的国际化，同时也注重国际课程的本土化。

第三，要促进中外的合作办学。中外的教育合作有两种类型，一是合作办学，另一是举办合作项目。合作办学校，比如说宁波诺丁汉大学、西交利物浦大学、上海的纽约大学，这些都是我们中国和外国合办的一些大学。像北京中加学校，这是中国和加拿大合作办的中学。这种合作办学可以把国外的教育理念和教育模式直接拉到我们身边，有助于提高我们的国际化的水平。

第四，加强中外学生之间的交流。这种学生交流有多种形式，当然最基本的形式是学生的留学。我们出国留学的学生，目前在提高国际化教育水平的政策指导之下数量不断增加，2011 年中国出国留学的总数大概是 33.97 万人，其中自费留学的 31.48 万人。2010 年留学回国的人数 18.62 万人，其中自费留学回国的 16.92 万人，有去有回，这才是真正的国际化。2011 年跟 2010 年相比，我们国家出国留学的人数增加了 5 万多人，增长了 19%，留学回国的人数也增加了 5 万多人，增加了 38%，也就是回国增长的比例高于出国增长的比例。从 1978 年到 2011 年年底，各类出国留学的总人数达到 224.51 万人，截至 2011 年年底以留学身份出国，还在外边留学的人员现在有 142 万多人，这和中国 2 亿 5 千万在读学生相比是一个很少的部分。美国国际教育协会最新的《门户开放报告》显示，2010 年到 2011 年，在美国留学的中国学生大概有 15 万多人，比上一个学年增加约 3 万多人。据我们了解，美国去年出国留学的人大概也是 17 万多人，因此美国也是有进有出的。一份来自美国政府部门的统计报告说，2005 年到 2006 学年度，在美国读中学的中国的中学生只有 65 个人，2010 年到 2011 学年度，美国中学里的中国学生已经达到 6725 人，增幅达到

100倍，这100倍的倍数很大，数量很少，只有6千多个学生。这是一个方面，我们出去了。但是还有，在教育国际化过程中也有很多外国人到中国留学。2011年一共有194个国家和地区的29万多各类人员来中国留学，来华留学人员分布情况，亚洲最多64％，欧洲16％，美洲占11％，非洲占7％，大洋洲占1.5％。到中国留学的是留学生人数名列前10位的国家为韩国、美国、日本、泰国、越南、俄罗斯、印尼、印度、巴基斯坦、哈萨克斯坦。也就是说，我们的国际化水平在推进过程中，是有进有出的。我们的目标是要再进一步扩大出国留学的数量，也要进一步扩大外国学生到中国留学的数量。按照《规划纲要》的目标，到2020年在华学习的外国留学生争取能够达到50万人，建成亚洲最大的留学目的地国。同时，我们也鼓励优质的资源在海外办学，比如说新加坡汉合国际学校，是中国的汇佳教育集团在新加坡办的，是新加坡的国际学校，它举办5年多以来，已经在当地有了良好的声誉，我们目前还有一些学校已经开始把我们的优质教育资源输送到国外去，当然我们在国外孔子学院的举办也是宣传我们中华文化的很重要的形式。

第五，我想最重要的一点，就是要加强国际理解教育。要扩大学生的国际视野，就需要加强国际理解教育。国际理解教育指的是培养具有多元文化之间相互尊重、相互吸纳的精神与能力的地球村民，来促进世界的持续和谐的发展。联合国教科文组织提出的可持续发展，包括很重要的两个方面，一个方面是人和自然的关系要处理好，另一方面是人和人的关系要处理好。而国际理解教育是可持续发展教育的重要内容。国际理解教育的基点是就是让学生加强相互的了解、沟通，尊重多元文化，最终来吸纳多元文化。因为任何一个民族文化都是在不断地保持本民族的文化传统的同时，吸纳外民族的文化逐步发展起来的。国际理解教育最终是让中国了解世界，同时也让世界了解中国。

在辽宁省农村有一个朝鲜族的小学，它的办学条件并不好，但是这个小学院墙上画着中国56个民族的孩子穿着民族服装的照片、世界各国际组织的图标、世界各国的国旗，并且把各国国旗都做成小卡片，让孩子辨认，包括学前班、幼儿园的孩子也在认。我去参观的时候问校长，孩子到5岁有一个大遗忘期，5岁以前的孩子记这么多国旗，长大有什么用？校长讲了一句话让我很感动。校长说，虽然他们大了以后不一定能够记住这个国旗是哪个国家的，但是我们应该让孩子们从小就知道，朝鲜族是中国56个民族当中的一个，中国是世界大家庭当中的一个成员，我们是在培养世界公民。

所以，教育国际化不是富有家庭的子女、条件良好学校的专利，所有的学校都可以为培养国际化人才奠定基础。

美国的企业家，也是核心竞争力的倡导者——普拉哈拉德，他曾经提出企业的发展最重要的就是要增强核心竞争力，而核心竞争力可以用两个公式来代表，一个公式叫做N＝1，就是任何一个企业不管为多少人服务，必须关注每一个具体顾客的感受。而另外一个公式就是R＝G，R就是资源，G就是全球。他说任何一个企业想要发展得快，它的资源必须来自全球。同样借用到我们教育来，任何一个学校的教育资源、任何一个地区的教育资源、任何一个国家的教育资源都是有限的，所以要想教育事业发展，也必须树立资源意识，也就是要从学校、地区、国际借助并整合各种资源，其中包括世界各国的所有可以利用和借用的资源。我们的教育国际化实际上就是要借助更多的资源使我们的教育事业发展得更快，所以我们应当坚持教育的开放性，不断加快提高教育国际化水平的步伐。

最好的未来*

——一种视角改变着教育

改革开放 30 年来，中国教育事业经历了令世人瞩目的快速发展期。2010 年中国在读学生规模：幼儿园 2976.67 万人、小学 9940.70 万人、初中 5279.33 万人、普通高中 2427.34 万人、中等职业教育 2231.76 万人、高等教育在学总规模 3105 万人。现在教育发展的重点不是规模的扩大而是着力提高教育质量。

在信息时代到来、社会民主化进程加快的时候，以工业化时代的教育理念支撑的学校教育，陷入了诸多困惑。

20 世纪初，法国心理学家阿尔弗来德·比奈为了找到能够区分孩子学习能力的试题，发明了第一个智力测验。几年后，德国心理学家威尔海姆·斯特恩于 1912 年提出了“智商”的概念和测量方法。这种智力理论应用于教育，就产生了一种人才观、学校观、教学观、学生观、评价观，支撑着学校教育制度，并逐步发展完善，形成了以这种智

* 原载《北京教育学院学报(社会科学版)》2012 年第 26 卷第 4 期。

力观为基础的完整的教学体系，也成为近代中国传统教育的理论支点。

这种传统的教育视角主要表现在：重视学生的共性而忽视学生的个性，重视学生知识的积累而忽视学生的发展，重视奠定学生的全面基础而忽视发展不同学生的优势，重视教学方式的一般规律而忽视针对学生不同特点的教学，重视以统一标准评价学生而忽视多元评价。

教育界也在寻求教育创新的新的视角，譬如，赞可夫的“一般发展理论”、维果斯基的“最近发展区理论”、格尔曼的“情绪智力”理论、斯腾伯格的“成功智力”理论。特别是霍华德·加德纳的“多元智能理论”的引入，在中国教育界产生巨大反响。

2001 年 6 月 16 日～20 日在山东诸城召开了“开发学生潜能，塑造健全人格的实践研究”的开题研讨会，美国亚利桑那大学琼·梅克教授作了学术报告。这次会议有 62 个单位 154 位代表参加，明确了研究的指导思想、主要内容、基本方法和目标，自此多元智能实践的课题研究开始了。

2002 年 2 月 1 日，中国教育学会批准“借鉴多元智能理论，开发学生潜能的实践研究”课题立项，并被确定为“十五”科研规划重点课题，该课题进入了大规模、有组织的、群众性的实践研究阶段。

这个课题有两个关键词，一个是“借鉴”，一个是“实践”。

“借鉴”是指，加德纳的多元智能理论并不是从基础层面到技术层面的完善的应用理论，而是以其心理学的研究成果为我们提供了一种关于人的认知的教育哲学，对中国的教育改革有着非常重要的借鉴意义。它所揭示的人的智能结构的多样性和差异性，成为一种审视教育的新的视角。

“借鉴”是从中国教育改革，特别是基础教育改革的需要和实际出发，探索多元智能理论与中国基础教育改革的结合点，吸纳多元智能理论的主要成果，并在我国的教育实践的过程中发展和创新，使其在转变观念和教学改革实践中发挥积极作用。

“实践”，多元智能理论研究涉及一些我们力所难及的脑科学研究领域，因此，课题把重点放在运用多元智能理论开发学生潜能的实践研究上。明确地提出，多元智能理论在实践层面上的价值，在于它体现的教育哲学有助于我们更新教育观念、激发教育创新。

“借鉴多元智能理论，开发学生潜能的实践研究”课题取得了重要成果，促进了实验学校教育观念的转变，进而对推动中国的基础教育课程改革和教师专业发展产生了重要影响。

多元智能理论的传播是对传统教育观念的挑战。

首先，是对传统教育智力内涵局限性的挑战。多元智能理论认为智能是多元的，不应局限在以语言和逻辑智力为核心的传统智力，挑战了传统智力内涵的局限性。

多元智能理论认为智能的基本性质是多元的——不是一种能力而是一组能力；智能的基本结构也是多元的——各种能力不是以整合的形式存在，而是以相对独立的形式存在。人的智能是多元的：包括语言智能、逻辑数学智能、音乐智能、身体动觉智能、空间智能、人际智能、自我认知智能、博物学家智能、存在智能等。因此，每位学生都有自身的智能结构、自身的优势智能，不能以唯一的眼光看待学生。学生没有不好，只有不同。人人都能成功，都有成材的潜能。要以欣赏的眼光看待学生的优点，以发展的眼光看待学生的缺点。

其次，是对传统教育智力与现实世界割裂性的挑战。传统智力注重人脑的智力水平。而多元智能则强调人在实践中表现出来的各种智能、人在解决问题时所表现出来的各种智能，从而，把人的智力和现实密切结合起来。

霍华德·加德纳认为，智能是“一种处理信息的心理潜能。这种潜能在一定文化背景之下，会被激活以解决问题或是创造该文化所珍视的产品”。

智商测试中的智力概念，主要是指：解答问题、寻求特定问题的答案，以及迅速有效地学习的能力。多元智能理论中的智能概念不是单纯指解答问题的能力，而是指解决问题和生产产品的能力。

另外，也是对传统教育智力活动与道德教育割裂的挑战。传统教育的智力活动比较单一，多元智能理论打破了这种凝固性，使得智力活动成为多种智能互相作用以及智能与道德相互作用的过程。

霍华德·加德纳提出：“没有一种智能本身是道德或者不道德的，任何智能都可以用来做出对人类具有贡献性或破坏性的事情。显然，我们必须努力同时培养智能和品德，并尽可能使二者并驾齐驱。”

同时指出，“新千年的当务之急，不仅仅是认真研究我们的各种智能，以及如何恰当地运用它们。我们必须想出办法，使智能和道德结合在一起，共同创建一个所有种族都愿意生活的世界。即使一个由‘聪明人’领导的社会，仍然有可能自我爆炸或毁灭别的国家。因此，智能虽然极具价值，但是正如爱默生这位著名评论员所说，‘品德比聪明才智更重要’”。这句话的含义，无论对于个人还是对于社会来说，都是正确的。

传统智力理论只局限于学业智力范畴，只通过传授学业知识发展学生智力，只以学业成绩作为评价标准。这一系列偏颇不但对学生智力的发展造成了直接的不良影响，最终导致教育难以适应不同智能结构人的发展，影响了不同学生潜能的开发。

单一的智力观引导学校教育以片面追求学业成绩为目的，适应和强化了教育的应试化倾向。所以从某种程度上说，传统智力理论支撑了教育应试化现象，而多元智能理论挑战的正是这种应试化现象。

全国多所学校参与的借鉴多元智能理论开发学生潜能的实践取得了可喜的成果，产生了积极的影响，给中国的教育界带来许多启示。

1. 每个学生都是重要的

“人永远是目的”——全部教育活动的出发点和归宿。在任何情况下，始终把人作为目的而非手段。把人作为目的，这是人类尊严的基础。学生的发展永远是教育活动的目的，也是教师专业发展的目的。任何时候都不能把学生当成手段。

2010 年，温家宝总理在十一届全国人大三次会议所作的《政府工作报告》中提出：“我们所作的一切都是要让人民生活得更加幸福、更有尊严。”“尊严”主要指三个方面：第一，每个公民在宪法和法律规定的范围内，都享有宪法和法律赋予的自由和权利。第二，国家发展的最终目的是为了满足人民群众日益增长的物质文化需求。第三，整个社会的全面发展必须以每个人的发展为前提。

义务教育均衡发展是教育机会公平的重要体现，而树立“每个学生都是重要的”理念并贯穿于教学过程之中，是教育过程公平和结果公平的重要体现，是回归了教育的本源，是义务教育均衡发展的重要标志。

2. 每个学生都是不同的

我们应当把“面向全体学生”理解为面向每一个学生。学生有共性：共同的生理基础，共同的生存方式，共同的时代特征，共同的发展环境。但学生也有差异：生理基础的差异，智能结构的差异，不同时代的差异，不同地区的差异，生存环境的差异，成长历史的差异。

我们探索出许许多多以“理想的学生”为对象的规律和模式，以为它们可以在每个学生身上发挥教育作用。当然，这些规律和模式都可以为我们提供指导和借鉴，但它们在实践中往往并不能取得预期的教育效果，这是因为实际上并不存在“理想的学生”。

每个学生的智能结构以及原有的学习史造成的发展基础与水平的差异决定了他与别人的不同，而且，影响每个人内因发挥积极作用的外因也不尽相同，可以说，教育学发展的原动力就来自于这一个个不同的“非理想”的人。

如果我们的教育只停留在对一般规律进行研究与应用的层面，以假设的学生逃避现实的、具体的学生的挑战，并以固定的模式为标准，对教育教学工作作出评价，那么我们就难以真正引导学校和教师面对现实的、个体的差异，当然也就难以发挥学校和教师的创造性。

3. 要认真了解每个学生

苏霍姆林斯基说过：“教育，这首先是人学。不了解孩子——不了解孩子的智力发展，不了解他的思维、兴趣、爱好、才能、禀赋、倾向，就谈不上教育。”

研究学生可以说是一个与教育的产生相伴而生的古老的话题，而我们今天之所以再次将其作为一个重要的课题提出来，一是因为现在的学生变化很大，更加多样化、复杂化。他们的年龄特征、生理特征都与原来的学生有较大的差异；二是因为现在我们对学生的研究十分薄弱，研究学生受到多种因素的干扰，因此有必要加以强调。

我们在推进课改的过程中，比较多地重视课堂教学呈现方式的转变和通用原则的运用，而忽视针对不同学生的情况研究教学。这种方向性引导的偏差使得教师越来越漠视对教育对象差异性的分析，越来越远离我们所应追求的教育目标。在这种背景下，研究学生也就有了特殊的现实意义。

4. 要创造适合每个学生发展的教育

重视不同学生智能结构类型的差别，要通过创造适合不同类型学生的教育，使不同类型学生的潜能都得到充分开发。

教育需要模式，但是我们绝不能将这些模式神化，并且凭借权威不加区别地推行这种模式，甚或将这种模式作为唯一的标准来评价教育教学工作。我们要重视研究不同的人在自身发展过程中的变量，这样才能减少其对教育效果的制约。

通过创造适合的教育，促进个性化学习，使不同的学生都能在自己的基础上打好全面的素质基础，从而增强社会责任感，增强适应社会、服务社会的意识和能力。

通过创造适合的教育，促进个性化学习，使不同的学生都能在自己的基础上发展优势潜能，使自身的个性得到充分发展，成为最好的自己。

学生的个性化学习过程是社会性发展和个性发展相统一的过程。既是全面发展的过程，又是个性发展的过程；既是融入并服务社会的过程，又是个性充分张扬的过程；既是增强社会适应能力的过程，又是发展优势潜能的过程。

适合每个学生发展的教育，就是最好的教育。这对于教师的专业发展、对于达成教育目标具有本源性意义。

作为一种关于“人”的理论，多元智能理论提供了一个新的视角，从智能结构的研究出发，为我们正确认识“人”提出一种认识论和方法论，从而，为回答当代教育面临的困惑提供了可贵的借鉴。

不同的教育工作者根据自己的理解多角度地阐释和应用这一理

论，从而在呈现百花齐放局面的同时，也引起了百家争鸣。有人对推进中产生的对多元智能理论的诸多误读进行了抨击，其实，有些曲解的产生在一种理论被逐步接受和应用的过程中是难以避免的，至少说明它引起了许多人的关注，是一种可用和有用的理论。

多元智能理论本身并不是教育学，它并没有直接提出教育改革的具体方案。但它所提供的视角改变了教育，并且给面向未来的教育留下了广阔的探究空间。

最后，引用一首歌曲《最好的未来》来结束我的发言，正如歌里所唱的：

每种色彩都应该盛开，别让阳光背后只剩下黑白。

每一个人都有权利期待，每个梦想都值得灌溉。

每个孩子都应该被宠爱，他们是我们的未来。

同一天空底下相关怀，这就是最好的未来。

“云教育”探索的起步*

记得2011年9月美国教育部长邓肯曾经提出一个问题，为什么在教育领域信息技术的投入很大，但却没有产生像在生产和流通领域那样的效果呢？他认为可能是教育没有发生结构性的改变。我想，他的推断是有道理的。

比尔·盖茨等人都预言，21世纪随着信息技术以及其他领先科技的发展与聚合，学校的形态最终会发生改变。教育专家们都在推断这种变化将怎样发生。

今年9月1日，“北京数字学校”正式启动。它让我看到了一种试图改变教育结构的积极探索。数字学校目前是传统教育模式与信息技术和新媒体技术的有机结合，是网络化、数字化、智能化的新型教育环境。这种新型的、开放式的教育模式能提供给学习者以个性化成长和发展所需求的学习环境、学习资源。以中小学生为服务主体，同时面向社会公众免费开放名师同步课程资源，着力推动基础教育开放包容式发展，全面提高教育质量。

---

* 原载《基础教育参考》2012年第21期。

看到“云商业”的发展，我想，北京数字学校可能是“云教育”探索的起步。

和云商业一样，“云教育”思考的原点是云计算。云计算是当前新技术群里最为核心的技术。它就像工业化时代将无数小的发电站连成电网一样，将成千上万台的服务器组成一个庞大的计算集群以实现大规模的资源共享。云计算不是凭空而来的，20 世纪 70 年代出现分布式计算，90 年代末出现网络计算技术，云技术之所以能够成为类似公用电力的革命性和集大成的技术，背后是 IT 技术数十年的演化。云计算的诞生将是它所引发或相伴的一连串事件的基础，随着云计算的进一步完善，它必将激发出信息革命的全部能量，无数的创新应用与包括教育在内的运行模式将得以涌现，教育的逻辑也将得以再造。我想，云计算的发展为“云教育”提供了最主要的发展动力。

从北京数字学校的建立和初步运行，我们仿佛看到了一幅未来“云教育”的图景。

一是汇聚资源。表现在资源的集中与增值和内部资源与外部资源的整合。云计算强大的存储与计算能力为满足教育的海量数据的处理需求提供了可能。无论是处理视频、图片、日志、网页等非结构化的数据，还是常常高达上百万亿字节的离线数据，甚至实时处理数千万乃至数亿条即时的信息，都成为可能。这样就可以使分散的教育资源成为高度集中的庞大的教育资源库，并且使每天产生的新的知识，以及在学习过程中出现的问题和信息进入到资源库中并即时进行整合，从而使资源库不断扩充、不断增值。这种资源整合不仅在教育内部进行，还将会拓展到广泛的领域，成为内外结合的教育资源。这就可以有效地利用海量数据来提高教育的效益和质量，教育的结构性改变也将具有强大的技术基础和核心要素。

二是更新模式。传统教育模式是在工业时代形成的，在现实和理念上，都遵循着类似于机械系统的一些法则，形成了在师生之间的线性的知识的单向供应链。而在互联网时代网状协同的逻辑下，教育内部开放化、组团化，形成以学习者为核心的网状协同的在线价值网，这就改变了传统的学习方式。新的学习模式的基本特性是：分布式所导致的学习过程中的多元化分工、多向化互动（教师、学生、社会人士、文本与各种资源之间的互动）；价值网里每一学习者的角色都随学习的需求而变化，并在不同价值网里扮演多样化的角色；价值网里各角色之间的关系是“超链接”和松散耦合的关系。

三是增强柔性。从一个线性、确定的学习环境，走向一个不确定、流动、网状的学习环境，柔性将是“云教育”最突出的特点。教育的困惑始终在于无法解决个性化需求和教育效益的同步提高，这是一对难于处理的矛盾，因此，以教师教学生学为主要形态、以课堂教学为主要组织形式的传统教学模式难于改变。而“云教育”将以满足学习者柔性需求的教育模式成为主导，教师和学生等个体将获得极大的主导权，线性、固化的知识供应链，将向着柔性的协同模式不断演化，学习者自组织而非被组织。个性化学习需求将通过“云教育”的这场革命跃上一个新高度，学习型组织中每个人的行为模式和角色的“扮演”都将更加柔性化。

四是提高效益。现在我国信息技术在教育领域投入的重要特征是分散。分散配备设施、分散建立资源库、分散建立校园网，不仅造成教育资源的分散，同时造成人力物力使用的分散，这种分散是信息技术投入效益不高的重要原因。学校化是当年一场教育革命，学校由此成为了教育结构的主要构件。时至今日，大部分的学习者不是在这所学校学习，就是在那所学校学习。但这种学校占据主导地位的格局，从以北京数字学校成立为预示的“云教育”的出现而开始受到冲击。互联网和云计算正在改变学校，一场“去学校化”的远景其实已经开始朦胧显现了。

北京数字学校的运行只是开始，“云教育”也只是构想。但我想，这是一场极具现代意义的实验的开始，是一个极富长远意义创意的构想，所以，我们对它充满期待，也充满信心。

推动规模和质量的协调发展*

近年来，我国学前教育经历了一个令世人瞩目的快速发展期，但规模扩大了，并不一定意味着质量同步提高。如不引起高度重视，规模与质量之间的矛盾可能会越来越突出。因此，应把质量问题提到学前教育改革和发展更加重要的地位上来。

经济合作与发展组织发布的《强壮的起点Ⅲ——幼儿教育与养护质量工具箱》指出，如果盲目扩张幼儿教育规模而不关注其质量，将不利于儿童的发展，也不会为社会带来长远的利益。

当前，全世界的学前教育都面临发展的机遇和严峻的挑战，中国的学前教育工作者应当善于抓住机遇、勇敢面对挑战，将教育改革的顶层设计与幼儿园的建设紧密结合起来，促进学前教育快速协调发展。

---

* 2013 年 8 月 14 日在“2013 中国学前教育年会”上的报告，原载《中国教育报》2013 年 9 月 22 日。

一、质量和受教育机会同等重要

联合国教科文组织总干事伊琳娜·博科娃曾说："幼儿期是一个不可复制的过程，质量和机会同样重要。"在幼教事业发展过程中，我们必须同时关注两个问题：一是向孩子们提供接受教育的机会，二是要向他们提供有质量保证的教育的机会。

近几年，我国学前教育发展非常快。国家对学前教育高度重视，学前教育总体规模不断扩大，办园模式越来越多元，引导方向越来越明确，幼儿教师队伍建设不断得到加强。国务院为加快发展学前教育、有效缓解"入园难"问题，颁布了《国务院关于当前发展学前教育的若干意见》，明确要求各省（区、市）以县为单位编制实施学前教育三年行动计划。为指导幼儿园和家庭实施科学的保育和教育，促进幼儿身心全面和谐发展，教育部印发了《3～6岁儿童学习与发展指南》，明确了学前教育科学发展的方向。

我国学前教育发展形势喜人，但也面临着许多挑战。我们计划用10年时间基本普及学前教育，这样的速度在世界上是比较少有的，这需要相当大的投入保障，而目前的投入还难以真正支撑这样大规模学前教育的发展。虽然我们已有基本普及学前教育的规划，但支持这个规划实现的相关的政策，如学前教育的投入体制、民办学前教育的政策、幼儿教师队伍建设的政策等还亟待完善。目前，在各地推动幼儿教育发展过程中包括推动园所建设的过程当中，幼儿园的功能还不十分明确。而且，由于学前教育规模发展较快，幼儿教师队伍数量和总体的素质、水平还存在着较大差距。随着学前教育规模的迅速发展，我们可以预测到一些可能出现的问题：

一是教育投入不足造成部分地区发展目标难于实现。我们的规划提出以公办学前教育为主，这在一些原来公办学前教育基础比较好的地方没有问题，但是如果相当多的地区完全依靠新建园来发展幼儿教育，那么以公办园为主就需要很大的投入。目前，我国还有相当一部分地区，原有公办园占的比例很小，一直以民办园为主体。因此，如果教育投入不足，以公办园为主的目标就很难实现。

二是由于队伍的素质不适应造成事故频发。最近一两年，“虐童”、幼儿安全事故等问题不断曝光，我们感到非常难过。但我们也应该看到，在学前教育快速发展过程中，由于师资队伍的准备不足，这些事故的发生难以避免，估计可能在未来几年当中，还会有类似的事故出现。

三是由于规模迅速扩大，大班额难以避免。我们目前规定的小班、中班、大班的班额，主要是被两类园突破了，一类是贫困地区的幼儿园，由于没有足够数量的园所接纳孩子入园，只好采取大班额，现在多的已经到了一个班六十多个孩子；另一类就是好园，由于条件比较好，要求入园的人特别多，超员接收以后，原有班额就只能突破。班额实际上是世界各国教育都特别关注的问题，不管是教师的专业发展，还是教育质量的提高，都跟班额有关。如果以仅仅让孩子入园为目的，那么这种大班额的现象难以避免，实际上也意味着教育质量难以保证。

四是园所水平差异加大容易引发择园矛盾激化。从某种角度看，有可能重复我们义务教育所走过的路，就是先加快普及速度，普及之后发现学校之间差距非常大，于是择校问题变成了突出的社会问题。目前，幼儿园入园也同样有这样的潜在问题，在有些地区，这个问题已经表现出来了，那就是很多人都追求让孩子进入优质园，使优质园压力加大。正如我们现在想解决择校难的问题一样，择园难问题也有可能会演变成一个社会问题。

五是功能紊乱容易造成小幼功能异化。虽然《指南》颁布了，但很多地方并没有把《指南》的精神完全落实在每个幼儿园的建设中去，这样就容易造成幼儿园功能的紊乱，这个功能紊乱不仅表现在幼儿园，也表现在小学。由于小学跟幼儿园的功能不够明确，都容易造成各自的功能异化。

二、协调发展才能办好学前教育

促进学前教育科学发展，需要协调好目标与资源、规模与质量、需求与政策之间的关系，需要在稳步扩大规模的同时着力提高教育质量。

学前教育规模扩大了，质量需要做到同步提高。当前依然存在继续扩大规模的问题，但是规模与质量之间的矛盾可能会凸显出来。所以，下一步应该着力提高教育的质量，把质量问题提到学前教育发展的重要的地位上来。

学前教育要协调发展，就需要处理好以下几个关系：一是目标与资源的协调问题。在一些地方，发展的目标意识非常强，但资源意识比较差，对用什么资源来支撑目标的实现关注不够，以致使得目标难于落实。二是规模与质量的协调问题。在一些地方，规模意识非常强但质量意识比较差，对如何保证学前教育的质量关注不够，以致使得学前教育效益难以保证。三是需求与政策的协调问题。学前教育发展需要有好的老师，但是关于学前教师队伍建设的政策还需要完善，否则难于吸引和培养优秀的幼儿教师。所以，我们需要以科学的态度促进学前教育的协调发展。

2011 年 1 月，经济合作与发展组织发布《强壮的起点Ⅲ——幼儿教育与养护质量工具箱》报告，报告认为，如果盲目扩张幼儿教育规模而不关注其质量，将不利于儿童的发展，也不会为社会带来长远的利益。因此，我们不能一概认为“进幼儿园总比不进幼儿园好”。

为此，我们需要从多方面寻求解决问题的途径：一是拓宽投入渠道，除了增加政府投入之外，还应该大量吸收社会资金，通过多种形式扩大学前教育资源总量。二是完善我们的法规政策，使法规政策能保证学前教育健康发展。三是稳步扩大规模，着力提高质量。要将教育提供与教育结果统一起来，将目标意识与资源意识统一起来，将工具理性与价值理性统一起来。四是提高教师地位，加强学前教育师资队伍建设。学前教育的发展，归根到底需要队伍保证。目前，幼儿教师队伍需要完善其身份、待遇、社会地位、专业发展等方面的制度建设。同时，幼儿教师队伍需要拓宽来源渠道、改进培养方式，幼儿教师的道德素养需要放在教师教育的首位。

三、提高质量要聚焦于办好每一所幼儿园

好的幼儿教育可以使幼儿变好，不良的幼儿教育可以使孩子变坏。把“应试教育”的手延伸到了学前教育，是当前学前教育发展面临的最大危险。

如果没有每一个幼儿园的建设做基础，即使我们再有宏观的骄人的数字统计，也解决不了学前教育发展的问题。

当前，加强幼儿园建设，需要把握四点：一是目标需要理念来支撑，二是任务需要队伍来保证，三是规律需要细节来落实，四是效果需要实证来检验。

教育是一把双刃剑，幼儿教育也是如此。好的幼儿教育可以使幼儿变好，不良的幼儿教育可以使孩子变坏。把“应试教育”的手延伸到

了学前教育，是当前学前教育发展面临的最大危险。有人说：“孩子出生的时候都是原创的，但是不良的教育最后会使他们变成赝品。”所以，我们应该警惕不良的教育给孩子带来的负面影响。

目前，幼儿教育出现了小学化、同质化、大龄化、专门化等倾向性问题，要防止学前教育的功能异化。学前教育的功能异化主要表现为过度的早期智力开发、过早的优势智能定向、过量的单一兴趣培养、过重的学科知识学习。这些实际上都忽视了学前教育的基础性特征。

当然，幼儿教育“小学化”倾向背后还有很多原因：一是机制因素。由于想择校进入优质小学的人太多，这些小学就采取了面试的办法，面试的问题基本上还是属于知识类的问题，使得很多家长要求幼儿园教知识。二是理念因素。在理念因素上给我们干扰最大的就是所谓早期智力开发。这种早期智力开发学说，实际上已经被证明是不利于孩子全面发展的。三是品牌因素。有一些幼儿园提出种种忽悠人的小学化的口号，就是为了打出幼儿园所谓的品牌。四是惯性因素。一部分地区单独设立的幼儿园不多，学前班开设的比较多，而学前班基本上是按小学的模式教学。还有一些地区把小学的多余的教师转移到学前班来教，转移到幼儿园来教。这些教师习惯于在小学的教法，也容易导致学前教育小学化。因此，幼儿园应该坚持自身的核心价值。每个孩子都重要，每个孩子都健康，每个孩子都快乐，应该是幼儿园着力提高质量的重点。

要办好幼儿园，还需要教育行政部门树立服务意识，解放园长，让园长将主要精力用于办园；需要倡导规范化与个性化结合，形成有序有个性的办园风格；需要倡导教育“微创新”，加强教育研究的针对性。

幼儿园建设的效果需要实证检验。幼儿教育的效果绝对不单纯是眼前的效果，可能要在未来才能够真正体现。但现在我们的实证研究太少，需要加强这些方面的研究，需要加强档案建设、进行成长跟踪、鼓励实证研究。

哈佛大学教授罗伯特·凯根和丽莎·拉斯考·拉海经过多年研究，提出“变革免疫”理论，认为我们的思维也像我们的身体一样，有一套我们看不见的免疫系统，保护我们不受伤害。但当免疫系统排斥身体需要的内部或外部的新物质时，就会带来危险。大脑里的“变革免疫系统”就会发出虚假的警报，阻止我们变革。其原因在于思想里存在着明确目标之外的潜藏的不同的目标。好的理念大家都接受，但是我们付诸行动的时候又会出现很多阻力，这个阻力很可能是我们的变革免疫系统在起作用。我们所有的园长应该预防这个东西的破坏力，防止“一脚踩油门，一脚又踩刹车”。而要做到这一点，就需要加强教育创新，因为教育创新就是教育自我超越过程中的结构性冲突的解决过程。园长要在为幼儿园创造和谐的文化氛围、促进孩子健康快乐成长的实践中，实现自身的专业发展。

在“三个面向”指引下前进*

——纪念邓小平同志“三个面向”指示发表30周年

小平同志1983年“三个面向”的指示，不仅明确了我国教育发展的战略方针，也指引了我国社会主义建设事业的发展方向。

30年来，一个面向现代化、面向世界、面向未来的社会主义中国巍然屹立，谱写了中华民族复兴史的光辉篇章。党带领各族人民，解放思想、实事求是，同心同德、锐意进取，进行建设有中国特色社会主义的历史性创造性的实践，探索和开辟了建设有中国特色社会主义事业的道路，使我国社会主义制度焕发出新的生机和活力，创造了举世瞩目的伟大成就，经济实现了持续快速增长，综合国力进一步提高，民生得到显著改善，人民生活总体上进入了小康水平，建立了适应经济发展的市场经济体制，国际地位空前提高。这30年，是中国经济迅速蓬勃发展的30年，是中国社会和谐稳定的30年，也是教育事业改革与发展取

* 原载《中国教育学刊》2013年第11期。

得巨大成就的30年！

我国教育事业在“三个面向”的指引下，正在阔步走向现代化，走向世界，走向未来。30年来，党中央、国务院相继召开了四次全国教育工作会议，发布了《关于教育体制改革的决定》、《中国教育改革和发展纲要》、《关于深化教育改革，全面推进素质教育的决定》等纲领性文件，推动教育事业不断迈上新台阶、教育改革不断取得新进展。全面实现了城乡免费九年义务教育，高等教育大众化水平进一步提高，职业教育取得突破性进展，教育公平迈出了重大步伐。完成了从人口大国向人力资源大国的转变，开启了由教育大国向教育强国、由人力资源大国向人力资源强国迈进的新征程。

2010年召开了第四次全国教育工作会议，颁布了《国家中长期教育改革和发展规划纲要(2010～2020年)》。纲要的颁行对建设人力资源强国、加快推进社会主义现代化，对提高综合国力、增强国际竞争力，对满足人民群众新期盼、努力办好人民满意的教育，对深化教育改革、全面推进教育事业科学发展都有着重大的现实意义和深远的历史意义。

纲要明确了今后十年的具体目标，要实现更高水平的普及教育，形成惠及全民的公平教育；要提供更加丰富的优质教育，整体提升各级各类教育质量；要构建体系完备的终身教育，基本形成终身教育体系；要健全充满活力的教育体制，深化改革，扩大开放，全面形成充满活力、富有效率、更加开放、有利于科学发展的教育体制机制。这些都是小平同志教育要面向现代化、面向世界、面向未来精神的具体体现。因此，通过教育的优先发展和改革创新，推动教育公平和提高教育质量取得新的进展，全面贯彻落实规划纲要，是对“三个面向”发表30周年的最好纪念。

在全面贯彻落实规划纲要取得重大进展的基础上，当前应当进一步领会“三个面向”的基本精神，加强导向性、整体性、针对性和创新性，保证纲要制定目标的全面落实。

导向性是“三个面向”的本质特征。教育事业方向的正确性是教育事业的价值所在，小平同志正是站在社会主义事业发展的历史高度，指引了教育改革与发展的航向，勾画了教育事业未来的光辉图景。今年教师节前夕，习近平主席在致全国广大教师的慰问信中，希望全国广大教师牢固树立中国特色社会主义理想信念，带头践行社会主义核心价值观，自觉增强立德树人、教书育人的荣誉感和责任感，学为人师，行为世范，做学生健康成长的指导者和引路人。这就再一次明确了当代中国教育事业的历史使命：教育必须坚持党的领导，坚持社会主义方向，理想信念不能动摇；教育必须践行社会主义核心价值观，价值取向不能动摇；教育必须立德树人，教书育人，目标任务不能动摇。纪念“三个面向”，我们应当更加坚定不移地增强坚持教育事业发展正确方向的自觉性。

整体性是“三个面向”的内涵特征。教育事业是一项系统工程，是由相互关联而又相互制约的诸多因素构成的体系。面向现代化、面向世界、面向未来是一个整体，是从我们所处的时代和我国现代化建设的整体目标出发，对教育事业的改革与发展方向的重新定位。规划纲要勾画了教育事业改革与发展的宏伟蓝图，体现了系统性与完整性，形成了一个环环相扣的教育链。因此，贯彻纲要应当加强对各个相关领域、各项相关工作之间内在联系的研究，制定相互配套相互促进的制度和政策，处理好各相关单位和部门之间的协调与合作。十八大报告强调教育综合改革，这是基于对教育本质和教育现状的认识提出的指导改革健康发展的方针，我们应当在“综合”上下功夫。汲取新中国成立以来，我们曾经出现过的在注意一种倾向的时候，忽视掩盖着的另一种倾向的现象，以减少这次教育改革的内容成为下一次改革目标的反复性与盲目性。同时，也要防止由于政出多门，造成基层工作忙乱；由于政策碰撞，造成基层无所适从；由于文山会海，造成基层难于集中精力狠抓落实。以“三个面向”蕴含的整体优化思想指导规划纲要的进一步推进，是防止形式主义和官僚主义的重要举措。

针对性是“三个面向”的理念特征。“三个面向”是对传统教育的超越，是传统教育在现代社会的转化，是教育观念、教育内容、教育设施、师资队伍、教育管理等的整体更新，有着鲜明的针对性。因此，在落实规划纲要的过程中，应当深入研究我国传统教育的优势和弊端，找准教育不适应社会主义现代化建设要求之所在，特别是保守的、封闭的、落后于时代发展的部分，从而树立改革的明确目标。当前，教育改革已经进入深水区和攻坚区，在取得进展的同时，许多困惑带来的挑战摆在我们的面前，我们既要有勇气克服我国的教育积弊，也要有勇气维护我国的优良传统，要在国际比较中找准我国教育的定位。我们要认真学习与借鉴其他国家教育的先进理念、先进体制、先进内容、先进方法和先进技术，但又必须认真总结我国过去和现在的教育积淀，从我国的实际出发，建立健全中国特色社会主义的教育体系。针对性归根结底是要寻求有着13亿人口、5000年文明的大国实现教育现代化的途径，因此要充分考虑区域发展的不平衡性、民族文化的多样性、社会需求的复杂性，防止教育决策的简单化。

创新性是“三个面向”的精神特征。实践“三个面向”是前无古人的伟大事业，因此，创新就成为现实推动力。创新是指新思想的成功应用，因此，理念的先进性、实践的有效性是检验的重要标准。我们要推动教育理论的创新、教育体制的创新，这是指导我国教育整体改革的根本，同时，我们也要鼓励一线的广大教育工作者针对遇到的教育教学的实际问题进行积极探索的“微创新”。只有全体教育工作者都充满创新的激情，我国走向现代化、走向世界、走向未来的步伐才能真正加快。因此，一方面需要创造更加宽松的创新环境，为教育创新提供更加广阔的天地，同时，又要防止创新活动的形式主义，搞了很多花样，但无实际效果，工具理性很强但价值理性缺失。习近平主席在今年教师节的贺信中指出广大教师应当牢固树立改革创新意识，踊跃投身教育创新实践，为发展具有中国特色、世界水平的现代教育作出贡献。这代表了党中央对教育工作者也是对整个教育事业的殷切期望。

我们坚信，在邓小平同志“三个面向”指引下，中国的教育事业的改革与发展必将不断取得新的进展，在中华民族伟大复兴的路程上，必将出现一个又一个辉煌的30年！

对现代学校制度建设几个问题的思考*

现代学校制度建设是教育现代化的必然要求，也是教育现代化的重要组成部分。

现在，我国的教育正在发生重大的变化：一是从扩大规模、提供更多的教育机会为主，向提高质量为主转变；二是从单一模式为主向多元模式发展转变；三是从政府管制为主向政府服务为主转变。教育事业发展的这种需要，呼唤我们建设现代学校制度。

当前我们面临的问题是，现行的学校制度仍为工业化时代的产物，难以适应后工业化时代和信息化时代背景下教育事业发展的要求。比如：学校均衡发展水平有待提高；学校同质化现象明显，缺乏特色和活力；学校的主体地位与承担的责任不明确；学校内部法人治理结构不健全；学校相对封闭，社区和家长难以参与学校管理；学校管理的专业化水平亟待提高；学校问责机制不健全；管理繁琐，效率不高，等等。这些问题都需要我们通过建设现代学校

---

* 原载《中小学管理》2013 年第 10 期。

制度而加以解决。

建设现代学校制度就是要构建政府、学校、社会之间的新型关系。在此过程中，我们要抓住“依法办学、民主监督、自主管理、社会参与”四个关键点。这四点是《国家中长期教育改革和发展规划纲要(2010～2020年)》(以下简称《规划纲要》)中概括的现代学校制度最鲜明的特点，也是现代学校制度与已往的学校制度最大的差别。

一、依法办学

《规划纲要》指出：“全面推进依法行政。各级政府要按照建设法治政府的要求，依法履行教育职责。探索教育行政执法体制机制改革，落实教育行政执法责任制。”“大力推进依法治校。学校要建立完善符合法律规定、体现自身特色的学校章程和制度，依法办学，从严治校，认真履行教育教学和管理职责。”所以，依法行政首先是政府要依法管理学校，同时，学校自身也需要依法治校，这样才能和谐。

我们所说的“和谐”主要有三个特点：一是具有同一性，即有对国家的法律法规及相关规定的社会认同，大家都遵守同一个规则；二是具有包容性，即尊重差异，尊重多样性，和而不同；三是具有调适性，有化解矛盾、创造和谐氛围的机制与能力。其中，同一性是前提。对一个社会、一个国家而言，同一性体现为国家有一整套法律法规；对于学校而言，同一性体现为学校有自己的章程以及相应的规章制度。我们建设现代学校制度就是要树立全员法治观念，从领导到所有教师，都要有遵守法律和规则的意识。学校要有符合法律法规要求的明确、合理、具体的规则；进一步，要形成依照规则，规范自身行为、处理问题的意识；再进一步，要把法律法规和规则真正落实在行动中，变成大家的一种习惯；最后，要把习惯延续下去，使其成为学校的传统。

二、自主管理

自主管理主要包括：落实与扩大学校的办学自主权，发挥党组织的政治核心作用，完善校长负责制，完善科学民主的决策机制。实施自主管理后，学校内部应该建立一个良好的治理结构。

1. 落实与扩大学校的办学自主权

《规划纲要》提出："落实和扩大学校办学自主权。政府及其部门要树立服务意识，改进管理方式，完善管理制度，减少和规范对学校的行政审批事项，依法保障学校充分行使办学自主权。""扩大普通高中及中等职业学校在办学模式、育人方式、资源配置、人事管理、合作办学、服务社区等方面的自主权。"

推进现代学校制度建设，首先是政府的事。政府要加快从管制型政府向服务型政府的转变。管制型政府的基本特征是：行政的命令化，行政的一统化，行政的经验化，行政的弱责化；而服务型政府的基本特征是：为人民服务，为社会服务，为公众服务。建设服务型政府，关键是要做到推进依法行政、加快简政放权、坚持科学决策、强化监督问责、培育社会组织。

从当前的情况看，改进行政管理、消除烦琐哲学、提高管理效能、创造学校自主管理的良好生态至关重要。应着力从减轻学校过重的压力、统筹相关工作、推进"精益管理"、正确引导舆论等几方面入手，改善学校自主管理的外部环境。

比如：应针对多头行政、缺乏统筹的弊端，积极推动教育综合改革，真正为学校"减负"。又如：现在我们一说加强管理，就是要增加部门、增加条件、增加环节，而日本丰田公司提出的"精益管理"理论则认为：只有消除一切不必要的环节，才能真正提高效率。再如：现在一些媒体的负面能量不小，政府应该引导正确的舆论导向，为学校的自主发展营造较为宽松的环境。

2. 进一步完善校长负责制

《规划纲要》提出："完善普通中小学和中等职业学校校长负责制。完善校长任职条件和任用办法。"

基层党组织要坚持坚定正确的政治方向，充分发挥协调各方的领导核心作用，保持党组织的先进性和纯洁性，增强党组织的创造力、凝聚力、战斗力。同时要支持并保证校长对学校工作的领导。

校长的专业发展是完善校长负责制的重要条件。校长是一种专业职业，其专业性体现在：校长必须具备一定的学历标准和教学经历，有必备的教育和管理知识，有必需的教育和管理能力，有职业道德的要求。因此，校长这个职业具有不可替代性。

美国主要从四个方面进行校长资格认证。一是职务要求。领导学校发展，收集信息，分析问题，做出决策，建立组织的远景目标，落实各项计划，选派组织人选。二是业务要求。完善教学和学习环境，设计课程体系，指导并促进学生发展，促进员工的发展，实施测量和评价，科学合理地分配资源。三是人际关系要求。激励学校的师生，具有人际关系的敏感性，有较好的口头表达和书面表达能力。四是其他相关要求。包括哲学思想和文化价值观，法律和法规的应用，处理公共关系等。

英国从决策、教学、组织、政治、业务等五个方面对校长提出任职要求。

2012 年 3 月，在纽约召开了第二届国际教师大会，会议取得的一个重要共识是：越来越多的国家要求学校取得更大的成绩，越来越多的国家在课程设计和资源管理方面给予学校更大的自主权。在此背景下，必须重新认识21世纪学校领导的职责：第一，支持、评估和提高教师的质量，这是高效率领导人的核心工作。第二，制定目标，进行评估和问责。第三，实施战略资源管理，使学校的资源真正用于提高教学质量。第四，学校领导的重要作用已扩大到校园之外，必须与其他学校、社区加强合作，分享资源，共同工作。第五，学校领导必须学会有效地分配权力，与其他相关人员共同承担任务、分担责任。

教师和学生是校长智慧生长的源泉，校长只有在促进师生发展与学校发展的过程中，才能使自身的智慧得到展现和提升，进而实现自我价值。我认为，在现代学校制度建设过程中，建设学习型组织是校长履行职责的重要途径。

建设学习型组织要重点做好以下几件事：

第一，建立学校发展的共同愿景。愿景不是远景，远景可能只是一个梦，而愿景是要具体提出在某一个时段内所能达到的目标，如三年或五年内我们学校要实现什么目标。校长的责任是把这个愿景变成师生共同的认识，用它来统一学校的发展。

第二，激发教育创新的高度热情。教育创新的过程就是自我超越的过程，就是“让今天比昨天更好”。同时，教育创新的过程也是在自我超越中不断解决结构性冲突的过程，亦即发现问题、解决问题的过程。

学校层面的教育创新，当然包括顶层设计的体制性创新，但更多的是“微创新”。“微创新”也是生产力，也能创造巨大的财富，也能带给我们很多启示。因此，学校要积极鼓励每一位教职工的“微创新”，鼓励他们针对自己所遇到的问题，提出改革方案，大胆进行实验。只有这样，学校才能充满活力。

第三，提升教育智慧，改善思维模式。一是校长、教师要具有敏锐的判别力。敏锐的判别力就是对教育活动生成与变化中出现的新形势、新动态具有敏锐感受和迅速判别的能力。二是具有适时把握力。适时把握力就是适时把握教育时机，选取适当的方式，应对矛盾与冲突的能力。我很欣赏海尔集团张瑞敏的“三只眼理论”——任何一个企业的发展都有三只眼，一只眼看市场需求，一只眼看内部建设，还有一只眼看政府的政策。因为这三方面都会发生很大的变化，所以只有三只眼都看，才有可能适时把握变化的形势，作出相应的决策。三是具有适应差异力。适应差异力就是从个体差异出发，创造适合所有人发展的教育的能力。四是具有整体驾驭力。整体驾驭力就是驾驭教育过程中相互依存又相互制约的诸多元素，实现整体优化的能力。无疑，我们面临诸多的矛盾和挑战，但这些矛盾并不是非此即彼的，要使它们在教育过程中实现融合，需要我们具备整体驾驭力。

第四，树立团队精神，提高团队水平。如此，学习型组织建设所产生的凝聚力才会使教育的总体效益大于教师个体效益的总和。

3. 完善科学民主决策机制

《规划纲要》指出：“实行校务会议等管理制度，建立健全教职工代表大会制度，不断完善科学民主决策机制。”

党的十八大报告指出：“要健全基层党组织领导的充满活力的基层群众自治机制，以扩大有序参与、推进信息公开、加强议事协商、强化权力监督为重点，拓宽范围和途径，丰富内容和形式，保障人民享有更多更切实的民主权利。”建立健全教职工代表大会制度非常重要。这是学校民主管理的基本制度，也是教职工参与学校民主管理、民主监督的基本形式，甚至可以说是现代学校制度最重要的特点。只有健全这个制度，我们才能使民主决策在体制上得以落实。比如：北京市十一学校通过召开教代会，发挥教职工的集体智慧，从学校优秀的文化传统中提炼出“学校文化二十条”，这二十条成为学校文化建设的“根本大法”。我想，这样的教代会真正发挥了它的独特功能；这样建立在理念共识基础上的学校文化建设更容易落到实处。

三、民主监督

民主监督主要是建立与完善四个机制，即知情机制（校务公开等）、评议机制、互动机制、反馈机制。也就是说，除了教代会之外，我们平时也要有一系列较为健全的机制，以保障民主管理、民主监督的渠道畅通。其实，很多问题的出现都在于上下沟通不够、互不知情。如下面不知情，就会出现很多猜测，最后导致矛盾激化。所以，建立健全相关的机制是十分必要的。

四、社会参与

联合国教科文组织非政府国际组织委员会主席安德拉斯·拉卡多斯说：“真正限制我们的不是缺乏意愿，而是缺乏资源。”现在，我们必须以拓展学校教育资源为重要条件，推动现代学校制度建设。

要拓展学校教育资源，很关键的一个方面是建设好家长委员会。家长委员会是群众性的自治组织，是学校联系广大学生家长的桥梁和纽带；它代表全体家长参与学校的民主管理，支持和监督学校做好教育工作；它不是一个摆设，而是一种制度，是现代学校制度的重要组成部分。

比如：大连市西岗区在全区实行小班化教学（小学每班不超过30人，初中每班不超过35人），这样就出现了一个问题——“条子”怎么办？他们的办法是：家长委员会通不过，“条子”就不管用。他们之所以能这样做，是因为家长委员会的章程中有这样一条，每个班如果超过班额，必须经家长委员会通过。可见，这样的家长委员会是有实权的。

除此之外，我们还必须充分利用社会资源、国际资源，为学校发展服务。在当前形势下，形成多元灵活的、全方位的教育资源意识和资源整合能力，是实现学校特色发展的必然要求。因为每一所学校的内部资源都是有限的，而现在家长和社会对教育质量的高要求与学校内部资源匮乏之间的矛盾、师生教学和学习需求旺盛与学校供给能力薄弱的矛盾，已经成为学校发展中一个重要的、基本的矛盾，所以学校必须放眼全球，建立一个广泛的教育资源系统，利用一切可以利用的资源，推动现代学校制度的建设。

英国伦敦里士满国际学校PTA(家长委员会)组织的一次活动给我留下了很深的印象。本来我们是受邀去这所学校参观的，但我们进门的时候还是要每人交一英镑，因为这次活动的主要内容是家长委员会为学校筹款。我们进去一看，到处都是摊位，有卖食品、卖玩具、卖图书、卖花、卖首饰的等等。我问站在一旁的校长：学校组织这个活动是不是很不容易，校长说：这跟我没关系，所有活动都是家长委员会组织的，我的任务就是站在这里，等活动结束，他们把募集的钱交给我就可以了。我感觉，家长们的参与意识非常强，他们都把办好学校看成是自己的事。所以，如果我们树立了多元开放的资源意识，学校就等于有了一个望远镜，可以在全世界范围内找到我们可以利用的资源。

第二辑

教 育 管 理

关于学校管理体制改革的思考*

学校内部的管理体制改革试点，正在北京市部分中小学进行。试点进行的时间不长，但已经引进教育界内部的强烈反响和社会各界人士的关注，展开从理论到实践的广泛而热烈的讨论。

教育改革的中心课题是教育如何适应社会主义现代化建设需要，因此，改革教育结构以适应现代化建设对各类人才的层次、数量的需要，改革教育内容、教育思想、教育方法以适应现代化建设对人才规格、素质的需要是当前改革的重要任务。但原有管理体制在诸多方面难以适应改革的需要，因而管理体制的改革也就不能不提到重要的日程上来。

学校内部的管理体制是教育管理体制的基础，它直接关系到学校这一办学实体的正常运行和发展，因而也就直接关系到教育质量的提高。所以近年来，不少地区、不少学校都已经进行了学校内部管理体制改革的实验，并取得

---

* 原载《中小学管理》1989 年第 1 期。

了成效。这就为有领导地在更大范围内进行学校内部管理体制改革试点做了准备。

中小学学校内部的正常运转，在相当程度上要依靠教育外部条件的改善。其中增加对教育的投入无疑应当是首要条件，这需要政府增拨教育经费，也需要多渠道进行社会集资。教育投入的增加才能使办学条件的改善和教师队伍的建设得到物质的支持。

但是，近年来的发展事态也告诉我们，只有外部条件的改善，没有内部机制的转变，也难以启动教育的活力。

学校内部自我发展和自我完善机制的建立，在相当程度上取决于学校内部的管理体制。我们的教师队伍潜藏着为发展教育事业献身、促进教育事业发展的极大的积极性，但是原有管理体制在客观上抑制了这种积极性的发挥。因而学校内部管理体制改革的实质是冲破旧体制对教师的束缚，使教师劳动的价值得到社会的充分的承认，使教师队伍从旧体制下得到真正的解放。

这就决定了北京市中小学学校内部管理体制改革的基本思路是：教育事业的发展必须在大力改革教育的外部条件的同时，搞活学校的内部机制；而要搞活学校的内部机制，又必须在加强思想政治工作的同时，改革学校内部的劳动、人事分配制度。

一个阶段的改革试点的实践使我们认识到：各级党委和政府对教育改革试点的领导是学校内部管理体制改革的重要前提，因为学校内部管理体制改革是关系到学校发展和教师切身利益的大事，又涉及劳动、人事、财政等等许多部门的政策和规定，并与政府对学校的领导职能的转变有密切的关系，因而没有党委和政府的主要负责同志的直接领导，是难以推动的。当前，北京市委、市政府以及各区（县）党政主要负责同志亲自领导教育改革，这为改革的进行创造了极为有利的前提条件。

充分发扬民主，增强改革过程中各项决策的透明度是学校管理体制改革的重要保证。通过这次改革要加强学校作为办学实体的功能，要实行校长负责制和教职工的聘任制，目的是使教职工真正成为学校的主人。变过去被动地听从安排为双向的合作关系，变过去的劳动价值的被扭曲为自我价值的真正实现，而不是建立一种雇佣关系。因而学校的各项决策，要经过广大教职工的充分讨论，要由教职工代表大会通过，这样才能使改革方案得到多数教职工的拥护，从而得以顺利地推行。

提高教育质量是学校管理体制改革的根本目标。检验改革成败与否，归根结底要看教育质量是否提高。改革促使教师合理组合，体现了按劳分配的原则，调动了广大教职工的积极性，这是教育质量提高的重要保证。但是，没有对教育的思想、内容、方法改革的切实领导，没有提高教师水平的扎扎实实的工作，教育质量的提高仍然是一句空话。因而，把管理改革和教育教学工作的改革同步推进，是改革试点的重要经验。

一个阶段的改革试点还使我们认识到：改革是一个过程，观念的完成不等于实践的完成。使基本思路成为现实，并没有现成的模式，因而展开广泛的讨论是推进改革完善的重要方法。

改革提出了一系列的理论问题需要研讨，如：学校内部的竞争机制问题，教师劳动的评价问题等；也提出了一系列的政策问题需要调整，如：教师的流动政策问题，校长的选拔与任用的政策问题；还提出了许多实际问题需要解决，如：改革过程中必需的经费投入问题，富余人员的安置问题等，这些问题都需要发动群众，群策群力来研究解决。

由于现行试点方案的多样化和不尽完善，由于现实利益的多元化，还由于观念的变革正处在起步阶段，特别是在解决原有弊端的过程中，也会产生一些新的问题，因此，不同意见的争论是必然的，是促使改革发展的动力。

当前，北京市关于学校管理改革问题讨论的广度和深度都是前所未有的，大家不再消极等待“教育危机”的到来，而是热情地探求教育发展的途径，一扫教育界沉闷的空气，这是改革试点带来的重要成果。

我想，教育改革势在必行，学校内部管理体制改革也势在必行，只要勇于探索、勇于实践，积极而又稳妥地推进改革，最终必定会踏出一条使学校充满生机活力的新路。

推进中小学整体改革　全面提高教育质量*

一

十年来，北京市的基础教育有了很大的发展。今后十年北京教育的步子怎么迈？这是首都教育界应共同研究的重要的课题。未来的十年，一方面，仍然要坚持把教育事业放在重要的战略地位，另一方面，要进一步推进教育改革。去年年底，市教育工作会议提出，要深化教育改革，全面提高教育质量，培养社会主义建设事业接班人。我们所说的深化教育改革，不是只停留在完善学校内部管理体制的改革上。管理体制改革固然是为进一步提高教育质量打基础，但是，仅仅实行管理体制改革本身并不意味着教育质量一定能提高。提高教育质量是一个多侧面的，多种因素组成的复杂的系统工程。所以，要进一步完善管理体制改革，提高教育质量，必须要进行整体的改革。

十年来，我们已经进行了许多单项的改革实验，包括

* 原载《中小学管理》1990年第9期。

学制、课程、教材、考试、教学方法等，同时也在部分小学和中学进行了整体改革的实验。在整体改革实验中，有学校内部的教学改革、管理改革相结合的整体改革实验，有学校教育与家庭教育、社会教育相结合的整体改革实验，有德、智、体、美、劳和谐发展的整体改革实验，还有小幼衔接、中小衔接的整体改革实验。

为了避免在研究提高教育质量问题上产生新的片面性，有必要强调我们的改革应该进入整体改革的阶段。整体改革应该以“三个面向”为指导思想，以教育为社会主义现代化建设服务为根本目标，以提高教育质量为根本任务，对中小学教育的教育内容、教育途径、教育方法以及教育管理、教育环境进行综合的改革，这就是整体改革的内涵。

二

从目前看，至少有八个方面的任务将构成我们下一阶段整体改革的要点。

第一点，改革不适应全面提高教育教学质量的教育思想，进一步建立各级政府和教育行政部门全面评价学校教育质量的体系和制度。目前全面提高教育质量的障碍之一，是政府部门和教育行政部门对学校的评价标准不全面。有的政府部门领导同志比较关心的还是高考考上多少，中考平均分在全市排第几名，对于学校的评价也仍然采取比较简单的方式。于是，学校只好提出诸如“保五争四”、“奋战一百天，保二争一”等口号。由于这种传统的、片面的、过时的评价标准，导致“德育为首，五育并举”的教育思想难以贯彻。因此，要采取有力的措施，使综合评价教育质量的标准、体系和制度，在政府和教育行政部门的领导同志中十分明确和认同。

第二点，改革现行的教学计划、课程设置和教材，以适应真正打好基础和发展特长的需要。目前的教学计划正在调整，暑假以后高中开始实行过渡性教学计划，小学与初中的教学计划、课程设置和教材也很不适应全面提高教育质量的需要。现行的教材存在不少问题。长期以来使用的是高度统一的教材，实际上地区发展不平衡，同一种教材，很难在不同地区都适用。我们的教材，基本上是以升学为目标设计的，所以偏高、偏深、偏难。学生课业负担过重，根子之一就在教材。今年开始动手把小学一、二年级教材砍掉了一部分，这是小手术，将来有必要进行一次大手术。实际上教材偏高、偏深、偏难是降低教育质量的重要原因之一。有的人总觉得教材越难，教育质量越高，实际上教材越难掌握的人越少，质量就越低。另外，教材内容也比较陈旧，需要更新。像小学数学的某些应用题和高中立体几何课程设置本身就值得研究。又如某些教材内容脱离学生的生活环境，脱离学生的心理发展，不符合教育规律，教学计划也缺乏弹性。从课程结构来看是文轻理重，也不尽合理。总之，如果教学计划、课程设置、教材不改革，难以真正培养出合格的全面发展人才。

第三点，改革教学思想，加强教学研究，推广教法改革的经验，进一步推动以加强双基、培养能力、发展智力、发挥特长为重点的大面积的教学方法的改革。十年来，教法改革尽管取得了许多点上的成绩，但就整体而言，还是很陈旧的。教师很辛苦，但教师抱着学生走的做法还没有根本改变，即使在推广的经验当中，有的也包含着加班加点的成分，存在着以教师的能力代替学生的能力的现象。目前高考考题偏深、偏难、超纲，高考试题应该改。但也不能不看到，教学思想、教学方法不改的话，我们的学生越学越死，最后也应付不了考试的千变万化。而以培养能力、发展智力为目标的教法改革，北京有不少成功的经验，我们推广得还很不够，现在还没有成为我们课堂教学舞台的主要的剧目。现在上演的主要的剧目，变成“三分讲七分练”了。有的学校一次买几吨纸，收学生的讲义费由几元到十几元，教师天天刻印讲义、练习题。如果我们不从教学思想上、教学方法上改变的话，这种恶性循环的后果是很严重的。

第四点，改革现行的考试制度。至少应该首先改革小学、初中的选拔考试。改革的具体方法还可以讨论。我们应该探讨取消选拔考试，解决九年连贯的整体改革问题。今年暑假后的高一开始实行会考，用水平考试，作为高中阶段的主要考试，各科会考是分散在高中三年进行的。高中阶段最基本的教学任务是要使学生达到会考及格，即达到高中毕业合格的水平。然后改革高考制度，预计到 1993 年，高考分成六到七个门类，文科类、理科类、生化类、文史类、艺术类等，每一类只考三门左右，不同类别，所选的科也是不一样的。另外，新的教学计划是采用必修课与选修课相结合的方式。这样，高三必修课只剩下 14 节，大量的时间都是选修课，准备考大学的可选修与他考大学有关的课程；不准备考大学的，参加在高中进行的职业导向教育。我们还要着手进行学制试验。最近在北京一中开了现场会，原则上定下来该校进行“十二年一贯制”的实验，为研究在 21 世纪在北京普及高中阶段教育的十二年一贯的整体教育打基础。大家都知道小学六年，最后一年等于没有学新知识，进行车轱辘转式的复习；初中三年，大概学习两年半还不到，接着也是总复习，整体办学效益很差，而且学段相互衔接不够，因此需要解决提高中小学教育阶段整体办学效益问题。

第五点，改革教育途径，建立以课堂教学为中心，课堂教学与课外教育相结合，理论与实际相结合，教育与社会生产劳动、社会实践相结合的教育体系。多年来，我们在教育途径上，一阵子提“开门办学”，一阵子提以课堂教学为中心，不是这么偏就是那么偏，然后又不得不反复地纠正。我想，学校教育以教学为中心，以课堂教学为主要形式变不了；课堂教学要与课外教育相结合变不了；理论与实际相结合，教育要与生产劳动实践相结合，也变不了。我们应该把它综合起来，建立一个整体的教学体系，并体现在我们的教学安排上。

第六点，改革学校教育的封闭状态，建立以学校为主渠道，学校、社会、家庭教育相结合的教育体系。学校教育是主渠道，同时要做好与家庭、社会教育的配合。从学校教育的角度，又需要加强对社会教育的干预。学校教育一方面要汲取社会对学校教育有益的营养，一方面要抵制社会上不良风气对学生的影响和腐蚀。两方面都应采取积极、主动的态度，而不能消极对待。现在家庭对学校教学的干预是前所未有的。以前家长不怎么管子女学习，现在家长对子女的学习非常关心，家长总在预测关注学校和老师对孩子的影响。反过来，学校对家庭教育的干预还不够，学校教育如果不与家庭、社会教育紧密结合起来，教育就会显得很苍白。

第七点，改善师资来源，改革师范教育，改进教师培训制度。现在，师范教育对于师范生热爱教育事业以增强责任感，热爱孩子以增强职业道德和教育教学技能的培养方面做得是比较差的，需要改革师范教育。另一方面需要改善师资来源。现在各中学保送师范院校的学生总体质量比过去有很大提高。今年我们欢迎综合大学毕业生到中学任教，签合同的有 100 多人，其中有 16 名研究生。另外，在职教师的培训包括继续教育，明确了更新知识和提高能力相结合的教学方向，即使是学历教育，也需要解决增强能力问题。同时需要研究对教师教学水平的评估。学校内部管理制度改革需要完善的问题之一，就是教师的待遇应与他的教学质量挂钩。这个口号是对的，但是实践中容易出问题。因为教师待遇如何与教育质量挂钩是与工厂不一样的。工厂检验产品合格，用统一质量标准一测量就完成了。教育的效果一部分是潜在的，也许十年、二十年以后才能看出来。现在如急于与质量挂钩，特别是要求一个学期，甚至一个月就挂上钩，那么只有看分数。这就要增加考试。现在我们搞评价时就是看成果，而不去看教师的教学过程。我们应该重视对教学过程与教学效果的综合评估，教学过程中潜在着未来才能表现出来的教学质量，而现在只看表面效果，往往忽视了取得这些效果的过程中存在问题，其中包括弄虚作假。所以对于教学过程的评价应该作为改革过程中的一个问题加强研究。

第八点，改革教育行政部门的领导方式，完善学校内部的管理体制，以适应全面提高教育质量的需要。现在，教育行政部门，包括市教育局在内，基本上还是原来的领导方式。这样使实行校长负责制以后校长权力的行使和学校办出特色，受到比较多的制约。教育行政部门的改革，需要有一个过程，但是这个过程不能太长。这方面的改革至少包括四方面内容。(一)调整职能，以适应宏观管理。把教育行政部门的职能放在制定规章制度，进行调查研究，检查督导上来。除了通过加强督导部门、法规部门的建设来转变职能外，要使总体职能更加适应宏观管理。(二)调整机构，以启动基层活力。现行机构设置本身就容易对基层实行多头领导，使基层只忙于应付，难以独立研究怎样从本校实际出发提高教育质量。(三)调整政策，以提高领导能力。现在各级教育行政部门的人员素质还有待提高，市局有些人员的素质不如区(县)教育局人员素质高，区(县)有些人员的水平不如学校领导的水平高，这样就变成没有能力来领导。当然，现行政策有些制约，中学教师的收入比局长高，所以教育机关从学校调不上人来。(四)调整安排，以集中学校精力。目前学校领导难以集中主要的精力研究整体改革，学校内部管理体制改革应该是教育整体改革的一部分，不能把眼光和精力都集中在管理体制改革上。再研究三年管理体制改革，不抓整体改革，教育质量也上不去。管理体制改革归根结底是为提高教育质量服务的，它不是目的。

落实以上八项改革，才有可能全面提高教育质量。为此，首先需要在党委统一领导下进行，形成一个全党和各级政府都重视提高教育质量的局面。第二，需要广泛开展关于教育思想的讨论，以统一我们的教育观和质量观，统一对于整体改革的认识，形成正确的社会舆论。第三，需要拟订比较稳妥的实施规划，因为每一项改革都会触及陈旧观念和利益格局。前十年的每项改革都不是一帆风顺的，我们要做好充分的思想准备和组织准备。经过广泛讨论，再集思广益。看准了的改革项目，进行过程中也还要承担一定的风险。第四，及时反馈，及时调节，我们就可以避免大的反复。如果我们各部门，各单位能够协调起来，大家统一认识，一起举着中小学教育整体改革的旗帜，向前再走十年，我们北京市中小学教育就一定会迈上新的台阶。

建立学校内部管理的新体制和新机制*

1988年以来，北京市学校内部管理体制改革从局部试点到逐步推开，从普通中小学扩展到市属高校、中等专业学校、技工学校和成人院校，取得了显著的成效。这是自新中国成立以来，我市教育系统内部进行的一次最广泛、最深刻，也是最成功的一次改革。实践证明，这场改革适应了经济体制与政治体制改革的需要，符合广大群众的利益和要求。它启动了学校内部活力，激发了学校办学和教师教书育人的社会主义积极性，对于新的管理体制和运行机制进行了有益的探索，为教育综合改革奠定了良好的基础，对于教育事业的发展，更好地服从和服务于经济建设这个中心，有着十分重要的现实意义和深远的历史意义。

一、几年来改革的回顾

自改革开放以来，全党、全社会对于教育的认识有了

---

* 1992年11月在北京市学校内部管理体制改革经验交流会上的讲话，收入郭福昌主编《改革——教育的出路》，北京，知识出版社，1993。

极大的提高，北京的教育事业不断发展。市委、市政府坚持把教育摆在战略地位，推进和实施了农村教育管理体制改革、中等教育结构改革等多项重大改革；每年增拨教育经费，保证“两个增长”；从1985年开始，每年为教育办十件实事，在不断改善办学条件的同时，逐步改善教职工的工作条件、生活条件和工资待遇。但是，这一切并没有完全打破笼罩在教育界的沉闷空气，没有消除社会各界对教育的忧思，没有真正调动起广大教职工教书育人、管理育人、服务育人的积极性。一方面教师超编，人浮于事，另一方面教师队伍分布不合理；一方面教师待遇偏低，另一方面分配上存在严重的平均主义；一方面学校办学责任加重，另一方面学校的办学权有限，不能自主办学。学校内部缺乏生机和活力，学校工作出现滑坡，教师队伍不稳，骨干教师外流。

在这种情况下，有些学校开始探索摆脱困境的路子。市委、市政府非常重视这些学校的改革经验，决定在北京市推行学校内部管理体制改革，并在中小学改革取得先行经验的基础上，不失时机地将这项改革引向教育系统各级各类学校。市属中专、技校、大学和成人教育在改革过程中进一步丰富了改革内容，创造了新经验。这场改革是一次深刻的革命，改革的道路是不平坦的。在改革最困难的时候，市委、市政府提出，改革的思路不变、政策不变、计划不变，保证学校内部管理体制改革沿着正确方向前进。改革以其显著的效果和成功经验，引起社会各界的关注，多次受到中央领导同志的肯定。从1988年6月开始，四年改革迈了四大步。

——1988年6月，中小学率先进行学校内部管理体制改革，到1989年年底，全市中小学2,220个改革单位全部进入改革轨道。

——1990年6月，在总结6所中专学校改革试点和中小学改革经验基础上，市属中专学校全面推行了以校长负责制、教育目标责任制、教职工聘任制和结构工资制为主要内容的改革。

——1991 年 3 月，市委、市政府召开市属高校内部管理体制改革北京师范学院现场会，总结了北京工业大学、北京师范学院的改革经验，全面推进市属高校内部管理体制改革。到 1991 年年底市属高校 25 个办学实体全部进入改革轨道。

——市属技工学校和成人学校第一批改革试点单位已经实施改革方案，计划今年年底市属局办技校和成人高校、成人中专将全部进入改革轨道。

今年年初，邓小平同志南巡发表了重要谈话。谈话贯穿一个中心思想就是必须坚定不移地全面贯彻党的“一个中心，两个基本点”的基本路线，解放思想，实事求是，放开手脚，大胆实验，排除各种干扰，抓住有利时机，加快改革开放步伐，集中精力把经济建设搞上去。北京市教育战线广大干部和教职工认真学习邓小平同志重要谈话，解放思想，奋力开拓，对学校内部管理体制改革提出了新思路，有了新突破，取得了新进展。下面举几个例子。

北京汇文中学扩大学校办学自主权的试验。该校实行高效益、高质量、高待遇的方针，精减人员，并将编余人员一律在校外安置，不再搞校内消化，精简了机构，提高了教职工的工作数量、质量和待遇。

市二轻工业技校提出建立教学、生产、实习、科研、社会服务五位一体的教学新模式，把学校办成两个实体，即教育实体和经济实体。学校准备进一步扩大对外对内开放，与韩国、孟加拉国等国和沈阳等市开展合资、合作办学。

北京蒙妮坦美容美发学校走“产学结合，校企结合，以职养职”①的道路，专业课教师同时参加生产经营，学生边学习、边实践，在实践中教学，在创造价值的过程中提高水平，做到了办学不需国家投资，调动了教师积极性，提高了教师待遇，提高了教学质量。最近，学校还组建了全国第一个跨城市的职业教育集团。

北京工业大学、市一轻工业学校和西城区职工中专等一大批学校都提出坚持、完善和深化学校内部管理体制改革的新思路，同时不失时机地把改革调动起来的广大教师的积极性引导到教育教学改革上来，推进学校的综合改革。

四年来，北京市学校内部管理体制改革取得了明显成效。

1. 进一步健全和完善了学校内部领导体制，初步理顺了党、政、群之间的关系，加强学校领导班子建设，使党组织的政治核心作用、校长的指挥管理职能、教代会的民主管理和民主监督作用都得到了加强。

2. 学校内部新旧管理体制和运行机制的转换取得初步成效，开始形成科学决策机制、竞争激励机制、自我发展和自我约束机制。

3. 激发了学校办学、教职工教书育人的积极性，教师的工作数量和质量普遍有所提高。改革稳定了教师队伍，优化了教师结构，提高了教师队伍素质。

4. 教师待遇普遍提高，骨干教师待遇有明显提高。打破平均主义，根据劳动的数量和质量初步合理地拉开了个人收入档次。

5. 更新了人们的观念，广大教职工对于改革的承受力进一步增强。他们积极地投身改革、参与改革，使改革不仅成为各级领导的责

① 这是当时的提法，前一个“职”是职业实体，后一个“职”是职业学校。

任，也成为广大教职工的自觉愿望和行动。

学校内部管理体制改革的初步成果为下一步学校改革打下了基础。

四年来北京市学校内部管理体制改革有以下一些基本经验。

1. 解放思想是推进和深化改革的前提条件。学校内部管理体制改革实质上是学校内部新旧两种体制和运行机制的转变，必须破除旧的思想观念，增强改革意识。改革的过程，就是一个不断解放思想、发挥优势、革除弊端、勇于创新的过程。改革的实践证明，只有坚持不断解放思想，改革才能前进；什么时候思想僵化，改革就停滞，甚至出现倒退。

2. 市委、市政府加强对改革的领导是改革成功的关键。市委、市政府高度重视学校内部管理体制改革工作，连续几年把它作为市政府抓的重要改革之一，多次召开会议听取改革汇报，深入学校指导改革。各主管局、区县委、区县政府精心组织，亲自领导学校内部管理体制改革。

3. 把改革与坚持党的基本路线相结合，与落实党的教育方针相结合，坚持改革的社会主义方向和正确的指导思想，是改革成功的根本保证。

4. 在市政府领导下，由教育、计划、编制、财政、人事、劳动等有关部门参加成立市改革工作领导小组和工作小组，统筹协调，组织实施，参与领导改革。市、区县有关部门的通力合作，积极支持和参与教育改革，为改革成功提供政策支持和资金保证。

5. 在改革中坚持做好思想政治工作，大力提倡奉献精神，把广大教师的积极性引导到教育教学改革上来，努力提高教育教学质量。各级各类学校出现了一批既勇于改革，又善于做思想工作的好书记、好校长。

6. 以转换机制为核心，抓住改革的关键环节，处理好几个关系。实行教育目标责任制和校长任期目标责任制，建立目标导向机制；实行聘任制，建立条件公开、择优聘任、能进能出的竞争机制；实行校内结构工资制，建立收入靠贡献、提级靠绩效、能高能低的激励机制。在推进改革中，各级领导和学校抓住统一思想、分类指导、制订方案、稳步实施、交流经验、检查落实等几个关键环节，有计划分步骤地推进和实施改革。正确处理渐进与突进的关系、各类学校改革个性与共性的关系、内部改革与外部改革的关系、加大改革力度与稳定运行的关系。

改革不可能一帆风顺，也不可能十全十美。我们一方面要从战略高度重新认识学校内部管理体制改革的意义和作用；另一方面也要认识到改革是一项系统工程，是一个不断发展的过程。改革永无止境。

二、进一步解放思想，加快教育改革与开放的步伐

今年年初，邓小平同志南巡谈话，对于建设有中国特色社会主义的一系列理论问题给予了科学的回答和深刻的阐述。他强调指出："思想再解放一点，胆子再大一点，步子再快一点。"抓住有利时机，加快改革开放步伐，把国民经济搞上去。以小平同志南巡重要谈话为标志，中国改革开放正进入一个新的发展阶段。党的十四大以邓小平同志关于建设有中国特色社会主义理论为指针，认真总结了党的十一届三中全会以来改革开放十四年的基本实践和基本经验，确定了今后一个时期的战略部署。我们的教育体制为适应经济体制改革和经济的发展，也必须进行重大的改革。

我们必须清醒地看到，几年改革已经取得了可喜的成绩，新机制

的雏形已经形成；但是，长期存在的深层次问题还没有完全解决。改革所建立的新机制，在许多方面还很脆弱，还很不健全，需要不断加以完善。新旧机制的转换会有一个对抗、相持阶段，还可能出现反复、矛盾和新条件下的继续斗争，切不可以为新机制已经十分完备了。要使新机制不断巩固和发展还需要下大力气，不断深化改革。目前改革存在的主要问题有以下一些。

1. 改革发展不平衡。由于主观认识和客观条件的差距，各类教育之间、各地区之间、教育内部与教育外部之间改革发展不平衡。当前要特别注意破除改革差不多的思想，自我满足，“小改即安”的思想；有些同志认为教育的改革开放已取得长足进展，再加大改革步伐，难度太大，产生了畏难情绪，缺乏改革的责任感和使命感。

2. 外部环境的改善与学校内部新机制的要求不相适应。改革政策尚不配套，学校办学自主权在许多方面还没有真正得到落实；人才市场、待业保险和养老保险等社会保障体系还没有形成；改革经费投入与实际需要尚存在较大差距，这些都制约了改革的深化和发展。

3. 改革中尚存在一些深层次的问题。比如教师待遇仍然偏低，正常的工资增长机制尚未建立起来；没有形成教师的合理流动机制，聘任制难于深化；比较科学的教育质量考核尚在探索之中，结构工资还没有完全与教育教学质量挂钩；指导学校内部管理体制改革的理论还跟不上，等等。

解决这些问题，需要在市委、市政府统一领导下各综合部门和教育部门联合集体攻关。各部门、各单位对于深化改革，要有攻坚战、持久战的思想准备。加快改革步伐，关键在于各级领导干部和广大教职工必须进一步解放思想，坚持实事求是，大胆去试，大胆去闯，在改革实践中走出一条成功之路。

学校内部管理体制改革仍要继续坚持“改善待遇，转换机制，打破三铁，提高效益”的指导原则，坚持那些实践检验证明是正确的改革政策、措施和做法。今后一段时间改革的基本思路是：一手抓推进，一手抓深化，坚持巩固、完善、深化、提高的方针，把加强和改善教育宏观管理与学校内部改革同步进行，实行分类指导，点面结合，以学校内部管理体制改革为动力，推进和深化教育的整体改革。

学校内部管理体制改革的总体目标是：通过扩大办学自主权，使学校成为相对独立的办学实体，建立起一种主动适应经济社会发展需要，具有生机和活力的自我激励、自我约束、自我完善和自我发展的运行机制和管理模式。具体目标和重点是：

以进一步扩大学校办学自主权为重点，使学校成为相对独立的办学实体；

以疏通人才交流渠道为重点，完善教职工聘任制，形成教职工队伍的优化机制；

以建立比较科学的考核评估制度为重点，完善结构工资制，形成长期有效的激励机制；

以完善教育目标责任制为重点，促进学校管理科学化，建立新的运行机制，不断提高教育质量，推动教育教学改革深入发展；

大力发展校办企业，实行多渠道集资办学，增强学校的综合实力和自我发展能力。

在推进与深化改革中要着力抓好以下几个问题。

1. 要坚持不断解放思想，更新观念

改革是一个不断克服弊端、发扬优势、开拓创新的过程。解放思想，更新观念是推进改革的先行。几年来，教育战线的改革取得的每个成就，都是坚持解放思想的结果。

解放思想，转变观念，就是要了解、研究我们国家改革全局和发展趋势，了解、研究经济发展对教育的要求，转变不适应改革开放和社会主义市场经济的观念，转变教育脱离经济建设的观念，要勇于冲破传统观念和“左”的思想束缚，开拓进取。邓小平同志在视察首钢时提出了“换脑筋”，就是要我们解放思想。脑筋活了，想的面就宽了，路子也就宽了，改革才会有新发展，有新的面貌出现。

解放思想，就是要坚持实事求是，真正从实际出发，以实践作为检验真理的唯一标准。推进和深化学校内部管理体制改革，要坚持正确的指导思想，认真总结改革经验，从各自的实际出发，可以进行多种形式的改革试验，可以探索各具特色的多种办学模式。要保持清醒头脑，防止思想僵化，要找出差距，克服“差不多”的思想和畏难情绪，扭转“等、靠、要”的消极态度，把改革不断推向前进。

改革涉及学校多方面工作，关系到每个教职工的切身利益，随着改革的不断发展，必将更深刻地触及人们利益关系的调整。简政放权，涉及上级主管部门和学校权力问题，涉及人的安排问题。打破平均主义大锅饭，涉及个人分配问题，新矛盾、新问题大量出现。解决这些问题仍然要靠解放思想，深化改革，我们必须加强改革中的思想政治工作，帮助人们解放思想，更新观念，为深化改革提供良好的舆论环境，以适应深化改革，扩大开放新形势、新任务的需要。

2. 推进、完善和深化学校内部管理体制改革

学校内部管理体制改革已经取得很大成绩，但是成人学校和技工学校还处在扩大试点阶段，年底前才能完成第一步改革任务；已经进入改革轨道的学校虽然已初步建立起新的运行机制，但是还需要完善。满足现状，认为学校内部管理体制改革的任务已经完成，或者面对深化改革中矛盾多、难度大，产生畏难情绪都是片面和错误的。所

以，在今后一段时间内，我们仍要推进、完善、深化学校内部管理体制改革。

近期推进、完善、深化学校内部管理体制改革的具体要求是：尚未进入改革轨道的学校要力争在年底前全部进入轨道；已经实施改革方案的学校要进一步加大改革力度，使建立起来的新机制不断完善和强化。新机制的建立和巩固是一个不断发展的过程，只有稳定运行一个时期才能取得成效，才能准确发现运行中的问题，并研究解决。改革如逆水行舟，不进则退，任何放松都可能导致改革的停滞或倒退。

各教育主管部门要转变职能，简政放权，进一步扩大学校办学自主权，使学校成为相对独立的办学实体，不断深化学校内部管理体制改革。各级各类学校要严格实行聘任制，强化以岗位为中心的聘任制，进一步做好岗位聘任制的基础工作，探索整体优化、结构合理的岗位设置和上岗人员的具体要求，逐步做到以岗位素质要求为依据择优上岗，增强竞争意识，激励奋发向上，保证学校的教学、管理、科研岗位所聘任的人员处于最优状态。通过建立人才交流中心等措施，促进人才合理流动，扬长分流，各得其所。校内结构工资制要稳定运行。要探索正常的增资机制，降低凝固形态因素在分配中的比率，加大活动形态因素在分配中的比率。不论经费来源渠道，凡属工资性收入都必须纳入结构工资进行发放，校内不得擅自以各种名义平均发放津贴和补助，导致弱化结构工资的效能和作用。要使业绩和贡献逐步主导分配，调动广大教职工的社会主义积极性。要使校内结构工资比较充分地体现按劳分配原则，关键是建立起科学有效的质量考核办法，要积极探索，边实践，边完善；严格考核，形成制度，考核结果要与结构工资、奖惩挂钩。

改革是一项复杂的社会系统工程，态度要积极，步骤要稳妥。要采取点面结合，渐进与突破结合的方式进行，以点上的突破，带动全局的深化，这是一条基本经验。当前在面上稳定运行的基础上，市和区县、委办局都要从实际出发，以攻关的精神认真抓好深化改革的试点。

抓试点，领导要亲自动手，尊重广大群众的首创精神，在广泛深入调查研究的基础上，针对当前深化改革需要解决的关键问题，明确重点，制定出比较符合实际的改革方案，精心组织实施。前面说到的一些深化改革试点学校在坚持方向的前提下，有新的思路，新的做法，取得了一些新的突破，这种大胆地试、大胆地闯的精神是值得我们学习的。

3. 各综合职能部门和教育部门要协调配合，制定配套政策，为教育改革创造良好的外部环境，并引导改革向教育的整体改革延伸发展

深化学校内部管理体制改革，需要市、区县各级综合部门进一步解放思想，转变观念，联合攻关，为整个教育改革提供政策导向、资金保证和协调服务，创造良好的内部外部环境，为教育改革保驾护航。

第一，修改、完善各项改革有关政策。随着社会主义市场经济体制的建立与发展，原有的在计划经济条件下制定的有关政策已经不能适应新的改革形势的需要。计划、编制、人事、财政、税务、物价、教育等部门要重新研究现有政策，采取先立后破的原则，修改、完善有关政策，保证改革沿着正确的方向健康而顺利地发展。

第二，转变职能，简政放权。在改革中，各综合职能部门要充分发挥政府机构政策导向、宏观控制、协调配合、综合服务的职能。在把握改革方向的同时，为教育改革提供优质服务。各综合职能部门要

率先简政放权，该放的权，一定要放下去。学校有了办学自主权，才能充满生机和活力。

第三，改革要有新突破，首先要求在政策上有新突破。各综合职能部门要从实际出发，依据改革的新形势，制定新政策。建立正常的教职工增资机制、人才流动机制和多渠道筹集改革经费的机制，都是目前需要研究解决的问题。

第四，教育行政部门也要转变职能，简政放权。学校内部管理体制改革这项系统工程，需要教育内部各部门积极参与，自觉地把改革与日常业务工作相结合，用改革思想指导和推进日常业务工作。只有这样才能坚持改革，巩固和发展改革成果。

改革是一个不断发展、不断完善的过程。只有不断拓宽改革思路，丰富改革内容，才能使改革富有生命力。我们已经进行了农村管理体制改革、教育结构改革和学校内部管理体制改革，正在进行农村教育综合改革、城市教育综合改革和企业教育综合改革实验，并已经取得初步经验。教育综合改革就是为适应首都经济建设和社会发展的需要，以及人民日益增长的对文明、富裕、幸福的需求，以经济、科技、教育相互结合，协调发展，发挥各类教育整体功能，提高教育质量和办学效益为目的，从教育体制、教育结构、办学形式、教育思想、教学内容、教育方法等方面进行的整体配套改革。各级政府和教育行政部门在坚持和深化学校内部管理体制改革的同时，要适应经济建设和社会发展的需要，积极推进综合改革。

教育改革和发展需要财力的支持与保证。在以政府投入为主并不断增加的情况下，从我国国情出发，坚持财、税、费、产、社、基多渠道筹措教育经费，这不是一时的权宜之计，而是我们的长远方针。

要大力发展校办企业、科技开发与社会服务，扩大委培生、自费生比例，非义务教育阶段可适当提高学杂费收费标准，职业教育和成人教育要创造条件逐步发展一批产学合作、以学养学的试点。进一步推动社会集资助学，吸引外资办学，以增强学校自我发展能力。

今年市政府已决定除提职、晋级等正常提高待遇外，再拨款使各类学校教职工实际收入增加5%。今后还要进一步采取多种措施改变教师待遇偏低的状况，不断提高教师的工资待遇和生活水平。

4. 加强领导，使教育改革沿着正确的轨道前进

教育改革要坚持正确的方向。检验改革成功的标准是：改革要有利于坚持党的基本路线；有利于全面贯彻党的教育方针，提高教育质量和办学效益，培养德、智、体、美、劳全面发展的社会主义建设者和接班人；有利于调动教职工教书育人的积极性；有利于为经济建设服务，探索和建立有中国特色的现代化的社会主义学校办学模式和运行机制。

推进改革需要加强领导，深化改革更需要加强领导。领导改革要做到以下几点。

领导到位。教育改革是一件大事，各级党委和政府、各主管委办局主要领导要亲自抓深化教育改革试点，取得深化改革的主动权和发言权。各单位、学校情况不同，条件不同，改革发展不平衡，抓试点要从实际出发，及时研究解决改革中的新问题，总结推广新经验。坚持分类指导，以点带面，分步实施。

措施到位。要用足用好改革政策，研究深化改革需要配套的新措施并落实到位。要把选拔和培养富有改革创新精神的学校领导干部作为一项重要工作来抓，这是坚持改革、完善改革和发展改革的重要措施之一。

责任到位。将改革责任落实到位，要明确目标，明确责、权、

利，加强对改革工作的考核和检查。

一抓改革，二抓管理。深化改革的各项措施，要与教育管理的各项措施相结合，以改革促管理，以管理促改革。改革是一场革命，是千百万人参加的开创性事业，要进一步调动广大教师的改革积极性，引导他们投身到改革的伟大洪流中去。

我们正处在中国改革与发展的黄金时代，党的十四大胜利召开为教育的改革与发展提供了前所未有的有利契机。抓住机会，迎接挑战，更好地为中国经济的发展与腾飞服务，这是教育战线的广大教职工的神圣职责和使命。我们要不断深化教育改革，以改革推动发展，以改革促进教育质量的提高，努力开创北京市教育改革与发展的新局面，走出一条有中国特色、富有生机和活力的社会主义办学之路。

当前教育评价工作中的几个问题*

《中国教育改革和发展纲要》和《中共中央关于建立社会主义市场经济体制若干问题的决定》中都明确提出，教育战线的重要任务是“提高教学质量和办学效益”，这是深化教育改革的目标，是完成提高民族素质和培养人才任务的保证，也是学校教育永恒的主题。作为推动教学质量和办学效益提高的有力武器——教育评价工作，也由此而引起教育界更为广泛的重视。

十年来，北京市教育评价工作由启蒙到逐步深入，由点的试验到面的推广，由科研人员的研究到学校以及教育行政和督导部门的实践，取得了很大进展。同时，提出了具有我国特色的教育评价理论，开展了多层次的教育评价培训，拟定了学校教育质量综合评价和学生素质评价等诸多评价方案，组织了多种形式的评价实践，进行了许多评价课题的研究。这一切都为教育评价工作的进一步开展奠定了基础。

---

* 原载《北京教育》1994年第5期。

当前，在学校教育质量综合评价工作中，我认为应当重视研究以下几个问题。

一、关于评价的功能问题

当前我们正在实施的教育评价，是根据在教育方针指导下确立的目标，运用科学的检测方法，对教育的实际状况进行的价值判断。这种价值判断由于是根据国家的教育方针指导下制定的目标进行的，因此它不再是片面地单纯地用升学率或文化考试成绩来衡量学校或者学生，而成为与旧的教育观念相抗衡的新的“指挥棒”——指挥学校全面提高教学质量和办学效益，指挥学生全面发展。这样的教育评价方案，明确了教育方向，明确了培养目标，也明确了工作目标，是教育部门督导学校工作的依据，是学校办学的规范，也勾画了培养学生全面发展的过程和归宿。

但是，当前在评价的功能问题，实质也是评价模式问题上，确实存在着不同的意见。

一些同志认为评价的主要功能在于通过诊断，促使改进。因此，应当强调形成性评价，重视过程评价，重视自我评价。这种看法是对传统评价观念的重要突破。因为传统的评价观念突出了通过判断为评定和选拔服务的功能，因此强调终结性评价，重视对工作结果的评价，重视他人的评价，特别是领导部门对学校、教师对学生的评价。我认为，在我们推进教育评价工作的过程中，必须认真贯彻现代教育评价观念，使教育评价成为每所学校、每个学生全面了解自己，并自觉地改进和完善自己，努力去争取达到规定目标的武器；使被评价的学校和学生，同时成为评价的主体，而不是消极、被动地单纯作为评价对象存在；使评价不仅是目标，也是不断前进的动力，促使学校和学生形成自我发展的机制。

另一些同志认为评定和选拔是推进工作、激励上进的重要手段，现实工作中需要在一定阶段，对学校工作好坏进行评定，特别是在教育行政部门转变职能过程中，督导、评价是宏观管理的重要方式。对学生也需要在每个学期、每个学年、每个学段进行鉴定，“三好”学生要进行评选，学生在升学进程中也要接受选拔。因此，必须发挥教育评价的判断作用，仍然要重视终结性评价，重视对工作结果的评价，重视他人评价，包括行政部门、督导部门对学校的评价和学校教师对学生的评价。如果忽视这种评价，而评定和选拔工作仍然要照常进行，那么就必然要另立评定和选拔标准，如学校评比条件，推荐、保送升学学生的条件……这样一来，教育评价的权威性就会大大降低，应有的“指挥棒”作用就难于发挥，而学校和学生也会因名目繁多而无所适从。

这两种意见，从不同角度提出了对评价功能乃至评价模式的看法。其中有的反映了评价观的差异，有的反映了实际工作中遇到的问题。我想，我们的评价工作要健康地、有效地推进，应当坚持把现代评价理论和教育工作的实际有机地结合起来。在发挥评价的改进教育功能的同时，也为评定、选拔提供服务；在以形成性评价为中心的同时，也重视终结性评价；在突出过程评价的同时，也重视结果评价；在强调自我评价的同时，也搞好他人评价。以此来设计我们的评价标准、评价过程和评价方法，形成我们的评价模式。

《北京市普通中学教育质量综合评价方案》和《北京市小学教育质量综合评价方案》，是在教育科研成果的基础上，由行政人员、督导人员、科研人员共同制定和试行的，是符合上述指导思想的。

在实践过程中，教育行政部门要继续研究如何将多项评价标准逐步统一到综合评价方案上来。科研部门也要对多功能的教育评价模式进行探讨。我认为这将是教育评价工作迈上一个新台阶的重要标志之一。

二、关于评价的科学性问题

评价的科学性直接关系到评价目的的实现和评价功能的发挥，是评价工作生命力的源泉。特别是在发挥评价的评定和选拔功能的时候，由于直接关系到学校或学生的利害，就更受到广泛的关注。因此，必须切实保证评价工作的科学性。

科学的评价应当符合法律，符合规律，符合实际。人们最为关注的是评价指标体系的科学性和评价方法的科学性。

现行的《北京市中小学校教育质量综合评价方案》中的指标体系是根据《中华人民共和国义务教育法》和“教育必须为社会主义现代化建设服务，必须与生产劳动相结合，培养德、智、体全面发展的建设者和接班人”的教育方针，结合北京市中小学培养目标的要求和办学的基本经验制定的。它把学校贯彻教育方针，落实培养目标的工作视为一项系统工程，将这个系统工程中相互联系、相互作用的部分进行分解，加以具体化、细目化，共分解为一级指标 6 项，二级指标 19 项，评价要素 36 项，附加指标 2 项。它是对教育质量进行价值判断的依据，也是教育过程中进行调节、控制的准则，应当说是基本符合规律，符合实际的。小学生质量综合评价方案也是如此。

但是，对这个方案也存在不同意见。一种意见认为由于指标体系中的各级指标涵盖不全，因而缺乏科学性。另一种意见又认为指标体系过于繁琐，因而缺乏可行性。两种意见都有道理，两种问题也都存在。目前，两种意见已在实践中初步得到了统一，存在的问题还需要在今后的实践中进一步探讨、解决。

我们对于教育方针的理解，是随着社会的发展而逐渐加深的，我们对于培养目标的认识是随着培养出来的人的素质和水平适应社会需要的程度而逐渐全面的，我们对教育规律的认识也是随着教育科研的成果而逐渐趋于准确的。因此，我们要不断用认识的深化来指导评价指标体系的完善。但是，现在没有将来也不可能有对学校教育这一系统工程的绝对完备的认识。同时，教育评价本身就是一个应用性课题，它必须将作为知识形态生产力的科学，转化为现实的生产力。因此，作为科研使用的指标体系必须适当简化以后，才有可能广泛应用。而在简化的过程中，就必然要舍末逐本，删繁就简，只要突出了要点，涵盖不全，在所难免。

当然，由于指标体系反映了我们对教育方针和培养目标的全面的理解，肯定不同于原来比较单一的衡量标准，更不同于只有考试成绩的唯一标准。因此，评价目标相对系统化，是我们教育思想转变的体现，是培养全面发展的人的必需。从实际需要出发简化指标体系是必要的，但只能简化到保证科学性的最低程度。单纯追求简化而失去了科学性，不仅失去了评价的指导意义，还可能产生错误导向。

因此，建立一个科学性和可行性相结合的中小学教育质量综合评价指标体系，是搞好评价工作的重要环节。

人们关注的另一个问题，是评价方法的科学性问题。人们比较信任直接测量的结果，例如考试分数。但是指标体系中的有些指标，往往又难于直接测量。比如学生质量评价中关于态度、能力、习惯等指标，学校教育质量评价中关于办学方向等指标。因此，测评方法就必须多样化，这是当前评价研究中的重点课题。为了对学校教育质量和学生个体质量得出综合的评价结论，目前，两个方案都采用了直接量化和二次量化为主，同时适当加上定性的描述的方法。我认为在当前条件下是可行的，是符合既科学又简便的原则的。

在保证科学性的前提下，使指标体系简化，使评价方法简便是评价科学转化为现实生产力的关键。

为了避免评价方案多元化而造成学校无所适从，应当将对学校教育质量各项评价的研究，都列为综合评价的子课题。同时应当积极推动教育评价各项子课题的研究，因为这些子课题的研究成果，将极大地充实和完善综合评价方案。

三、关于评价的针对性问题

对学校教育质量和学生质量的综合评价方案，是一定时期教育方针和培养目标的具体体现，是学校教育工作的依据，因此具有相对的稳定性。方案的稳定性和评价制度的建立，将更好地为持续稳定地提高教学质量和办学效益提供服务。

综合评价，贵在“综合”。它是为全面贯彻教育方针，全面提高教育质量服务的。因此，不能在评价过程中以偏概全，顾此失彼，这样才能获得客观、全面的信息。

但是，在实际工作中出现的问题是，教育行政部门和学校常常是将评价工作游离于经常工作之外，从而也就容易把它看作是额外负担。产生这种现象固然有对评价工作的认识问题，也有难于处理的实际问题。因为行政工作往往需要突出重点，着力推进。一个时期要重点解决几个问题，推进几项工作，学校教育在一个阶段也往往要突出几个教育重点。而一般性的综合评价，难以成为推动重点工作的动力。同时，由于地区实际情况不同，学校发展水平不同，一般性地运用统一的综合评价方案也难于适应推动发展的需要。

所以，在保持评价的综合性和稳定性的前提下，在运作过程中，适度增强评价的针对性，是保持评价工作活力的必需。

评价工作的针对性，主要表现在对部分指标和评价要素可以从地区和学校实际出发进行调整。同时，在实施评价时，不同时期可以结合行政需要解决和推动的重点问题、重点工作，在全面评价的基础上有所侧重。这样，评价对现实工作也可以起到推动作用。

当前，许多地区结合实际制定了自己的指标体系，对不同水平的学校在实施评价时已有不同的重点，这些都是很好的做法。

我们还应该通过实践创造一些在综合评价过程中推动重点工作的新鲜经验。比如，当前对学校合理收费问题各界十分关注，推动这一问题的解决，是树立教育好风气，改进学校管理的重点课题。在这一时期对学校进行综合评价时，合理收费问题就可以作为检查“制度建设”这项二级指标下的“各种规章制度健全、合理”这个要素的重点。又如，当前正值初中入学高锋，教师缺编问题成为关心的热点。实际上，教师需求量增大也为合理提高师生比，提高办学效益提供了机遇。近几年，如果我们在对学校进行综合评价时，把学校师生比作为考察学校“深化教育改革”这项二级指标中的“推进学校内部管理体制改革”这个要素的重点，也必将会有助于这一问题的解决。

推动教育评价需要以科研人员为先导，需要以教育行政和督导部门以及学校和教师为主力，需要将长远目标和现实工作结合起来。这样，教育评价就可以能动地活跃在教育工作的全部过程之中。

在提高教学质量和办学效益的重任面前，教育评价已不单纯是理论问题，它促进了从教育思想到教育实践的变革。我们要在教育科研与教育行政工作的这个最佳结合点——评价问题上下点功夫，不断取得新的进展。我想，这会成为我们教育现代化的又一个里程碑。

教育评价呼唤理论和实践的新突破*

普通教育评价研究工作，这些年取得了很大进展，目前又遇到许多新的问题。这几年，教育评价大致经历了从糊涂到明白，又从明白到糊涂；从理论到实践，又从实践到理论这样一个变化过程。教育评价从无到有是一个飞跃，表现为教育评价理论得到普及，研究不断深入，评价实践广泛开展，甚至一度出现评价热。但热过去后又出现了一种高原现象，也有人说是进入了低谷。总之是原地徘徊，处于停滞状态。不论是在高原上形成的平台，还是在低谷内形成的平台，都呼唤着教育评价新的突破。这就是我们所面临的形势，我们要努力使评价工作迈上一个新台阶。

一、对教育评价地位和作用的再认识

教育评价的地位和作用，不仅为理论工作者和实践工作者所承认，而且在国家的重要教育文件中已得到确认。

* 1994年10月在“全国普通教育评价专业委员会第二次代表大会暨第五届年会”上的讲话，原载《北京教育督导》1994年第4期。

《中国教育改革和发展纲要》和即将出台的《中华人民共和国教育法》，都涉及教育评价问题。应该说教育评价的地位已充分得到了肯定。

几年来，教育评价科学知识得到了普及。1986 年在北京召开的第一次教育评价研讨会上，我讲教育评价时，许多同志不理解，认为是搞花样，是标新立异。现在许多同志都把教育评价作为教育工作的重要组成部分。通过各种传媒的宣传，许多同志的著作、论文的发表，对教育评价进行了普及宣传。北京已经把教育评价作为学校领导干部培训的内容，不少地区教育院校都把教育评价作为一门课程。教育评价不仅在科研、督导行政人员中得到普及，而且推广到广大教师之中。从介绍国外教育评价思想入手，结合我国实际，逐步进行教育评价的基本理论、模式及方法的宣传，为开展教育评价工作奠定了基础。

几年来，教育评价理论研究逐步深化。教育工作者以基本理论、方法技术、学生评价、学校综合评价、德育评价等一系列重要课题为生长点，以国家教委重点课题"普通教育评价理论与方法"作为理论研究的重要内容，进行了深入的探讨，取得了可喜的成果。同时，广泛开展了教育评价实践活动。教育评价与加强行政管理，与教育督导制度密不可分，各地在加强行政管理，推行教育督导制度过程中制定了地区的、学校的、学生的、学科的、教师的各种评价指标体系，提出了评价方法，通过实践积累了经验。应该说，到目前为止，教育评价是被认识了，被接受了，被应用了，对端正办学指导思想，推动义务教育的实施起到了重要作用。

但是，现在确实又面临着新的形势、新的问题，这些问题有宏观的，也有微观的。从宏观看，教育评价工作启动时，还没有提出建立社会主义市场经济体制，是在计划经济体制下探讨教育评价的，因此它服务于计划经济管理模式，具有浓厚的计划经济色彩。现在提出两个转轨，一是计划经济向市场经济转轨，一是发展经济向依靠科学进步、依靠劳动者素质的提高转轨。这就对教育提出了新的更高的要求，教育能不能适应这种要求，能不能培养出足够数量的高素质劳动者，需要我们作出回答。另外教育本身也有个转轨问题。今年全国教育工作会议上提出从“应试教育”向素质教育转轨。关于向素质教育转轨问题，全教会前争论是很多的。目前也还没有见到关于素质教育内涵的明确阐述，但教育为提高民族素质服务的方向总体上是明确了的。特别是最近公布的加强学校德育工作的意见中提出，现在青少年的科学文化素质，思想品德素质如何，一是关系到21世纪国家的面貌，二是关系到21世纪现代化目标能不能实现，三是关系到党的基本路线能不能坚持一百年不动摇。因此，虽然目前关于素质的内涵还没有剖析清楚，但素质教育所承担的历史使命已明确地提出来了。

目前教育事业的发展有这样的特点：一是教育的地位不断提高。有人说今年是教育年，年初《中华人民共和国教师法》实施，全国教育工作会议召开，《中国教育改革和发展纲要》公布实施，《中华人民共和国教育法》正在制定，各地都提出一系列发展教育的措施。二是投入不断增加。虽然去年出现了拖欠教师工资的现象，但从总体看教育投入不断增加，在财政收入中所占比例不断提高。三是社会广大群众对子女受到更好教育的要求不断提高。由于经济生活的改善，计划生育国策的贯彻，家庭对独生子女教育的期望值越来越高。人们常讲“五子登科”，什么房子、票子、车子、位子、孩子，归根到底是围绕孩子。特别中年人考虑孩子更多，对孩子投入更多。四是社会对教育更加关注。在市场经济体制建立的过程中，也出现了一些不尽如人意的现象，比如劳动态度、产品质量、社会治安方面的一些问题，大家往往首先想到与学校教育的关系，不满意的呼声相当强烈。普通教育虽然专业性也很强，但人人都有子女，人人都接触普教，因此人人都可对普教发表评论。上至领导，下至文盲都可说你应该怎么办，不应该怎么办。在这样的背景下，教育面临着许多问题需要回答。教育的现状是，一方面做出很多成绩，另一方面社会又不太承认。教育内部与外部评价的反差相当大。对教育投入的看法反差也很大。教育部门认为投入远远不够，社会上则认为教育投入不少了，年年要投入，是个无底洞。政府在讨论教育投入时也问我们：你说需要多少钱就够了？我们也说不清楚。对教育现状如何估价，因为缺乏共同标准，常常说不清楚。这些问题中的相当一部分，需要教育评价来回答。现在我们还不能从宏观的角度对一个地区，乃至全国教育究竟是什么水平作出评价。世界上没有任何一个国家像我们这样运用一个评价指标体系，评价那么大范围。国外一个指标体系，往往只是科研部门在一定范围内加以使用，真正由行政部门广泛使用是不多的。

从研究的角度看，教育评价中也出现了一些问题。如指标评价结果与社会评价结果的差距，有些差距是相当大的。很多督导部门对学校进行综合评价时，往往不愿意去省、市重点校、名牌校。因为用目前制定的评价指标评价名牌校所得的结果看，名牌校的一些缺陷是明显的，但它们仍是名牌校，为社会所承认。对一些一般校全面评价的结果是很好的，但社会不承认它们是好校。学生评价也是这样。用评价指标评价一个学生，评价结果各方面都不错，但不被认为是好学生。最近我国女排在亚运会失利后，有些评论说，过去女排保持五连冠，靠的是全面的优势，能攻能守。但现在有些国家，如韩国女排是快攻型的，虽不一定十分全面，但攻的能力特别强，打破了我们的全面优势。所以说成也成在全面，败也败在全面。全面的评价指标体系评价的结果不一定被社会所承认，从功利的角度看，也不一定就是人才标准。用来评价成才的人，也不一定能得出好的评价结果。

在评价实践中，也提出许多问题需要我们回答。如评价的导向作用是教育评价的重要功能，多年来我们一直说，拿出一个教育评价指标体系，就是给片面追求升学率的指挥棒树立一个对立面，你有升学率标准，我有全面质量标准，全面质量标准就是与片面追求升学率标准唱对台戏。现在看，这个作用起到了，而且很好。但有些问题没有考虑到，如在市场经济条件下，效益很重要，效益与质量有联系又有区别。目前很多文件都提出提高教育的效益，这个问题的提出，就为教育评价提出了新的课题。过去我们把投入和产出是分别处理的，我们制定了一些办学条件标准，如校舍、设备、公用经费等作为投入，但我们对投入产出比的研究不够，而投入产出比正是社会所关心的问题。特别是我们在呼吁增加教育投入的时候，人家希望回答，这样的投入得到了什么样的回报，回报率有多高。从教育经济学和测量学的角度大家作了一些说明，但比较科学地解决这一问题，还有一定差距。由于缺乏研究，我们说不清教育的成本到底应该是多少。在争取教育投入时政府部门说钱给够了，我们说没给够，到底够不够，因为没有客观标准，所以很难评价。在计划经济条件下，这个问题不那么突出，在市场经济体制下就很突出了。

再如一定投入所能产生的效果。也就是理想到达度是什么，现实到达度与理想到达度的差距多大，造成差距的原因何在，如何使现实到达度最大限度地接近理想到达度，这些同样是效益研究中大家所关心的问题。随着一些经济发达地区现代化教学手段的运用，这些问题就更突出了。一些大城市现代教学设备配备了很多，这些投入应取得什么样的理想效果，实际上取得了什么样的效果，差距有多大，原因是什么？都是应该探讨的问题。比如电教设备、实验设备利用率低，还有计算机，有人说配备了那么多，一周才用几小时。造成利用率低的原因是什么？有人说是投入太多，用不了；有人说是教育思想不端正，有些设备与升学考试没多大关系，致使教学中该用这些设备而没有使用，不是投入过多。原因到底是什么，因缺乏具体分析，人家一说，我们就哑口无言。这也是效益研究的问题。

效益当中最难办的是现实效益与长远效益的关系问题。如果对现实的教育水平真正客观进行评价的话，现在的人是无能为力的。因为给教育提出的历史任务是解决21世纪国家的面貌如何，现代化建设任务能不能完成，党的基本路线能不能坚持一百年不动摇；而21世纪国家面貌如何，现代化任务是否完成，基本路线是否坚持，只有到21世纪才能知道，才能反过来对现在的教育作出确切的评析。这就提出了如何对教育进行历史评价问题。对解放区的教育、“十七年”的教育、“文化大革命”期间教育评价的问题现在应作出回答。如不回答对以往教育的评价问题，后人也将无法对我们现在教育的后效作出中肯的评价。由于教育的历史评价问题没有解决，所以对“十七年”教育评价众说纷纭。有人说“十七年”教育是新中国成立以来最理想的，也有人说“十七年”教育存在严重弊端，这些弊端在“文革”中充分暴露出来。对“十七年”的道德教育，评价也不一致。有人认为“十七年”学生的品德、精神面貌非常之好，响应党和国家号召，团结友爱，学校秩序很好等；也有人认为“文革”中出现那么多武斗，那样惨无人道的浩劫，也是在学校发生的，这不是对“十七年”教育的验证吗？最近对“文革”中教育评价出现了新角度，很多同志认为“文革”中“上山下乡”措施，使这一代人经受了考验，经受了挫折，锻炼了这一代人。这说明教育的效益，要接受历史的考验，而为使现在的教育能经受历史的考验，就要研究如何对教育进行历史的评价。这是又一新课题。

由于提出经济发展转到依靠提高劳动者素质的轨道，所以素质教育问题从来没有像现在这样提得响亮。特别是全教会提出从“应试教育”向素质教育转轨，大家都在研究“素质”，提出了许多问题。有民族素质、劳动者素质，又有公民素质。究竟要培养哪些素质，有人强调素质本来就是天生的东西；有人说素质是先天与后天综合形成的，先天素质通过优生优育保证，后天素质通过培养教育和环境影响形成。

由于市场经济发展，存在着多元的教育质量标准，影响到对现实教育质量水平的评价。关于教育方针的表述和理解，在相当长的时间内也不一致。教育评价的指标分类体系，是根据教育方针和对教育方针的理解制定的，因此教育方针表述上的大同小异和对方针理解上的大同小异，必然导致评价指标体系上的大同小异。比如素质到底包括哪些方面，各方面的内涵又是什么。中央关于加强和改进德育工作的意见中，把德育分为政治、思想、品德和心理四个方面，过去有的德育评价指标把心理列入，有的不列入。为适应市场经济需要，提出培养学生竞争意识，什么是竞争意识，说不清楚。有些学校为培养学生竞争意识创设条件，广泛开展竞赛，造成竞赛泛滥成灾。这样培养竞争观念是否就有利于我国 21 世纪的竞争，还需要研究。我们曾带着培养竞争意识的问题去美国考察，问了好多人也说不清楚。后来有一个校长讲，他们过去做实验是一个人做，现在设计的实验，必须几个人合作才能完成，让学生知道在将来的竞争中要想取胜，必须学会合作。合作的观念，就是竞争的观念。这与我们理解的竞争观念恰好相反。

再比如，教育评价的激励功能，目前主要是靠作出鉴定从外部体现，在相当大的范围内还没有成为学校、学生自我发展的内部动力。督导部门评价学校，有合格不合格问题，行政部门有评好学校问题，教师有评职称问题，学生有选拔问题，教育评价成了外部推动工作的动力，这是不可少的。现在普遍反映评比检查太多，提出评价指标已相当多了，有地区的、学校的、班主任的、学科的，具体到一个教师身上，这些指标让他逐项看过来就不容易了。督导评价可能听他的课，听他的汇报；班主任评价、学科评价、学生评价都可能听他的课，让他汇报。内容重复，形式繁多。总的看，离评价的内在驱动作用发挥，还有很大差距。

目前的教育评价是伴随加强行政管理和督导工作开展而发展起来的。督导工作依据法律法规和评价指标体系对学校进行评价，因此，评价指标体系是否科学是非常突出的问题，用这样的指标评价学校是否有利于学校和学生质量提高，通过这样的评价反馈是否真正加强了调控作用是应当关注的。现在多数评价模式是以泰勒目标到达度模式为基础的，先确定目标，再设计指标体系，然后检测目标到达度。但目标设定得是否恰当，指标是否科学，怎样检验才科学督导部门回答不了，现在的评价模式本身也回答不了，这就提出了对教育评价再评价的问题。又如学校评价的质量标准，有的同志说不按照这样的标准办，成不了好学校，完全照着办成不了名学校。有人说名校是听话又不听话。成为好学校是因为听话，成为名校是因为不听话。教育评价目前还难于回答这些问题。

目前的教育评价，有许多现实问题需要回答，这就说明，教育评价在落实《中国教育改革和发展纲要》，在推动教育改革中具有重要的地位和作用，对此我们应有新的认识。

二、加强理论研究，普及教育评价科学知识，推动教育评价实践，开创我国普教评价的新局面

当前教育评价中的问题，有人说是理论落后于实践，也有人说是实践落后于理论，我看两方面的问题都有。许多评价实践缺乏教育评价科学基础。就已有的一系列评价指标体系和开展的一系列教育评价实践活动看，反映出对教育评价本质属性的认识是有差异的。有人认为只把教育评价的本质属性理解为价值判断，本身就有片面性。有人认为目前评价模式单一化，现在所用的基本上都是目标到达度模式，这种模式有其优点，对督导、行政评价更为适用，但单一模式限制了评价全面功能的发挥。有人认为目前建立评价指标体系随意性较大，如对学生德育评价不同指标体系有很大的区别。有人认为目前评价方法存在简单化的问题，一般都是用量化，二次量化，然后综合的办法。总之在实践中缺乏科学的理论基础，这既有对教育评价理论认识的原因，也有其他方面的原因。目前我们从教育测量、统计学的角度研究教育评价比较深入，但从教育学的角度研究还有差距，其中也有教育学本身的发展制约教育评价研究的问题。虽然由于教育评价科学研究本身还不够，但就是现有的一点研究成果也还没有被教育评价实践用来作为理论指导，因此造成教育评价开展虽然很广，但科学性较差。

另一方面，评价实践提出的许多问题，理论还回答不了。理论来源于实践，又指导实践。我很同意理论研究要有超前性。我国教育评价研究的起始阶段，评价理论很快和实际结合起来，特别是与加强行政管理和督导工作的实际结合起来，实现了第一次飞跃。要实现第二次飞跃，就应适度超脱出来。如果还停留在服务于行政、督导实际需要的狭窄范围，教育评价理论的发展必将受到限制。我们要站在时代

需要的新高度，提出新课题进行研究。有三点需要坚持。

一是要坚持以马克思主义哲学认识论、方法论为指导，克服对教育评价本质属性认识的片面性，克服建立评价指标体系的随意性、评价模式的单一性和评价方法简单化的认识，更加辩证地、全面地认识和研究教育评价的理论问题。

二是要坚持百花齐放、百家争鸣的方针。现在对教育评价有许多不同的观点。据统计，国内外对教育评价的概念的认识就有十五种之多，评价原则有二十几个，教育评价的目的、意义、功能等也有多种提法。研究的目的是不是要形成一个统一的理论，我看不急于统一。要通过百花齐放、百家争鸣，使不同的观点充分交流，这样才能推动理论研究前进。我们介绍国外的一些理论观点，多数也是一家之言。要允许百家共存，经过争鸣，一些有共识的问题统一起来，不能统一的继续探讨。我们往往把政府的行政手段和人大的民主表决办事程序带到科研工作中来，这正是要改进的地方。学术问题不能用民主表决的办法解决。比如说20个评价原则，我们表决多数通过了5个，这5个就是评价原则了，这不行；也不能强制执行，不能某权威专家说教育评价的基本属性就这样定了。要在马克思主义认识论的基础上开展自由的学术讨论，通过争鸣，使我们对事物本质属性的认识更加深刻。

三是坚持理论联系实际的原则。去年在北京市的教育评价会议上，我讲教育评价的科学性、可行性和针对性问题。在教育评价开始的初期，行政部门、督导部门和科研部门有着高度的统一性。科研部门非常希望把研究的成果应用于实践，而行政和督导部门也非常需要教育评价这个武器。在这个背景下，很快实现了高度结合。但随着教育评价研究与实践的不断深入发展，产生了分歧。科研部门比较强调评价的科学性，强调评价的科学理论基础；行政部门比较强调可行性，强调便于操作。科学性与可行性本来是一致的，但在实践中也确有些矛盾。如评价指标体系，从科学的角度考虑希望全面些，从可行性角度就要求简单一些。评价方法，从科学角度考虑希望更细一些，从可行性角度希望更简化一些。除科学性、可行性外，还有针对性问题。科研人员着眼于从长远对教育进行价值判断，而行政、督导部门更希望解决当前的实际问题。行政领导急于解决问题，评价解决不了，他就觉得没有针对性，行政部门最强调针对性。科研部门认为教育评价不能去具体解决诸如乱收费一类的问题。这就在针对性上产生了矛盾。

推动教育评价发展，需要解决科学性、可行性和针对性相统一的问题。为了保证教育评价实践的健康发展，理论研究既要与行政部门、督导部门紧密结合，又要有单独的超前研究。如办学水平评价方案，既要有一个与行政、督导部门密切结合的方案，又要研究在局部范围内实验的新的评价方案。进行新的研究就要解决新问题，这样的研究是有意义的。在一个地区不应该只有一个普遍使用方案，还应有不同的评价方案在小范围内进行实验，这样才有利于推动我们的研究。行政和督导部门要理解科研需要进行超前性实验，科研部门也要理解行政和督导部门的实际需要。新的研究是在更高的层次上研究新问题，因此研究成果在短时期不能推广应用也是自然的。双方要达成这样一种共识。科研部门对行政的需要要支持，尽管这些需要可能是低层次的。如行政部门要评比好学校、给教师评职晋级，对学生进行选拔，这些实际需要，科研部门不能无视。否则就会出现科研有一套比较科学的方案，但无人用；行政要另搞一套方案，虽不科学，但它是指挥棒，有很强的力量。这样就会出现一方面是科研人员白研究，另一方面是决策人员瞎指挥。我们应该承认这种需要，支持这种需要，使理论研究成为行政、督导部门进行教育评价的理论基础。然而又要超脱这种需要，全面陷入当前的实际需要而超脱不出来，那些更长远、更深层次的问题就难于回答，也就没有超前性。承认、支撑并超脱教育评价实践的需要，是理论与实际相结合的具体形式。

坚持了上述三点，评价理论研究就会有新进展，而理论研究的新进展、新突破，必将使教育评价再进入一个新阶段。

加强理论研究，专业委员会是重要力量，应承担起教育评价理论超前研究的历史任务，同时要支持和完善现在教育评价的实践。为加强教育评价理论研究，同时做好教育评价实践工作，建议常务理事会研究，在以下方面作些工作。

第一，继续进行“八五”课题“普通教育评价理论与方法”的研究。该课题分为五个子课题，有的子课题，如评价模式研究已经出了成果，还有的子课题也要准备出专著。这个课题的研究是前一阶段理论研究的总结，是今后继续研究的基础，也是普及教育评价科学知识的依据。

第二，加强专题研究，实行重点突破。把年会和地区的协作、专题研讨结合起来，在大题目下，多出一些专题，深入研讨。通过专题研究，把问题探讨得更好一些，更深一些。

第三，编一部《中国教育评价词典》。这部词典应该是国内外教育评价研究成果的结晶，对于普及教育评价科学知识很有用处，对于进一步探讨研究教育评价理论也很有用处。编辑过程是教育评价理论研究的过程，也是统一我们对教育评价一些问题认识的过程。

第四，创办教育评价刊物。现在国内教育管理刊物上，有的有教育评价栏目，但作为专门探讨教育评价的刊物，国内目前还没有。一份刊物代表一个学科的发展水平。作为刊物的基础，要加强信息交流。

我相信，本届理事会应该而且能够为我国普教评价事业的发展作出贡献，应该而且也能够为我国普教事业的发展作出贡献。

关于教育策划问题的思考*

一、调整我们的思维方式

在原来的教育管理体制下，学校谈不上教育策划。行政部门布置什么工作，学校就执行任务，学校自身不需要更多的独立思考，不需要更多地研究自己学校的特色发展，因此也就不需要学校自我策划。但是，随着整个社会的多元化发展，我们在学校体制建设方面也在进行着重要的改革探索，这就是我们通常讲的对建立现代学校制度的探索。在此过程中，教育策划的地位和作用开始凸显出来。

现代学校制度所探讨的主要问题包括：(1)探讨学校的社会化问题，即学校应该适应建设学习化社会的需要。(2)探讨学校的主体地位问题，即学校应该成为具有真正意义的独立法人实体。(3)探讨学校的有限责任问题。随着政府职能的转变，政府要从无限责任政府转变为有限责任政府，学校同样也要实现这一转变，应该进一步明确学校的有限

---

* 2004年3月30日在首届全国教育策划研讨会上的讲话，原载《教育策划》2004年10月号。

责任。(4)探讨现代学校的表征。现代学校一个很重要的表征是由职业的管理者来经营学校，这里的经营不是赚钱意义上的“经营”。(5)探讨学校的管理职能和管理内容的变化。一所学校既要有组织行为，这种行为源于完成国家、政府和行政部门所要求完成的任务的需要；又要有自组织行为，这种行为源于学校自身的发展需要。总的来看，现代学校制度以学校法人制度为主体，以有限责任制度为核心，以教育管理专家经营为表征，以建立新的学校组织制度与管理制度以及新型的政校关系为主要内容。

现代学校制度的探索赋予学校更大的发展空间。学校要从实际情况出发来考虑自己学校的发展。学校不是被动地走向未来的教育，而是主动地创造未来的教育，命运掌握在学校的手中，掌握在校长的手中，而不是只掌握在上级行政部门的手中。因此，它对学校的主动性、创造性的要求空前地提高了，一所学校要发展，一个区域要发展，都需要进行教育策划。

教育策划的任务在于通过对地区或者学校教育的深度调研、系统整合、整体设计，为地区和学校的发展提供战略构想和策略构想，提供变革的思路。

进行教育策划，首先要解决思维方式的问题。实际上，学校教育工作的成绩是干出来的，怎么干是想出来的，怎么想是看出来的，先得看清楚才能想清楚，想清楚之后才能干清楚。所以我们做教育，最怕的不是干错，而是因为看错而想错；不怕工作还没做到位，而怕没有看到位，最后没有想到位。所以，思维方式的正确与否对于策划的正确与否起着决定性的作用。

我们在调整自己的思维方式时应该重视以下几个问题：

要由主体导向变为以客体导向为主的导向。主体导向的策划，就是只根据上级布置的任务、根据自己脑子里对问题的判断作出策划，或者只根据学校自身发展的需要或只凭感觉到的学校发展的某种需要作出策划。这种以主体导向为主的教育策划不符合多样化、市场化的教育需求，因为社会对于教育的选择性越来越强，对于教育评价越来越重视。我们在策划的导向上应该实现这样一种转变：由主体导向变为以客体导向为主的导向，要研究客观需要。江泽民同志在 2001 年“七一”讲话时曾经就以人为本的问题谈过一段话。意思是说，经济、社会和文化的发展与人的发展是互为前提和基础的。这句话实际上是对以人为本的最好的阐释。过去我们只强调一面，即一切——包括人的发展——都是为经济、社会和文化发展服务的，现在讲“互为前提和基础”就是说，反过来，经济、社会和文化发展也要为人的发展服务。因此，我们这里所讲的客体包括两个方面：经济、社会、文化发展需要和人的发展需要。如果我们不研究经济、社会、文化发展的需要，不研究社会上人群的发展需要，就很难作出好的教育策划。所以，研究客观需要应该是一个重要的思维方式，我们要以此作为策划的导向。

要将策划的超前性与现实性结合起来。所有的策划都必然是超前的，有的地区提出策划既要有超前性，又要有高水平，这是很重要的。我们现在进行区域教育发展特色研究或者是学校特色研究，如果只是照搬原来的工作计划，恐怕就谈不上策划。策划既要有超前性，又要有现实性。如果我们不能对现实进行清醒的分析，比如对优势、机遇讲得多，而对劣势、困难讲得少，那么就很难找到工作中的难点和关键点，造成操作中的困难。其实，凡是有利于地区或学校发展的各种因素都是机遇，都是优势，凡是不利于地区或学校发展的困难，不管是外部的，还是内部的，都是劣势。对每个地区而言，都是机遇和挑战并存，优势和劣势同在。在这种情况下，策划就是要看优势如何充分发挥，劣势怎样充分转化。因此，对于现实的条件应该作较客观和全面的分析，否则策划就只能是鼓舞人心的口号。现在有两种东西特别要摒弃：一个是教育理想主义，做规划时过于理想，认为教育到了一定阶段后就会成为很理想的教育。实际上，现在世界上没有理想的教育，只有教育的理想，哪一个国家的教育都是不完善的教育。我们要追求理想的教育，但在追求时不能变成理想主义，就是说，如果我们把蓝图描绘得特别美，但是不考虑实际，那么最后它也只能变成一个空洞的口号。另一种就是浮夸的政绩观。如脱离实际提出一些目标，既没有现实基础，又没有具体措施。这样，教育策划就成为一种点缀，就没有多大的实际意义。

在对现实作出清醒分析的基础上确定策划的起点。一个好的起点十分重要，要把这个起点当作一个新的零，从零开始。这个零是在对原有的工作作出清醒的分析，对原有的资源、原有的环境有了充分的认识后确定的。日本著名的策划专家大前研一提出著名的“归零”法则，他认为，任何策划都应该先回到零，从零开始，这样才能有比较明确的起点。

要以整体优化的思想促进教育事业的和谐发展。和谐发展观是思维方式或认识的一个非常重要的转变。中央提出树立科学发展观，不仅是建党以来而且也是一百多年来中国有关发展观念的一种深刻变革。过去我们比较强调斗争，而不是和谐。科学发展观强调人与人的和谐、人与自然的和谐、人与社会的和谐，这就要求我们做到整体统筹。强调以经济建设为中心，这是没有问题的，但以经济建设为中心必须与整个社会的和谐发展协调起来，这就需要统筹。教育事业同样需要统筹。因为教育事业在发展中存在诸多的矛盾，在推进一项工作时，包括推进特色研究时，我们切不可忘记，我们的所有努力都是为了推动整个教育事业更加和谐，而不是造成整体的不和谐或某个局部的不和谐。所以，我们需要以整体优化的思想指导教育策划。

因此，在进行教育策划包括进行特色研究策划时需要在思维方式上作一些调整。有一个正确的思维方式，我们才能够进行科学的教育策划。

二、树立明确的办学理念

教育策划必须以正确的教育理念作为支撑，或者说，一个教育策划首先是设计教育理念，教育理念是教育工作的核心。一所学校之所以区别于其他的学校，最根本的是教育理念的区别。理念就是一所学校共同的价值取向。理念决定着学校的形象，也决定着学校的行为。在进行策划时，我们需要首先解决教育理念问题。

一所学校要形成凝聚力，很重要的一点就是有共同的价值观，企业也是这样。企业管理发展的历史大致可以分为四个阶段：第一个阶段是人机一体化阶段。人作为机器的一部分，负责完成一道工序，这样有利于提高效率。第二个阶段是人机协调阶段。人和机器不同，人要去做适合于人的工作，这样就避免了劳动力的浪费，更好地发挥了人的作用。第三个阶段是行为科学阶段。行为科学注意到，要更好地发挥人的作用，就要重视满足人的各种需要。从某种意义上来讲，学校内部管理体制改革是以行为科学作为理论支撑的。第四个阶段是企业文化阶段。任何企业都要有自己的共同理念，从总裁到职工都要接受这个理念。职工不仅仅是为了工资待遇而工作，同时也是在认同这一理念的基础上工作。学校也应该借鉴这种管理方式，使所有的员工都形成价值认同，使学校产生强大的凝聚力。

目前，不少学校在价值取向方面出现一种趋同的现象，大家的追求都差不多。这种趋同本身首先是一种理念的趋同，当然，也有的是没有什么明确的理念，随波逐流，缺乏一种稳定的想法。缺少理念是进行教育策划的重要的障碍。洋思中学就有一个很好的理念：对每一个学生负责。陶行知先生讲过这样一句话：教育是什么？教育就是教人变，教人变好就是好教育，教人变坏就是坏教育，活教育教人变活，死教育教人变死，教人不变不是教育。到现在，这句话依然具有重要的现实意义。洋思中学的理念就是，一定要通过教育使学生变得更好。这就是一种好教育，就是一种好理念。

当然，教育理念也必须与时俱进，并非一成不变。举一个例子，由美国总统提出并由国会通过的《不让一个孩子落伍》法案主要是针对教育质量问题，特别是学习质量问题提出的。这部法律规定，各州要恢复统考，统考后对不及格的学生要补课，补课不能收费，如果学生还不及格，那就说明学校的教学质量低，家长可以把孩子转到教育质量比较高的学校去。这部法律的制定主要是解决学生基础知识薄弱、学校教学质量低的问题。2001 年公布这一法律后，又出现了“9·11”事件，所以，美国教育部又公布了《美国教育部 2002～2007 年战略规划》，这一规划虽然仍旧贯彻《不让一个孩子落伍》法案的要求，但对“落伍”的内容作了一定的调整，加进了两个新的内容：必须要使孩子具有国家安全意识，具有保卫国家民主制度的意识。因为“9.11”事件后，美国受到了两个大的冲击：国家安全和民主制度。由这个例子我们可以看出，教育理念需要与时俱进。

总的来看，我们在进行教育策划时，首先要考虑设计一个相对稳定的教育理念，使地区或学校有一个核心的价值观，同时从这个理念出发，对地区或学校教育的所有工作作出策划。

教育理念的功能一是导向，即一个好的理念不仅能够提升所有成员的认识，而且能够提升地区或学校的声誉。二是凝聚，用理念凝聚人心，使所有的教育工作者都在这样一个共同的理念下工作。三是激励，激励大家为实现这个共同的理念而奋斗。四是稳定，有一个比较稳定的理念，学校就不会因为领导者的变更而大起大落。也就是说，成功的教育一定要使地区、学校的教育理念，以及全体工作人员的教育理念在全部的教育活动中达到完美的统一。

在教育理念策划过程中，我们需要重视对这样一些问题的思考，即全程策划、无终极目标策划以及战略柔性。

全程策划就是说，我们虽然事先已经有了一个好的策划，但仍要坚持与时俱进，在实现目标的过程中，进行必要的调整性策划。将策划意识贯串于推进过程的始终。

著名的策划专家西蒙提出了无终极目标策划的必要性。就是说，有时，发展的最终目标并不一定十分明确，人们可能在有些问题上说得很清楚，在有些问题上说不清楚，对有些问题可能还没有认识到。虽然对终极目标不是特别清楚，但我们同样可以进行策划，策划后再通过实践逐步作出调整，从而更加接近终极目标。

我们在推进策划实施的过程中，有时还需要对发展的总体战略作一些柔性的调整。不少企业家都很重视战略柔性，他们会适时地对目标进行一定的微调。这种做法很值得我们借鉴。我们既要有正确而稳定的理念，又要做到与时俱进。正如老子所说："天下莫柔弱于水，而攻坚强者莫之能胜。"

总之，树立明确的办学理念是教育策划的起点，是贯串于教育策划全过程的主线。

三、形成办学目标的特色

学校教育策划首先必须对办学目标有比较明确的定位。

当前，由于办学目标趋同，所以出现了学校同质化的现象，即各个学校的实际目标定位都差不多，与此相应，学校采用的教育方式、教育手段也都差不多，大家都在同一个目标上竞争。当然，这种同质化是专家、教育工作者看出来的，而家长们则会把学校之间的细微差别看得非常清楚，并且努力寻找一所学校与另一所学校的区别，以此作为自己做出选择和评价的依据。

我们要从教育事业改革与发展的大局着眼，努力寻求打破这种同质化的途径。因此，我们必须倡导进行差异化的策划，即倡导学校进行区别于其他学校的策划，努力形成自己的办学特点，让家长一听说学校的这个特点就兴奋，就关注，就觉得好，就愿意把孩子送来。所以，我们作教育策划时一条重要的原则就是在突出教育共性的同时，作出差异性的策划。目前，学校之间的竞争从性质上来看，硬性的竞争正在逐渐被软性的竞争所替代。简单地以考试分数高低作为标志的硬性竞争正在或者逐渐被更多元的评价所取代。所以，在有形的指标趋于同质的情况下，学校应该谋求在更广阔的领域里进行差异化的突破。

在差异化策划的过程中，我们需要考虑到，教育首先是一种公共服务的事业，是面向所有学生、提高国民素质的公益性事业。因此，教育必然有共性或规范性的要求。中央在《加强对未成年人思想道德教育的意见》里特别对规范化要求与个性化发展的问题作了明确的阐述。对学生没有规范化的要求是不行的，不重视学生的个性发展也是不对的。因此，学校应该在落实共性要求服务的过程中，考虑到公共服务之外的差别服务，这种差别服务是我们进行教育策划的重要方面。

学校可以从多个角度来考虑这种差别服务。

首先是保持同质卓越。虽然与其他的学校在办学目标上没有实质性的差别，大家都在同一个平台上竞争，但一所优质学校之所以优质，就在于它能通过对充分应用各种资源的策划使学校走在最前面，始终在这个平台上保持卓越。

另一种是突出工作特色，形成自己在某一领域的鲜明特色。比如，有些地区和学校通过强化教育信息化来加快教育现代化的步伐，确立自己的领先地位，并用这种工作特色带动整体水平的提高。

还有一种是形成学校的文化特色。其实，经过策划后，差异只有形成一种学校文化，才可能成为一种稳定、持久的特色。过去我们总讲，有一个好校长，就有一所好学校。这句话有道理。但有时这个校长调走了，这所学校就不好了，即存在我们所讲的“一代而衰”的现象。这是因为这些学校缺乏一个稳定的东西，即学校文化。学校文化是指在一个学校内，经过长期的历史积淀形成的，以校内师生为主体创造的并达成共识的，由价值观念、办学思想、群体意识、行为规范等构成的价值观体系。它是学校精神与氛围的集中体现。简单地说，学校文化就是共同的价值观。一个真正的好校长应该为形成和保持这所学校具有特色的、稳定的价值观而做出努力。没有这种价值观作为支撑，学校特色就无法形成。现在我们已经进入到一个教育克隆的时代，一种教育经验一出来，马上就会被克隆到很多学校。克隆很好，但是学校不能停留在这一层面，关键是要善于学习别人的优点，推动自身的教育创新。

办学目标特色的价值，首先是示范效应。学校一旦形成特色，就很容易凸显优点，并带动整个学校的发展，从而发挥示范作用。第二是品牌效应。品牌主要来自特色，没有特色，就无法形成品牌。第三是切入效应。教育改革要实现整体优化，但必须要有切入点，而特色往往是由改革的切入点形成的。第四是实验效应。一个教育特色的形成，需要有设计方案，但更需要实验，需要有一个实验的流程。这个实验的流程本身就体现了从理论到实践的过程。同时，这个流程也会带有一定的反复性，我们常常要经历一个总结、实验、再总结、再实验的多次反复的过程。

对办学目标特色形成的价值，我们应该有充分的认识。齐白石说过一句话："似我者死，学我者生。"这告诉我们，在形成办学目标特色的过程中，我们应努力学习别人好的思维方式和策略，而不应照搬别人的经验。没有差异就没有鉴别，没有鉴别就没有竞争，也就没有活力。因此，努力形成办学目标的特色是我们进行教育策划时必须坚守的一个原则。

四、提升学校的核心竞争力

我们必须重视学校教育内涵的提升，而对教育内涵提升的模式也需要有一个好的策划。实际上，内涵的提升就是核心竞争力的提升。一个地区或者一所学校在一时一地可以做出一件出色的事情，但如果其核心竞争力不足，那么它就不可能获得稳定的发展。

核心竞争力的提升需要通过管理策划来实现。在研究管理策划的过程中，我们要重视规范管理、人本管理和创新管理。

规范管理。目前，在地区或学校的管理中普遍存在不规范的问题。管理是实现目标的途径，管理策划是教育策划的重要组成部分。在现实中比较普遍的问题首先是管理无序，即管理混乱或者管理松懈。管理无序最突出的表现是朝令夕改、越级管理、以人治代替法治等。另外一个问题是无计划性地工作，主要表现在日常管理的随意性很大，校长或其他管理者常常想当然或突发奇想，盲目地做出许多决定，盲目地采取许多措施。整个学校的运作和工作推进缺乏一个行之有效的方案，即便制定了方案，往往也是空洞的、不切实际的。所以管理到底是什么？有人说，就是“管得有道理，理得有头绪，有效率”。有人说，管理不是知道而是做到；管理不是使事情变得复杂，而是使事情变得简单；管理不是控制别人，而是给人以自由；没有管理的管理才是最好的管理。我最欣赏的是：“管理不是一门技术，也不是一门艺术，管理是一项修炼。”保证管理有序，是我们在管理策划中需要认真考虑的问题。

人本管理。现在关于以人为本的问题已经讲得很多了，但是实际上，以人为本还没有真正在学校管理中特别是在教学管理过程中体现出来。在这里，我们提出一个企业界常用的概念，叫做“双作业线”。应当说，现在多数学校实行的还是单作业线管理，我们的工作计划基本上都只解决一个流程的问题，即工作怎么推进。而第二条作业线是不明晰的，那就是人的、教师发展的作业线。一个是工作流程，一个是教师发展流程，合起来就构成一所学校的“双作业线”。因为教育工作推进的过程就是教师水平提高的过程。有人说，课程改革的关键在于学生，而实际上课程改革的关键在于教师。如果一所学校将教师的发展问题很好地解决了，那么学生的发展问题也就自然解决了，因为学生的发展在相当大的程度上是通过教师的发展来实现的。学校的工作计划应该具有两条明晰的作业线，学校每时每刻都要有计划地关注提高每一位教师专业素质的问题。什么叫做现代学校？现代学校就是教师和学生共同发展的地方。因此，我们应该把“双作业线”的理论引入到人本管理中来。教师的专业发展不仅包括教师一般水平的提高，还包括教师理论水平的提高、道德水平的提高、对于学校主流价值观的认同程度的提高以及教师文化的建设等。在这些方面我们都应该有比较明晰的策划。这些问题也是目前提高学校核心竞争力策划中要着力解决的问题。

总的来看，近年来，教师队伍发生了比较显著的变化。一是教师年龄结构的变化，总体趋于年轻化。二是教师知识结构的变化，教师学历水平提高，英语水平、计算机应用能力提高，教师掌握更多的新知识、新技能。三是教师的流动状态发生变化，教师的流动性比以前更大了。现在，教师的择业观念增强，加之一些地区采取吸引人才的政策，所以教师的流动比以前加快了，这种流动给教师队伍建设带来了活力。四是退休教师的状况发生了变化。一些退休教师参与到教师培训、教育改革、民办教育等工作中来。当然，与此同时，教师队伍也面临一系列挑战，教师们在很多方面都出现了不适应：教育理念的不适应，知识结构的不适应，教学能力的不适应，敬业精神的不适应。

在这样的情况下，教师队伍建设的策划要把握以下几个原则：

实现教学、学习与科研的紧密结合。过去我们把教师在职参与学习而产生的矛盾看作是“工学矛盾”，这是不对的。因为提高教育质量的过程和推进教育现代化的过程也即教师提高的过程、学习的过程、工作的过程。这就要求教师把教学、学习与科研紧密地结合起来。

实现标准化要求与个性化要求的紧密结合。我们在教师队伍建设过程中，需要有共性的要求，同时也要有个性化的要求。每所学校、每位教师都应该有自己的特点。就像运动员参加国际体操比赛一样，既要有规定动作(基本要求)，又要有自选动作(个性特长)。

实现鼓励创新实验与提倡“反思习惯”的紧密结合。近几年，对反思的问题我们已经讲得很多了。这里我们讲的是“反思习惯”的问题，即在推进教育创新的过程中，教师必须反思旧有的习惯。只要仔细观察我们就会发现，在改革初期，人们往往热情很高，在一段时间内工作很有新意，但过一段时间后，就会出现“回潮”，而一旦“回潮”就很难再向前推进。这种反复很难避免，其中一个重要的原因就是传统的教育理念和教育方法已经通过多年的教育实践变成了学校、教师的习惯。只要习惯不改，改革即难以真正推进。所以我们在推进教师队伍建设的过程中，必须重视引导教师不断反思自己的习惯。从某种意义上说，创新是在反思中的创新，如果不反思，不摒弃旧有的习惯，我们就很难有真正的创新。

实现提高自身水平与学会团队合作的紧密结合。我们在推进教师队伍建设的过程中，要强调团队合作。教育改革本身就为教师提供了一个合作的平台，很多问题都需要大家共同研究。换言之，教育改革只有通过合作才能完成。

创新管理。我们在推进教育改革的过程中，需要形成一种新的认识，那就是在社会转型期，对预见性、不确定性和创新的管理将逐渐成为管理的重点。常规管理已经基本到位了，但是在教育改革推进过程中还会有很多新东西出现，对于这些新东西，我们需要通过管理来推动与规范，同时要把创新成果及时地应用到教育教学管理中去。

总之，教育策划必须重视对一个地区和一所学校提升核心竞争力的设计。有了正确的思维方式、正确的教育理念、正确的选择定位以及一个正确的提升核心竞争力的方案，我们才有了进行成功的教育策划的前提。

也谈校长负责制*

学校内部管理体制是在学校内按照一定原则所建立的组织管理制度。学校是为实现一定的教育目标而进行共同活动的集体，需要按一定的原则建立一定形式的领导体制，以维系学校成员的相互关系，有组织地开展学校各项工作，完成学校的教育教学任务。

中小学的领导体制几经变革，在新中国成立初期曾实行校务委员会制，1952 年以后先后实行校长责任制、党支部领导下的校长分工负责制等。20 世纪 80 年代后期，为了给教育改革的深入发展提供体制保障，学校内部管理体制的改革提上了工作日程。当时，改革的重要内容是：实行校长负责制、教职工聘任制、结构工资制等。实行校长负责制，主要是为了协调三个关系：一是协调校长与教育行政部门的关系，试图转变当时学校单纯作为上级教育行政部门的执行机构的状况，通过实行校长负责制来扩大学校的办学自主权。二是协调校长与党支部的关系，为了转变

* 原载《中国教育报》2004 年 9 月 7 日。

当时有的学校名为集体领导，实际无人承担责任，以及许多事情议而不决，决而不行的状况，通过实行校长负责制，明确校长作为学校的责任人，并赋予相应的权力。三是协调校长与教职工的关系，在当时学校面临的人事制度重大变革的艰巨任务面前，赋予校长一定的决策和裁量权，以强化改革推进的力度。与此同时，也提出了党支部的核心作用和监督保证作用，以及教职工代表大会的民主监督作用，从而形成校内的“三驾马车”体制。

校长负责制的推行，对深化教育改革，特别是推动学校从实际出发，办出水平，办出特色，发挥了重要作用，从 80 年代末到现在，涌现出了一批不同类型，办有特色的学校，成为现在的优质教育资源的基础和骨干力量，也涌现出一批创造了突出办学业绩的名校长，成为我国教育发展与改革的表率与中坚。

五十多年来，我国学校内部管理体制的演变说明，学校内部管理体制的建立，既取决于完成教育发展与改革任务的实际需要，又受制于我们对管理应遵循的原则的认识，同时也必然受着党和政府的管理体制的影响。演变的过程充分体现了与时俱进。这种与时俱进的精神，也必然会贯彻在现在和今后的体制改革的进程中。

当前，在中小学实行校长负责制，获得了较为广泛的认同。因为：一有利于明确责任，二有利于提高效率，三作为枢纽，可以发挥协调上级、社区、家长、教师、学生等诸多关系的作用。在实践中，这种体制在多数学校的运行也是健康的。

然而，这项制度虽然实行已有将近十五年的历史，但它的规范化和制度化的程度还很不够，迫切需要通过进一步深化改革来进行完善。目前在完善校长负责制的过程中，引起广泛关注的问题包括：学校的有限责任问题，决策的民主化问题，以及学校内部的制约机制问题等。

学校作为教育机构，目前承担的非教育的社会责任很多，而这些非教育责任的考核指标常常是硬性的、具体的。校长作为负责人所承担的责任中，可以被“一票否决”的往往就是这些非教育的责任。这样极易造成校长不能将主要精力用于领导学校的教育教学工作，也容易诱发校长的急躁情绪和专横作风。因此，理清责任关系，使学校承担以教育教学工作为主的有限责任，是提高校长管理水平的重要条件。

校长既承担着部分决策责任，又承担着执行的责任。如何解决决策过程民主化的体制保障问题，也是当前完善校长负责制应当重视的问题。其中需要着重探讨的是学校内部的决策机构和决策程序问题。

公立学校设立由校长主持的，由教师代表、家长代表、社区代表参加的校务委员会，作为重大问题的决策机构，设立由校长主持的校务会议作为日常工作的议事机构，是目前不少学校采用的体制。也有的学校重大的问题由教职工代表大会决定。这些都是对校内决策机构的有益探索。但与此同样重要的是这些机构的决策程序问题。首先是哪些问题是学校的重大问题，需要提到决策机构讨论，既不要造成重大问题缺乏民主决策，又不要造成事无巨细，都要讨论决定，以体现民主与效率的统一。其次要考虑的是决策采取由决策机构成员表决通过，还是在充分民主讨论的基础上由校长最后决定，以体现对上级负责和对群众负责的统一性。同时，由于学校的类型、规模的大小不同，学校的决策机构与决策程序也应有所区别。

健全学校内部对校长的制约机制，也是当前需要关注的课题。加强政府和教育行政部门督导机构的建设，是加强对校长工作指导与监督的重要方式，因为这种监督立足于教育法律法规的贯彻，立足于教育教学工作的评估。学校内部党组织要发挥监督作用，教职工代表大会应当对校长的工作进行评议，但尤为重要的是逐步建立健全社区和家长对学校工作的评价制度，因为对于学校来说，服务对象满意不满意应当是衡量学校工作的最重要的尺度。

不断完善以校长负责制为重点的学校内部管理体制，既是一项紧迫任务，又是一项改革的理念与实践相结合的探索，同时也是逐步实现校长的责任与权力相统一、民主与效率相统一的过程。我们应当以求真务实的态度，积极而稳步地寻求完善的途径。

三个应当关注的问题*

当前深化教育改革、全面推进素质教育，有三个值得关注的问题。

一是完善素质教育理论，以统一对素质教育的认识，指导素质教育的实践。

1983年，当时北京八中在校长陶祖伟的倡导下，提出了“着眼于未来，着力于素质”的教育目标，并且制定了一套完整的素质教育大纲，在学校内开展了推进素质教育的改革实验。这是我见到的最早的关于素质教育的理论与实践的探索。

后来，谈素质教育的人多起来，而关于素质教育的争论也越来越激烈。直到中央关于深化教育改革、全面推进素质教育的决定颁布以后，大家的认识才在政策层面相对统一了，明确了实施素质教育的必要性，实施素质教育的核心、重点以及推进的策略。

但是，在教育实践中，不同地区、不同学校常常根据

* 原载《光明日报》2005年11月3日。

自己的理解来实施素质教育。于是出现了“素质教育是个筐，什么都往里面装”的现象，引起了一些同志对素质教育的质疑。特别是当素质教育与传统教育在现实教育活动中发生明显冲突时，就出现了一系列关系如何处理的问题，需要我们从理论上作出回答。而这时，许多同志明显感到缺乏强有力的理论支撑。

应当说，我们关于素质教育的理论研究是不够的，在相当一部分高等师范学校里，素质教育并没有被当做一门科学来看，不少人甚至认为它只不过是一种提法，并不是科学。

科学的理论指导科学的实践，而成功的实践需要用科学的理论统一从领导者到一线人员的认识。只有这样，才能使推进素质教育具有稳定的基础，才不会使人们莫衷一是或者各行其是。

在实施素质教育的过程中我们积累了许多经验和教训，对素质教育的认识也在不断深化。因此，我们不仅有必要而且有条件通过进一步的探讨，完善素质教育的理论体系，奠定深化教育改革的坚实的思想基础。

二是加强宏观调控，促进协调发展，创造实施素质教育的良好环境。

素质教育是针对基础教育普遍存在的薄弱环节，即忽视打好全体学生的全面的素质基础，特别是忽视思想品德教育和对创新精神以及实践能力的培养而提出的。课程改革将素质教育理念融入课程体系的建设中，通过地区和学校的实验，使这一理念很快进入学校改革的层面。各级各类学校也进行了多种有益的探索与实验。但是，微观层面取得的进展，却在相当程度上受着宏观层面的制约。

从理论上讲，素质教育搞好了，学生的中考、高考成绩自然可以提高。但是，由于选拔考试的改革虽然取得了很大进展，但尚难于考核学生的全面素质，所以，在考试改革后，采取加重学生负担，以教师为中心，增加应考指导和应考练习等方式，依然可以使学生取得好的考试成绩，甚至更好的考试成绩。

于是，学校教育面临价值取向的两难境地。按照素质教育的要求办学，可能会给学校教育带来生机与活力，但又可能难于取得良好的中考、高考成绩，从而也就难于获得上级政府部门和社会的认同。而没有这种认同，学校就无法实现良性循环，甚至连生存都会出现困难。

于是，不同学校对此作出了不同的价值判断。一部分学校坚持推进素质教育，但在取得一定的社会赞许的同时，如果中考、高考没有取得好的成绩，也会面临巨大的社会压力。相当一部分学校在实际工作中存在二元现象，即在低年级进行一些素质教育的探索，而毕业年级仍走老路；一部分教师进行有关素质教育的课题研究，而另一部分教师仍然依照老路把关；表面上倡导素质教育，而实际上仍然保留许多违背教育规律的做法。

这些现象的出现，学校有一定的责任，但我们显然不能单纯指责学校，因为这些问题只依靠学校的力量是无法根本解决的。

素质教育所追求的提高学生全面素质的目标，与高一级学校选拔新生的标准与方式相对单一的矛盾，与劳动人事制度重视以学历层次为主的选拔标准的矛盾，与社会和家长重视以中考、高考结果评价学校的价值观的矛盾，与师范教育和教师继续教育相对滞后的矛盾，以及与媒体舆论导向的矛盾，已成为深化教育改革、全面推进素质教育的瓶颈。

因此，在科学发展观的指导下，加强统筹，推进素质教育全面、协调、可持续发展，已成为当务之急。

三是加强党委和政府对全面推进素质教育的领导，增强、深化教育改革的坚定性和稳定性。

全面推进素质教育是一项关系国家发展，也关系国家稳定的战略决策，是国家行为，体现国家意志。因此，各级党委和政府应当把更多的精力投入到领导这项工作中来，切不可掉以轻心。各级党委和政府对推进素质教育的思想领导和统筹协调是素质教育健康发展的组织保证。

有些地区党委和政府的领导同志用错误的教育思想来指导教育部门和学校的干部与教师，向教育部门和学校提出违背教育规律的要求。有些地区为了追求中、高考的优秀业绩，竭尽所能举办一两所高标准的学校，严重侵害了广大群众子女接受公平教育的权利。有些地区为了缓解教育经费的不足，要求公办学校大量举办民办学校，而这些公办学校举办的高收费的民办学校吸引生源主要依靠高的升学率，这样就形成了一种盲目追求升学率的利益驱动机制。

党委和政府应当把着力点放在落实科学发展观、加强统筹协调上。只有加强统筹，才能统一教育的价值取向，才能加快素质教育的步伐，才能少走弯路，使素质教育健康发展，不至于导致社会认识上的分歧，甚至混乱。

以积极作为完善督导制度*

从20世纪80年代我国开始建立教育督导制度以来，教育督导在推进实施义务教育的工作中发挥了重要作用。一批优秀的督学奋战在第一线，在取得实践成果的同时，也不断探索和丰富着督导理论，一种具有中国特色的督导制度正在形成之中。

在普及义务教育的任务基本完成以后，深化教育改革、全面推进素质教育，已成为教育事业发展的主题。督导工作面临着新的形势，也面临着新的挑战。如果只是沿袭旧制、因循常规，就难以适应教育事业发展的需要。这就要求各级政府进一步加强督导制度与督导队伍的建设，同时要求各级督学以积极的作为推进督导制度的完善，不断改进督导工作。

我想，新形势下的督导工作需要重新审视并处理好这样几个关系。

一是"有位"与"有为"的关系。我国的法律已提出应当

* 原载《中国教育学刊》2006年第4期。

建立教育督导制度，但是关于督学的地位与职责尚无统一的规定。已有的地方法规对督导工作的规定也不尽一致，有些地区的督导机构至今仍作为事业单位，并不履行政府职责。因此，尽快通过立法，明确教育督导工作的地位与职能，是完善督导制度的关键。要使人们提高对督导工作重要性的认识，最重要的是要让他们看到现行督导工作的成效，进而了解完善督导制度的必要性和紧迫性。因此，“有位”利于“有为”，而“有为”才能“有位”。各级督学应当充分认识积极作为的意义，努力开创督导工作的新局面，不能把督导工作看作是可有可无的事，更不能把督学看成是一种安置。在一些地区，由于督学的构成不适应当前督导工作的需要，所以不同程度地出现了督导工作过场化和平庸化的倾向，这应当引起我们的高度关注。

二是“督政”与“督学”的关系。督导制度建立之初，督学的任务理所当然是要督“学”，即督导学校的教育教学工作。但是，在推进实施义务教育的过程中，教育投入、校舍设施、师资配备是办学的基本条件，而提供这些条件是政府的职责。因此，督学的关注点就开始向政府履行上述职责的情况等方面转移，先后有过“既要督学，又要督政”，“督学为本，督政为重”，“督学为重，督政为先”，“督学与督政并重”等提法。随着教育投入的增加、办学条件的改善，特别是随着素质教育的推进和教学改革的深入，人们对学校教育内部工作与外部环境的统一性，认识得越来越深刻，从而对督导职责之本质的认识也日益深化。即不能将“督政”与“督学”对立起来，简单地把“督政”看成是督导政府，把“督学”看成是督导学校，更不能把督政府看成是督办学条件，把督学校看成是督教育教学工作。“督学”的“学”字就是指教育工作，包括学校的教育工作和政府对教育工作的领导。实际上，政府的教育思想无时无刻不在影响着学校的教育工作，有些地区素质教育推进的阻力就来自地方政府领导者的教育观念陈旧。同时，学校教育环境的优化、社会教育资源的利用，也有赖于政府的统筹。因此，对政府的督导也同样应当包括指导思想、统筹力度、政策导向、舆论导向、环境创设等。“督政”与“督学”应当统一于督“学”——督导教育工作，这样才能形成较为完善的推进素质教育的督导机制，这应当是新时期督导工作的方向。当然，在不同层级，教育督导对象会有所侧重，比如省市重在下级政府，区县重在学校，但是，无论对政府还是对学校，都应当体现对教育工作的整体督导。

三是终结性评估与发展性评估的关系。以法律、法规、规章为准绳，以评价指标体系为尺度，进行目标达成度的终结性评估是督导工作的重要任务，这有助于我们把握教育工作的全貌。定期公布督导公报，特别是公布政府在保障实施义务教育方面的情况的督导公报是加大督导力度的重要措施，但只有这种评估显然是不够的。从地区和学校的实际情况出发，进行发展性评估，更有助于地区和学校的自我超越。我们在督导评估中，不仅应当关注地区和学校没完成什么，更应该关注它们出色地完成了什么。因为平庸的面面俱到不一定优于某一方面的特别突出。因此，评价标准应当兼顾统一标准和多重标准。我们在已往的督导工作中创造的零起点评价、特色评价、愿景评价等模式，都很有理论和实践意义。评价主体也应当力求多元化，督学评价、自我评价、学生评价、家长评价、社会评价相结合的全方位评价，更有助于增强评价的客观性。而评价方式也需要统整，应当将量化评价与其他评价方式有机结合起来，注意收集和分析能够反映地区和学校发展过程和结果的资料，形成对成就、优势和不足的客观描述，从而改变过分注重量化、注重等级的做法，形成质性的统整。最终实现终结性评估与发展性评估的有机结合。

四是常规督导和专项报告的关系。常规督导是定期按照规定标准和固定程序进行的督导。这种督导所形成的报告主要是向督导对象反馈情况和向教育行政部门反映情况。这种督导对学校改进工作和领导机关掌握动态、进行决策都有着重要的作用。但现在看来，只有这种督导、只形成这样的报告显然是不够的。实践证明，专项报告同样至关重要。专项报告是就在督导过程或专访过程中发现的特殊情况提出的报告，有发现新鲜经验的报告，也有提出教育预警的报告。督学应当成为新鲜经验的第一发现者。使教育行政部门的领导及时了解新鲜经验，有助于领导部门将新鲜经验转化为推动教育改革和推进素质教育的巨大的物质力量。而教育预警则是保障教育安全、预防地区和学校教育工作出现重大失误的关键环节。督学应当根据对危险因素及其程度的判断，及时向督导对象和行政部门发出预警，如校舍、设施、周边环境的安全，突发的非正常舆论，值得关注的异常动态，以及可能导致严重不良后果的措施等。督学要力争做到常规督导有效、专项督导及时。常规督导和专项报告的统一是督学权力与责任统一的具体体现。

五是督导过程与学习过程的关系。我们应当从过去的垂直型督导向扁平型督导转型。督学是以代表政府和教育行政部门的评估者的身份出现的，因而，督导往往单纯成了对下级政府和学校的自上而下的检查和指导。这一方面容易使督导对象处于被动状态、产生逆反心理，另一方面，督学由于自身水平有限，所以也难以向基层提供更多的有效指导。所以，各级督学和督导对象形成学习共同体的关系，是新形势下督导方式的重大变革。要将督导评估过程从单纯的检查过程，转化为督学和督导对象共同学习、共同寻求解决问题的方法、共同创新的过程。我们要建立督学和督导对象处于平等地位的意识，从而使督导过程成为互动、有效、增值的过程，成为促进督导对象和督学共同发展的过程。在教育改革攻坚任务日益艰巨和复杂的情况下，在督学队伍的现状还不十分理想的情况下，实现督导过程与学习过程的统一显得尤为重要。

加强督导制度的建设是转变政府领导教育工作的职能、推进现代学校制度建设的有效措施。要做好这项工作，需要良好的法制环境，需要明确的政府授权，需要合理的制度设计，需要加强队伍建设，更需要督学的积极作为。一个进一步成熟的教育督导制度必将成为我国实现教育现代化的有力武器。

培育学校良好的教育生态*

文化建设要有记忆，没有记忆就没有积累，没有积累也就没有文化。优秀而有生命力的学校文化是需要精心构建的，必须在理念上精心提炼，在实践上长期培育才能形成。

优质学校的稳定性在于其形成了优良的学校文化，它是一所学校持续健康发展的保证。我们常说一位好校长可以造就一所好学校，这已被无数实践所证明，但这位校长在离开这所学校的时候，能不能给这所学校留下一些永恒的推动力，是检验这位校长是不是真正的好校长的重要尺度。

学校文化是指在一个学校内，经过长期发展、历史积淀而形成的，由以校内师生为主体而创造且达成共识的价值观念、办学思想、群体意识、行为规范等构成的价值观体系，它是一所学校精神与氛围的集中体现。

* 原载《中国教育报》2006 年 6 月 20 日。

一、学校文化建设应坚持“三个统一”

第一，要坚持理念与实践相统一。

学校文化的核心是学校共同的价值观念、价值判断、价值取向，也就是学校的精神文化。

因此，学校文化的建设首先要考虑设计稳定的教育理念，使学校保有核心价值观。先进的教育理念具有导向功能、提升功能、凝聚功能、激励功能和稳定功能，是学校持续健康发展的动力。

当前，建设学校文化要切实摆脱在学校中普遍存在的二元体系的桎梏，即一方面接受先进的教育理念，进行一些教育改革的探索；另一方面又沿袭陈旧的教育观念，甚至在教育实践中违背教育规律，影响学生身心的健康发展。我们应当在全面推进素质教育的过程中，使自身的教育理念与教育实践统一起来。

我们更应当防止形式主义文化的滋生和蔓延。有些学校的所谓理念，只是变成了口号贴在墙上，并没有真正成为学校的灵魂；有些学校“校园文化”搞得红红火火、热热闹闹，但实际上并没有明确的价值取向。当然，学校文化可以通过长时间的积累自然形成，但优秀而有生命力的学校文化是需要精心设计、精心提炼、精心培育的。

第二，要坚持共性与个性相统一。

学校文化是社会文化的亚文化，因此，学校文化当然应当有对社会主流文化的价值认同。

树立社会主义荣辱观是公民道德建设的重要内容，是构建社会主义和谐社会的基础工程，是培育社会主义事业合格建设者和可靠接班人的必然要求，也是学校文化的核心价值。社会主义荣辱观应当成为学校文化建设的共性标准。

学校文化是一个学校各种物质形态文化和精神形态文化相互整合

的产物，又是此学校区别于彼学校的重要特征。

当前，不同地区、不同学校的学校文化存在着同质化的现象。这种同质化大致有如下表现：在理念上往往提出的是大致相同的口号；在实践上往往呈现的是大致相同的校园布置、大致相同的学校活动，大致相同的单纯的对“分数”的追求，大致相同的一方面为学生加压，一方面又要求学生“以苦为荣”。

学校文化建设应当有差异性的策划。

我们要根据学校的历史特点和环境特点，努力形成学校的文化特色。文化特色的形成，一方面有助于陶冶学生的情操，激励学生以校为荣的进取心；另一方面可以成为学校改革的切入点，激励学校深入进行以特色建设为核心的教育改革实验；同时，它也有助于我们通过打造学校的特色进而创造学校的品牌。

第三，要坚持继承与创新相统一。

学校文化包括由浅入深、由表及里的不同层次，从表层的物质文化，到浅层的行为文化，到内层的制度文化，直到深层的精神文化。建设学校文化就是要通过制度规范、活动行为、环境建设来体现学校的理念和精神，从而使大家由于建立了对价值的认同感而产生凝聚力。

建设学校文化要继承民族的优良传统。如前所述，文化建设要有记忆，没有记忆就没有积累，没有积累也就没有文化。

学校文化建设又必须坚持创新。北京一位院士在弥留之际发出这样的感叹：“一个国家，一般建国不超过 50 年就会产生至少一个诺贝尔奖得主……近代发明大到航天飞机、计算机，小到易拉罐、圆珠笔，都不是出自中国人之手。这不能不说我们的教育还存在着有待进一步剔除的缺陷。”这说明在文化建设中坚持创新原则是与时俱进、使我们的教育事业永葆生命力的源泉。

二、建设学校文化需要我们付出切实的努力

要从学校的办学传统中发现和提取有特点的基因，并逐步使之升华为学校成员共识的价值标准。有些学校对地域文化或学校的文化和精神进行了深度的开掘，突出了代表人物和代表事件表现出的具有特色的深刻内涵。如浙江慈溪将慈溪文化提炼为：青瓷文化——勤奋细致，滩涂文化——开拓进取，移民文化——开放包容。浙江绍兴将绍兴文化概括为胆剑精神——卧薪尝胆精益求精。浙江温州将温州文化概括为：敢为人先，民本和谐。而清华大学则将清华精神提炼为：国家意识，一流意识，整体意识，求实意识。

要使学校的制度有利于促进、支持和鼓励在教育教学活动中共同价值标准的形成。要建立学校的传统活动体系与行为规范，使活动和行为规范产生与学生终身相伴的影响。同时要积累过去和现在能够体现学校办学理念内涵的标志性名言、人物、故事、实物，使之逐渐成为学校的经典。还应当使学校的校舍建筑、校园环境体现学校的价值取向，形成良好的文化氛围。

形成学校和谐文化的价值认同是建设学校文化的根本任务，和谐是学校文化的核心内涵。

精神文化体现出的和谐理念是学校的灵魂，是贯串于学校文化各层次的精髓，是学校文化各层次中最为稳定的部分。

学校和谐文化的形成为素质教育创设了潜移默化的环境。学生正是在学校和谐文化的熏陶中形成自己的价值观念，形成自己内在的良好素质，形成自己的科学精神和人文精神，形成自己高尚的道德情操的。

我国构建社会主义和谐社会是从全面建设小康社会、开创中国特色社会主义事业新局面的全局出发提出的一项重大任务。和谐社会的基本特征是具有同一性、包容性和调适性。因此，在建设学校和谐文化的过程中，我们要树立和谐的基本理念，特别应当着力树立责任意识、尊重意识、规则意识和学习意识。

责任意识也就是主人翁意识。每个人都是学校和社会的主人翁，都应当自觉地行使自身的权利，自觉地履行自身的义务，从而对学校、家庭、社会和自己负责。

规则意识就是具有依照规则自觉地规范自己的行为、处理问题的意识。要将规则落实在行动中，形成良好的习惯，并将这种习惯延续下去，形成学校的传统。没有规则，没有对法律、道德等主流价值观的认同，就没有秩序，也就不可能有和谐与稳定。当然，规则应当是经过广泛参与制定的。

尊重意识是学校和谐文化的核心理念。2002 年 12 月联合国大会决定将 2005 年至 2014 年作为可持续发展教育十年(DESD)，并指出其核心理念是“尊重”，即尊重他人、尊重差异和多样性、尊重环境与资源。

学习意识是要通过学习促进学校文化的形成，促进思想和行为的转变。要推动所有成员具有持续学习的能力，使每个人掌握的新知识都能在组织之中共享，做到学习、研究与实践相结合，通过学习提高基本素养、启迪教育智慧、发展创造力，并将人的发展和自我价值的实现与学校的发展、学校价值的实现统一起来，促进团队建设，形成团队精神。

三、“和谐”是学校文化的内核

要处理好学校和谐的基本关系，以形成保证学校教育持续发展的生态系统，其中最重要的是教育活动与学生发展的和谐；学校内部人际关系的和谐以及学校外部关系的和谐。

教育活动应当坚持动机、过程、效果的统一，不单纯以结果的愉悦为教育的最高追求；要高度重视学生在学习过程中的心理体验，使学生在整个学习过程中保持乐观向上的心态，从而形成持续发展的心理动因，并通过过程的积淀最终形成良好的基础素质。

在学校内部人际关系的和谐方面，要做到师生之间的关系——和谐互动，干群之间的关系——和谐互敬，教师之间的关系——和谐互学，学生之间的关系——和谐互助。

在学校外部关系的和谐方面，要做到学校、家庭、社会的关系——和谐一体；学校之间的关系——和谐共生；学校与管理部门的关系——和谐一致。

管理者承担着推进学校和谐文化建设的重要责任。管理者首先应当把握实现和谐的途径。管理者要明理，树立正确的理念，设计明确的愿景，梳理清晰的思路。要保持自身显形理念与隐性理念的一致，而不是言行不一。管理者要动情，要有对事业的激情，对师生的深情，对家长的真情。管理者还要得法，要实现原则坚定性与方法灵活性的统一，事业发展和人的发展的统一，突出重点与整体优化的统一，以追求实现和谐的教育图景：环境怡情，教学养性，氛围育心。

如果一所学校经过长期的努力真正形成了良好的学校文化，那将是一笔不可估量的财富。因为学校文化通过与教师、学生的交互作用，使自在的环境变成能动的环境，对广大教师、学生发挥作用、产生影响，并转化成教师和学生的自觉意识。

学生是学习过程中的主体。从这个意义上讲，学校推进素质教育的责任就是为学生创造良好的文化环境。学校文化形成了学校的教育生态，学生在学校的生态环境中汲取营养，最终内化为自身的素质。

学校形象是一所学校在社会公众、家长、学生心目中的总体印象，是学校文化的外显形态。一所学校的形象是人们综合了学校管理者的形象、教师的形象、在校生和毕业生的形象、教育教学活动的形象、公共关系的形象等多种因素后而形成的一种总体印象。正是学校文化塑造着学校形象。

最近流行的一本书叫《高效率人才的七种习惯》，作者提出，高效率人才的一个重要的习惯是“要事第一”。他把事情分为重要而又紧迫、重要但不紧迫、不重要但紧迫、不重要也不紧迫四种情况。他认为人们常常重视处理第一类事情，而恰恰是由于忽视了第二类事情，所以才会使第一类事情越来越多。因此作者提出要高度重视那些重要但不紧迫的事情。

我想，学校文化建设大概就属于这一类的事情。学校应当在加强硬件、软件建设的同时，高度重视学校文化这一无形资产的潜件的建设。

不拘一格育人才*

——现代化进程中中学校长的使命

胡锦涛总书记在中国共产党第十七次全国代表大会的报告中指出，要“优先发展教育，建设人力资源强国”。当前，我国建设人力资源强国的目标，就是要形成完善的人力资源结构，其中包括数以亿计的高素质劳动者，数以千万计的专门人才和一大批拔尖创新人才。这一目标既体现了我国现阶段对人力资源的数量需求、类别需求，也体现了质量需求。人才的单一模式和低水平无法适应国家和社会发展的需要，即使像“嫦娥一号”发射这样前沿的科技成果，也需要学术人才、工程专家和高水平技能型人才的合作才能完成。

建设人力资源强国的目标赋予教育，特别是基础教育重要的责任，要求基础教育不断提高现代化水平。当前提高基础教育现代化水平面临三个重要转变，即由重点发展

* 2007 年 11 月 20 日于广州在全国第二届中学校长大会上的讲话，原载《中国教育学刊》2007 年第 12 期。

为主向均衡发展转变，由规模发展为主向规模与内涵协调发展转变，由规范发展为主向规范与特色协调发展转变。实现这三个转变向当代校长提出了三项重要的任务，第一，切实推进教育公平，以实现由重点发展为主向均衡发展转变。第二，着力提高教育质量，以实现由规模发展为主向规模与内涵协调发展转变。第三，要形成学校办学特色，以实现由规范发展为主向规范与特色协调发展转变。

一、切实推进教育公平

胡锦涛总书记在2007年8月31日全国优秀教师代表座谈会上的讲话中指出：教育公平是国家的基本教育政策。教育公平应当包括三个层面，即教育机会的公平、教育过程的公平和教育结果的公平。

教育机会的公平就是使所有的公民都有平等的受教育的机会，也就是我们一贯倡导的“有教无类”。不分性别、民族、种族，也不分家庭财产状况，所有的学生都能有相同的接受教育的机会。基础教育的均衡发展实际上是向公民提供公平就学机会的重要途径，这也是社会公平的基础。

基础教育的均衡发展主要是指政府实现公共服务均等化，通过再分配，公平、合理地配置公共教育资源。可以说，实现均衡发展是政府的责任。从2006年国家第一次发表的关于我国教育均衡发展状况的国家教育督导公报中我们可以看出，教育均衡发展水平取决于政府对公共教育资源包括硬资源和软资源再分配的状况。

我国基础教育一度在政策引导下重点发展了一批优质教育资源，这具有当时历史背景下的必要性与合理性。在已经形成非均衡发展的情况下，当前，应当合理调整教育支出结构，重点向农村地区、薄弱学校和困难群体倾斜。也就是说，均衡发展，是在政府增加教育投入、实现政策倾斜的基础上实现的。教育均衡发展的过程不是优质教育资源平庸化的过程，而是薄弱教育资源优质化的过程。当前，我国教育均衡发展的实质是不断拓展优质教育资源，使更多的学生接受保证质量的教育。因此，政府在推动教育均衡发展过程中，应当综合考虑公共教育经费投入的充足性、公平性与效益性。

教育过程的公平，是使具有不同潜能的学生都能接受适合于自身发展的教育，也就是我们一贯倡导的"因材施教"。

联合国教科文组织将召开有关全纳教育(Inclusive Education)的会议。全纳教育最初是针对有身体或智力缺陷的学生进行的特殊教育，目的是把他们纳入到教育的视野中来，使他们有接受平等教育的机会。现在，全纳教育的外延已经拓展到应当为所有学生提供适合于他们的教育。这是现代化教育理念的重要标志之一。

因此，实现保证质量的教育公平已经有了两层含义，一层含义是公共财政提供的教育资源的公平配置——使所有学生接受同样的教育；另一层含义则是进行差异化、个性化教学——使不同学生接受适合于他们的不同的教育。所以，简单地倡导无差别教育并不是真正的教育公平。基础教育不是选拔适合教育的学生，而是创造适合不同学生的教育，全面发展也不是所有人的德、智、体、美等基础素质的平均发展，而是基础素质与个性特长的全面发展。

因此，我们的教育要了解学生发展的规律以把握共性，同时要研究所面对学生的个性，教育是面向具体学生的活动。我们常说，教有法，无定法，就是教育有规律可循，但是要区别不同学生的不同情况来确定教育的具体方法。适合学生发展的教育，就是最好的教育。

好的教育是在了解学生、研究学生的基础上进行的教育。而了解学生、研究学生恰恰是现在我们教育现实中的薄弱环节。我们现在非常关注教师的专业发展，但决不能将教师为学生发展服务的目标倒置。目前推动教师专业发展的实践中出现了一种倾向，不是教师的专业发展为学生的发展服务，而是把学生作为教师成名的道具。很多教学研究，包括说课、作课等，都非常重视教材研究和教法研究，但一个重要的前提——对学生的研究却很少，对该年龄段学生的认知规律研究很少，对具体学生的情况研究得就更少。虽然在很多地区，学校的班额都比较大，教师还无法做到面对每个个体的学生，但是起码不能“一刀切”，应当加强对不同类型学生群体的研究，从而创造真正适合于不同学生的教育过程。

教育结果的公平，是指使所有学生的潜能都能得到最大限度的开发，也就是我们一贯倡导的“人尽其才”。

教育结果的公平不是使所有的学生最后都归于同样的发展类型、达到同样的发展水平，而是使每个学生都能达到他们应该达到的水平，具有他们应该具有的才能。

因此，要重视不同学生智能结构类型的差别，通过创造适合不同类型学生的教育，使不同类型学生的潜能都得到充分开发。在这个过程中我们特别应该关注的是：帮助学习潜力大的学生开发潜能，帮助学习困难的学生提高水平，帮助学生发展兴趣、爱好和优势潜能。

20世纪末，法国教育思考委员会向法国政府建议的教育改革目标是“让失败率为零”，我非常赞同这种提法。这里所指的“失败”是学生不能在自身原有的基础上得到发展。而使每个学生都比原来变得更好应该是教育追求的目标。

根据有关专家提供的资料，美国教育测验服务中心在2005年有一个调查报告，题为《是否走向真实的生活世界——美国人看美国高中教育改革》，其中指出美国高中教育的不足主要表现在三个方面，一是在为今后大学的学习、生活做好成功的准备方面，有51%的被调查者认为不足；二是在为即将进入劳动力市场提供必要的技能培训方面，有63%的人认为不足；三是在使高中的学习和生活经历与学生下一步的生活相一致方面，有62%的人认为不足。这个调查报告的结论之一是，公众认为：应在尊重每个学生的需要、兴趣与能力的基础上追求教育质量。这个观点应该得到我们的关注。

英国特色学校促进会提出："好的教育能教人变好，好的教学能够改变人的生活。教育好一个孩子，你就给了他一个机会。教育不好，他可能一生中都得不到一个机会。"新加坡教育部长在最近发表的《让每一个孩子都成功》的报告中提出："学校领导和教师应当期待学生某项潜能得到培养，同时想尽办法让能力不同的儿童都取得进步。"这些都有助于引起我们对教育结果公平的关注。

所以，我们所推进的教育公平，应该是"有教无类"的机会公平、"因材施教"的过程公平和"人尽其才"的结果公平的统一。我们要通过创造适合每个学生的教育，实现真正的教育公平。

二、着力提高教育质量

胡锦涛同志在2007年8月31日全国优秀教师代表座谈会上专门指出要"着力提高教育质量"。"着力"二字体现了对提高教育质量的高度关注。

根据2003年国际学生学业评价项目的测试，美国15岁学生的数学素养与解决问题的能力在29个发达国家中排名第24位。2006年4月18日，时任美国总统布什签署总统行政命令：成立国家数学委员会，研究如何最有效地利用科学研究的成果改进数学的教与学，并向总统和教育部长提出政策建议。美国政府把提高美国学生的数学成绩作为国策，成立国家数学委员会，旨在帮助美国各州、地方、自治区与部落政府为儿童与青少年提供高质量的数学教育，从而保持美国的竞争力，提升国力与创新能力，促进经济发展。2004 年召开的联合国第 47 届教育大会通过了《关于提高所有青年教育质量优先行动事项的建议》，2005 年世界全民教育监测报告的主题是“必须提高教育质量”。可以看出，现阶段，提高教育质量已经成为全球教育的共同话题。教育公平的实质是实现保证质量的教育的公平。

中国的教育事业经历了令世人瞩目的快速发展期。2006 年，中国教育规模的基本状况是：高等教育在校生约 2,500 万人，普通高中在校生约 2,515 万人，中等职业教育在校生约 1,764 万人，初中在校生约 5,958 万人，小学在校生约 10,712 万人，幼儿园在园幼儿约 2,264 万人，合起来共有约 2.6 亿人在学校读书。但是，这个教育规模是在很短的时间内扩展起来的，规模的发展并不必然带来质量的提高，因此，如何促进规模与质量的协调发展，着力提高教育质量，也就必然成为我们当前应该关注的重要问题。所以，十七大报告提出，要实施素质教育，更新教育观念，深化教学内容方式、考试招生制度、质量评价制度等改革。国家也正在以全面推进素质教育为核心，构建国家基础教育质量监测评价体系，对基础教育的质量进行全面的监测和科学的评价。

要提高教育质量就必须进行教育的创新，就必须有变化。我们正在推进的素质教育和课程改革，使学校教育发生了巨大的变化，但是，变化并不一定意味着进步。校长在推进教育改革的过程中，要针对原有教育存在的问题，真正为了解决问题而变化，通过变化取得进步。教育创新应当坚持“一切通过实验”的原则，只有通过实验取得的成果才可能减少在广泛推进的教育实践中产生的问题。全国有许多以

“实验学校”命名的学校，这些学校更应该首先承担起进行符合教育周期与教育规律的教育改革的实验任务。

三、形成学校办学特色

学生需要个性的全面发展，学校也需要个性的全面发展。千人一面的无差别教育不是真正的教育，千校一面没有个性的办学也无法办出高水平的学校。学校之间有特色差别，发展才有活力，改革才有动力，教育事业才有生命力。学校要形成自身的办学特色，就需要坚持特色发展的价值取向，创造具有个性的学校生态环境，以特色发展促进学校的教育创新，并以特色形成学校的教育传统。

首先，要坚持特色发展的价值取向。

特色是学校共性与个性的统一，核心价值与附加价值的统一。

特色是建立在共性与核心价值取向基础上的。所有的学校都有共性及核心价值取向，这种共性与核心价值取向体现中国特色社会主义对学校教育的基本要求，体现教育的基本性质、功能和规律。我国的学校都要贯彻国家的教育方针，都要落实国家的培养目标，都要实施国家的课程标准。因此，共性与核心价值取向是社会认同的标志。

但是，学校也必然具有个性。其实学校与生俱来的个性是在自身发展的不同历史过程中自然形成的。除此之外，不同的学校又会因为改革的切入点不同、学校的个性追求不同、工作重点不同，从而产生不同的附加价值取向。个性与附加价值取向的差别，逐步形成学校在某个领域的卓越。因此，个性与附加价值取向是社会选择的标志。

学校在发展中如果背离了共性与核心价值取向，也就背离了正确的方向；而忽视了个性与附加价值取向，也就必然导致学校自身的平庸化和学校之间的同质化。

特色集中体现学校的价值认同，能够对学校的发展发挥有力的导向作用，在学校内部发挥巨大的凝聚作用，对学校水平的提高发挥巨大的推动作用，从而逐步形成学校的相对优势。所以，坚持走特色发展之路是学校重要的战略选择。校长应当在认真分析学校历史与现状的基础上，梳理学校特色发展的脉络，确立学校特色发展的方向，理清学校特色发展的思路，坚定推动学校特色发展的信念。

其次，要创造具有个性的学校生态环境。

学校的生态环境直接影响学生的生存方式、生活方式和行为方式。由于学校的特色是学校价值取向的集中体现，因此也就必然体现为学校生态环境的特征。

当前，学校特色有多种类型。主要表现在办学理念、办学模式、学校文化以及优势学科等方面。

学校办学理念的特色大多体现在有针对性地强化学生素质的某些弱项或者强化学校教育的某些薄弱环节。比如，许多学校在特定的教育理念的指引下进行了具有特色的教育改革实验，像快乐教育、情趣教育、创造教育等。

学校办学模式的特色大多源于办学体制与管理体制改革中所进行的一些实验，像一些学校进行的学制改革实验、与国外学校的项目合作实验、办学主体多元化实验，以及突破常规的教学安排实验等。

学校文化形成的特色体现在学校物质文化、制度文化和行为文化之中。有基于地域特点的文化特色，如沿海地区学校的教育国际化特色、农村学校为建设社会主义新农村服务的特色；有基于历史特点的文化特色，将地域与学校自身的历史文化特点凝聚到学校文化中来所形成的特色；有基于教育对象特点的文化特色，像学生来源于多个国家的国际学校所形成的多元文化特色、以民工子弟为主体的学校所形成的文化特色等。

值得我们关注的是，形成学校的学科特色是近年来教育改革的一种潮流。有基于学校课程体系的学科特色，比如学校建立比较完善的校本课程体系；也有基于优势学科建设与基于优势课外教育的学科特色。

普通学校学科特色的建设是现今一些发达国家正在推进的一种特色学校建设的重要形式。它通过强化某一学科的师资和设施，使学校形成某一学科的特色，从而创造学校某一方面的优势，用以带动学校整体水平的提升，并对其他学校的相同学科发挥辐射作用。

比如，英国实行了特色学校计划。1987 年英国特色学校促进会成立。特色学校改革项目是英国政府的一项重大的公立教育改革计划，旨在引入企业的参与，通过对某一个特色学科领域的全面建设来促进和带动学校整体教学质量的提高，继而辐射和推动学校所在社区的教育文化发展。他们认为，只有通过卓越才能实现公平，只有使学校自由进行个性化教学，才能真正给孩子们提供适合他们的教育。进一步变革不仅是教学方式的变革，还包括学校自身体制的变革。“学校发展，学校自主”是特色学校建设的基本原则。现阶段，英国已有 11 门包括职业课程在内的特色学科在学校推行，全英国有超过 1,600 所学校参加了这个项目。英国各界广泛认同这项改革增强了学校的办学活力，提高了学校的办学质量。2006 年 12 月 1 日，时任英国首相的布莱尔在伯明翰的特色学校与学院信托大会上讲话指出：“当今教育的要旨是个性化学习，要充分认识到不同的儿童在不同科目有不同的能力。个性化学习不仅事关每个儿童走出独特的道路，还事关每一所学校都走出独特的道路。”

新加坡教育部今年提出，教育部为学校提供资源，让学校找到令自己卓越的领域。到 2012 年，希望有一半的学校能实现某一领域的卓越。

因此，学校走特色发展之路，就是要努力创造一个令自己卓越的领域，这一领域集中反映学校的价值观体系，它所彰显出的学校特色将融入学校的生活方式、教学方式以及其他行为方式之中，从而成为师生成长的良好的具有个性特征的生态环境。

再次，要以特色发展促进学校的教育创新。

学校的教育创新归根结底是针对普遍存在的固有的教育理念和教育模式进行的改革，而改革的创新点就是形成学校办学特色的基础。

学校特色的形成是一个长期的教育创新的过程，需要不断深化，不断丰富，不断积累。因此，形成学校特色的过程就是学校持续创新的过程，这就彰显了特色发展的能动作用。

特色不是点缀，不是肤浅的花样，更不能将其庸俗化。因此，有关学校特色的评估体系应当具有理念的认同度、参与的广泛度、内涵的深刻度、实践的系列度、优势的显效度和作用的迁移度等必要的维度。

学校特色发展的关键环节是在教育创新过程中进行合理的差异性策划，统筹学校内部有限的教育资源，拓展校外无限的教育资源，形成学校特色的情趣氛围，并不断深化有关学校特色的理论与实践研究。

最后，要以特色形成学校的教育传统。

学校特色形成了学校的相对优势点，从而激发师生的自信，激发师生的兴趣和激情，带动学校整体水平的提高。学校特色为形成学校风格、品牌、传统奠定了基础。实际上，学校的传统就来自于学校长期积淀形成的特色，因此，特色也就必然成为学校品牌的标志。学校特色既有助于学校的持续发展，也有助于学校的后发超越。一些原来水平较高的学校的持续进步，一些基础薄弱学校的成功超越，往往都是由于它们在特色发展中实现了某一领域的卓越。特色的保持与发展形成学校的传统，而优秀的传统本身就是竞争力。

学校的特色发展也是教育家成长的有效途径。教育事业的发展需要理念与实践的引领与示范，转型期的教育事业发展更需要理念与实践的引领与示范，中国需要教育家办学。教育发展的历史表明，在社会转型期，由于人们需要回答的带有挑战性的问题很多，所以这样的时期也是教育家涌现最多的时期。今天，处于社会转型期和教育转型期的中国需要教育家，也有可能产生杰出的教育家。

古今中外的教育家都有着丰富的办学经历，都是在办学实践中形成、调整和完善自身的教育科学体系的。办学者也只有将理念用于解决教育实际存在的问题、提供令人信服的榜样，才有可能通过积累，逐步成为具有自身教育科学体系的教育家。

教育家不是说出来的，首先是突破常规局限做出来的。这种突破常规理论与实践局限的过程就是学校特色形成的过程。所以，从某种角度来说，教育家产生于具有办学特色的学校之中。当然，最大限度地、合理地扩大学校的办学自主权，给校长更多的空间和时间，减少校长繁杂的事务，改善对学校“一刀切”的评价体系，正确对待校长在学校管理和教育教学工作中特色的形成，是教育家成长所需的外部环境。

教育改革的大潮为所有学校的发展提供了机遇，形成特色应该是学校和校长脱颖而出的重要条件。

所以，我认为，当代中学校长的重要使命就是：在国家教育方针的指引下，以不拘一格的方式办好不拘一格的学校，为培养不拘一格的人才打好基础。

2007 年 9 月，在日本举办了“纪念世界民间联合国教科文运动 60 周年大会”，大会的主题词引自日本一位女作家的诗句：“大家不同，大家都好。”这体现了对多元文化的尊重。我认为，我国的现代化教育也应当形成这样的学校格局：大家不同，大家都好！

提升校长价值领导力的几个重要环节*

对于什么是领导、什么是领导力，许多专家都作过解释。基辛格说："领导就是要带领他的人们，从他们现在的地方，去他们还没有去过的地方。"这句话很形象地告诉我们，维持现状算不上真正的领导，领导就是要带领大家去他们还没有去过的地方，即实现自我超越。

约翰·科特说："领导力是把握组织的使命及动员人们围绕这个使命奋斗的一种能力。"

吉姆·库泽斯说："领导力是动员别人想要为共同的理想而奋斗的艺术。"

尽管专家们对领导力有多种多样的解释，但其基本要素大致相同，即领导者是这样一些人：他们为一个团队确定新的方向或目标；他们从其需要的人那里获得支持、合作及承诺，以便向新的方向迈进；他们有能力激励人们去克服在到达目标途中遇到的障碍。

除去上述专家的解释，我们也可以借鉴我国评价一个

* 原载《中小学管理》2011年第1期。

城市的指标来评价一个人的领导力。比如：校长的领导力首先表现为他的实力，此外，还表现为他的能力、潜力、活力和魅力。当然，在今天的社会大背景下，校长还需要有一种定力，即较强的自我约束力和自我管理能力。

借鉴企业人力资源开发的理论，校长的领导力应体现在以下四个方面：第一，校长应该有老虎的性格。老虎的特点一是有明确的目标，二是为实现这个目标奋不顾身，不达目的绝不罢休。第二，校长应该有孔雀的性格，即校长要善于向别人展示自己提出的理念与理想之美。第三，校长应该有考拉熊的性格。考拉熊的特点是有亲和力，大家都愿意接近它、喜欢它。第四，校长应该有老鹰的性格。老鹰飞得高，但能观察到细微的动向、善于把握细节。

不管我们从哪方面解释领导力，有一点是必需的，即一个领导者必须有明确的目标和明确的价值取向。

美国的领导学专家 R. J. House 于 20 世纪 90 年代中期提出基于价值观的领导力理论。这种理论认为，领导和其下属的关系是以共同价值为基础的。持有明确而崇高的价值观的领导者，会向组织注入价值观，与跟随者的价值观和情感发生共鸣，把组织理念内化到个人内心，并以此为基础，孕育组织文化，通过愿景表达和管理实践，达到上下一致，激励下属完成工作并提高组织绩效。

看来，提升校长的价值领导力最主要的有四个环节：

第一个环节：校长自身具有明确的价值观。

校长要用价值观影响学校成员，首先自己要有明确的、正确的，而且有较强驱动能力、可以得到大家认同的价值观。这是四个环节中最重要、最基础的一个环节。

第二个环节：校长的价值观体现到自身的行为和人际互动中，并贯彻到学校中。

价值观不是一种“说法”，而是真正地植入行动的一种内心的驱动力。如果这种价值观没有真正内化为校长自身的价值取向、反映在日常的管理行为中，那么学校就可能出现一种二元体系。如有的校长开会时把鼓励教师创新喊得非常响，但只要教师在创新过程中出现一点儿问题，校长的脸色立即就变了。这传达给大家这样一个信息：校长真正希望的是学校不出问题，而不是创新。

第三个环节：校长把价值观外化到学校组织层面。

学校的核心价值观是对学校领导者价值观的“组织化改写”。所谓“组织化改写”就是校长把自己对理念的文本表述转化为学校的管理实践和管理经验。通过“组织化改写”，校长可以使学校的发展目标以至学校的全部活动都体现出自己的价值取向。

第四个环节：校长把价值观注入学校的基因，影响学校内外部人员的认识和行为。

“注入学校的基因”即注入学校的每一个细胞、每一个部门、每一个人当中。这是校长实现价值领导力的最高境界，即让学校所承载的优质的价值观能够独立于领导者而存在，并影响到更多的校内外人士。

也就是说，价值领导最终是不需要领导。当校长把自己的价值观注入每一个教职工的心中后，他们就会自觉地围绕这个价值观去工作、去创造。从这个角度说，提升校长的价值领导力是学校发展所必需的，是学校真正成为一个优秀的团队所必需的。

深化学校文化建设*

学校文化建设如今已经不是新的话题，从 20 世纪 80 年代开始就提出这个课题，到 90 年代后，逐步在全国开展起来，学校文化建设的启蒙阶段早已过去了。

北京十一学校在学校改革 20 周年的时候，请教职工代表大会总结学校 20 年推进改革以来积累的文化共识作为学校的文化理念。学校的文化建设，特别是学校的办学理念，开始由教职工共同讨论并且形成决议，这是学校文化建设进一步发展的重要成果。

我们欣喜地看到，很多学校提高了对学校文化建设的认知水平和重视程度，在理论和实践上进行了广泛的探索，在校园环境的建设上取得了很大的进展，也涌现出了一批学校文化建设的示范学校和示范地区。但同时，我们也应该看到，建设学校文化的目的，在不同程度上还存在一些值得关注的问题。比如：有的只是为了树立学校形象和打造学校品牌，这些学校的工作重点大部分都放在了对学校

---

* 原载《中国教师报》2011 年 4 月 8 日。

的宣传上；一种只是为了贯彻学校领导或上级的指示，这些学校的工作重点主要是宣传领导本人的观点；一种是为了跟风，因为大家都在做，至于目的是什么，作用是什么，并没有认真地进行考虑；还有一种，是把学校文化当作口头禅，讲了许许多多学校文化的理论，也谈了很多冠冕堂皇的学校价值观念体系，但实际上言行是两回事。所以，我们现在已经越过了学校文化建设的启蒙阶段，进入到了深化学校文化建设的阶段，这一阶段的关键就在于要重视内涵建设。我认为，深化学校文化建设的内涵，重点要抓住以下“四个高”——

一、办学理念的高格调

(一)理念是学校文化的灵魂

首先，办学理念的高格调，应该是文化建设的首要任务。1932年，美国社会学家沃勒就在《教学社会学》里最早用了“学校文化”这个概念，他解释为：学校文化是学校当中形成的一种特别的文化，既有文化的共性，又有它的特殊性。在一个学校，当领导者能够理解、引入并且体现学校文化的时候，就能形成学校文化的需要，而且能够积极地强化。在这个过程中，那些有价值的学校文化就会得到加强，被批评的就会被丢弃。其实学校文化的形成就是这样一个积累的过程。所以，应该说在学校文化建设当中，学校的办学理念是最重要的，这也是学校文化的核心，是贯穿在学校各项文化建设当中的灵魂。

学校理念指什么？指在学校的传统、经历、文化积累的过程中，和学校历届管理人的领导哲学融合在一起孕育而成，并且经过了有意识地概括、总结、提炼而得出来的价值观体系，由办学宗旨、发展方向、发展目标、学校精神等来反映这个学校的价值观。构建学校理念的目的就是要明确学校办学主体思想，树立明确的方向，用它来引领学校的发展，凝聚师生的人心，塑造学校内外的整体形象。

实际上，学校之间的理念共性是很多的，贯彻国家的教育方针，落实国家的培养目标，落实国家的课程标准等等。但是，对每个学校而言，自身的历史积淀、改革的切入点、特殊的价值认同是千差万别的。这些差别，形成了学校的文化特色。无论是学校理念的共性还是特色都应该具有时代性、先进性、激励性、引领性和教育性，这样才能引领和推动学校的发展。

北京史家小学提出了“和谐教育”的理念，不仅是人与人的和谐，还有人与自然的和谐。在整个校园建设中，充分体现了节能减排的理念，太阳能发电系统、风力发电系统、中水处理系统等，使孩子们从小就树立与自然和谐相处的意识。

合肥第二十五中学，这个学校85％以上都是农民工子弟，学校老师以高度的社会责任感提高农民工子弟的教育水平。学校有一幅标语：“无山之巍峨，不妨选择一方平地！无海之壮阔，不妨欣赏一条小溪！”引导学生坚定信心，增强自信，体现了这种类型学校的理念特色。

在沈阳农村，有一个朝鲜族小学，在院墙上，画了56个民族的少年儿童穿着民族服装的画像，还有世界各个国际组织的标志和世界各个国家的国旗。老师们还将各国国旗做成小卡片，让孩子们来辨认。他们的办学理念就是要使朝鲜族农村里所有的孩子明白，朝鲜族是中国56个民族中的一个，而中国是世界大家庭中的一员。

(二)学校文化的实质是人的文化

文化，有许多不同的解释。其实从根本上来讲，是指人适应环境以及把这种适应传到下一代的能力，是以“人”为主体的。学校的理念应该是以提高人的素质作为根本，把着眼点放在“人”上，这样才能够达到凝聚人心、树立理想、激发热情、提高行为品质、塑造良好形象的目的。美国石油大王洛克菲勒在写给儿子的信里有句著名的话："如果你视工作为一种乐趣，人生就是天堂；如果你视工作为一种义务，人生就是地狱。"同样，一个学校文化和理念建设的重要检验尺度，就是学校里的师生是否充满了学习、工作、合作和自我发展的激情，这也是文化建设重要的目的和作用。所以，学校文化建设应该提升师生理念的认同感，增强师生的成就感，引领师生的正确价值取向，加强师生的责任感，从而激发师生高度的热情。

（三）教学倦怠应该给予更多的关注

说到这里，不得不涉及一个问题，那就是教师的职业倦怠和学生的厌学情绪，这是当前大多学校发展的主要障碍。现阶段，外在压力已经成为师生发展的主要动因，教师的职业倦怠和学生的厌学情绪在相当程度上也是由外在因素造成。有人说，要通过加强管理，来解决教师的职业倦怠和学生的厌学情绪，也就是进一步加强制度建设——检查评比和增加处罚，用再施加压力的方法来减轻压力。实际上，这会造成恶性循环。北京市作过一个关于教师价值取向的调研，其中有一项是教师的职业认同感，也就是说教师是否喜欢自己的职业。报告出来以后，很多指标让人吃惊，在市、区两级的骨干教师中，有23.5％的教师说，现在不喜欢自己的职业。这个百分比比 1998 年提高了近 3 倍，说明教师的职业认同感开始降低，甚至骨干教师也不喜欢自己的职业。正如很多老师说的："教了一辈子书，到现在第一不知道怎么教书了，第二不喜欢教书了。"这些，都应该是学校文化建设中特别需要关注的问题。

21 世纪，特别是近几年以来，在企业管理中出现了一种理论——"心理资本理论"。这种理论认为，在企业里，有一种看不见摸不着的资本，越来越显出它的重要作用，它会把各种实物资本的意义都调动起来，产生更大的效果。实际上，“心理资本”就是指一个人成长和发展过程中所表现出来的积极的心理状态。这里有很值得我们借鉴的东西，那就是应该关注师生的心理因素。关注心理并不是总盯着师生的心理障碍，而是要想办法使人们过得更快乐，工作和生活更加平衡，更趋近“积极心理学”的理念。

弗雷德·路桑斯教授提出把心理资本概括为四种正向的引导力量，也就是强调四种积极的心理状态。由这四种状态的英文第一个字母组合在一起成为一个词：HERO，英雄。H代表“希望”：在面对工作和学习的时候，坚持不懈，注重学习，敢于学习；E代表“信心”：对成功的一种自信，相信自己拥有能力获得成功；R代表“韧性”：能够经受冲击，面对失败，并很快从失败中恢复；O代表“乐观”：通过严格要求自己，分析自己，获取一种能力，始终保持乐观。这种希望、信心、韧性、乐观就组成了一种心理资本。我们在推动学校发展的过程中始终要重视这样一个道理，使学校的每个人都产生这种积极的心态。学校文化的建设应该努力创造一个使大家快乐的环境，而不是让大家都被迫去工作、学习。师生不是改革的对象而是改革的动力。

二、校园环境的高品位

近些年来，我们的校园建设取得了很大进展，很多校园建设得都很美丽，但我觉得，当前深化学校的环境文化建设，需要注意三个问题：

一是环境的协调。校园环境的布局、色彩、装饰应该和学校文化建设的主题以及办学理念一致，配合得当，这样才能反过来强化学校的理念。

浙江宁波江东区的黄鹂小学，是城乡结合部的一个基础薄弱的小学，现在名气很大。这个学校的“三棋文化”，就是把围棋、象棋、国际象棋文化引入学校。不仅三种棋类活动开展普遍，而且深入探讨棋文化的内涵，包括冷静思考、坚忍不拔、尊重对手等许多好的品质，都渗透在校长、教师的行为当中，渗透在平时教学当中，形成了一种传统。同时，校园环境凸显棋文化的鲜明特色。

四川成都金沙小学是一所新兴的名校，地处金沙文化遗址。全校都贯穿着以这个历史背景为主题的“太阳鸟精神”的学校文化，四只大鸟飞向太阳的金沙文化的标志也成了学校的标志，每间教室和活动室门窗，校园里的每个雕塑，甚至角落的停车处都可看到飞翔的太阳鸟。

二是环境的功能。环境的设计应该为教学服务，但现在很多设计单纯是发挥向外来者展示的功能，压缩了学生的活动空间。有的学校在楼道里摆一架钢琴，当然美，对来访参观的人说“课间学生就可以弹钢琴”，实际上学生讲“课间就不允许我们弹”。还有很多学校做得非常美观的地方，学生都是不能进去的。学校的环境要为学生提供最大限度的活动空间，最大限度地体现环境的教育功能。

温州市第五幼儿园，提出“三玩”课程文化，就是玩水、玩沙、玩泥，通过“玩”，玩出健康、玩出智慧、玩出个性，充分体现他们办园理念的先进性和实效性。整个幼儿园的环境就为“三玩”服务：用450平方米的面积做了玩沙池，让孩子玩沙，有游泳池供学生玩水，陶器制作室供学生玩泥。环境建设充分体现了他们的办园理念。

很多学校的墙壁上挂的都是科学家、艺术家的画像，在济南的历城第二职业学校，车间就是课堂，车间的墙上挂的是著名的技能型大师的画像和各大企业的形象，为职业学校的学生树立了他们的榜样和偶像，增强与所学专业相一致的行业意识。充分发挥环境的教育功能。

三是环境的格调。苏霍姆林斯基说“让每一面墙都会说话”，很多同志误解了这句话的意思，认为每一面墙都要说话，就是在每一面墙上都写上话，所以有些学校每面墙上都是口号、标语、名言或者诗句，试想学生在学校要生活三年甚至六年，每天看这些话，是会产生厌倦的，何况有些话，只是为了给参观者看，并不适合学生的年龄特点。高的格调不在于说了多少话，而在于为学生创造了具有高品位的氛围。

三、学校制度的高效率

学校的理念，应该体现在学校的制度文化建设上。当理念体现在制度上的时候，才能产生稳定性和可持续性。学校的制度文化建设最主要是体现“和谐”，和谐是同一性、包容性和调适性的统一，学校制度应该遵循这三者的协调和互补。

首先，制度建设要体现同一性，也就是学校大多数人都能认同和遵守。要完善教师的道德规范，引导学生遵循行为准则，还有其他的一些需要共同遵守的规则，只有这样才有可能体现同一性。就好比一场足球比赛，如果赛场上每个人都有自己的规则，这个比赛就无法进行。包容性是在这个前提下，也要体现尊重个性，尊重人的不同观点，尊重人的多样化发展。同时，调适性是指在矛盾出现的时候，善于调适和化解，从而不使矛盾激化。

日本丰田公司倡导“精益管理”，非常值得我们借鉴。精益管理就是剔除一切不必要的管理环节来提高效益。而我们常常是一提到要提高效率就想到加强管理，一想到加强管理就是多定制度，多搞检查评比……如果认真梳理一遍，会发现学校很多管理制度、环节、方法是不必要的，甚至是自相矛盾的，结果给教师增加许多负担，反而降低了效率。比如，有的学校提倡数字化管理，所有的老师的教育教学资料都在电脑里面，直接调取资料，效率很高。而当上级来检查的时候，领导说资料都在电脑里边我无法看，没有办法，又花时间把电脑里面的资料打印出来装订成册。长期以来，我们的管理者不是为一线人员服务，而是反过来一线人员为管理者服务。真正的良好的学校制度建设应该创造条件引导大家去做一些有目的、有效率的事，而不是只让大家忙得团团转。

四、行为文化的高标准

学校理念最终落实在学校的行为文化上，学校行为的外延涵盖学校活动的整个过程，大到学校领导的决策，小到学校每一个学生的学习生活，从学校的全部日常活动，到学生行为习惯的养成，学校理念的差距，在行为上能够很好地体现出来。

我们去参观哈尔滨医科大学的逸夫学校，学校四层楼房的墙壁上，都是学生活动的照片。校长告诉我们，学校一千多位同学都可以在照片上找到自己的笑脸。这就是学校“以学生为本”理念的具体体现。

我参观过日本东京一所私立幼儿园，这个幼儿园的条件很好，但却要求学生每天自己带水和午餐。校长说：要让家长知道，孩子需要老师和家长一起来关心，每天家长只要想到要给孩子准备午餐和水，他也就想到自己对孩子的责任。这所幼儿园还有一个特点：每天早上孩子进班后，要坐下闭目静思两分钟，下午放学之前也要静思。我就问："小孩能想些什么呢?"老师说："孩子现在可能想不到什么，但他们应该养成一种习惯，在以后的生活中，每天静下来反思一下。"这些都是学校理念蕴涵在学校行为文化中的体现。

五、结　语

我们常说，有一位好校长就有一所好学校，但常常是这位好校长离开以后，这所学校就不那么好了。因此，真正的好校长应当在你离开这个学校以后，仍然给这个学校留下可持续发展的动力。什么是学校可持续发展的动力呢？我想最主要的是学校文化，学校文化通过两种方式来推动学校的持续发展，一种是通过学校文化的不断创新来保证学校适应时代的要求，另一种是通过学校文化的传承，来发扬学校的优秀传统。因此，深化学校文化建设，不仅是当前也是学校长远发展与改革的重要课题。

第三辑

基 础 教 育

把班主任工作提高到一个新的水平*

当前，学校班主任队伍建设的重要课题就是要坚持全面发展方向，改进思想教育工作和树立良好的职业道德。

学校教育就是使学生社会化的过程。学校的集体生活，正是社会生活的缩影，是学生走向社会的阶梯。作为学校集体的细胞——班级，是铸造一代新人的熔炉。学生入学就进入班级这个熔炉，经过冶炼，成为有用之才而跨入社会。班主任正是这种“生产”的组织者。

熔各种来料于一炉，是否能炼出好钢，要看冶炼的配方与操作。班级工作能否育出于国家有用、于民族有用的人才，要看教育方向与教育过程。首先是能否执行党的教育方针，全面提高学生适应社会主义建设需要的各种素质。

当前，班级工作存在的普遍问题之一，就是由于执行方针的片面性，导致学生素质的片面发展。存在这种缺陷不仅不能适应经济建设的要求，也给社会的精神文明建设带来影响。因此，端正办学指导思想，坚定全面发展方向

---

* 原载《班主任》1987 年第 4 期。

就成为当前加强班级工作的首要问题。

把全面提高学生素质作为学校教育的基本任务是教育改革深化的趋势。由于十年浩劫，否定课堂教学，否定书本知识，否定教师的主导作用，导致了教学质量急剧下降。粉碎“四人帮”以后，针对这种情况，当时教育战线提出的中心课题就是加强学生的基础知识教学和基本技能训练。“精讲多练”是当时教学改革的主攻目标。1980年前后，随着课堂教学研究的深入以及布鲁纳、赞科夫等人的教育思想的传入，许多同志认识到单纯掌握知识，而不注重学生能力的培养和智力的发展是不能培养出新的历史时期需要的有用之才的。因此，在加强双基的基础上，提出培养能力、发展智力的要求。而在这一探讨与实验的过程中，许多同志又逐步认识到发展学生个性与非智力因素开发的重要性。从而在相当长的一段时间内，教育改革主要围绕着加强双基，培养能力，发展智力，发挥特长，以及开发非智力因素进行。许多学校和教师进行了教学内容和教学方法的改革与实验，并且取得了明显的效果，促进了教育质量的提高。近几年来，特别是六中全会决议颁布以来，提高全民族的思想道德素质和科学文化素质成为社会主义精神文明建设的根本任务，从而对普通教育进一步提出了为全面提高公民素质打下良好基础的任务。教育改革的中心课题就进而转向全面提高学生素质的探讨上来。许多中小学进行了整体改革的研究与实验，党的全面发展的教育方针，在教育改革深化的过程中得到了进一步的贯彻。

因此，班主任组织班集体的根本目标就应当是推动全体学生的全面发展。而为了做到这一点，就必须破除单一安排，实现整体优化，破除单一模式，实现因材施教。

班主任对德育、智育、体育、美育、劳动技术教育的综合安排，是学生全面发展的需要。当前由于片面追求升学倾向的干扰，使得班级工作往往也不得不进入应考体制，以调动学生学习文化课的积极性和使学生能够充分利用各种时间学好文化课作为主要内容。这样就缺乏对全面提高学生素质的通盘考虑和综合安排。而没有这种考虑和安排，全面贯彻方针必然成为空谈。

全面发展的落实又必须因材施教。因为人的禀赋各不相同，素质的基础存在着差异，只有一般号召和共性要求，难以使学生在诸方面素质都得到发展的基础上进一步发挥个人所长，从而使学生丧失提高自身素质的内在动力。这就要求班级工作不仅要考虑整体，还必须考虑"个别"，育人劳动的复杂性也正在这里。

班级建设坚持全面发展的方向，是班主任工作沿着正确轨道前进的根本保证。

班级工作的片面性最重要的表现之一就是在相当程度上削弱了学生的思想教育工作。加强学生思想教育是十分迫切的任务，而要加强就必须改进，不改进就无法加强。

20 世纪 80 年代学生思想教育要继承党的思想政治工作的优良传统，但又必须充分考虑到一系列新的特点。

随着以阶级斗争为纲向以社会主义建设为中心的转移，随着社会主义商品经济的发展，必然促使人们观念的转变，这就为学生思想教育提出更加丰富、更加深刻的内容。

改革开放不仅促进了我国经济的发展，也促使学校教育由封闭向开放转化。多种信息渠道通向学校，信息源和信息量都大大增加，这为学校教育开辟了无限广阔的天地，但也提出了如何抵制封建的、资产阶级的思想腐蚀青少年一代的严峻课题。

所以，班级的思想教育工作必须充分考虑这些特点。要教育学生热爱祖国，热爱社会主义，热爱党，要教育他们遵纪守法，热爱科学，热爱劳动。同时又要引导他们勇于开拓和进取，具有创造精神，竞争精神。要教育学生继承光荣的革命传统，又要引导他们面向世界、面向未来。

要大力开展教育活动，这些活动必须充分适合中小学生的特点，生动活泼，有很强的可接受性。要重视学生认识的提高，但更要重视学生情感的陶冶和良好行为习惯的养成。要变信息传递式的思想教育为信息自理式的教育，班主任要善于引导学生从纷繁的信息中做出正确的判断，以决定糟粕与精华之弃取。

当前，特别重要的是引导学生参加各种社会实践活动。学生通过参加劳动、公益活动、社会调查、军事训练才能使理论和实践相结合，才能树立正确的对社会的认识，对他人的认识，对自己的认识，从而树立正确的价值观和人生观。

班主任的职业道德是班级建设的关键，为人师表，教书育人是教师职业道德的主要内容。

“师者范也”。学生效法老师是学校教育的重要特点，因而教师的思想境界，道德情操，甚至仪表、言论、举止都对学生有着潜移默化的影响。学生的道德实践活动在相当程度上是从模仿教师，特别是模仿班主任开始的。班主任是一面镜子，学生从中找到行为的准则；班主任是一面旗帜，学生循旗找到前进的方向；班主任是一本教科书，学生从书中学会做人的道理。因此，班主任做学生的表率，是关系到班级工作好坏的首要问题。

班主任的情感对学生的成长有着重要的影响。许多后进学生，从班主任那里感受到爱与信任，从而获得了前进的勇气。也有一些学生，从教师的情感中体会到了轻视与厌恶，从而失去了信心。情感具有信息作用是每一位班主任都必须深深懂得的道理。班主任要善于控制和调节自己的情感，以对学生产生良好影响，但最根本的还是要树立对全体学生的爱，这种爱才是形成良好职业道德的真正的核心与基础。

坚持了全面发展方向，改进了思想教育工作，树立了良好的职业道德，我们的班主任工作一定会出现一个更新的局面。

面向全体幼儿　全面提高幼儿素质*

当前，我市幼教工作面临的任务是要贯彻市委教育工作会议的精神，深化幼教改革。根据前一阶段我市幼教工作情况，改革应主要从以下三个方面进一步深化。

一、端正教育思想，面向全体幼儿，全面提高幼儿素质

深化幼教改革，首先要统一认识，明确改革的目标和方向。教育思想是决定改革成败的关键，是树立职业道德的基础，是衡量办园水平的标准。确定幼儿教育思想有两个依据，一是我国教育的总目标，二是幼儿的年龄特点。

《中共中央关于教育体制改革的决定》明确指出，教育改革的根本目的是提高民族素质，多出人才，出好人才。教育不仅是培养各种高级人才，更重要的是提高广大劳动者的素质。幼儿教育是我国教育事业的组成部分，是基础

* 1987年9月21日在北京市幼教工作会上的讲话，收入陶西平著《让失败率为零》，北京，人民教育出版社，2003。

教育的基础。因此，必须服从并服务于我国教育的总目标。从幼儿的年龄特点出发，幼儿教育改革的指导思想应该是面向全体幼儿，全面提高幼儿素质。偏离了这一指导思想，改革就不可能成功。过去，我们受传统教育思想的束缚，认为基础教育就是为选拔人才搭建塔基，目的是为了选拔少数尖子，从而淘汰了大量完全可以获得较大发展的儿童。当前，深化教育改革，首先要破除这种狭隘、陈腐的教育观念，把教育工作的着眼点放到提高全体儿童的素质上来。

(一)关于面向全体幼儿的问题

面向全体幼儿是幼儿教育改革的重要前提和归宿。幼教工作者应树立这样一种观念：相信所有的孩子通过我们的教育是可以得到发展的，长大以后能在浩浩荡荡的人才大军中找到自己的位置。教育科学研究成果已经说明，除5%的儿童以外，其余儿童在学习能力上并无大的差异。使他们实际上形成分化的主要原因是后天的。其中重要因素是教师对学生的期望，教师的教育态度以及教师的教育方法和水平。对于学前儿童来讲，教师的情感尤为重要。只有当情感得到满足时，幼儿才会产生安全感，才会朝气蓬勃地成长。他们常常从教师赞许的目光、亲切的手势中捕捉爱的信息，从而增强自信，激发对学习活动的兴趣。一名好教师，应该对所有的幼儿都怀着发自内心的真诚的爱。但是，目前仍然有一部分教师不能正确对待所有的幼儿，对幼儿不能一视同仁，喜欢聪明或老实的孩子，并常常流露出不恰当的爱，使这些孩子从小就产生盲目的自信和优越感；对那些不驯服的或学习能力较差的幼儿则态度冷漠，这些幼儿因为常常从教师那里得到不信任的信息，所以也对自己失去了信心，产生自卑感。

因此，面向全体幼儿，不仅仅是一个理论问题，更是一个实践问题，而且是一个必须正视的问题。面向全体幼儿，不等于取消个别教育，不能将面向全体与个别教育的关系相对立，越是强调面向全体，越要重视个别教育。因为，只有当我们根据每个儿童发展进行个别教育时，真正的面向全体儿童的教育才可能实现。

(二)关于全面提高幼儿素质，促进幼儿身心和谐发展的问题

要全面提高幼儿素质，需要我们做许多方面的工作，根据目前幼儿工作的现状，应着重做好以下几方面的工作。

(1)必须把生活照顾和积极的体育锻炼当作重要的研究课题。因为身体素质是发展幼儿其他素质的基础。现在有一部分园长的兴奋点集中在研究课堂教学上，忽视抓生活照顾和体育锻炼。有的幼儿园没有必要的生活常规；有的园不能保证幼儿每天有充足的饮水量；有的园午睡时不脱衣服，天冷时幼儿大量感冒；有的园伙食费大量结余，但幼儿营养的摄取量却长期不足；有的园安排幼儿的一日生活不是以有利于幼儿的健康发展，而是以是否方便教师为依据，如安排幼儿的睡眠时间过长，两顿饭间隔时间短等。还有的园不重视开展积极的体育锻炼，不能保证让幼儿每天进行至少一小时的有目的、有计划的体育活动。有的教师怕出事故就尽量减少幼儿的户外活动。

今天颁发的《北京市幼儿园教职工职业道德规范》明确提出，幼儿园应贯彻保教并重的原则。希望大家把对幼儿的生活照顾和积极的体育锻炼当作一门科学来研究，将其放到幼儿园工作的重要位置上，像抓课堂教学那样舍得花气力。

(2)重视对幼儿道德情感的陶冶和个性心理品质的培养。根据幼儿的年龄特点，幼儿园应把陶冶幼儿的道德情感和培养幼儿良好的个性心理品质当作教育的重要内容。但目前我们在这个方面的工作是比较薄弱的。今后，我们应进一步克服德育中的形式主义，切忌把幼儿难以理解的抽象的政治概念生硬地纳入幼儿的教育中。要注意通过幼儿一日生活的各种活动，培养幼儿热爱生活，热爱他人，热爱集体，自信、朝气蓬勃、自尊并尊重他人的美好情感。感染幼儿，更要随时捕捉孩子行为中的闪亮点，适时地给孩子恰如其分的评价。我们要加强对幼儿个性心理品质的教育，教育的目的是使幼儿良好的个性品质不断巩固，不良的个性品质得到克服。如好动是幼儿的特点，不该压抑，但不能任何时候都稳定不下来，教师就要从幼儿好动这一特点出发，通过教育，发展幼儿的自我控制能力。还要注意在一日生活的各个环节中培养幼儿的个性习惯，实际上也是在培养幼儿的个性品质。孩子从想吃什么才吃什么到该吃什么就吃什么，就是自我控制能力的发展。课堂教学只是幼儿园教育的一个环节，如果我们的教育工作仅仅局限在其中，那么情感教育和个性心理品质培养的任务就难以完成了。必须加强并改进早期智力开发和特殊兴趣培养的研究。前一阶段较多幼儿园的教育改革，在开发幼儿智力和培养幼儿特殊兴趣上取得了进展。智力开发体现在课堂教育的改革上，特殊兴趣培养体现在活动的改革上。即课上开发智力，课下培养兴趣。早期智力开发是对单纯传授知识的传统教育的改革，对于提高人才素质具有重要意义，应该进行研究，但是要坚持几条原则。①要在全面提高幼儿素质的总目标下进行早期智力开发，不要作为一个孤立的课题来研究。检验早期智力开发的成果也要看其是否促进了幼儿全面素质的提高。②要贯穿在一日生活的全部过程中。课堂教学是开发智力的重要环节，但不能只局限在课堂上。要研究在各种活动中开发幼儿智力。开发智力不等于单纯扩大知识面，不能片面追求知识量的增加，更不能以学完了小学一年级的学习内容作为早期智力开发的成果。全面提高幼儿素质需要我们做大量工作，目前有许多工作是我们尚未做好的。如果只让知识量一项达到高指标，不利于完成幼儿园的全面教育任务，达到全面提高幼儿素质的目的。③要面向全体幼儿，不能只追求个别幼儿的突出成绩，更不能制造假象，要把着眼点放到使所有的孩子都获得发展上。

目前，有些园进行了兴趣小组的实验，这是一种探索。我们应该通过实验来研究，用几年的时间对幼儿进行某种专门兴趣的培养是具有普遍意义，还是只有个别意义？开展此项实验也应遵循以下原则。①服从并服务于幼儿全面素质的提高，为所有儿童的全面发展打基础。根据幼儿的年龄特点、幼儿教育的主要特点，幼儿教育的主要任务之一是发展幼儿多方面兴趣。因为大千世界的许多知识是幼儿未知的，等待着他们去认识，去探索，而广泛的兴趣正是幼儿认识世界的基础。因此，可以适当地培养幼儿的某些特殊兴趣，但必须以不抑制、不影响幼儿多方面兴趣的发展为前提。②培养兴趣要从幼儿的实际出发。幼儿的先天素质有差别，兴趣倾向也不同，如果强迫几十名幼儿同时对一种活动发生兴趣，容易挫伤幼儿的学习积极性。开展兴趣小组活动一定要从幼儿的实际出发，不能强迫幼儿到教师或家长感兴趣的兴趣小组中活动。在方法上也要符合幼儿的年龄特点，不要用对待成人的办法训练幼儿。③要在一日生活中培养幼儿的兴趣。培养兴趣不能游离于幼儿的一日生活之外，更不能盲目办许多班，作为幼儿园的主要活动，也不能用兴趣小组活动代替幼儿的体育锻炼和户外活动。幼儿园的活动应按照《幼儿园教育纲要》的要求来安排。幼儿园应首先把《幼儿园教育纲要》中提出的教育任务完成好，而不要盲目地单纯追求一台文艺节目的演出效果，或用少数孩子的表演质量体现幼儿园的办园水平。另外，在开展兴趣小组实验的同时，要加强对幼儿园游戏的研究。确实从幼儿特点出发，把游戏当作全面提高幼儿素质，促进幼儿身心和谐发展的重要途径。

二、加强保教队伍的职业道德建设

市教育局颁布《北京幼儿园教职工职业道德规范》，目的是在保教人员中进一步倡导高尚的职业道德。因为职业道德是我们贯彻党的教育方针的基础，是面向全体幼儿，全面提高幼儿素质的必要条件。只有当保教人员具有高度的责任心，对幼儿充满爱的情感，并和幼儿的情感产生共鸣时，教师的要求才可能被幼儿所接受，教育工作才会产生效益。如果保教人员不热爱幼教工作，不爱幼儿，则会使幼儿情绪压抑，心情紧张，缺乏安全感，必然影响他们在学习和生活过程中的感受性、理解力和积极性，影响他们全面素质的提高。所以，园长应把加强职业道德教育当作自己的首要任务，抓住职业道德的核心——热爱幼儿，热爱幼教事业和高度的责任心。提倡认真负责，一丝不苟，兢兢业业的工作态度。对保教人员要严格要求，严格检查，严格奖惩。要树立好的典型。各幼儿园要根据市教育局颁布的《北京市幼儿园教职工职业道德规范》结合本园实际制定园规。市、区(县)教育局将在下学年重点检查幼儿园执行《北京市幼儿园教职工职业道德规范》的情况，并以此作为评价幼儿园工作的重要内容。

三、改进幼儿园的管理

要提高办园水平，必须将幼儿园的管理提高到重要地位上来。当前，园长在改进管理过程中应注意以下两个问题。

(1)加强园风建设。不仅要提出园风建设的目标，更重要的是在实践中逐步形成良好的园风。有了好园风，就有了办园特色，就有了凝聚力。要形成好的园风，园长首先要起表率作用，在工作方法上不断创新，努力适应时代特点。良好的园风不是靠说教和强制形成的，园长对保教人员的关心、理解和帮助是形成良好园风的基础，严格要求是形成良好园风的关键。

(2)重视对青年教师的培养。目前，我市幼教队伍中青年教师是主体，如何看待、引导、培养青年教师是加强师资队伍建设的一个至关重要的问题。园长应多看到青年教师的长处，要善于理解因生活经历不同，时代特点不同而造成的老同志和青年同志在观念、思想方法和工作方法等方面存在的差别；要热情关心、培养青年教师，帮助他们提高思想和业务水平。我们要求教师热爱幼儿，那么园长就应该首先热爱教师，激发他们工作的积极性和主动性。今后市、区(县)教育局应研究评选、表彰优秀青年教师的工作，以加速我市新的幼教骨干队伍的形成。

深化教育改革　提高教学质量*

当前深化教育改革的中心课题是教育如何适应社会主义现代化建设发展的需要。现在的不适应主要表现在与社会主义现代化建设的发展所需要人才的数量、类别、层次及质量的不适应上。《中共中央关于教育体制改革的决定》提出教育的任务是要提高全民族的素质，多出人才，出好人才。一个“多”，给我们提出了数量、结构和层次的要求；一个“好”，给我们提出了质量的要求。目前从教育结构看，在城市地区由于中等职业教育的发展，基本上满足了国家所需不同类型的包括中、初级专业技术人员的需要。但在农村地区差距很大，初中后的职教发展缓慢，绝大多数人在参加劳动时没有任何专业技能，而没升大学的高中毕业生也没有职业训练体制的保证。从教育质量看，各行各业都深感从业人员素质较低，不仅表现在文化水平上，也表现在思想道德上、体质上。可见我们的教育事业还不适应社会主义现代化建设的需要。

---

* 原载《中小学管理》1988 年第 5 期。

因此，要进一步改革教育结构。北京面临的主要任务，就是在巩固、发展九年制义务教育的基础上，城镇地区进一步完善中等职业教育的结构，农村地区大力发展多层次、多渠道初中后的职业教育，包括半年、一年、两年，相当于高中的职教。改善教育结构，这是当前改革的重点。另一方面要改革教育思想、教育内容、教育方法，以提高教育质量。这方面社会各界反映强烈，教育界内部也深感问题严重，很多同志谈到的“教育危机”，在某种意义上指的就是培养出来的人素质水平太低而形成危机。这涉及一系列的改革，包括课程设置、教育思想、教育内容、教育方法、招生制度。因此必须加快改革步伐。

制约这两项改革的是管理体制的落后，所以这两项改革又要建立在管理体制改革的基础之上。

我市管理体制改革的重点有两个方面：

一是实行市、区县、乡的分级管理体制。在城市地区实行两级管理，在农村地区实行三级管理。这一改革使过去教育系统单一的条条管理变成条块结合的管理，每一级政府部门都对教育承担责任。实行以来，大幅度增加了教育投资，促进了教育事业的发展，也增强了各级领导的责任感。今后需要进一步强化和健全地方分级管理体制。

二是解决教育内部的机制问题。很多同志都感到教育内部缺乏活力，目前要想调动教职工的积极性需要解决待遇差距问题。几年来，党和政府在提高教师待遇方面做了不少工作，但是仍难以启动内部的活力。因此要解决机制问题，就要在全市逐步推行以校长负责制为中心与实行学校工资总额包干配套的体制改革。归根结底是要使学校成为一个办学的实体，使结构改革、教育教学改革能在较通畅的运行机制中实现。最终形成的机制，是要使干得好的人、多干的人在待遇和报酬上有充分的体现，使得不好好干的人、干不好的人或不适合做教师的人离开教育岗位。

实行校长负责制后，抓好教学改革是关键。我市制订的《北京市加强与改进中小学学科教学的意见》，是对八年多来教学改革基本经验的总结，对当前学科教学主要问题的分析，对今后各个学科教学改革大致方向的提示，应作为进一步提高教学质量的依据。

进一步深化学科教学改革需要关注以下几个问题。

(一)当前学科教学改革的重点课题，是充分调动学生的学习积极性，全面完成教学任务，提高教学效益

深化教学改革应针对当前学科教学工作存在的最主要的问题，有的放矢，而不应脱离教学实际，凭空探讨。当前学科教学存在的主要问题归纳起来有三条：一是学生的学习积极性不高，二是不能全面完成教学任务，三是教学效益低。针对这些问题，学科教学改革第一应充分调动学生学习积极性，第二应全面完成教学任务，第三应提高教学效益。

1. 充分调动学生学习的积极性。目前相当多的学生，学习是被动的，以学习为苦，再严重的就是厌学，更严重的就是弃学。厌学的现象，在某种程度上有所发展。弃学的现象虽然在法制的保障下有所改变，但在客观上依然存在。学生普遍存在对学习没兴趣的问题。造成这种现象有社会原因，在经济改革过程中暂时出现了某些现象，如脑体倒挂等，造成一种新的“读书无用”论，甚至出现了研究生退学现象。但在基础教育领域，经广泛调查，真正因想赚钱而退学的是极少数，绝大部分学生是对学习本身没有兴趣，或者是成绩差学不下去了。从教育内部看，由于教材较艰深和升学的压力，再加上某些教师的教学水平较低，造成教师讲不清，学生学不会，不会学。作业负担在许多学校中是过重的。其中有两种表现，一种是作业数量多，学生承受不了；另一种是作业难度大，学生做不了。这也造成学生厌学，以学习为苦。七届全国人大代表关于教育有两个呼吁，一个是教师待遇低，还有一个是教育质量低，学生负担重。这后一条在我们教育部门并没引起强烈的呼应。还有相当多的教师没有把激发学生的学习动机，培养学生的学习兴趣，调动学生学习的积极性当作教改的第一位的课题来研究。教学内容繁杂，教学方法单一，教师不尊重学生，体罚学生的现象在小学有发展，这些都造成学生不爱学。而教研工作往往也不重视这些问题的研究。教研员下去听课，只注意内容，教法，不关注这些问题。有的同志说，教育的真正的危机就是学生都不爱学，所以教改决不能忽视这个问题。

下一阶段教育改革的重点，放在第一位的就是发动全市的教育工作者研究怎样调动学生学习的积极性。这虽然涉及社会因素和招生制度等一系列原因，但决不能排除我们自己的责任。在宏观上进行改革的同时，要把教学改革深入到调动学生学习积极性的领域里去。使学生爱学是教师的责任，也是学生学好的关键。其中涉及很多方面，如教师对教学内容的组织，教师对各种教法的综合运用，教师对学生的心理特别是学习心理的把握，教师对学生人格的尊重，以及教师情感对学生的影响，等等。现在国内外很多专家都把这些当作重点科研课题。但我们相当多的教师只是备教材，甚至连教材都没备好。现在有些学校在研究情景教学、和谐教学、愉快教学法……这些研究都是很有意义的，因为他们都是想使学生爱学。

2. 要全面地完成教学任务。从目前情况看，教师更重视的是知识的传授和技能的训练。死记硬背及多练还是许多教师完成教学任务的基本方法。

对全面提高学生的素质的忽视突出反映在两个方面：

一是忽视通过教学活动培养学生的良好品德及形成正确的世界观，也就是忽视教学的教育性。表现在不重视让学生分清正确的、提倡的，反对的、不允许的。要使教师明确，社会上允许的并不等于学校提倡的。过去在"左"的思想影响之下，分不清提倡和允许，不提倡的就不允许，这就"左"了。现在又掉了个儿，认为只要是允许的就可以在学校里提倡；而且只要社会允许的，在学校里不提倡，还要受到舆论的攻击。如近来有的校长不提倡在学校里跳霹雳舞，但这作为一种舞蹈形式是允许的，可有的报纸就发表文章，说某某校长保守。提倡和允许应该分清。包括思想也是这样，允许一些思想存在，但在学校里并不一定就要提倡。现在反过来是有些学校对允许的东西进行提倡，该提倡的东西又不大力提倡。课堂教学中也需要解决这个问题，不仅语文课存在文道统一的问题，各门课都存在这个问题。

二是忽视通过身教言教来对学生施加影响，也就是对教师的道德行为、道德评价问题重视不够。如语文课的文道关系目前仍是个问题。不管教师是语言派还是文学派，终究还负有提高学生思想水平的责任。目前对艺术课教学的忽视，在不少学校包括一些重点学校都已经到了令人不寒而栗的地步。提高学生的道德认识，是学校思想品德课和政治课的基本任务，但提高品德修养绝不等于只停留在一般的道德认识上。目前学校德育中最薄弱的，一是情感教育，另一是养成教育，也就是对学生道德情感的培养和道德行为的严格要求。我们制定的学生"行为规范"实际就是一句话：教学生做人。有的家长讲现在教师只注意学生成才，不注意学生成人。今后我们每个学科都要研究如何培养学生做人。学生行为规范的内容大致分为三部分：一是学生与社会的关系，二是人与人之间的关系，三是个人自身的修养。这些都是做人的基本要求。现在学生明显的弱点，一方面是经受挫折的能力差，一方面是应变能力差。因为整个学习过程都是按照掌握标准答案安排的，所以学生不仅考试时应变能力差，处理问题时应变能力更差。最近一两年，教研员反映学生比以前麻木，反应迟钝，更死板了。我们要重视以思维能力为核心的能力的培养，重视表达能力和动手能力的培养，归根到底要重视学生分析问题和解决问题能力的培养。当然，全面完成教改任务还要包括体质的增强。各学科应综合考虑学生增强体质和减轻课业负担问题。

3. 要提高教学效益。这有两层意思。一是应注意教学工作的实效。这两年弄虚作假现象有所增长，有些教师考试前漏题，甚至默许作弊。督导部门也睁一眼闭一眼，造成教学质量上的虚假现象。教学研究中也有一些形式主义，搞纯粹的表演课，没实际提高教学效果。注重教学的实效就要重视因材施教的研究，目前的“一刀切”也妨碍了教学工作的实效，优生优不上去，普通生也难以提高。二是要提高课堂教学效率。还要提“向 40 分钟、45 分钟要质量”的口号，不能增加课外过重的作业负担。总之，不仅要重质量的提高，还要重效益的提高。

(二)推动教改，必须更新教育观念，健全教研体制，加强教研活动，提高教师的业务能力

更新哪些教学观念？从学科教学来看，主要有三点。第一是学生观的转变。要反复宣传学生是学习的主体，学生爱学、学会、会学是教学的关键问题。什么叫教师的主导作用？就是要使学生充分发挥主体作用，连挤带压的办法不是以学生为主体的。第二是质量观的转变。必须认识到全面提高学生素质是我们的基本任务，决不可把我们的任务仅局限于传授知识。我们要的是全面的质量。第三是在加强改进常规教学的同时，增强改革意识。目前新教师占三分之一以上，因此加强常规教学是必要的，但还必须增强改革意识。现在教育界的危机意识比任何时候都强，但是应把危机意识转化为改革意识，因为出现的问题只有通过教改才能解决，各学科都应宣传改革的必要性。我想学生观、质量观的转变和改革意识的增强应是更新教育观念的重点。

要健全教研体制。市、区(县)的教研体制需进一步健全，其中包括机构健全，人员配齐的问题，也包括市、区(县)教研方向问题，还有竞争机制问题。

开展教研活动，近两年来有所削弱。职评后，高级教师都要履行自己的职责，都应在教改和教研活动中发挥作用，今后要进行记录以作为下次职评的依据。要用四到五年时间重新编写北京市全部中小学教材。区县也可以进行各种教材的试验，因为即使重新编写教材，北京市教材的选择权基本上也是放到学校。但所有教材的审查权还必须集中到市里。

当然更重要的是教法的研究，要进一步冲击“满堂灌”的单一的教学模式，提倡从学生和教材的实际出发，探讨各种教法的最佳结合。在教法研究中要重视因材施教，重视实践，特别要重视现代化教学手段的应用，在城镇地区的电教投入是不少的，现在关键是如何发挥它们的效益。

教研活动还要重视评价的研究。学校评价的方案和学生评价的方案最近都要公布，学科教学评价的方案还在探讨过程中。如果不研究学科评价问题，我们的教改还是没有方向。

要提高教师的素质、业务能力。进修部门主要负责长远的文化素质的提高，教研部门主要负责现实的教师业务能力的提高。这两年对提高教师实际能力做得差一些，而目前需求又很突出。年轻教师很多，他们将取代年老的教师占领首都的教学舞台，这是不以人们意志为转移的客观规律。我们只能采取积极的态度，努力提高教师业务能力。

一要重视对大纲教材的研究和辅导。听说有的区的教研部，给几位教研员就买了一本大纲，然后让几个人轮着看，现在还不知传到哪儿了。前些年在教材的分析和辅导方面，教研部门做了较多的工作，后来因为搞了教材教法过关，老师都拿到证书了，我们在教材分析上就不去下功夫了。应该看到现在新教师比较多，怎样正确地领会教材，把握住教材的重点、难点和关键，还是教研工作的重要任务。高水平的教材分析，还是要进行。

二要重视组织提高教师业务能力的活动，包括研究课、观摩课、讲座及其他提高业务能力的活动。如市里的教育研究部门，能否每个月组织全市的音乐教师进一次音乐厅，欣赏一次高水平的音乐会。我们发现，每年的“红五月”歌咏节搞得热热闹闹，但合唱水平近几年提高得并不多，基本上还停留在语录歌的水平上。热情高，水平提不上去，与学校教师没机会去听高水平的音乐会有关。应当让音乐教师经常欣赏有一定水平的、不同风格的演唱，这样才能提高学校合唱活动的水平。同样，其他学科教师也需要提高。我们每年暑假组织政治教师到外地参观访问，对提高政治教师的素质，就有好处。最近人民代表提议，能否让历史教师、语文教师上天安门看看。类似这样的活动，我们是应该组织的。还要邀请外地、外国的专家来举办讲座。总之，要在切实提高教师的业务能力上下功夫。市里要增加一些拨款，各区县也要增加这方面的活动经费。

再一点，应重视课堂教学的检查。教研部门的性质是什么？我认为教研部门属于督导系统。市里应当有行政系统、科研系统、干训系统、督导系统，这四个系统相辅相成。去英国访问，看到他们的督学的学科结构是很完整的，如数学督学、语言督学……他们的任务实际上是我们的教研部门所承担的任务。教研和科研是有区别的，我们不要要求教研部门的同志每人搞一个教研课题，然后进行实验，这是第二位的。第一位的是要督导现实的教学活动，包括检查教学状况，分析教学存在的问题，提出指导性意见。

（三）贯彻《北京市加强与改进中小学学科教学的意见》（以下简称《意见》），做好三个引导

这个《意见》所以叫“加强”、“改进”，其中有“加强”的问题，也有“改进”的问题，这是全市的任务，层次应是多样的。《意见》是在总结八年教改的经验教训基础上，经过相当长时间反复修改制定出来的。提出一个《意见》就是为了深化学科教学改革，明确深化学科教学改革的方向和近期目标，以此作为指导教学工作的依据。

贯彻《意见》，要实现三个引导。要把教师的积极性引导到教学工作上来，引导到课堂教学工作上来，引导到课堂教学改革上来。

要贯彻这一《意见》，教育行政部门将起重要的作用。市、区（县）教育行政部门应做好四件事情。

一要抓行政系统干部观念的更新。

二要抓教研体制的健全和教研员的配备。

三要抓对教研工作的检查。市、区（县）教研部门每学年都应总结教研工作，并向同级的教育行政部门汇报。同级行政部门也应对教研工作进行检查。

四要抓各级重点教改经验的推广。

各级教育行政部门应总结推广一批教改经验。北京在推广教改经验方面做得不够好，一叫“自生自灭”，一叫“墙里开花墙外香”。北京的教改经验在全国到处推广，但北京市教育行政部门却不表态。当然也不能随便表态。去年，西城教育局决定在30个学校推广刘朏朏的“作文三级训练体系”，今年准备再扩大推广范围。这就是西城区定的区一级要推广的经验。市一级的现在决定对小学的马芯兰数学教学和吕敬先的语文教学两套教学经验，编成配套实验教材，加以推广。市里中学各学科也要有一些项目，由教研部门提出，最后由教育行政部门确定。希望拿出一个清单来，市一级决定推广的教学经验有多少，区一级推广的有多少，学校一级推广的有多少，这样才对得起北京的教师。他们辛辛苦苦搞出来的经验，需要得到教育行政部门的承认，并发挥应有的指导和借鉴作用。

认真学习一师附小经验　进一步落实小学教改总要求*

今天我们听了一师附小实施快乐教育的经验，我想讲三点意见。

一、认真学习一师附小的经验，进一步推动“坚持全面育人，减轻过重负担，提高教育质量”总要求的落实。

从1988年3月开始，我们表彰了在减轻过重负担，全面提高教育质量方面做出显著成绩的三所学校和两位教师，并明确提出小学教育改革的目标，即“坚持全面育人，减轻过重负担，提高教育质量”。两年多来，“十八字”总要求越来越成为全市城乡小学工作的主要目标。以此为指导思想，改革课堂教学方法，提高教学效率，减轻学生过重负担，取得了一定的效果。市、区(县)教育局先后表彰了取得显著成绩的学校110多所，占城市和县镇小学总数的近15%。农村中心校也有约占1/4的学校认真贯彻“十八字”总要求，发挥了中心小学的办学示范作用、教研中心作用和教师进

* 1990年4月在北京市小学领导干部大会上的讲话，收入陶西平著《让失败率为零》，北京，人民教育出版社，2003。

修基地的作用。这些学校已经成为市、区(县)好的典型，在贯彻“十八字”总要求中起了带头作用。今天，我们又拿出了一师附小的经验。这个经验实际上是两年多来在贯彻“十八字”总要求的基础上，进一步深化教育改革的重要成果。《北京日报》曾经报道了一师附小实施快乐教育的情况，引起了社会强烈的关注和反响，许多学生家长纷纷写信赞扬一师附小的工作。同时也十分中肯地批评了目前一些学校自上而下存在着片面追求考试分数，加重小学生负担的做法，并且建议教育部门既要有先进典型的正面引导，也要有强有力的行政措施纠正错误的做法。这反映出我们现在贯彻“十八字”总要求所进行的改革，开始得到了社会的理解和家长的支持。一师附小的经验具有方向性、科学性和针对性，具有普遍的指导意义。我们号召全市所有小学向它学习，推广一师附小的经验。

对一师附小实施快乐教育，有些同志也提出了不同看法。比如说“学习不可能是快乐的，要刻苦，要付出劳动，不可能轻轻松松地就把知识掌握好”；有的提出“应该从小锻炼吃苦耐劳的精神，不能够只图快乐”；也有的提出“要对学生严格要求，惩罚也是教育的手段，而惩罚就不可能给学生带来快乐”等等。也有的同志认为“十八字”总要求提法的顺序不对。应该提“坚持全面育人，提高教育质量，减轻过重负担”，应在提高教育质量的前提下谈负担问题。

我们认为，一师附小快乐教育的实质就是从学生年龄特点出发，按照教育规律办学，面向全体学生，全面提高学生素质，使学生身心得到健康发展。快乐教育的提法是有针对性的，因为现在存在的一些违背教育规律的做法，影响了学生身心的健康发展，给学生带来了痛苦。目前学生们感到的苦，一是课业负担过重之苦，二是学习生活单调之苦，三是师生关系紧张之苦。由于一些教师的急躁情绪，急于求成的心理，导致了违背教育规律的做法。特别是近半年以来，这种急躁心理引起的侮辱学生的现象，体罚、变相体罚学生的现象有所增加，引起了社会和家长非常强烈的关注。而这和我们培养学生艰苦奋斗，培养学生刻苦学习的精神完全不是一回事。这样的痛苦是应该解除的。一师附小的经验就很好地解决了这些问题，使学生能够在符合教育规律的做法之下，在一个良好教育环境里健康成长。一师附小实际上是在校内进行了整体改革，使得学校的管理工作、教学工作、课外教育以及师生关系得到了改进，使学生在快乐中健康成长。小学特别是小学低年级，负担问题和质量问题就是一回事，不是两回事。过重负担本身就是影响学生身心健康成长、质量不高的一种表现。所以，我们要把减轻过重负担，提高教育质量统一起来。没有学生过重负担的减轻，就没有学生教育质量全面的提高。因此，减轻学生的过重负担是全面提高教育质量的前提，顺序不能颠倒。一师附小的经验可贵之处就在这里。

一师附小之所以能够坚持实施快乐教育并且取得了良好的效果，最终取得社会和家长的理解与支持，第一点在于学校的领导，特别是校长，坚持了正确的办学方向，确实把全面提高学生的素质作为自己的工作目标。校长把学校往哪里带，校长用什么标准评价教师的工作，这是学校导向的关键。由于一师附小的领导没有简单地把分数的高低作为衡量教师和衡量学校工作的主要标准，而是坚持以全面提高学生素质，促进学生身心健康的发展为工作目标，这是他们成功的关键。第二点是全体教职工强烈的事业心和责任感，热爱每一个学生，尊重每一个学生。他们的工作始终面向全体学生，使每一个学生都能够抬起头来走路。第三点是他们从学生年龄特点出发，按照教育规律办学，把力量花在提高课堂教学水平和丰富课余生活上，而不是违背教育规律，把学校的工作放在最简单的分数排队这种领导和管理方式上。第四点是他们在改革过程中努力争取社会和家长的理解和支持。一师附小的经验是带有普遍指导性的经验，带有方向性的经验，也是针对小学教育当前所存在的社会各方面普遍关心的问题解决得很好的经验。因此，我们号召全市的小学都能认真地研究一师附小的经验，结合本地区、本学校的情况，进一步推动“十八字”总要求的贯彻、落实。

二、学习一师附小经验，切实解决好群众普遍关注的，小学教育工作中违背教育规律的问题，全面提高教育质量。

如果我们用一年时间，能在解决群众普遍关注的问题方面取得新的进展，本身就标志着小学教育改革前进了一大步，标志着小学的教育质量提高了一步。当前在小学教育工作中，社会普遍关注的，认为违背教育规律的问题主要集中在三个方面。第一个问题是学生课业负担过重的问题。这个问题实际上违反了《北京市未成年人保护条例》第十五条的规定。第十五条规定：学校和教师应当执行国家教育行政部门规定的课时和学业量，保证学生必要的休息时间和参加文娱体育活动的时间。第二个问题是目前存在着的侮辱、体罚或变相体罚学生的现象。这违背了《北京市未成年人保护条例》第十八条的规定。第十八条规定：父母或其他监护人及学校教师，应当尊重未成年人的人格，不辱骂，不体罚。第三个问题是乱收费问题。这个问题违背了《北京市未成年人保护条例》的第二十二条。第二十二条规定：禁止学校、教师违反国家规定，向学生乱收费用和以罚款手段惩处违反校规的学生。这就是说群众关注的这三个问题，不仅仅是工作缺点，也是违法现象。我们要依法治教，对于解决群众普遍关注的这三个问题，如果说得明确点，就是应该纠正我们教育内部的违法现象。这点要向教师宣传，要增加教师的法制观念。今年10月1日就要实施《中华人民共和国行政诉讼法》。按照该法的规定，对这些违法现象，学生和家长可以向上级行政部门反映；如果上级行政部门在规定的时间里不进行处理，就可能成为被告。之所以这么讲，就是要把解决这些问题提到这个高度上来认识。

下边我想分别就解决这三个问题谈一点意见。

第一，关于减轻学生的过重课业负担问题。

现在学生课业负担的情况不一样，学校情况不一样，教师情况也不一样。总体来看，小学生的课业负担还是过重。但是，在学期初、学期中、学期末课业负担有所不同，考试之前负担就显得更重一些。各个年级情况也不太一样。课业负担过重主要有以下几种表现。第一是学生作业总量超过了规定的时间。对课外作业总量我们多次强调，一年级不留家庭作业，二、三年级一般每天不要超过30分钟，四年级一般每天不要超过45分钟，五、六年级一般每天不要超过一个小时。但是，现在有不少学校课外作业总量超过了规定时间，不该留作业的，比如一年级，有些学校留了作业。可以留作业的，作业量过大，造成多数学生在规定的时间内完成不了。同时表现在属于抄写和大量机械重复的作业明显增加，“滚雪球”的做法在一些学校仍作为一种让学生牢固掌握知识的经验传播。其实人人都知道这样的做法纯粹是浪费时间，而且容易造成学生的厌学情绪，对提高教育质量毫无作用。除此之外，目前也还存在着一种惩罚性作业。再有就是课后管理班本来是让学生完成作业，可是在管理班内还留作业。同时家长的负担也开始增加。教学工作是教师的任务，家长应该关心学生的学习。但现在不是一般性的关心，而是直接让家长帮助学生完成作业。朗读和背诵课文让家长负责检查，然后签字；要求家长给学生默写字词，然后签字；测验、考试卷子让家长看后签字。有的家长没有签字，就对学生进行惩罚，甚至于在家长会上点名批评，或把家长找到学校训斥，引起了家长的反感。要让家长关心学生的学习，但不能把属于我们做的事情都让家长来做，这样一来进一步加重了学生的负担，而且通过家长向学生施加了压力。第二个表现就是任意增加考试科目、次数，随意提高考试成绩标准。这种现象有的发生在区(县)教育行政部门，有的发生在区(县)教研部门，有的发生在学校。过重的课业负担实际是降低教育质量，因为它挫伤了学生的学习积极性，导致了学生的厌学情绪，学生精神压力很重，从而影响学生身心的健康发展，也影响学生能力的培养和智力的发展。

解决这个问题，需要各方面共同努力。从市里看，要着重从五个方面入手。(1)进一步加强基础薄弱初中的建设，为尽快改革小学升学办法创造条件。我们已经抓了三年，现在是第四年了，使基础薄弱的初中能够逐步改变面貌，这样为尽快改变小学升初中的办法创造条件，以减轻小学为使学生升入重点初中和比较好一点的学校而造成的压力。(2)适当删减小学低年级语文教材内容，以减轻教学的负担。现在已经发下去关于删减小学第二、四册语文教材的通知。第二册语文课本删去第八单元，包括三篇讲读课文、一篇阅读课文和基础训练八。第四册语文课本删去第八单元，包括四篇讲读课文、一篇阅读课文和基础训练八。删减教材的内容，不再进行教学，然后相应放慢教学进度，各学校都不得再安排其他教学内容，保证二、四册的语文课后练习都可以在课上完成。(3)进一步加强对考试的控制。一年级只在学年末进行一次考试，对本学年末六年级毕业考试的要求，市教育局已经发出了通知。各区(县)主管小学教育的局长，一定要根据市里的要求，严格审定今年毕业考试的试题，对试题的导向严格把关。绝对不能任意提高难度，超出教学大纲、教材的范围。同时也要严格控制学科竞赛，除了经市教育局统一批准的以外，其他的学科竞赛都不得随意进行。(4)区(县)督导部门要按照《北京市小学教育质量综合评价试行意见》，加强对区(县)和学校的督导工作。(5)继续表彰、奖励坚持“十八字”总要求取得成效的学校，继续介绍、推广先进经验。

我们希望区(县)和学校做好以下三项工作。

1. 完善和深化学校内部管理体制改革。在实行了学校内部管理体制改革之后，现在普遍重视了对学校和教师工作的评价。把质量和提高教师待遇挂钩，以进一步调动广大教职工的积极性，形成一个良好的内部机制。这个方向要坚持，这项改革政策要稳定。但是，关键在于区(县)怎样科学地评价学校和学校怎样科学地评价教师。如果这个问题不能解决好，就容易形成错误的导向，并导致学生课业负担过重和增加考试。区(县)应该按照教育质量综合评价方案，全面考核学校，不能简单地对学校按考试分数排队，更不能为了检查学校的质量增加考试科目。目前有的区(县)自行增加了统考科目，必须立即停止。有的区(县)没有增加统考科目，只增加了在部分学校进行抽测，但是因为学校急于想知道自己学校和教师教学水平如何，结果这些抽测题几乎都自动地变成了统考题。另一方面，学校往往不重视对教师教学过程的评价，只重视对教学结果的评价，对教学结果又比较简单地用分数衡量，使教师感到压力很大。所以，学校评价教师一定要重视教学过程，看他(她)的教学过程是否符合教育规律，是否按教育规律办事。我想提出，学校评价教师应把“三无”作为基本条件。即无过重的课业负担，无侮辱、体罚、变相体罚学生，无乱收费，滥编、滥印、滥购辅导资料的现象。应该引导教师按教育规律办事，热爱学生，关心每一个学生的成长。

2. 严格执行国家教委和市教育局的有关规定。现在不是没有规定，而是规定没有真正得到落实，落实当中督导、检查不力。因此，要加强各级教育行政部门的干预。不仅要有正面引导，而且要有行政干预。不允许违背有关规定的现象存在，其中属于违法的还应上升到没依法办事的高度来认识。这几个规定要在学习一师附小经验的过程中，进一步组织教师学习，明确要求。特别是有的青年教师对这几个规定的内容还不了解。

3. 切实改进教研工作，深化课堂教学改革，加强“三个引导”。把干部和教师的积极性引导到教学上来，引导到课堂教学上来，引导到课堂教学改革上来，这已经提了两年了。一师附小的经验告诉我们，减轻过重课业负担的根本出路在于提高课堂教学质量。因此，我们提减轻学生课业负担，就是要提高课堂教学质量，要把精力花在课堂教学改革上。教研工作直接关系着区(县)和学校两级教研的教学方向。教研部门的主要精力应当花在深入到课堂教学当中去，而不是只花在编印各种复习资料，增加各种练习名目上。那不仅没有使课堂教学面貌改观，反而造成了许多流弊。希望市和区(县)的教研部门要首先带头深入到课堂中去，研究课堂教学经验，推广课堂教学经验。希望校长也确实把主要精力用来研究课堂教学。像一师附小的领导那样，把课堂教学改革引导到正确的方向上去，并且取得明显的成绩。区(县)、学校要把这三项工作做好。市、区(县)、学校共同努力，使小学生课业负担过重问题能够得到明显的改观。

第二，关于坚决纠正侮辱、体罚和变相体罚学生的现象。

一师附小的重要经验就是热爱、尊重每个学生。这实际是教师职业道德最核心的问题。我们要宣传热爱学生的先进事迹。教师要克服急躁情绪，防止简单甚至粗暴地对待学习成绩比较差、纪律问题比较大的学生，不然会伤害学生的自尊心，影响学生的身心健康。这个问题已经到了必须引起我们高度重视的时候了。每一位校长都绝不能对本校这样的问题只表示关注，而不去认真解决。有的学校存在着把学生随便轰出教室的现象，校长却不感到是个问题，实际上这也是违反《未成年人保护条例》的。最近发生了一起把学生随意轰出教室造成严重后果的事件，我们要严肃处理。这样的事情虽然是个别的，但引起的后果是十分严重的。我们已经三令五申，教师无权随意把学生轰出教室。家长不送学生上学是违反《义务教育法》的，教师不让学生上学也是违反《义务教育法》的。如果有个别学生确实由于某种原因，严重干扰了课堂教学，暂时必须要请他出去，也得有校长的批准，有个交待，我们只讲教师“严是爱，宽是害”不成；简单、粗暴的做法，轻则造成学生心灵上的伤害，重则造成人身伤亡事故。我们对这个问题一定要有清醒的认识，必须引起足够重视。目前，还有变相体罚的现象，让学生面壁罚站，让学生两手扶着墙站着，冬天让学生在院子里面站着。这些现象不能屡禁不止，不能够熟视无睹。这不仅仅是违反职业道德，也违反法律法规。这应该作为评价学校和教师的一条重要标准。绝对不允许这些现象再出现了。对于情节严重的，学校、区(县)和市教育行政部门都应该给予必要的处理，一般的给予批评帮助。一些青年教师对这方面了解不够的，应该给他们讲清楚哪些是不可以采取的做法。

第三，关于坚决制止乱收费，滥编、滥印、滥摊派出售各种书报、练习册的问题。

这也是目前社会反映比较强烈的问题。关于这个问题，我们已经连续下发过几个文件。情况有好转，但也仍然存在乱收费的现象。一种是自立名目收费，我们一定要有物价局批准的许可证，按照规定收费，不能自立名目。有的学校提供了一些服务项目，这些服务项目应该是学生自愿接受、自愿交费，不能硬性规定。另外一种情况是不按市里规定派售学习资料。这些资料越多，学生的负担越重，这点也一定要请学校注意。学校要把收费的项目统一印发通知，应让家长清楚。最后一点就是不要再招收议价班和议价生，希望学校严格掌握。关于乱收费的问题，希望进一步引起关注，使得这个问题解决得好一些，不能因此有损我们的形象。

总起来说就是，学习一师附小的经验，要认真解决好社会普遍关注的这三个问题。各个学校都应该在解决这三个问题上取得成效，各区(县)也都应该在解决这三个问题上取得成效。

三、学习一师附小经验，切实抓好教师队伍建设。一师附小之所以能够实施快乐教育，在于它始终重视教师队伍建设。目前全市30岁以下的青年教师占小学教师总数的28%。今后五年内，由于每年还要补充3,000人左右，30岁以下的教师将逐步增加到教师总数的50%。新教师的增加，补充了新生力量，也产生了一些新的问题。认真抓好教师队伍的建设，努力提高教师的素质，已经成为刻不容缓的任务。市里已制订了小学教师培训的计划，各区(县)也正在逐步落实。但主要还是各个学校要立足于本校，要立足于在教学实践中提高教师素质，这是每一位校长最重要的职责。一师附小的经验给了我们很好的启示，它培养教师的目的性明确，针对性强，措施也落实得好。

抓教师素质的提高要做好两个方面的工作。一方面是要切实加强教师队伍的思想教育工作。要调动广大教师的积极性，既要靠管理体制的改革和不断提高教职工的待遇，还要靠我们提倡无私奉献。没有无私奉献精神，不做好教职工的思想政治工作，教育质量的提高只是一句空话。在教师队伍中开展学雷锋的活动要和热爱学生紧密结合起来，和克服不正确的行为紧密结合起来，和做优秀的教育工作者紧密结合起来。同时，在加强教师政治思想工作中，希望进一步增强教职工的法制观念，特别强调要进一步学习《中华人民共和国义务教育法》和《北京市未成年人保护条例》。每个教师都要学习，都要知道哪些做法符合法律规定，哪些做法不符合法律规定，真正依法治教，提高教育质量。加强教师队伍建设，另一方面就是切实加强对教师教学工作的检查，大力开展和改进教研活动。要切实深入课堂，重视教师的教学过程。特别要发挥老教师对青年教师的示范作用和辅导作用。在加强教师队伍建设的工作中，还要注意坚持全面评价的标准。通过科学的、全面的评价，把教师队伍的建设引导到正确方向上去，使教师队伍的素质不断提高，这才是我们提高小学教育质量的根本。

总之，减轻过重负担，提高教育质量是一项艰巨的任务，还需要我们长期的努力，才能使问题逐步得到解决。但是我们应当认识到这个问题的严重性和迫切性。相信通过我们的共同努力，到明年，一定会在这方面涌现出更多的先进典型，一定会在解决这些问题上取得更多的成功经验。

学习邓小平教育思想　加快基础教育改革*

教育改革和发展的根本目的是提高民族素质，多出人才，出好人才。基础教育由“应试教育”转向全面提高国民素质的轨道，是当前我国基础教育改革的核心内容，是全面贯彻教育方针，面向现代化，面向世界，面向未来，迎接21世纪的挑战，加快教育改革和发展的建设性目标。

基础教育必须由“应试教育”向素质教育转变，这是以邓小平教育思想分析我国面临的形势和基础教育现状得出的必然结论。

小平同志关于教育要“三个面向”的论述，明确了基础教育实现向素质教育转变的必要性。

小平同志1983年“三个面向”的指示，确定了新时期我国教育发展的战略方针。我国社会主义现代化建设正在实现由计划经济体制向社会主义市场经济体制转轨，我国的经济建设正转到依靠科技进步和提高劳动者素质的轨道上来。他在1985年曾指出：“我们国家，国力的强弱，经济

* 原载《中小学管理》1995年第6期。

发展后劲的大小，越来越取决于劳动者的素质，取决于知识分子的数量和质量。”小平同志的论断，不仅符合现代化各国经济发展的共同规律，而且为我国实现社会主义现代化指出了一条必由之路——发展教育事业，提高全民族的素质，将沉重的人口负担转化为人力资源优势。从这个意义上看，基础教育就是素质教育。

小平同志“教育要面向世界”的思想，是改革开放总方针在教育领域的体现。我们要借鉴世界各国教育发展的经验以推动我国教育事业的进步，从而培养出具有国际竞争能力的优秀人才和劳动者大军。近百年来，许多发达国家都在不断进行教育改革。这些改革都具有鲜明的时代和国别的特色。但是，在一些根本问题上的不断反复是各国教育改革中的普遍现象。以赫尔巴特等为代表的传统教育派和以杜威等为代表的现代教育派的交锋，虽然在 20 世纪初期发生，但是，他们主要观点的分歧，常常成为多年来每次教育改革争论的焦点。这些分歧集中表现在：学校教育是以达到群体培养目标为目的，还是以服务于个性发展为目的；是以传授知识为主要任务，还是以培养实际能力为主要任务；是以课堂教学为主要阵地，还是以社会生活为主要阵地；是以教师为主体，还是以学生为主体。苏联在第二次世界大战前后的三次教育改革、美国建国以来的四次教育改革、日本近年的教育改革，都不同形式、不同程度地体现出上述分歧。其特点是当传统派教育思想占主导地位时，学校教育，首先是基础教育，就强调群体培养目标的实现，强调传授知识，强调课堂教学，强调教师的地位和作用。这样就会带来学生个性发展受到压抑，社会适应能力低、缺乏主动性、创造性等一系列弊端，不能适应社会发展的需要。继而引发一场倡导现代派教育思想的教育改革，主张充分发展学生个性，重视培养学生能力，加强学生的社会实践，发挥学生的主体作用。而这样的改革，在原有弊端得到某些克服的同时，又常常产生学科教育质量降低、学校纪律松弛等新的弊端，不能适应社会竞争的要求，从而引发新的教育改革，再次进行新的恢复传统的变革。每个国家的教育改革都是力图通过改革克服片面，使教育得到完善，但在完善过程中又往往产生新的片面。我国近半个世纪以来的教育改革，也出现过类似的现象。世界历史的经验，使人们越来越认识到必须全面地、综合地认识教育的任务、培养目标和培养途径。正如人们认识到衡量国家的实力不能只看国民生产总值，而应当看综合国力一样。人的实力也不是由单一因素决定的，而是由其各项因素所形成的结构的综合体现，这种综合体现就是通常人们说的素质。所以，以提高人的素质为目标避免教育的偏颇和反复，是对世界近代教育发展历史认识的科学结论。

"教育要面向未来"是小平同志对教育功能的高度概括，在新世纪即将到来的时候，更有其特殊的时代意义。"面向未来"正切中当前在基础教育中相当普遍存在着的"应试教育"的要害。"应试教育"是对单纯以应考为目的而产生诸多弊端的教育现象的概括表述，不是指现行教育就是"应试教育"。这种教育现象的重要特点，是对教育价值的终极判断标准是学生的考试成绩，把学生的考试成绩绝对化为评价学生、教师和学校教育的唯一标准。显然，我们不能单纯以学生的考试成绩来判定其将来可能发挥的社会的功能的性质和水平。学校教育，特别是基础教育的功能，决定了它的价值体现于未来，而受教育者在未来所能发挥的社会功能的性质和水平则取决于他们的素质结构。因此，面向未来的教育应当立足于培养真正起能动作用的人的素质。从这个意义上看，以提高素质为目的的教育才是面向未来的教育。当然，面向未来的教育也必然要求科学地预测未来社会需要人们具备的素质，以正确地确定学校教育的培养方向。

因此，小平同志关于“三个面向”的论述，提高了我们对实现向素质教育转变的必要性的认识，从而增强了实现这一转变的自觉性。

小平同志关于培养目标的论述，概括了素质教育的内涵，明确了“应试教育”向素质教育转变的方向。他早在1978年就曾指出：“培养人才有没有质量标准呢？有的。这就是毛泽东同志说的，应该使受教育者在德育、智育、体育几方面都得到发展，成为有社会主义觉悟的有文化的劳动者。”1982年又指出：“搞社会主义精神文明，主要是使我们的各族人民都成为有理想、有道德、有文化、守纪律的人民。”小平同志的论述明确了我国教育的培养目标，也概括了素质教育的基本内涵，即整体性、全面性、因材性和实效性。

整体性。基础教育是为提高民族素质，多出人才，出好人才奠定基础，因此，教育对象是全体适龄者。在未来的社会里他们当中有些可能是政治家、科学家、企业家、文艺家及各种类型的专门人材，也有可能是普通劳动者；有些人可能有相对固定的职业，有些人的职业可能不断流动变化；有些人可能以从事脑力劳动为主，有些人可能以从事体力劳动为主。但是他们的整体素质决定着我们民族的素质，决定着我们人力资源的水平。因此，基础教育必须面向全体受教育者，而不单纯面向能被高一级学校选拔继续接受教育的少数学生。所以教师要像伯乐那样善于认识每位学生的特性。但是，教师又不能只是伯乐，因为伯乐相马的目的，是挑选出千里马，而淘汰其余，教师却必须对每个学生负责。因此，素质教育不是选拔适合教育的儿童，而是创造适合儿童的教育。

全面性。小平同志多次强调受教育者在德、智、体诸方面的全面发展。这些论述充分体现了马克思主义关于人的全面发展的理论。马克思说过：“我们把劳动力或劳动能力，理解为人的身体，即活的人体中存在的每当人生产某种使用价值时就运用的体力和智力的总和。”这里的“总和”就是指素质结构。我们把人的思想品德素质、科学文化素质、身体心理素质、劳动技能素质作为现代人的基础素质，也就是教育方针表述的德、智、体全面发展。培养目标的全面性，决定了教育内容的综合性。通过教育使学生形成良好的素质结构，是每位教育者的责任，也是基础教育的根本任务。

因材性。小平同志强调了毛泽东同志倡导的“应该使受教育者在德育、智育、体育几方面都得到发展”的方针。这里还突出了因材性。受教育者之间是存在着个体差异的，造成的原因有先天条件的差异，有环境影响的不同，也有教育条件的不同。这种差异决定了教育工作不能只是要求有差异的个体都要达到同一的教育目标，而应当使每个受教育者能在自己原有的基础上得到发展。重视个体的发展，重视每个人素质的提高，应当是素质教育的重要特点。社会对人的素质要求除了有共性的基础素质要求外，还有多种类多层次的不同要求；社会的各种不同岗位，也对人的素质提出了千差万别的要求。因此，基础教育面对全体受教育者，就应当从每个人的实际出发，使每个人都要得到发展，从而达到适应社会需要的目的。正如小平同志所说：“我们在鼓励帮助每个人勤奋努力的同时，仍然不能不承认各个人在成长过程所表现出来的才能和品德的差异，并且按照这种差异给以区别对待，尽可能使每个人按不同的条件向社会主义和共产主义的总目标前进。”

实效性。教育能不能真正为社会主义现代化建设服务，是要由教育对象在步入社会后发挥社会功能的性质与水平来决定。任何追求暂时的、片面的和表面效果的教育，都不可能经受住社会的和历史的检验。因此，必须高度重视教育过程。学生素质的培养，是通过教育过程来实现的。没有过程就没有教育。许多素质提高的实效并不反映在对学生现状的测定指标上，而潜藏于教育过程对学生的实际影响之中。学校教育在一个人一生的活动中真正起能动作用的，主要并不是在学习期间考卷上曾回答出的东西，而是在整个受教育过程中积累并形成的稳定的品质。由此可见，素质教育是以全面提高全体受教育者基础素质水平和个性发展水平为目的的教育。

应当说，我国的教育特别是基础教育已经为实现这一目的做出了很大努力，以实现素质教育为目的的教育改革也取得了卓有成效的进展。但是，当前相当普遍存在着“应试教育”现象，严重干扰了素质教育的进行。以单纯应试为目的的教育，有着以下明显弊端：

局部性。“应试教育”着眼于选拔在高一级学校继续学习的学生，而这种选拔又以现行学科的考试成绩为主要依据，从而忽视了全体学生的发展，把优秀人才的培养和广大劳动者素质的提高对立起来，使基础教育实际成为面向少数人的教育。

片面性。由于以选拔作为教育的主要目的，又以考试作为选拔的主要手段，再加上现行考试制度的不完善，导致学校教育内容实际上被区分为考试内容和非考试内容，考试内容的教学被大大强化和扭曲，造成学生负担过重。这不仅使德育、体育、美育、劳动教育等方面被削弱，而且智育也存在着严重的片面性。非考试科目的学习走过场，非考试要求的能力，如书写能力、动手能力、口头表达能力等被严重忽视，造成学生素质的许多缺陷，严重影响了受教育者全面素质水平的提高。

机械的划一性。用来要求学生和评价学生的唯一尺度是分数，用来评价和要求学校教师的也是分数。这就造成一方面每个学生的个性发展在分数面前被湮没了，教育不是帮助每个学生在他的起点上前进，在他的优势上发展，使每位学生都能抬起头来走自己的人生道路，有时反而造成不同类型的人才被扼杀。另一方面，以考试成绩表示的教育结果被无限地夸大，而教育过程却被严重地忽视了。往往把教育过程和指导学生应考过程实际等同起来，教师在教学过程中常常不能自觉地提高学生素质，甚至违反教育规律。这样的教育过程，有时也会取得好的考试成绩，但不仅不能使学生良好的素质得到培养，甚至会产生相反的效果。因此，有些同志称“应试教育”为“负教育”。

表面性。“应试教育”重视暂时的表面教育效果，即考试成绩。在这里不是说考试成绩与学生的素质无关，而是指考试成绩并不能标志学生的素质水平。素质是更为深层次的、长久起作用的人的品质。因此“应试教育”实际成为肤浅的、庸俗化了的教育。在“应试教育”的错误导向以及某些不良社会风气的影响下，教育领域里的弄虚作假现象也屡见不鲜、屡禁不止，造成教育效果的虚假性。因此，也有些同志称“应试教育”为“伪教育”。

综上所述，小平同志关于培养目标的论述，引导我们正确剖析教育现象，帮助我们认识“应试教育”和素质教育的本质差别，从而明确了实现“应试教育”向素质教育转变的方向。

小平同志关于教育改革的论述，指导我们积极稳妥地推进基础教育由“应试教育”向素质教育的转变。他早在1978年就明确提出：“我们要全面地正确地执行党的教育方针，端正方向，真正搞好教育改革，使教育事业有一个大的发展，大的提高。”

改革是教育的根本出路。教育思想、教育内容、教育方法的改革是教育改革的核心部分。由于它受到政治经济环境、社会文化环境的影响和劳动、人事、分配等诸多制度的制约，改革是迫切的，但又是艰巨的。必须按照邓小平同志所说的：“现在，纲领有了，蓝图有了，关键是要真正重视，扎扎实实地抓，组织好施工。”要认真做好以下三个方面的工作：

第一，教育思想的转变。

由“应试教育”转向素质教育，在宏观上有管理体制问题，激励机制问题，学校教育、社会教育、家庭教育的统筹问题，学制、课程设置、教学大纲的制定等问题；在微观上有学校管理问题、教师组织教育教学活动问题，直至对每一个学生的教育问题。但这些问题无不取决于教育思想。教育活动总是在一定的教育思想指导下朝着预定的方向前进。

在转变教育思想过程中，要以马克思主义的教育观和小平同志的教育理论为指导，结合实际，着重在认识上实现三个统一。

要把培养优秀人才和提高劳动者素质的任务统一起来。我国社会主义现代化建设，既依赖于科技进步，又依赖于劳动者素质的提高。小平同志说：“我们在任何时候都要坚持‘两条腿走路’，做到在普及基础上的提高和在提高指导下的普及。”基础教育是普及的教育，它要为“两个提高”，即提高知识分子的数量和质量与提高劳动者素质打好基础；它又要适应“两个提高”的需要不断提高普及的水平。因此，多出人才、出好人才与提高劳动者素质的任务不是对立的，而是统一的，统一于提高民族素质这一伟大的目标中，统一于打好素质基础这一基本任务中。片面强调“英才”的教育，有些人才的苗子在考分这一选拔标准下过早就被淘汰；而有些被选中的“英才”苗子，也由于基础素质不坚实而难以成才。正如小平同志所说：“在广泛的群众基础上，才能不断涌现出杰出人才。也只有有了成批的杰出人才，才能带动我们整个中华民族科学文化的提高。”

要把群体培养目标和个体发展目标统一起来。基础教育要将党的教育方针具体化为培养目标，并依此确定每个学段和学年的教育要求，这样才能有计划有步骤地施教。在这里最重要的是必须明确基础素质的要求，同时创造使每一个受教育者都得到发展的条件。

要认真分析作为每个公民必须具备的共同素质结构，也就是基础素质的内涵。这应当是基础教育的群体培养目标。这种素质结构必须充分考虑民族文化传统的因素以及未来时代要求的因素，对思想道德、科学文化、身体心理和劳动技能的基本素质要有全面适度的要求。全面就必须适度，不适度就无法做到全面。对基础教育内容要求过多，难度要求过大，是当前打不好全面素质基础的重要原因之一。同时，小平同志一贯强调教育要面向未来，要适应未来科技进步、社会发展和国际竞争的需要，因此，我们必须重视基础素质中的时代要求，如法制观念、科技意识、竞争意识、合作能力、外语使用能力、计算机运用能力、交往能力等的培养。

与此同时，必须看到群体目标最终要落实到不同的学生身上。因此，在落实过程中要从每个学生的实际出发，使他们在达到基础素质要求的同时，得以发展符合个人特点的素质，以增强个人在未来社会生活中的特殊适应能力，并创造在未来社会生活中确定个人位置的条件。因此，在教育活动中，特别是现行大班教学的形式下，教师面对的不能只是一个班，而应是一个个不同学生，必须坚持共性和个性的统一，因材施教。这是实现素质教育的重要基础。

要把重视结果和重视教育过程统一起来。教育的现效不能单纯以分数为标志，而教育的现效又不等于教育的后效，教育的后效才是教育结果的最终体现。所以，必须高度重视由教育思想支配的教育过程，比对考试分数更为百倍关心的应当是教育过程和教育过程中反映出来的教育思想。因为真正良好的教育效果，存在于正确教育思想指导下的教育过程之中。

为了推动教育思想的转变，必须将教育思想的学习、宣传提高到重要的议事日程上来。没有各级领导、广大教育工作者，乃至全社会对教育思想的广泛学习讨论，很难在实现“应试教育”向素质教育转变的改革中取得认识的统一；而没有较为广泛的思想基础，改革必然遇到重重思想阻力而难以推进。因此，要通过多种形式掀起一个教育思想的学习、宣传的高潮，要把教育思想的学习作为师范院校和继续教育的一门主课。

第二，大力推进基础教育的改革试验。

我们在认识到改革的迫切性的同时，又必须看到，由教育的特点决定，这种改革只能是渐进的。因此，必须通过大量的改革试验取得经验，逐步加以推广。要创造各种条件，加快改革实验的步伐。

首先必须改进对基础教育工作的领导。小平同志说：“教育要狠狠地抓一下，一直抓它十年八年。我是要一直抓下去的。我的抓法就是抓头头，抓方针。”小平同志又说：“什么叫领导？领导就是服务。”这里小平同志强调领导抓教育工作的三个重要方面：一是抓各级领导重视教育，二是抓教育方针的贯彻，三是办实事。抓好这三个方面，学校就可以在正确方针的指导下，真正成为办学的实体，改革才能有宽松的环境，才有可能涌现出推行素质教育办有特色的学校，才有可能通过创造和积累逐步探索出进行素质教育的规律。对学校教育过多的行政干预，绝对无法改变僵化的办学的模式，无法冲破沉闷的学术空气。

同时必须改革招生考试制度，推进教育评价的研究。小平同志说：“考试是检查学习情况和教学效果的一种重要方法，如同检查产品质量是保证工厂生产水平的必要制度一样。当然，也不迷信考试，把它当作检查学习效果的唯一方法。要认真研究、试验，改进考试的内容和形式，使它完善起来。”小平同志对现行的考试做了辩证的分析：一、考试是必要的；二、不能迷信考试；三、要通过改进使之完善。“应试教育”的思想根源并不在考试本身，但无疑与现行的考试，特别是通过考试进行的选拔，有着密切的关系。所以，要加快推进考试改革的步伐。在基础教育阶段，还要在改进考试的同时，加强对学生素质的综合评价的研究。小平同志说：“今后，不仅大中学校招生要德智体全面考核，择优录取，而且各部门招工用人也要逐步实行德智体全面考核的办法，择优尽先录用。”并认为这才能将教育方针贯彻到底，贯彻到整个社会的各个方面。由此可见，必须加强对学生素质的综合评价的研究与实验，进而形成推进素质教育的激励机制。这样，才能使素质教育摆脱桎梏，轻装前进。

还要加强素质教育的科学研究。素质教育既是古老课题，又有鲜明的时代特色。有许多理论问题需要进一步研究，在研究过程中要广泛吸收和借鉴国外的教育科研成果，要认真总结我国教育改革的成功经验，要贯彻双百方针，加强理论探讨，使得改革在有中国特色的社会主义教育理论指导下更加健康地发展。在创造上述条件的同时，要立足于建设，要大力倡导并支持以向素质教育转变为核心的课程设置、教育内容、教育方法的改革，形成百花竞放、生动活泼的局面。

第三，努力提高教师队伍的素质。

小平同志说：“一个学校能不能为社会主义建设培养合格人才，培养德智体全面发展、有社会主义觉悟有文化的劳动者，关键在于教师。”教师是素质教育的直接实施者。因此，教师的教育思想、自身素质、教育科学和教育艺术的水平，将对素质教育的实施起决定作用。

必须采取有力措施，改进师范院校教育和继续教育，要切实加强教育思想的学习，重视教师自身素质的提高，提高教师的教育教学能力。在这里至关重要的是教师自身的基础素质。“教人先正己。”教师的基础素质渗透在全部教育过程之中，将对学生产生有实效的潜移默化的影响。正如加里宁所说：“教师的世界观，他的品行、他的生活，他对每一现象的态度都这样那样地影响全体学生。”因此，必须提高教师队伍的自身素质，首先是基础素质，把它放在队伍建设的极其重要的地位。从某种意义上说，推进素质教育的过程，既是提高学生素质的过程，也是提高教师素质的过程，并以此带动全社会的物质文明建设和精神文明建设。

我们相信，在小平同志教育理论的指引下，基础教育由“应试教育”向素质教育转变的目标一定能够实现，这一转变的成果也必将记入我国教育的史册。

当前中学德育工作的发展趋势*

《中共中央关于进一步加强和改进学校德育工作的若干意见》(以下简称《意见》)明确了学校德育的地位和作用，指出了学校德育的目标、内容、途径与管理的改进方向。广大中学教育工作者以《意见》为指针，在加强与改进中学德育工作的实践中，进行了广泛的探索，中学德育工作呈现出新的发展趋势。

一、德育目标的素质化趋势

《关于国民经济和社会发展“九五”计划和2010年远景目标纲要》中明确规定，要“改革人才培养模式，由‘应试教育’向全面素质教育转变”。这是当前基础教育改革的重要任务。中学德育目标是全面素质教育目标的重要组成部分，因此，在改进中学德育工作的过程中，出现了德育目标素质化的趋势。

这种趋势首先表现在增强了德育目标的前瞻性。中学

* 原载《中国教育学刊》1996年第4期。

阶段的教育功能在于为社会主义的建设者和接班人奠定全面的良好的素质基础。由于素质是人在社会活动中表现出来的内在稳定的品质，因此学校教育的价值最终体现为所培养的人步入社会以后所发挥的功能的性质与水平。那种短视的单纯着眼于暂时的表面效果的教育，无法全面提高受教育者的素质。教育目标的前瞻性决定了德育目标的前瞻性，学校德育同样必须着眼于未来，着力于学生思想品德素质的实际提高。

为了使当代中学生能具有适应时代需要的品质，学校德育目标在重视继承和发扬中华民族优良道德和革命传统美德的同时，还必须重视具有鲜明时代特色的品质的培养，使学生的政治、思想、道德、心理的发展都能适应新世纪的各种挑战。

这种趋势还表现在更加重视德育目标的内化。现实告诉我们，确立德育目标不能只立足于学生的在校表现，学生终究要由学校步入社会，并且最终在社会中生活。面对纷繁的社会现象，能否清醒地分辨真假、善恶、美丑，才是对学校德育效果的客观检验。这是新形势下学校德育面临的最为严峻的课题。因此，学校德育必须由单纯重视学生在校的一般表现，转为更加重视学生内在的稳定的思想道德素质的形成。

减少学生受到社会的不良影响是必要的。但是想通过隔绝学生与社会的联系，进行“封闭式”教育，从而使学生在“净土”中健康成长，只是一种幻想。许多学生在步入社会后，由于缺乏政治、思想、道德的批判性，依然会无法适应，甚至会步入歧途。因而重视学生良好素质的内化，使学生真正增强抵抗力和免疫力，是中学完善德育目标的重要趋势。

二、德育内容的基础化趋势

学生在中学阶段面临两次分流，初中和高中毕业后都将会有一部分学生升入高一级学校，一部分学生参加社会生产劳动。所以，中学教育既是升学预备教育，又是劳动预备教育，但归根结底是为学生打好全面素质基础，包括思想道德基础。面对着方方面面不断将新的内容纳入学校德育，德育内容日益繁杂的情况，德育内容的基础化已成为改进学校德育工作的又一重要趋势。

学校德育内容的基础化表现为德育内容整体性与层次性的统一。学校德育包括政治、思想、道德、心理品质等方面的内容，这些内容相互区别又相互联系，它们统一于培养社会主义建设者和接班人这一目标之中。因此，学校德育必须坚持以马克思主义为理论基础，坚持以邓小平同志建设有中国特色社会主义理论为指导，坚持党的基本路线，并做到一以贯之。在这一点上，我们不能有丝毫动摇，否则就无法保证学校德育的社会主义方向。

但面对不同的受教育者又必须突出德育要求的层次性。首先必须要求适度，适度的要求是增强可接受性的前提条件。比如对不同年龄段的学生在政治、思想、道德、心理品质方面都应提出适合他们的不同要求，从而分出层次，循序渐进，以求落实。那种不考虑对象，盲目提高要求和增加内容的做法，效果往往适得其反。

其次，必须把握基本。加强爱国主义、集体主义、社会主义教育，培养遵守法纪以及具备良好道德品质和行为习惯的公民，是中学阶段德育的基本内容，必须牢牢把握。一定要避免在繁杂的内容面前，冲淡了基本内容的教育，从而无法达到中学阶段德育的共性要求。

同时还必须因材施教。即使是相同年龄段的学生，由于社会环境的影响和个人经历的不同，也必然存在着个性差异。这就要求必须贯彻因材施教的原则。当前要特别重视在高中阶段为培养一部分青年马克思主义者打好基础的教育，也要对少数由于受到各种不良影响而犯有轻微罪错的学生进行有针对性的教育，帮助他们健康成长。

三、德育过程的综合化趋势

德育过程是达到德育目标，落实德育内容的途径。知、情、意、行是德育过程的重要环节。在中学德育工作中，存在着重视道德认识，而又把这种认识理解为对道德知识的把握甚至记忆的片面的观点，造成德育过程的扭曲。所以，德育过程的综合化趋势，给中学德育工作增强了活力与实效。

德育过程的综合化趋势表现为重视过程、重视协调和重视实践。

没有科学的教育过程就没有科学的教育，因此，必须高度重视教育过程。“应试教育”的重要特点是重视结果，特别是重视以分数表示的考试成绩，以此作为评价学生、教师和学校教育的唯一标准。“应试教育”常常忽视教育过程。受“应试教育”的影响，学校德育也同样存在着无视教育过程倾向。某些同志往往让学生死记硬背时事要闻以表示关心国家大事，对学生体罚或者变相体罚以维持良好纪律，通过反复的演练以展示班会的生动，用突击打扫代替经常保洁来换取学校或班级的卫生荣誉……这样做表面上也可能取得一时较好的结果，但在过程中留给学生的却是许多不良的品质。我们必须看到，真正的教育效果寓于教育过程中，学生正是通过教育过程中的积累，才形成自身的良好素质。所以，我们应当比关心暂时的结果更为百倍关心的是教育过程。

对学生进行德育的过程是一项系统工程，构成这一系统的诸要素相互联系又相互制约，它们的矛盾运动与协调发展推动着这一过程向着预定的方向前进。因此德育过程出现了这样一些综合化趋势：在加强与改进政治课、思想品德课教学的同时，同样重视加强各学科教学中的德育渗透；在强调政治教师、班主任、团队干部在德育工作的地位与作用的同时，同样强调全体教职员工教书育人，管理育人，服务育人；在强调课堂教学主渠道作用的同时，同样重视课外活动的教育作用；在充分发挥学校德育功能的同时，同样重视提高家庭教育和社会教育的水平。这种综合化的趋势更表现为在进行德育的过程中，提高认识，陶冶情操，培养意志与良好的行为习惯，是一个有机的整体，不可偏废。

思想道德素质是通过主体的活动表现的，实际上思想道德素质也是通过主体的活动形成的。因此，加强主体的活动，即加强实践是增强德育实效性的关键环节。近年来，中学德育工作重视了生产劳动、军训和其他社会实践的安排，调动了学生的积极性和主动性，形成了学生健康发展的内驱力。同时，由于参与了认识世界与改造世界的活动，使学生得以在实践中不断完善自我，有力地增强了德育的实效性。

四、德育管理的宏观化趋势

中学德育不仅是学校教育的重要组成部分，也是社会主义精神文明建设的重要组成部分。新形势下的学校德育必然具有开放性，一方面，地区的社会主义精神文明建设推动着学校德育的开展；另一方面，学校德育又反过来促进地区的社会主义精神文明建设。因此，德育管理也必然相应地出现了宏观化的趋势。这种宏观化的趋势，表现在重视统筹规划，重视优化环境，重视基地建设。

学校引导学生参加社会实践，社会又通过多种形式参与或者影响学校教育，这就要求对德育工作的统筹规划必须加强。学校的德育规划要突破校园范围，充分借助社会力量。而要真正调动社会力量推动学校德育，就要求各级党委、政府对学校德育进行宏观决策，纳入地区的社会主义精神文明建设规划。

优化社会环境是增强德育实效的重要条件。社会文化环境对学生世界观、人生观、价值取向有着潜移默化的影响，学生往往从影视、歌曲、文学作品中寻找自己的偶像，寻找自己的人生信条。成年人健康文明的生活方式是学生养成良好道德和行为习惯的榜样，社会上存在的酗酒、赌博、迷信等社会陋习严重腐蚀和毒害着学生。所以，努力净化社会环境是加强学校德育宏观管理的重要内容，是具有战略意义的历史使命。

作为德育宏观管理规范化的产物是德育基地的建设。德育基地是充分开掘德育的社会资源，使之经常地、能动地为学校德育服务的好形式。各级各类德育基地的建设，增强了全社会的德育意识，沟通了学校与社会的联系渠道，发挥了对青少年巨大的教育作用。

新世纪呼唤着我们培养出一代“四有”新人，新的形势要求我们战胜德育面临的种种挑战。中学德育工作出现的发展趋势是对这种呼唤与挑战的响亮回答，我们希望这些趋势能够转化为潮流，向着改进与加强中学德育的目标奋进。

使学校教育更加完善起来*

——祝贺北京中学生金帆艺术团成立十周年

教育是国富民强的根本，这一点已成为很多人的共识。但是，教什么？怎么教？就不是一个简单的问题。在漫长的人类历史中，教育的形式和内容总是在变化着，这种变化取决于历史的进步和各个国家或民族的文化价值取向。可以说，社会的每一次变革，都会对教育提出新的要求。我国正在发生着翻天覆地的变化，很显然，现实和未来对教育事业提出越来越高的要求，我们的教育事业必须适应历史的要求。这就是我国政府在21世纪即将到来之际开始大力提倡全面素质教育的原因。

艺术教育作为素质教育的重要组成部分，在青少年的人格培养和世界观培养中，起着重要的作用。北京在十年前成立了北京金帆艺术团，这是推进全市艺术教育的一个重要的实施手段和成果。金帆艺术团成立十年以来所取得

---

* 收入《金帆·希望的摇篮——北京艺术教育征文选集》，北京，中国少年儿童出版社，1999。

的成绩和经验值得认真总结。

教育是人的社会化过程，因此要为人的一生服务，更为他步入社会后将要发挥的社会功能和水平打好基础。小平同志说，教育要面向未来，既包括面向国家的未来，也包括面向每一个人的未来。

现行教育存在的弊端是，只注重面向现在而忽视面向未来，以教育学生应付眼前的、高一级学校的选拔作为主要目的。所以现行的教育存在着相当程度的畸形，它不是全面地提高人的素质，不是针对个人未来步入社会以后的真正需要。

“九五”计划和 2010 年远景目标纲要里明确提出要由“应试教育”向全面素质教育转变，这成为我们国家一个法定的教育目标，也就成为我国当前教育改革的目标。这一观念的转变有着现实的背景。我国现在基本上已经普及了九年义务教育，高中教育在城市里也基本普及。过去我们没有别的办法，只能“择天下英才而教之”，而现在我们已经创造了提高整个民族素质的条件。

现在我们提出老师不能够只当伯乐，伯乐就是把千里马挑出来，将其他的马淘汰。老师则不光是要挑出千里马来，更要对所有学生负责。因为今天所有学生的素质决定了未来整个民族的素质。归根结底，全民族的素质并不由少数精英决定，恰恰相反，民族整体的素质水平决定着精英的水平。

我们追求的是教育的结果，而真正的教育结果，要看受教育者步入社会以后所起的作用。而学校教育真正留在学生身上的东西，往往不是考卷上的内容，而是在整个学校生活过程当中，在学生身上日积月累形成的内在品质。现在教育中有一个大弊端，就是比较重视眼前结果，不太重视过程。实际上，没有科学的过程，就没有科学的教育。

艺术教育既是教育内容，又是教育过程。这个过程对于塑造人有着非常重要的作用。它不仅仅是教学生掌握一种乐器，会唱一些歌曲，更重要的是，在这个过程中培养孩子们的情感。我们把艺术教育放在美育的范畴里，作为美育的一种形式。实际上也就是把艺术教育看成是情感教育。作为一个比较完善的人，需要知、情、意、行的统一。如果他对任何问题能够有自己的认识，有健康的情感，有坚强的意志，又有付诸行动的能力，这个人的品德才是比较完善的。

我们对学生的品德培养，长期以来形成一个观念，这个观念认为：认识了的东西，就是可以做到的东西；认识了的东西，就是可以内化成为他自身人格的东西。而评价一个学生是否认识了就是看他能否说清楚。所以我们长期以来比较重视理性化的认识。我们很多教育工作者认为，没有认识，不能说清楚，就不可能有实践，就更不可能有行动。实际上很多事情并不一定是先有理论认识再有行动的，往往是先有了感情倾向，投入进去，然后才认识它的真正意义。我们过去相当长时间里，对于学生的教育，不太重视情感教育，比较重视理论教育，注重学生能说出一套来，能答出一套来，这是我们教育过程中的不足。

所以，加强学生的情感教育是非常必要的。艺术教育是培养学生健康情感的最重要途径之一，我们讲陶冶情操、讲审美情趣，就是要使学生的情感更充实，并且不断升华。艺术教育没有空白，只有空档。孩子不会不接触任何艺术，我们不开展艺术教育，必然就会让别的污七八糟的东西填补进去。

有人认为，学生应当以掌握知识为主，艺术教育占了时间后会冲击学习。另外有人认为艺术教育不能代替品德教育，所以，开展艺术教育会冲击品德教育。实际上所有的教育内容都是可以迁移的，艺术教育具有很大的迁移作用，它使一个人的情感更加充实，同时也使一个人更聪明。人的成长有一个过程，人的智力开发也有不同的途径。艺术教育同样可以开发人的智力。一个非常蠢笨的脑袋，很难演奏出非常和谐的乐曲。从理论和实践上找不到任何根据说，一个人的情感更丰富了，艺术修养更高了，他们智力就会下降。

合唱团和交响乐团有一句名言：只有我们，没有我。集体主义教育，最终目的并不是要让学生背出多少条集体主义的理论，而是要培养他们集体主义的精神，合唱团、交响乐团等艺术团体就是最好的潜移默化的教育手段之一。为了一次共同演出，需要调整人与人之间的关系，不融洽的要融洽起来，不协调的要协调起来，不合作的要合作起来，最后才可能有一次成功的演出。很多人本来缺乏合作意识和能力，正是在这样的集体里面，使得他能够学会合作。艺术教育，包括艺术团的建立，本身就是集体主义教育，实际上是培养孩子们合作观念、合作能力的一个非常重要的途径。从这个角度来看艺术团的建设，确实对提高学生全面素质有着多方面的影响。

有人认为学校艺术教育主要在于群众参与，因此不太重视提高学生艺术教育的质量和水平，不太重视学生艺术团体的建设。但是，没有普及做基础，提高很难，而有了提高就容易普及，这是一个辩证的关系，这一点已经被北京金帆艺术团的实践证明了。

北京的艺术教育中有一批不可忽视的重要人物，这就是专业艺术团体的专家。金帆艺术团有很多专家，开始时大多是老专家，后来老专家又带动了一批年轻艺术家，他们和学校的教育工作者一道，为了教育下一代，使他们的艺术生命在下一代人身上延续，尽心尽力地播撒着艺术的种子。

艺术教育使学校教育更加完善。好的学生艺术团体又使学校的艺术教育更加完善。我想，这就是金帆艺术团成立十年来的成绩与经验。

让失败率为零*

每年的金秋时节，我们都会有许多收获。“紫禁杯”优秀班主任的颁奖，应当是教育战线的硕果之一。今年有400位优秀班主任获奖，请允许我向他们致以最热烈的祝贺和最崇高的敬意。

“紫禁杯”优秀班主任获奖者的共同信念、共同追求是什么呢？我建议，把“让失败率为零”作为“紫禁杯”优秀班主任的共同口号。

“让失败率为零”曾经是法国教育思考委员会在1996年向政府建议的教育改革内容之一。我认为，我们应当把它借用过来，赋予新意。这必将有助于推动全面素质教育的实施，有助于提高班主任的工作水平，并且有助于形成“紫禁杯”优秀班主任的共性特征。

“让失败率为零”，应当理解为“让所有学生都在原有的基础上得到发展”。我们现在总结教育成绩时，有两个重要

---

* 1999年10月在北京市第十届“紫禁杯”优秀班主任颁奖会上的讲话，收入陶西平著《让失败率为零》，北京，人民教育出版社，2003。

指标大家很关注，一是优秀率，二是及格率，这是必要的。但是我认为我们更应当关注的是失败率。什么是失败率？陶行知先生曾经说过："教育是什么？教人变！教人变好是好教育，教人变坏是坏教育。活教育教人变活，死教育教人变死。不教人变，教人不变不是教育。"所以，使所有的学生在原有的基础上都变得更好，这就是教育的成功；如果有些学生在原有的基础上没有变，或者变坏了就是教育的失败。"紫禁杯"优秀班主任应当使所有学生在原有基础上都变得更好，而不使一个学生没变或者变坏，也就是"让失败率为零"。这就是我们要提倡的信念，这就是我们要树立的目标，这就是我们的口号！

我希望，同志们虽然带领的是一个班，但是眼中有的是班里的每一个学生；虽然想着的是班集体的整体面貌，而着力点要放在为每一个学生在德、智、体等方面都得到发展创造条件。要把因材施教作为达到"让失败率为零"的基本途径。

"因材施教"的再倡导是继承教育传统和发扬时代精神的统一。历代教育家从孔子、朱熹到陶行知都是"因材施教"的倡导者，也是实践家。他们曾经既培养出了政治家、思想家、军事家……也推动了中华民族全面素质的提高，因而创造了灿烂辉煌的中华文明。所以，"因材施教"是我国教育的优良传统。我国人民在党的领导下，正在从事着前无古人的伟大事业，描绘着跨世纪的宏伟蓝图。因此，面向全体，因材施教，培养优秀人才，提高民族素质又具有强烈的时代意义。我们的责任是让"因材施教"原则、方法在新的时期得以丰富和发展。

为振兴中华，为社会的发展与进步，国家需要各个岗位、不同层次的人才，这就决定了我们的教育必须要面向全体学生，而为了使全体学生在各自的基础上得到相应的最大限度的提高，就必须遵循因材施教的规律。必须确立教育是促进社会发展和个性发展的辩证统一的观念。也就是通过教育促进每个人的身心和谐发展与个性特长充分发挥，从而推动社会发展。因此，我们可以认为因材施教是全面实现教育功能的中介和桥梁。

旧的教育强调统一模式、划一的要求，强调共性而忽视个性；强调规范而忽视选择。尤其是“应试教育”的弊端使得每个学段数年的教学都围绕一份考卷转。这势必抑制学生个性、特长、潜质的发展和发挥。当前正在实现由精英教育向普及教育的过渡，教育由精英转向普及是教育发展的重大里程碑，具有深远的政治、社会和经济意义。普及教育意味着所有来源不同的学生都要进入学校就读，教育体制也要为来源不同的学生提供教育服务。也就是说，教育体制要由过去的“挑选精英”转向为“服务不同需要的学生”。

因此，我们要以马克思主义的教育观，以邓小平同志建设有中国特色社会主义理论，包括教育理论为武器，结合实际着重在认识上实现三个统一。

首先，要把培养优秀人才和提高劳动者素质的任务统一起来。我国社会主义现代化建设，既依赖于科技进步，又依赖于劳动者素质的提高。基础教育是普及的教育，它要为“两个提高”，即提高知识分子的数量和质量与提高劳动者素质打好基础。它又要适应“两个提高”的需要，不断提高普及水平。因此，多出人才，出好人才与提高劳动者素质的任务不是对立的，而是统一的，统一于提高民族素质这一伟大的目标中，统一于打好素质基础这一基本任务中。片面强调“英才”教育，不仅导致广大受教育者素质提高得不到应有重视，同时也使一些“英才”的种子在考分这一选拔标准下过早就被淘汰。而被选中的“英才”苗子，也由于基础素质不坚实，而难以成才。

其次，要把群体培养目标和个体发展目标统一起来。基础教育要将党的教育方针具体化为培养目标，并依此确定每个学段和学年的教育要求，这样才能有计划有步骤地施教。在这里，最重要的是明确基础素质的要求，同时创造每个受教育者都得到发展的条件。

要认真分析作为公民必须具备的共同素质结构，也就是基础素质的内涵，这应当是基础教育的群体培养目标。这种素质结构必须充分考虑民族文化传统的因素以及未来时代要求的因素。对思想道德、科学文化、身体心理和劳动技能的基本素质要有全面适度的要求。内容要求过多，难度要求过大，是当前打不好全面素质基础的重要原因之一。邓小平同志一贯强调教育要面向未来，要适应未来科技进步、社会发展和国际竞争的需要。因此，我们必须重视基础素质中的时代要求，如法制观念、科技意识、竞争意识、合作能力、外语运用能力、计算机运用能力、社会交往能力的培养。

还必须看到群体目标最终要落实到不同的学生身上，在落实过程中要从每个学生的实际出发，使他在达到基础素质要求的同时，发展符合个人特点的素质，以增强个人在未来社会生活中的特殊适应能力，并创造在未来社会生活中确定个人位置的条件。因此，在教育活动中，特别是现行大班教学的形式下，教师面对的不能只是一个班，而应是一个个不同的学生。

同时，要把重视教育结果和重视教育过程统一起来。教育的现效不能单纯以分数为标志，而教育的现效又不等于教育的后效，教育的后效才是教育结果的最终体现。所以，必须重视由教育思想支配的教育过程，重视教育过程中反映出来的教育思想。因为真正良好的教育效果，存在于正确教育思想指导下的教育过程之中。

班主任是班级教育活动的组织者，所以，一位好的班主任，应当是为每个学生发展服务的服务员。我想，这是现代教育观念的重要体现。

要做好服务员，就要树立以学生为主体的意识。学生的发展必须通过自身的积极活动来实现，知识的获得，品德的形成，体质的增强，特别是创新精神和实践能力的培养，都有赖于主体的自觉参与，而不可能由教师代替或者包办。

要做好服务员，就要树立与学生平等的意识。教师总需学生仰视而望而生畏，就无法真正了解学生，无法推心置腹地沟通，无法在情感交融中使学生的潜能得到开发，从而也就无法真正做到为学生的发展服务。

要做好服务员，就要树立全心全意的意识。一切为了学生，为了一切学生，为了学生的一切，应当成为我们的唯一的宗旨。教师的成就就是在为学生服务的过程中实现的，而绝不是在学生为我服务的过程中实现的。

因此，一位优秀的班主任要实现“让失败率为零”的工作目标，就必须自觉地做好每位学生的服务员。我衷心地希望，“让失败率为零”的口号在“紫禁杯”的指导下，越来越响亮，并成为今后评选优秀班主任的基本条件。我也衷心地希望“紫禁杯”优秀班主任奖的获得者，都能成为为学生发展服务的优秀的服务员。

拓展学校心理教育的空间*

近些年来，学校心理教育逐步深化，不断拓展着心理教育的视野，不断开掘着心理教育的内涵，使学校的心理教育取得了可喜的进展。这种进展集中地体现在以下四个方面：一是实施心理教育的目的已由较多地为了适应“应试教育”的需要，向适应全面素质教育的需要转变；二是实施心理教育的内容已由较多地注意排除心理障碍，预防心理疾患，向重视全面促进学生心理健康转变；三是实施心理教育的形式已由较多地注意开展心理咨询，举办心理讲座，向重视将心理教育贯穿于全部教育教学活动之中转变；四是实施心理教育由主要依靠专家、专门工作者，向依靠在专家指导下以校长、德育管理干部、班主任、心理教师为骨干的全体教育工作者转变。这些转变体现了我们的教育思想、教育内容、教育方式正在发生深刻的变革，是心理教育开拓者们多年来辛勤耕耘取得的成果。

为了进一步促进心理教育的开展，我认为应当重视以

---

* 原载《人民教育》2000 年第 7 期。

下几个问题。

一、实施心理教育是为了全面推进素质教育

党的十一届三中全会以来，为了恢复被摧残和扭曲了的学校教育，从加强和改进课堂教学入手，教育改革不断向纵深发展。20世纪70年代末期提出以“加强双基，培养能力”为教学改革重点，80年代初期进一步提出“培养能力，发展智力”。在80年代中期，相当一部分同志支持要重视非智力因素的开发时，心理教育蒙上的面纱渐渐被揭开，它悄然登上了学校教育的殿堂。

相当一部分地区和学校关注心理教育是从应试的需要开始的。为了使学生在复习阶段能够有饱满的激情、坚韧的毅力，在考试阶段能够有专注的精神、良好的心态，更为了排除学生在这一特定阶段产生的诸多心理障碍，心理辅导成为重要的手段。对应试心理的重视，渐渐地逐步扩展到对学习心理的重视，在素质教育的实践中进而扩展到全面推动心理教育的开展。

同时，有一部分从事德育工作的同志在长期的实践中意识到，学生表现的差异不完全是思想品德的差异，也不单纯是智力的差异，相当一部分表现为心理的差异。特别是学生在青春期表现出的种种反常行为，其实是这个时期常态的心理反应。因而在20世纪80年代后期，德育工作者将个性心理品质的培养纳入德育的范畴。随着心理学知识的普及和心理教育研究的进展，教育工作更进一步认识到，心理教育虽然与德育密切相关，但并不相同。从而在90年代初期，学校心理教育开始加快了从德育中剥离的步伐。

面对新世纪的到来，党中央、国务院做出了深化教育改革，全面推进素质教育的决定。江泽民同志也对教育问题发表了重要讲话，进

一步明确了教育必须为提高民族素质、培养优秀人才以适应社会主义现代化建设的需要服务。国民心理素质是民族素质的重要组成部分，又直接影响着国民的思想道德素质、科学文化素质和身体素质的提高。素质教育的核心是德育，重点在于培养学生的创新精神和实践能力。心理教育对于促进创新精神与实践能力的培养有着重要的作用。因此，实施心理教育必然成为素质教育的重要组成部分，并和德育、体育、美育相辅相成。

我们正处在社会的转型期，经济体制、文化观念、生活方式都在发生着深刻的变化。这些变化的某些方面可能有利于人们心理素质的健康发展，但也容易使一些人产生心理障碍，甚至心理疾患。因此加强心理教育对于提高民族素质就更具有重要的现实意义。

我们只有将心理教育植根于素质教育的土壤之中，才可能牢牢地把握正确的方向，才可能使心理教育充分发挥提高学生全面素质的能动作用。全面素质教育也只有在不断提高心理教育水平的过程中才可能更加完善，更富有成效。

二、实施心理教育要全面促进学生的心理健康

学校心理教育承担培养、开掘、预防和补救四个方面的任务。我们推进心理教育可以在不同时期有不同的切入点和侧重点，但应当着眼于通过加强全面的心理教育，来促进学生心理的健康发展。

培养良好的心理素质是心理教育的首要任务。通过心理教育使学生具有良好的心理素质和心理能力，塑造健全人格，这无疑是为学生未来的发展奠定重要的基础。21 世纪，随着社会主义市场经济体制的完善，随着社会各项改革的深化，随着国际竞争的加剧，人的自立、自信、自强的精神，人的合作意识与交往能力，以及作为一种高

层心理需求的创新意识与成长愿望，不论对社会的发展还是对人自身的发展都至关重要。传统教育忽视这些心理素质的培养，现代教育应当自觉地将这些作为教育的内容，以使学生形成健全的人格。德国的职业教育称这些心理素质为“关键能力”，并把关键能力的培养，列入职业教育的教学大纲，由教师在教学中组织实施。这应当给我们深刻的启示。

开发心理潜能是心理教育的重要任务。脑科学的研究成果，从来都对教育学的发展有着重要的影响。巴甫洛夫的条件反射学说，对凯洛夫教育学的影响是人所共知的。现代脑科学的研究成果，充分表明人脑的巨大潜能包括心理潜能尚有相当部分未被开发。最近美国心理学家霍华德·加德纳的《多元智能》一书在我国出版发行，引起了教育界不少同志很大的兴趣。霍华德·加德纳认为，通过大量心理学的实验数据和实例的观察分析，人类至少存在七种以上的思维方式。他对人的七种智能，即语言智能、数学逻辑智能、音乐智能、身体运动智能、空间智能、人际关系智能和自我认识智能下了定义。他认为，实践证明，每种智能在人类认识世界和改造世界的过程中都发挥着巨大的作用，具有同等重要性。他还认为每个人与生俱来都在某种程度上拥有这七种智力的潜能，环境和教育对于能否使这些智力潜能得到开发和培养有重要作用。他经过研究证明，传统教育和过去在西方流行的智商测试，只重视课堂学习，忽视了社会实践。他在《多元智能》一书中指出，单纯依靠用纸笔的标准化考试来区分学生智力的高低，考察学校教育的效果，甚至预言学生未来的成就和贡献，是片面的。这样做实际上是过分强调了语言智能和数学逻辑智能，而否定了其他同样是社会所需要的智能，使学生身上许多重要潜能得不到确认和开发，造成他们当中相当数量的人虽然考试成绩很好，走上社会后却不能独立解决实际问题，这是人才的极大浪费。霍华德·加德纳的理论对于我们实施全面素质教育有着重要的借鉴意义。实际上，重视运用脑科学和其他科学的研究成果开发人的潜能，包括心理潜能，才是全面实施素质教育的真谛。

预防心理障碍和心理疾患是心理教育的又一重要任务。社会、学校、家庭甚至自然环境等外因的影响，以及学生自身身心素质基础等内因的作用，都可能使学生产生心理障碍，甚至造成心理疾患。因此，当前一方面要加强青春期知识教育、心理卫生知识教育及有关膳食结构与性格调节的知识教育，通过预防性知识教育，提高学生的理性认识；另一方面，要通过多种形式的预防性心理训练，以增强学生排解忧郁、承受压力、控制情绪的能力。同时还应当重视排除对学生产生不良心理影响的外在条件，特别是可能带来不良后果的教育方式，以防止出现由于教育不当而产生的群体性心理障碍。

排除心理障碍、治疗心理疾患是心理教育的补救功能。我国目前青少年心理健康状况令人担忧，而青少年犯罪率的居高不下和犯罪低龄化、恶性化和集团化的动向，更应引起社会的广泛关注。其中的犯罪原因不同程度存在着心理因素。江泽民同志关于教育问题讲话中举出的恶性事件，反映出一些青少年由于心理不平衡而产生暴力冲动，这种冲动在一定条件下就会转化为暴力行为，甚至走上犯罪的道路。目前，青少年性罪错、出走和自杀数量的增加，更反映出当前青少年心理障碍和心理疾患的严重性。所以，通过心理咨询和其他心理矫治手段进行补救，或者协助治疗机构进行补救也是学校心理教育的紧迫任务。

三、心理教育必须贯穿于全部教育教学活动之中

由于心理教育功能的特殊性，实施心理教育采取提供心理咨询、进行心理辅导、建立心理档案等特殊的作业方式，是十分必要的。不少学校已经在这方面积累了成功的经验，我们必须不断地总结和完善，并且加以推广，使心理教育进入每一所学校，进入每一间教室，进入每一个学生的心灵。但是由于心理教育功能的全面性，心理教育就不能只局限于上述的专门作业方式，而应当贯穿于全部教育教学活动之中。教育教学活动过程同时是心理活动的过程，教育教学活动本身就必然在自觉或者不自觉地进行着心理教育。这一方面要求在教育教学活动中要增强心理教育意识，能动地发挥培养良好心理素质、开掘心理潜能、预防和治疗心理障碍和心理疾患的作用；另一方面要求改进教育教学的方式方法，以避免在教育教学活动过程中有意无意地制造学生的心理障碍，甚至引发学生的心理疾患。

当前减轻学生过重的课外学业负担，是推进全面素质教育的有战略意义的重要举措。过重的课外学业负担，不单压在学生身上，更压在学生心上。学生埋头于完成各项庞杂而又无甚必要的作业，就难以产生对生活的热爱和对人类的关心，难以有舒展的胸怀和创新的精神。一些同志认为，在学生中一度掀起的对“还珠格格”的崇拜，实际上反映出了年轻一代对敢做敢当、敢哭敢笑、无拘无束、自由自在性格的向往，反映出对心理上受到压抑的现实的不满。这应当引起我们的反思。

四、实施心理教育是全体教育工作者的责任

由心理教育的专业性与科学性决定，专家始终是学校心理教育的

倡导者、研究者与推广者。学校心理教育的普及与深化都必须而且只能在专家的指导下进行。专家与部分心理教育的专门工作者开辟了学校荒芜了的心理教育园地。但是由心理教育的宗旨、任务和方式决定，全面实施心理教育的任务必须由全体教育工作者来承担。只有形成在专家指导下，以校长、德育管理人员、班主任、心理辅导教师为骨干的全体教育工作者共同参与的学校心理教育队伍的格局，心理教育才能真正取得实效。

要努力提高全体教育工作者的心理教育意识，使每个人都把实施心理教育作为渗透在教育教学工作中的自觉行动。同时，要在全体教育工作者中普及心理教育科学知识，不断提高全体教育工作者心理教育的能力和水平。当然，加强心理教育骨干力量的培训，以发挥他们的带动作用、示范作用，在心理辅导、咨询以及矫治中的专门作用，从而减少、避免误导，也是极为关键的环节。

教育是一个系统工程，心理教育也是一个系统工程，需要学校、家庭、社会共同来进行。家长对子女人格的影响是巨大的，因此，学校必须承担起对家长进行心理教育指导的责任。有的同志说，现在的教育效果是“5＋2＝0”，即 5 天的学校正面教育效果，很快就会被周末两天家庭和社会的影响所抵消。这充分表明，只有学校、家庭、社会形成合力，才能获得心理教育的最佳效果。

当前，还应特别强调教育工作者调整自身的心态。由于教师也处于动荡变革的社会环境、家庭环境与工作环境之中，因此，其自身的心理也会产生诸多不平衡的心态。如果带入教育教学活动中，就会对学生产生不良影响，甚至与学生发生冲突。近一时期，社会反映较多的学校暴力问题，其中有相当一部分是发生在师生之间的。因此，教师的心理健康也应当引起教育部门及学校领导的关注。

学校心理教育取得的进展使我们深受鼓舞，但从总体上看，毕竟还处于起步阶段。特别是心理教育，不仅要针对群体，更要针对个体，而且要充分发挥学生在心理教育过程中的主体作用，因此比知识传授要复杂得多。所以，加强心理教育试验与研究是十分必要的。我们要进一步开展群众性的心理教育科学研究工作，以期在实践中探索一条具有中国特色的学校心理教育之路。

加强德育研究　促进中学德育的创新与改进*

最近有四件事让我很受触动。

一是2000年9月27～31日，我在澳门参加联合国教科文组织举行的东亚地区联系学校会议。在这个会议上，我见到了澳门一所大学的校长，我问他这所学校里教师的来源。他说有三部分：一部分是澳门人送到祖国内地上大学毕业的；一部分是澳门人到台湾地区学习毕业的；还有一部分是到西方留学回去的。我问这三者之间有什么差异，他感觉送回内地学习然后再回去的这部分人业务水平普遍都比较高，但爱国情感和敬业精神比较差。说敬业精神比较差我有思想准备，说爱国情感比较差我毫无思想准备。我一贯认为进行爱国主义教育是我们的长项，结果我们培养的人却爱国主义情感淡薄，这使我受到了触动。

二是在成都进行的研究西部开发问题的西部论坛上，

---

* 2000年10月在中国教育学会德育专业委员会和北京东方德育中心联合组织的全国中小学德育工作高级讲习班上作的德育专题报告，原载《德育报》2001年4月30日。

我听到一位美籍华人的演讲。他说，西部开发是和谁竞争？不是和东部竞争。因为东部和西部之间是一个互补的关系。因此西部开发是和墨西哥、印度、东欧地区竞争。也就是争取国际财团，他们是把钱投到墨西哥、印度、东欧还是中国西部。中国西部想要在开发过程当中把国际财团的资金吸引过来，靠什么？很多人认为要靠基础设施。无疑，必要的基础设施是肯定要有的，对墨西哥、印度、东欧地区来讲，他们同样在重视基础设施的建设。但有几点是必须加强的。首先就是西部一定要有一种经济文化——一种适应经济发展的文化。西部现在的省长们、市长们对于国外的企业和国外的专家都是非常尊重的，但可惜一到了基层单位，办事非常难。他说，我们国家机关的工作人员的责任心和效率如果不提高，这种经济文化就建立不起来，就不可能吸引国际财团把资金投到这里来。现在我们国家管理开发工作的以及政府各个管理部门的主要从业人员，相当一部分是近二十年从学校培养出来的，但是这些人所表现出的工作责任感、效率观念以及工作作风，并没有得到各有关方面的充分肯定。这是从一个侧面对学校德育工作的检验。

三是我看见前几天烟台出版的报纸上登了一篇小文章，大意是在日本听一堂小学德育课。上课以后，老师就讲，有一个姑娘叫正子，她接到远方朋友的一封来信非常高兴，但当她要打开信封时，发现信封上贴着一个纸条，纸条上写着：这封信贴的邮票邮资不足，请到邮局把邮资补足。于是她就到邮局把所欠的邮资补足。回来后，她对哥哥讲了这件事，问哥哥应不应该把这件事告诉寄信的朋友。她哥哥讲，你别告诉她，你如果告诉她，肯定会触伤她的自尊心。她又问妈妈。妈妈说你可以告诉她，这个信是欠资的，但你不要告诉她具体欠多少，因为你告诉她具体的欠资数量以后，她会认为你是要让她补给你这些钱。老师又说，还有的人认为正子应如实地告诉远方的朋友，你贴的邮票欠资，而且要说欠了多少钱，也有的人认为这样的事情不应当草率地决定怎样做，应该反复地考虑。然后老师就把这四种意见写在黑板上，让孩子们把自己的名字贴在自己赞同的意见下面。结果，每一种意见下都有孩子的名字，但比较多的是赞成第三种意见，就是要告诉远方朋友欠资，以及欠资多少，这样她以后就会注意。老师最后讲，我也赞成多数同学的意见，我们这节课就是请同学们记住，对你的朋友永远应该充分信任。然后就下课了。我想按照我们的常规，上德育课讲对朋友要信任，先要讲为什么应当信任，我们要分析第一个原因、第二个原因……然后讲怎样去信任。而日本人的这堂课，老师实际上只讲了几句话，但给人的印象却非常深刻。

四是最近贵州的报纸上登了一篇短文，说的是在美国听的一节历史课。历史老师一到课堂就讲，上次我们进行的历史测验，同学们的成绩普遍都不好，都不及格，因为你们回家不好向家长交代，所以我可以给你们增加 10 分，让你们及格。但有一个条件，在我们班的同学当中只有白人同学有这种权利，黑人同学没有。老师一讲完，黑人孩子一下就火了，有的同学就把课本呀、笔呀向教师摔过去了。教师自己准备了一样自卫的东西，一把玩具水枪，老师拿水枪射这些学生，结果就这么折腾了半节课。最后老师说，大家坐好，我们这节课就是想要大家了解，当年黑人为什么要暴动，和他们当时暴动的情况。他没有讲白人如何压迫黑人，我想学生就很明白，当初白人可以享有的权利黑人是没有的，黑人在忍无可忍的情况下会起来暴动。

这几件事给我的触动就是，我们应该深思，德育究竟应该怎么进行才可以加强。像这样我们认为不像话的德育课反而取得很好的效果，而我们那种非常认真、正规、有系统的德育反而得不到应有的实效，这确实值得进一步研究。所以，我们应该把加强德育研究、促进中学德育的创新与改进，作为一项重要的课题，这应该是下一阶段加强德育的主旋律。

在一次关于德育工作的会议上，北京四中的校长邱继隆同志在发言中提出，德育的实效性差的主要原因有两个，一是主观愿望干扰了实际效果，一是形式主义干扰了实事求是。他举了个例子，“两史一情”教育本是生动活泼的，学生很受感动。但后来要考“两史一情”，于是政治课的内容立刻就变了，成为“应试教育”，使得生动活泼的实效性失去了。所以实效性差并不完全在于我们没有加强德育，也不是因为我们的德育课时、德育工作人员比其他国家少，主要还在于我们德育本身存在着需要进一步研究探讨的问题。就像江总书记讲的，形式主义和教条主义是德育工作取得实效的主要障碍。

江总书记把加强和改进思想政治工作的重点说得很明确，就是要增强时代感，加强针对性、实效性、生动性。他在全国思想政治工作会议上的讲话中指出，形式主义、教条主义那种简单生硬，不讲究方式、方法、对象、条件、场合，照本宣科，生搬硬套，老生常谈，空话连篇，绝对不会有成效。他还讲，形式主义害死人，搞形式主义不仅是自欺欺人，而且是劳民伤财。

我们的德育工作当中也存在一些自欺欺人、劳民伤财的成分，总书记在讲话中提出，我们现在应该春风细雨，润物无声，耐心细致，潜移默化。我们应该从这个角度认真审视一下学校德育工作。我认为审视的结果应该有这样的结论：第一，中学德育有着优良的传统，作了重要贡献；第二，现在确实存在着时代感不强，针对性、实效性、生动性不强的问题，也存在着一定程度的形式主义和教条主义；第三，应该在发扬优良传统的基础上创新与改进，不创新与改进就不可能真正加强德育。

就德育工作的创新与改进，我谈三点想法。

第一，增强时代感。

德育如果没有时代感，就会让学生觉得，我们所进行的德育，包括思想品德课所讲的是离他们很遥远的东西，是他们难于理解的东西。现在讲传统教育，讲填平代沟，绝不是简单地把孩子们拉回到我们所生活的年代去，而是要让他们就他们所处的时代来接受我们的教育。增强时代感，才可能增强针对性，才可能增强贴近感，也才可能增强实效。在增强时代感上，我觉得应该注意三个方面：

一是对重大的理论问题和实际问题的教育要增强时代感。江总书记在全国思想政治工作会议上专门谈了这点。比如如何认识社会主义发展的历史进程，如何认识资本主义发展的历史进程，如何认识我们党的性质和任务等问题，都要以邓小平提出的“三个有利于”和江泽民同志提出的“三个代表”重要思想为依据，这样我们对重大的理论问题和实际问题的教育才能有强的时代感。

二是对学生思想特点的把握要增强时代感。没有时代感就很难有针对性。现在的学生跟三十年前的学生是不一样的，主要的特点是独立性、选择性、多变性、差异性明显增强。原因就是原来没有进入改革阶段的时候，社会的发展是相对平稳的，人们的心态也是大致相同的。过去在计划经济体制下，只有相对单一的利益格局，同时，信息渠道也比较单一。现在不同了，一方面社会变革与学生家庭的碰撞必然影响学生。利益格局多元化了，不同的社会群体里人们的心态不一样，再加上获取信息的渠道和信息量的不同，学生之间思想的差异性会更大。如果说过去用相对单一的教育内容、方式方法来教育学生有些效果的话，现在如果不针对不同学生的思想特点，就很难取得实效。社会主义价值观的核心是为人民服务，基本原则是集体主义。要让这样的价值观在社会生活中占主导地位，就必须要有时代感。

三是对学生进行德育的方式也必须增强时代感。传统的行之有效的方式依然要坚持，但是应该有勇气改进，要代之以新的教育形式、新的教育手段。因此，要增强德育实效性，推进中学德育创新与改进，首先应该研究增强时代感的问题。

第二，增强综合性。

原来的德育工作中存在着一种“三割裂”的现象。第一种割裂是德育与其他教育割裂。在学校里把德育就看作是德育处、团委、班主任的任务，全体老师并不是都把它看成是本职工作；只把德育活动作为进行德育的重要渠道，而没有把各科教学都作为进行德育的基本渠道。再一种割裂是德育内容自身的割裂。对德育常常把它切成政治教育、思想教育、品德教育，还有心理教育。实际上这些是不可分割的。我们研究、分析德育内容是一回事，进行德育是另外一回事。如果我们在进行德育的时候把德育内容截然分开，就很难取得好的效果。第三种割裂就是德育途径的割裂。知、情、意、行——是德育过程，这是有共识的，但又常把知、情、意、行割裂开来，往往把德育的任务局限在“知”上，把最后形成情感意志转化成行动并不看成是德育的责任。我们的德育工作一方面继承了15世纪以来自然科学的分析方法，一方面继承了中国研究经书的演绎方法。结果常常会把简单的弄成复杂的，把复杂弄成不明白的，最后一直到把很容易明白的事情弄成很不明白。比如对朋友应当信任这个结论，通过一个生动事例学生就可以理解了，但是如果我们把为什么要对朋友信任分析出若干条道理来，学生反而难于接受。

我们要加强德育的综合性，改变这种割裂的状况。德育绝对不仅仅是三支队伍的事，三支队伍是骨干力量，全体教师是主体力量；德育活动是重要渠道，各科教学是基本渠道。因此必须把德、智、体、美的教育目标在实施过程当中综合起来。我们的教育目标应该是综合的，我们德育的目标也应该是综合的。在教学过程中，比如高中课程里有政治常识、经济常识、哲学常识，我们不可能在哲学常识中不涉及政治和经济的内容，这些内容自身是糅在一起的。最近，我在《人民教育》上发表了一篇关于心理健康教育的文章，认为应该拓展心理教育的空间，就是说孤立地提出心理教育也是不行的，心理教育必须和整个的教育融合起来。如果把心理教育仅仅看成是搞心理辅导和心理咨询，很可能你在这边进行心理教育，还有一些老师在课堂上正在损伤学生的心灵。

因此，德育的目标、途径都应该是综合的。如果我们不把这些糅在一起，过多地分工，在人上分工，在课上分工，在活动上分工，就很难取得真正的效果。

第三，增强渗透力。

这是德育创新需要研究的重要课题。渗透力实际上就是内化力，德育归根结底是把德育的内容内化为一个人内在的稳定的品质。要遵循学生的认识规律去内化，过去的德育实效性差就是内化不了。一个学生在高中毕业的时候政治课可能考的是满分，但进了大学以后却没有正确的政治观点，关键在于没内化为他的自身认识。增强渗透力，需要重视三个问题的研究。

第一是把握基本，减少繁琐哲学。繁琐哲学是教条主义的表现。我们不能够总是无限制演绎，把简单的问题讲得复杂起来，直到学生糊涂为止。我过去也教书，感到困难不在于在课堂上应该讲什么，而是应该不讲什么。现在在备课过程中，对不讲什么，研究的比较少，讲什么，想得比较多。这个觉得应该讲，那个也觉得应该讲。这当然不完全是老师的问题，因为老师怕漏掉。如果漏掉，考的时候怎么办？所以一律都要给学生交代得非常非常充分，光是课本还不够，要找很多材料来补充讲义。我认为如果我们讲的内容比课本少，可能成功率会更高。因为，我们会更重视让学生理解最基本的东西，最基本的观点。而这种理解并不一定必须通过说理的途径，同样可以通过学生所有能够接受的其他方式。我前边举了两个例子，并不是提倡我们的课堂教学都变成那样，但至少给我们一种启示，就是人家那样教也有效果，而且还有很强烈的冲击力。如果一个黑人学生在课堂上曾经用课本摔过提出无理条件的白人老师，他会一辈子忘不了黑人就是在这样不公平的待遇之下才起来反抗的。所以，最大限度地减少繁琐哲学，最大限度地突出基本观点，是很重要的。如果把基本的东西淹没在无数非基本东西的海洋之中，学生反而更不容易把握。

因此，课堂教学的改革力度要加大，课堂教学的创新力度也要加大。德育也好，创新精神和实践能力的培养也好，其基本途径还是在课堂。如果没有课堂教学面貌的根本改变，就不可能有真正的素质教育。因此，加强德育也要立足于改革课堂教学，其中当然也包括改革思想品德课、政治课的教学。

第二是增强学生的判断能力和创新能力。让学生学会选择是教学过程中的一个基本要求。由于在实行标准化考试中出现一种选择类型的题目，所以大家开始重视把选择作为一种教学方法。但是很多选择题往往是我们编出来的，然后让学生记住应选的答案，我想不应该是这样。现在北京一些教育工作者正在进行尊重教育实验，其重要内容之一在于整个教学过程要给学生留下选择的空间。像我们刚才所讲的一节日本的德育课，老师可能讲出了他的意见，也可能没必要讲出他的意见，几种情况让学生自己去分析、判断。

到一所小学，当外宾给学生提出一个问题的时候，这个学生常常是在回答问题之前先看看老师，回答问题之后再看看老师。因为他觉得真理都在老师的手里，没有自信。老师点头，他就认为自己说对了，老师一皱眉头，就认为自己说的不对。这样的孩子将来步入社会以后，遇到复杂的社会现象就很难具有独立的判断能力。人不可能一辈子有老师在身边，再加上老师有时候判断也不一定正确。所以我们应该多给学生一些选择和判断的机会，以增强他们的判断能力。况且，创新的东西基本上不在你给他的答案里，他要想创新就必须自己去选择和判断。过去觉得教学必须给学生最明确最准确的结论，我想今后不要简单化。如果在政治课考试中因为比标准答案少一个“的”字就要扣分，那么我们就无法真正培养学生的判断能力和创新能力。

第三是加大情感感召力度。德育只有理论的灌输是不行的，还要有情感的灌输。情感往往是由感性的东西激发出来的。从前边举的那两个例子我们可以发现，他们都是从感性入手来激发学生的情感，形成他们的认识的，这很符合学生的认识规律。奥运会所进行的爱国主义教育，大概比哪一节课都强烈。如果我们要讲国旗的尊严的话，恐怕没有比让学生看一场比赛后升国旗时学生的感受更深了。

最后，我想讲一下，提高教师的师德水平和德育能力是加强和改进德育的关键。

首先，要高度重视教师言行的示范性，特别是教师价值取向的示范，教师道德行为的示范。因为教师判断是非的标准直接影响着学生的价值判断，教师的道德行为直接影响着学生的道德行为。比如说老师与老师之间经常有矛盾，这种老师之间的矛盾对学生处理人际关系会有相当程度的影响。教师对学生的尊重也会直接影响学生去尊重别人。

要高度重视教师德育过程的教育性，也就是说要重视过程。“应试教育”与素质教育的重要区别之一，就是“应试教育”比较重视结果，就是考试的结果。只要你考得好一切就都好。总结经验从哪儿总结？就是考好了返回来找经验。而素质教育最重要的是重视过程，因为素质教育中内化为学生品质的那些东西是在过程当中实现的。素质教育的效果包括德育的效果一方面是难以全面评估，一方面是难以及时评估，这是德育评估的难题。因为德育和素质教育的最终效果是看学生进入社会以后所具有的品质是什么，所以及时评估很难，全面评估也很难。由于有这样的情况，我们就要重视过程。药品和食品生产当中有个 GMP 标准，这实际上是质量标准，但是这个质量不是对最终产品的检验，而是对生产过程中每一个环节的把握。如果每一个环节都把握住了，最后的质量肯定是合格的。在这个基础上又有一个标准叫做 HACCP，这个标准就叫作危险因素分析及关键点控制。就是在生产过程中要分析哪一些地方存在着影响质量的危险因素，然后控制住这些危险因素的关键点，控制住这些关键点，质量就有了保证。这给我们很深刻的启示，我们应该树立过程意识，过程必须有教育性。我们曾经在电视台转播过一个班会，这个班会是非常感人的，这是结果。过程呢，最后才知道，老师已经布置好了班会中谈感想的时候谁发言，甚至讲到哪一句话的时候应该流眼泪。我们看的人虽然很感动，但这个班会只不过是让学生演了一场戏，过程本身对学生并没有多少教育性。我们可以把这堂班会评为最佳班会，但学生在参与过程中也只掌握了一样东西——如果要想获取荣誉，必须弄虚作假。

我们要重视过程，就必须改变对教师的管理，必须注意管理的科学性。由“应试教育”变为素质教育，我们提出了“减负”。教师对学生的压力要减轻，必须首先减轻对教师的压力。因为不减轻教师的压力，教师就不可能真正减轻对学生的压力，教师对学生的压力只不过是他所受到的压力的一种传导。因此，我们要改变对教师的评估方式，现有的目标到达度的评价模式虽有利于规范但不利于创新。我们现在鼓励创新，评价就必须相应改变，要使那些重视过程并且有创新的德育工作得到充分肯定。

引领教育发展与改革的潮流*

——关于优质中学建设的几个问题

优质中等教育既指中等教育总体的高水平，又指教育思想、课程教材、教师队伍、教育管理的高水平，当然，归根结底是培养出来的学生的高水平。发展优质中等教育，既涉及优质中等教育资源的扩大，又涉及优质中等教育内涵的提升，而优质中学的建设无疑是发展优质中等教育的关键。

一、珍惜宝贵的教育资源

我国有着世界上规模最大的中等教育，但优质中等教育资源的不足，仍然是当前整个教育事业发展的瓶颈之一。

我国现有的一批优质中学是国家的宝贵财富，它们行进在世界优质中等教育队伍的行列之中，毫不逊色。

优质学校是先进教育思想的代表、教育改革的典范、

---

* 2004年8月4日在北京举行的首届中国中学校长大会上作的主题报告，原载《北京教育》2005年第3期。

培养优秀人才的摇篮。新中国成立以来，国家通过设立重点学校和示范学校来拓展优质教育资源，其目的就是为了取得教育和教学经验，加以推广，指导一般。多数优质学校的共同点是：有良好的校风传统，有较好的教育设施，有较强的师资队伍，有良好的社会声誉，由此也带来经过选择的较好的生源。由于优质学校大多以先进的教育理念进行着教育的创新，在教育改革中取得了显著的成绩，提高了教育的质量和效益，满足了学生发展和社会的需求，因此，成为其他学校学习的榜样，也成为其他学校追赶的目标。它们带动了整个教育事业向着优质化的方向前进。

优质教育资源的形成是一个动态发展的历史过程，优质中学必须与时俱进。优质学校在形成过程中，一直得到政府直接的或政策的扶持，加上历史的积淀和教育的创新，以较高的教育质量赢得了良好的社会声誉，形成了知名的品牌。但是，“优质学校”是一个相对的、动态的、发展性的概念。“优”是一个历史的范畴，它的内涵随着时代的进步而不断变化和丰富。

虽然一般来说，凡是符合学生发展需要以及符合国家、社会发展需要的教育都是优质教育，但随着时代的前进，社会总在不断地调整着审视“优质教育”的视角和标准，同时也在不断地变化着对一所学校的评价。优质学校既来自政府的评估，更来自社会的认同，即使对政府评价为同一水平的学校，社会，特别是家长和学生也仍然会关注它们的细微差别。因此，“优质学校”不是永恒的，不能与时俱进的学校，必然会成为优质学校行列的落伍者，而一批本来基础不好的学校或者新建的学校却可以经过努力跨入优质学校的行列。

教育事业的均衡发展，从根本上讲是不断扩大优质教育资源的历史过程。2000 年联合国教科文组织在塞内加尔首都达喀尔召开了“世界全民教育论坛”，会议最后通过了《全民教育行动纲领》。这一纲领提出：“向所有人提供受教育的机会是‘胜利’，但如果不能向他们提供保证质量的教育，那不过是一种‘空洞的胜利’。”这充分体现了新世纪从全民教育向全民优质教育转变的新的趋势，说明当前世界教育均衡发展的重点已转向优质教育的均衡发展，因此，对于我国绝大多数地区来说，教育的均衡发展问题，实际上也即优质教育的均衡发展问题。

实践经验证明，以已有的优质学校为基础，逐步发挥其在理念、管理、师资以及品牌等方面的辐射作用，稳步地扩大优质教育资源的规模，是实现优质教育均衡发展的有效途径。

因此，割断历史，认为重点中学的建设是对教育公平原则的破坏是不适当的，因为正是有了这批优质教育资源，我们今天才有推进优质教育均衡发展、实现教育公平的基础。同时，不顾现实，认为在很短的时间内，大幅度扩大现有的优质学校规模，就可以实现优质教育均衡化，就可以使所有学校达到相同的水平，也是不切实际的，因为优质教育的发展是一个长期的渐进式的过程，不可能一蹴而就。

我们必须珍惜优质中学这批宝贵的教育资源，充分认识它们的历史功绩，充分发挥它们的引领作用，在创造条件使它们进一步提高水平的过程中，推进优质教育的均衡发展。

二、承担光荣的历史使命

优质中学肩负着重大的历史使命，这个使命就是成为先进教育理念的代表，引领教育改革与发展的潮流，全面完成中学教育任务，成为其他中学学习的榜样。

优质中学应当以先进的教育理念引领教育改革与发展的潮流。

教育理念是学校的灵魂，是一切教育活动的思想核心、理论基点。教育理念具有导向功能、提升功能、凝聚功能和稳定功能，优质中学拥有的先进的教育理念一旦成为教育活动的准则、教职员工奋斗的目标，就会产生无穷的力量。

先进的教育理念应当站在时代的前沿，既融会国际先进教育思想，又符合中国的实际，具有中国特色，对于一所学校来说，还应当体现自身的特点。

当前，在研究我国教育思想的时候，应当坚持“三个面向”，全面贯彻国家的教育方针；重视落实全面、协调、可持续发展的科学发展观，体现以人为本的思想。

推进素质教育、进行课程改革，是提高我国教育水平的重大举措，是我国教育发展进程中具有重大意义的变革，但其目的不是改变我国的教育方针，不是改变教育要面向现代化、面向世界、面向未来的方向，而是为了更加全面深入地贯彻国家的教育方针，落实“三个面向”。因此，尽管在改革过程中，为了突出改革的重点或选择改革的切入点，我们可以借鉴国内外各种教育理论，提出这样或那样的教育主张，进行多种多样的教育实验，但根本目的都应当是更好地贯彻国家的教育方针、坚持正确的教育方向，那种认为我们现在进行的改革是对我国原有的教育方针的根本性变革的说法，极容易导致新的偏差的产生。

科学的发展观对于教育事业的发展有着极为重要的指导意义，它意味着教育必须与经济、政治、文化以及其他各项事业协调发展；它意味着教育自身的诸多相关因素：数量和质量、规模和效益、共性和个性、继承和创新，以及各级各类教育、学生的素质，都应当全面、协调和可持续发展；它意味着学校的课程设置以及全部教育教学活动都应实现整体优化，体现科学发展观的要求。

坚持以人为本，要求中学教育要为每一个学生的发展服务，而不是只为一部分学生的发展服务。中学应当创设每一个学生展示自己的平台，而不是只提供一小部分学生展示自己的平台。中学应当关注每一个学生，特别是家庭贫困的学生、品德有缺陷的学生、身体有残疾的学生，以及其他许许多多相对处于弱势的个体或者群体。要尊重他们，相信他们，鼓励他们，支持他们，在他们身上体现优质教育的能力和魅力。

优质中学应当是全面完成中学教育任务的典范。联合国教科文组织最近提出，中学教育应当承担以下四项任务：

一是为高一级学校输送新生。作为中等教育，为高等教育输送新生，当然是一项重要任务。一个国家高等教育的水平，直接影响甚至决定这个国家的科技水平和经济发展水平，是一个国家综合国力的重要体现，而高水平的中等教育是提高高等教育水平的前提条件。

二是为学生的工作和生活服务。比尔·盖茨预言："教育将成为衡量个人财富的唯一尺度。"教育水平直接影响学生现在和未来的工作质量和生活质量。中学阶段正处在学生世界观、人生观和价值观形成的关键时期，培养学生积极的人生态度，使每一个学生都能够正确面对自己的人生处境，在应对各种挑战中，能够保持一种良好的心态，并积极地寻找解决问题的策略和方法，从而提高自己的工作质量和生活质量，这是中学教育的重要任务。

三是培养负责任的公民。作为社会的成员，每一个公民都应当有对国家、对社会、对他人、对家庭和对自己的高度的责任感，应当遵纪守法，具有良好的职业道德、社会公德和家庭美德，这是社会安定的保障，是社会文明的基础。中学时期是学生良好思想品德形成的关键期，因此，培养学生的责任感是中学教育的重要任务，也是当前我国中等教育相对薄弱的环节。

四是为学生的终身学习奠定基础。当今社会，人的生存与发展越来越取决于人自身的学习能力，每个人一生的发展过程也即终身学习的过程。基础教育不仅是学校教育的基础阶段，而且是一个人终身学习的基础阶段，培养学生的学习意识、学习能力、学习素养，使学生能够顺利地步入学习化社会，不仅是为他们的终身学习奠定基础，也是为其终身发展奠定基础。

因此，优质中学绝不能将四项任务割裂开来，要在模范地全面完成中学教育任务的实践中，创造高水平的中等教育，攀登世界中等教育的高峰。

三、创造一流的优质教育

面对承担的历史使命，面对现实存在的诸多矛盾，优质中学的校长应当带领自己的队伍为创造更高水平的优质教育而努力。为此，就必须坚持理念与实践的统一、共性与个性的统一、继承与创新的统一。

坚持理念与实践的统一。优质教育的优质资源不仅是物质的，更是精神的，是先进的教育理念。先进的教育理念的形成常常是一个自我否定的过程，在这个过程中，既要摆脱社会因素的干扰，又要摆脱思维定式的控制，因此，使理念真正内化为坚定的信念、施工的蓝图，并成为行动的指南，是一项艰巨的工作，甚至是一个十分痛苦的过程。

当前，中学教育面对的最大困扰是评价的二元化。

评价制度是一个国家教育制度的重要组成部分，应该说教育目标决定评价制度，但是评价制度一旦形成，就具有强烈的导向性，会对教育目标产生巨大的反作用。我国在推进素质教育过程中，形成了面向全体学生、全面提高学生素质的评价标准，它引导着教育改革的方向，而尚处于改革过程中的我国高校招生制度，对我国中等教育的办学思想，无疑产生着巨大的影响。

当前，由于人们认为受教育程度和在什么样的学校受教育对人的发展影响越来越大；由于我国人才观的转变需要一个过程，用人单位对学历要求越来越严格；由于家长对子女，特别是对独生子女的期望值越来越高；由于不少地区领导，甚至民意机构，把招生考试的结果当做衡量本地区政绩的重要指标；还由于有些媒体对招生考试的炒作热度越来越高，使得学校面临越来越大的压力。一个学校的升学考试状况，影响学校的社会声誉，影响上级对学校的评价，影响学校的生源，也影响学校未来的发展。好的考试成绩当然可以通过全面提高学生的素质赢得，但在当前考试制度还不完善的情况下，通过其他途径，包括采取加重学生的负担、违背教育规律的做法，同样可以取得，甚至可能成绩更好。再加上有些教师相对来说更习惯于这些做法，所以造成学校，包括部分名牌学校，有意或违心地采取了一些影响学生身心发展的不适当的措施，引起了社会对教育事业发展前景的担忧，甚至产生优质学校向何处去的困惑。

因此，两种并不协调的评价，仍然在一定程度上反映着不同教育思想的冲突。这种二元化的评价，极易导致学校形成理念和实践相脱节的二元体制。

作为表率的优质中学，应当清醒地认识这一点，自觉地统筹各项教育活动，全面地完成各项教育任务。学校必须为学生未来的发展服务，但也必须考虑学生的现实需求，因为学生的现实需求与学生的未来发展有着相当密切的联系。因此，优质中学在明确优质教育的主流理念的同时，兼顾其他合理的、现实的教育需求，是完全必要的。过分地迁就现实的需要而忽视长远的方向是短视的，但如果过分地激进而超出群众现实能够接受的程度也是盲目的。优质学校要切实走出这种二元体系的困惑，使自身的教育理念与教育实践统一起来，在全面推进素质教育的过程中，在全面完成中学教育任务的过程中，真正为其他中等教育学校做出榜样。

当然，解决这一问题需要相当长的时间，需要政府、社会、学校的共同努力，但我们一定要年年有所作为、年年有所前进。

要坚持质量与效益的统一。优质教育当然是能够培养优秀学生的教育，这是毫无疑问的。但是，只看成果而不看效益，并没有完全抓住优质教育的本质。

正如优秀的工厂必须具有较强的加工能力一样，优质学校也必须具有较强的培养能力。陶行知先生曾经精辟地指出："教育是什么？教人变！教人变好的是好教育。教人变坏的是坏教育。活教育教人变活。死教育教人变死。不教人变、教人不变的不是教育。"

在这里，学生是否变好、变活，是学校有无成果的标志，学生变好、变活的幅度是学校培养能力的标志。学校是不是真正的优质学校，主要应当看学生进入学校以后变好、变活的程度。

因此，学校在进行自我评价的时候，不应当单纯地把学生进入高一级学校的结果作为衡量工作成绩的依据，而应当更重视学生在本校就读期间取得进步的大小。有些示范学校的教育水平并不高，学生在校期间没有多大进步，甚至有退步，但是，由于学生入学时的基础好，所以这些学校升学状况依然好于其他学校，这样就会招致兄弟学校的非议，甚至产生对这些学校是否真正优质的质疑。

在此需要特别强调的是，优质中学应当是按照教育规律提高教育质量的榜样，不应采取违背教育规律的教育方法，拼时间、拼体力，以过重的课业负担，甚至提出要对毕业班进行“魔鬼式训练”，要毕业班准备过“非人的生活”等口号，来赢得好的高考成绩。如果优质中学以牺牲学生的身心健康为代价换取高升学率，那么人们就会提出这样的问题：这些学校究竟是要示范什么？

在教育改革的大潮中，涌现出一批这样的学校，它们豪迈地向有些优质学校或者示范学校提出挑战，发出了“没有教不好的学生”的誓言。这些学校以对教育事业的忠诚、对学生的满腔热忱，立足于创造学生发展的良好的教育氛围，立足于提高教师的教育能力，在生源水平很低的情况下，表现出极强的加工能力，实现了质量与效益的统一，取得了令人叹服的教育奇迹。虽然他们可能还未被正式授予什么光荣称号，但已经成为人们心目中真正的优质学校。

要坚持共性与个性的统一。在计划经济体制下，学校，特别是公立学校作为政府的神经末梢，是单纯传递和被动执行的单位，学校管理者往往不需要更多的独立思考。

我国在 20 世纪 80 年代后期开始进行的以实行校长负责制为重点的学校内部管理体制改革，是对扩大学校办学自主权的有益探索，这项改革在全国推行，大大提高了学校自主办学的积极性。许多学校提出了自己的教育主张，开展了自己的教育实验，进行了许多教育创新。在这个阶段，全国涌现出一批著名的校长，他们各显神通，各具特色，形成了教育界百花竞放的生动活泼的局面。近年来，随着学校的社会责任逐步增加，随着各部门对学校的要求逐步增多，也随着有些学校出现了一些引起社会不良反应的做法，各级相关部门采取了加强对学校管理的许多措施。这一方面使学校增强了责任意识，有助于管理的规范和社会的安全与稳定，但另一方面，也出现了学校的自主活动空间有所减少，学校的创新意识有所削弱，学校不求有功但求无过的思想有所滋长的现象，加大了学校同质化的趋势，弱化了学校特色的形成，影响了一批具有鲜明个性的校长和教师的成长。

所以，在推进现代教育制度建设的过程中，需要再一次倡导在新的层面上的扩大学校办学自主权，各级政府和行政部门简政放权，仍是优质学校的迫切需求。

学校教育必须有共性要求，中国特色社会主义教育的方针是共同的，培养目标是共同的，当前，忽视学校教育的共性要求，特别是忽视培养负责任的公民的共性要求，造成青少年的道德教育存在令人担忧的现象，这已经引起党和政府以及社会各界的高度关注。但是由于受教育者是多样的，社会对人才的需求是多样的，学校贯彻教育方针的途径也必然是多样的。不同的学校会有自身教育理念和教育实践的个性，因此，每个学校的教育理念和教育实践应当是共性与个性的统一、规范与特色的统一。就像体操运动员参加比赛是通过完成规定动作和自选动作来体现自己的水平一样，学校应当在模范地达到共性要求的同时充分张扬个性，这才可能真正为繁荣我国的教育事业、引领教育事业发展与改革的潮流做出贡献。

要坚持继承与创新的统一。1988 年 1 月，全世界诺贝尔奖获得者在巴黎发表宣言，第一句话就是："如果人类要在 21 世纪生存下去，就必须回首 2500 年去吸取孔子的智慧。"他们把中华文明看作世界的宝贵财富，并充分认识到它对世界文明发展的价值。我们在教育事业的改革与发展中，必须高度重视继承我国教育的优秀传统。

一百多年来，我国中学教育有着中国文化传统的渊源，有着西方教育模式的影响，有着苏联教育体制的渗透，有着自身教育的探索，它已不是处于启蒙阶段的幼儿，而是正在阔步走向自己的成年。它要借鉴世界所有国家的教育理念和经验来完善自己，但同时，它也为世界中等教育的发展提供了宝贵的、可资借鉴的经验。我们既不要妄自尊大，也不应妄自菲薄。任何的文化都需要记忆，在进行新的探索的过程中，我们不能失去记忆。我们正在进行的教育改革当然是一场深刻的变革，但我们不能把它看作是新旧教育的分野，一切从零开始。我们在改革的进程中，必须百倍珍惜和充分利用我国古代、近代、现代、当代所积累的所有的教育财富，特别是要高度重视人文精神和人格塑造的优秀传统，以体现中国的教育特色，弘扬我们的民族精神。

面对全面实现小康的重任，面对知识经济时代的到来，面对培养数以亿计的高素质的劳动者、数以千万计的专门人才和一大批拔尖创新人才的艰巨任务，毫无疑问，中学教育需要改革和创新。多年来，中学教育重视文化知识传授，但过分强化应试；强调共性培养，但忽视个性发展；强调勤奋学习，但指令性负担过重；强调尊敬师长，但缺乏教学民主等等。这些问题造成我们在面向全体学生、全面提高学生素质方面，存在着不同程度的片面性，特别是对学生创新精神与实践能力的培养明显不足。因此，转变我们的学生观、教学观和评价观，推进从知识本位向能力本位和素质本位转变的教育改革和课程改革，不仅对教育事业的发展，而且对我国的经济发展和社会进步都有着十分重要的意义。

学校是知识创新、传播和应用的主要基地，也是培育创新精神和创新人才的重要摇篮。无论在培养高素质的劳动者和专业人才方面，还是在提高创新能力和提供知识、技术创新成果方面，教育都具有独特的重要作用。教育创新是以新的观念、体制和方法推动教育事业不断变革，从而使教育事业取得新的进展的创造性活动。高举教育创新的旗帜是优质学校的重要特征，培养具有创新能力的人才是优质学校的重要标志。为此，大力推进教育创新的责任，就历史地落在优质学校的肩头。

北京一位院士在弥留之际发出这样的感叹："一个国家，一般建国不超过50年就会产生至少一个诺贝尔奖得主，苏联1917年建国，1956年获得第一个诺贝尔奖，用了39年时间，波兰用了46年，巴基斯坦29年，印度30年……近代发明大到航天飞机、计算机，小到易拉罐、圆珠笔，都不是出自中国人之手。这不能不说我们的教育还存在着有待进一步剔除的缺陷。"

我想，这段话应当时刻响在每位中学校长的耳边，那并不是因为我们对诺贝尔奖有多迷恋，而是因为我们应当牢记：国家的富强、民族的振兴，中学教育负有重要的责任。优质中学应当引领教育发展与改革的潮流，为创造一流的优质教育，为不断扩大优质教育资源，为使中国更多的优质学校跨入世界先进行列，为中华民族的再度崛起，做出应有的贡献。

成长比成功重要*

——在 2006 年中国沈阳青少年科技创新国际研讨会上的讲话

建设创新型国家是我国现代化建设面临的重大课题。创新型国家直接的、现实的表现就是要形成具有自主知识产权并且能转化为现实生产力的强势产品，并由此形成强势的企业和强势的产业。这种成果，就好像是一个苹果。这个苹果要生长在树上，这棵树就是科学；这棵科学之树要生长在土壤里，这个土壤就是教育，它为科学发展提供水分和养料；这棵科学之树的生长还需要阳光、空气，这个阳光、空气就是文化。因此，创新型国家的建设是建立在教育、文化、科学发展基础上的系统工程。

由此也就凸显了开展青少年科技创新活动的意义。它不仅是为了培养几位将来可能成为创造型人才的青少年，更重要的是为了提供科学发展的教育土壤，形成促进科学发展的文化环境，将创新型国家建设建立在一个坚实的基

* 2006 年 9 月 12 日在中国沈阳青少年科技创新国际研讨会上的讲话，收入陶西平著《追梦人——陶西平教育漫笔》，北京，人民教育出版社，2008。

础之上。所以，在青少年科技创新活动中，我认为成长比成功更重要；做人格塑造的引路人与做科技创新活动的启蒙者同样重要；同时，教育者一定要以科学精神培育科学精神。

一、成长比成功更重要

青少年科技创新活动是全面实施素质教育的重要组成部分。因此，青少年科技创新活动首先是教育活动，是全面推进素质教育的重要组成部分。十几天以前，胡锦涛主席指出："全面实施素质教育核心是要解决好培养什么人，怎么样培养人的重大问题。"这应该成为教育工作的主题。

素质教育的目标是面向全体学生，实现学生全面的生动、活泼、主动的发展。素质教育的核心是加强德育，重点是提高学生的独立思考能力、创新能力和实践能力。素质教育的重要原则是关注学生的个体差异、因材施教。因此素质教育既适应社会发展的需要又适应人的发展需要。

当前我国公民的科学素养的匮乏是国民素质与现代文明不相适应的一个突出的问题，而科学精神教育的薄弱则反映了中国教育的严重缺陷。

掌握必要的科学知识，具有科学精神和科学世界观，能够以科学的态度和科学的方法提出问题、分析问题、解决问题，是全面的、完善的现代小康社会的公民应该有的科学素养。全面提高公民的科学素养首先就必须抓住青少年科学精神教育这一关键环节。

青少年的科技创新活动是提高学生的科学素养，进而提高青少年的全面素质的重要途径。青少年科技活动的开展，不在于青少年眼前的科技创新成果水平的高低，而在于青少年科学素养的提升。也就是说，使学生成长比眼前科技创新的成功与失败更加重要。我们的科技创新活动当然要为未来的科学家打好素质基础，但是，我们不能只选择将来可以当科学家的人来培养，不能只选择认为是科学家的苗子的人来参与，我们应当面向全体学生，创造性地开展适合每个学生的科技创新活动。因为全面提高学生整体的科学素养既是科学发展的动力，又是形成科学文化氛围的基础，当然，也就必然成为孕育未来科学家的温床。素质教育的任务是要创造适合每个学生的教育，而不是只选择适合教育的学生。

二、要做科技活动的启蒙者，更要做人格塑造的引路人

教师和科技工作者要将塑造人格的任务放在与引领科技创新的任务同等重要，甚至更加重要的位置。在科技创新活动中，要有针对性地用符合青少年特点的方式培养青少年的科学精神。要正视我们原有教育的薄弱环节，在科技创新活动中着力引导青少年充满激情、勤于思考、乐于动手、注重细节、不怕挫折、学会合作，使我们的青少年认识到“激情成就梦想，实践积累才干，细节决定成败，挫折孕育成功”。

我们开展科技创新活动当然是要改变青少年的思维方式，但是任何思维方式的改变如果不伴随着心灵的净化和道德的提升，都是很难取得真正的、有益的、创新的成果的。所以我们一定要树立正确的科技创新活动的价值观，牢牢把握科技创新活动的方向，充分发挥科技创新活动的全人教育的功能。

三、要以科学精神培育科学精神

科学精神是从科学发展的历史长河中汲取的关于科学的本质属性以及科学方法论的概括。尽管科学家对科学精神有着不同的表述，但

是，实事求是、勇于探求真理和坚定捍卫真理无疑应当是科学精神的精髓。求实精神是科学精神的首要体现。因此，当前青少年的科技创新教育不应当局限于科学知识的传授、科学能力的提升，而应当高度重视以求实精神为重点的科学精神的培养。

科学精神必须以科学精神来培养。当前，学术界存在的一种所谓的“快文化”现象值得警惕。这种文化以“快”作为价值取向，一切求“快”。我们当然希望快出成果，但是绝不能以牺牲真实为代价。这种“快文化”的突出表现就是形式主义和狭隘的功利主义、急功近利。由此产生了在科研过程中的华而不实，在科技成果上的弄虚作假。我们切不可将这种不良的风气带入青少年的科技创新教育活动中。无论是试验、展览还是比赛，真实是第一位的。因此，教师和科技工作者要努力提高自身的道德修养，做到“千教万教教人求真”，并且引导学生“千学万学学做真人”。

激情与理性*

——高中课程改革漫笔

一

高中课程改革由部分地区实验，转向更大范围的推广，是我国教育改革逐步深化的反映。一时间，这场教育改革的重头戏，成为教育界乃至社会关注的重要话题。

不少校长和教师怀着极大的热情参与到课程改革的实践中，或者以积极的态度迎接课程改革的到来。但也有些同志和部分媒体对高中课改存在着这样或者那样的质疑和担心。我想，面对如此重大的改革，这些都是正常的。

推进素质教育是我国当前和今后相当长的时期内教育改革与发展的主题，而课程是实施素质教育的主要载体和基本途径，所以课程改革当然也就成为我们这一代教育工作者肩负的历史使命。

课程改革体现了国家意志。中华民族的振兴有赖于民族素质的提高，而教育是提高民族素质的基础工程。当代

---

* 原载《北京教育》2007 年第 4～9 期。

各国课程改革的共同特点是：通过课程改革，全面落实国家的教育方针，克服原有教育存在的不足，消除弊端，使教育更加完善，更加符合国家的整体利益和长远利益。因此，各国的课程改革都是国家引导和推动下的政府行为。这就要求我们教育工作者在课程改革中以高度的热情履行自己应尽的责任。

课程改革的基本理念是几代教育工作者的共同理想。多年来，我国的学校教育在继承优良传统的同时，借鉴了东西方国家的教育经验，形成了自身的特点和优势。但正如各国通过反思寻求完善本国教育的途径一样，我国的教育工作者也一直正视我国教育存在的问题，并在自身的教育实践中探索改革的方向。许多优秀的教师在课程改革启动以前，就已经开展了多种教育改革实验，积累了丰富的经验，这些已成为我国教育改革与发展的宝贵财富。而课程改革的全面启动，正为教育工作者实现自己的理想提供了机遇和平台。

当然，归根结底，课程改革符合人的发展的需求。课改所追求的目标是以人的根本利益作为出发点和归宿，为所有人更加全面地发展奠定良好的基础。这充分体现了人的现实需要和长远需要。因此，我们教育工作者应当为了学生的现在和将来，把对学生的爱倾情投入到课改之中。

但是，课程改革不是一般性的局部调整，而是深刻的系统变革。高中课程改革更是这一系列变革中最为关键、最为艰巨的部分。

高中课程改革体现了普通高中性质的变化。在普及九年义务教育以后，普通高中已经开始从精英教育向大众教育转变，不再主要是为应试服务的升学预备教育，而是为学生成为社会人并在进入社会后得以持续发展提供比较充分准备的较高层次的基础教育。课程改革正是以此为基点的。

高中课程改革体现了普通高中教育目标的变化。从更多关注学生升学的眼前功利变为更多关注学生的终身发展；不仅关注学生的知识和能力，而且关注学生学习的过程和方法，情感、态度和价值观，关注学生创新能力和实践能力的培养；从更多重视对学生的共性要求，变为在重视共性要求的同时，更加尊重学生的人格与个性差异。

高中课程改革体现了普通高中教育方式的变化。从相对封闭的教育变为更加开放的教育，使学校教育与社会生活密切联系，使教学内容与科技发展密切联系，使课堂学习与实践体验密切联系。在课堂教学中，从以应答式为主的教学方式向重视探究的学习方式转变。

因此，高中课程改革正确的价值取向，它的基础性、选择性和时代性以及课改方案中闪烁的理想的光芒，都激发我们成为这项改革积极的参与者和推动者。而改革所引起的广泛的社会影响，它的整体性、开创性和复杂性以及实施过程中留下的广阔空间，又要求我们始终充满创造的智慧、做冷静的思考。

在这里，我想起布鲁诺说过的话：智力绝不会在已经认识的真理上停止不前，而会不断前进，走向尚未被认识的真理。

“激情投入，理性操作”，不少课改实验地区提出了这样的口号。我想，这个口号会鼓舞我们将激情与理性结合起来，通过积极探索，向着实现课改理想的目标前进。

二

世界上没有理想的教育，但是每个国家在不同时期都会有自己的教育理想。我国中小学课程改革的目标，勾画了现阶段教育理想的蓝图，而课程改革的进程正是我们由教育现实朝着教育理想前进的轨迹。

理想即对现实的超越，因此，它源于现实又高于现实，理想与现实之间存在差距是自然的，也是正常的。课程改革的顺利推进，要求我们能够以较小的代价，不断创造由现实走向理想的条件，加快改变现实的步伐。因此，在目标确定之后，制定课程改革的实施策略是至关重要的。

客观而冷静地分析现实与理想的差距，是制定课改策略的先决条件。我国的课程改革实际上是由两个主要部分构成的：一是课程理念的设计、课程标准的制定、教材的编写与审定以及评价制度的建立；二是课程改革的具体实施，包括实现文化观念、办学条件、队伍建设直至教学面貌的实际转变。

我国课程改革的总体方案体现了实施素质教育的宗旨。但是，由于实验的周期短，推广的速度快，所以从课程标准到教材都有一个不断成熟、不断完善的过程。及时总结已有的实践经验，进一步吸收国内外丰富的教学改革成果，充分听取各方面专家和教师的意见与建议，适时地修改好课标与教材，是使现实接近理想的重要环节。

当然，现实与理想的差距更多地体现在地区和学校中，其中文化观念的陈旧、办学条件的不足、师资水平的不适应以及评价体制的不协调是最突出的矛盾。

多年来，社会观念在相当大的程度上停留在认同以应试为唯一目标的教育模式之中，而现实的劳动人事制度和人才选拔制度并没有成为推动观念转变的积极力量。因此，政府的政绩观、学校的业绩观、教师的教学观都难以真正突破应试文化的桎梏，教师经过学习所实现的观念转变也极易在后续的改革实践中回潮，甚至可能出现课程改革的方向向“应试教育”的回归。

课程的实施需要必要的办学条件的保证。实现课程改革的目标所需要的办学条件显然与传统的课程设置和以传授知识为主的教育模式所需要的办学条件不同。但是，实现这种办学条件的转变是一项十分艰巨的任务。比如加大学生自主选学课程的力度是课改方案的重要内容，这有利于学生的个性发展，而开设选修课程需要场地、设备和能够胜任的教师，不具备这些条件，学生自主选课的权利就难以真正实现。又如，参加社会实践是课程改革的又一突出特点，这有利于学生的社会化和实践能力的培养，但这需要社会力量的支持以及安全的保障，不具备这些条件，社会实践也会走过场。

课程改革第一线的实施者是教师。教师教育观念的转变当然是实施课改的关键，但即使观念有了变化，课改在推进过程中仍然可能遇到很大的困难，甚至可能在一段时间内出现这样的现象：不仅课程改革的意图难以实现，学生的负担没有能够减轻，而且给教师带来了巨大的压力。这是因为在改革初期，教师的知识储备和能力积累不适应新课程教学内容与方法的要求，再加上高中课程的设计是建立在小学和初中课程改革基础上的，而相当多的学生并没有在小学和初中阶段完成应有的知识和能力储备。

当然，对高中课程改革影响最大的还是高考制度的相应变革，而高考制度的变革可能在相当长的时间内滞后于高中课程改革的目标与要求。所以，高中课改后出台的高考方案仍然可能成为高中教学的实际的指挥棒。

清醒地认识现实与理想的差距，绝不是让我们在这些差距面前畏葸不前，而是要求我们以创业者的姿态发挥主观能动性，为创设课程改革所必须的条件而积极作为。其实，所有的改革都是在创造缩小现实与理想差距的条件。如果没有这种差距，我们也就不需要改革了。

著名教育家敢峰同志在反思他的教育改革实践时写了一首感怀

诗，诗中说："清高岂能济世，正确未必成功。有志尚待磨砺，浪急更需从容。"我想，这表达了对改革的深刻的认识和作为一个改革者应有的胸襟。正确的理念还需要有正确的实施策略作为保障。我们这一代教育工作者应当以从容的气度面对改革的险阻，以坚定的意志和坚持不懈的努力争取改革的成功。

三

在深化教育改革全面推进素质教育的进程中，教育研究异常活跃，涌现出许多优秀的教育科研成果。但也正如一位著名的教育专家所说："现在的教育科研工作者形成了国策派和学院派两种类型，前者研究中国教育的改革与发展方向，后者研究自身理论体系的建立。真正能触及学校教育最核心的部分——教学活动的理念、模式和方法的研究并不多。"这种看法确实在一定程度上反映了教育研究的现实状况，而课程改革恰恰需要实实在在触及教学深处和育人实效的研究。

高中课程改革的推进，需要有识之士和有志之士充分认识这一改革的深刻意义、价值取向和总体设计，并且使这种认识转化为渴求推进改革的情感和坚定不移地推进改革的意志。有的学校的领导对老师们说，课程改革不要问"Why"，只要问"How"。我想，其用意在于鼓励大家树立义无反顾的信心。但是，没有对课程改革的深刻理解，没有对课程改革总体方案的准确把握，改革是不可能成为持续发展的教育活动的。

有识、有志才能有为。课程改革为学校提供了创新的广阔天地，为校长和教师提供了展现智慧、施展才华的舞台，因此是大有可为的。课改中的"有为"，绝不只是简单地执行课程改革的相关规定。课程改革作为一个发展过程，是需要全体教育工作者共同参与完成的。

因此，是否具有创新能力就成为决定地区和学校课程改革成败的关键。

课程改革的总体方案是推进课程改革的基本依据，但是，每个地区、每个学校还有自己的具体情况，需要从实际出发，制定实施的方案。实施方案的制定应当是地区和学校再创造的成果。符合实际的、科学的实施方案是推进课程改革的基础和保证。

课程改革最终要体现在课堂教学的理念、内容、教学模式与方法的改变等方面，这种改变是一个艰苦的创新过程。从已经实施高中新课程方案的地区来看，课程改革在给课堂教学带来可喜变化的同时，也给我们提出了许多新的课题，有待于广大教师在教学改革的实践中进行探讨。

比如，恰当处理教材的内容和教学时间之间的矛盾问题。一些教师感到，新课程教材内容偏多而课时偏紧。语文课一学期两本书，而每周只有四节课，如果教师的教学观念和教学方法没有根本的改变，加之教师和学生的知识和能力储备不够，那么要完成教学任务，时间确实紧张。

再如，合理解决三维目标在教学过程中的整合问题。一些教师在知识与能力、过程与方法、情感态度与价值观的有机整合方面存在较多的困难与问题。处理好这种整合失衡的矛盾，需要在新的理念的指导下，进行教学方法的积极探索。

又如，处理好以模块为特征的教材体系的应用问题。新课程以模块教学作为教学组织的基础，体现了一种全新的教材组织方式。如果教师仍然保持原有的教学方法就很难适应这种改变。这就要求通过改革的实践，不断增强教师的二次开发能力和学生运用课程资源的能力。

同时，探索基于大班额背景下的师生互动方式也是一个重要课题。师生互动是新课程教学方式的重要变革，而目前普遍存在的高中大班额现象，给师生互动的有效展开造成了一定的困难，这就需要我们创造大班额背景下的互动方式和探究性学习方式。

选修课的设置、组织与教学问题也是我们在新课程实施中面临的需要认真探讨的问题。有些地区形容，必选课是正餐，自选课是自助餐，模块是套餐。有些学校在功利观念的影响下，以高考科目为标准，对不同课程采取了不同的态度，从而使选修课程难以发挥其应有的积极作用。

当然，还有许许多多的新问题需要我们研究。正因为如此，各地在推进高中课改的过程中，涌现出一批取得丰富创新成果的教师，他们脱颖而出，成为课程改革实施过程中的新的学科带头人。

有识引领有为，有为深化有识。课程改革就是在这样一个认识不断深化、实践不断丰富的过程中前进的。

四

实现教学活动目标的调整是课改的重点，也是实施的难点。由教学活动实际贯串的一元目标向课改后有机融合的三维目标转变的过程，既是在课堂教学中实施素质教育的过程，也是推进教师专业发展的过程。

把三维目标看成是教学目标的叠加，这并不奇怪。因为改革开放以来，我们确实经历了一个对教学目标认识的叠加过程。20 世纪 70 年代后期，伴随着对“文革”期间全面否定“以教材为中心，以课堂为中心，以教师为中心”造成的严重后果的批判，我们恢复了十七年的教学传统，重新提出了加强“双基”的口号，这在当时是必要的。随着教育改革的深化，特别是国外教育理念的引进，我们逐步拓展了对教学目标的认识，增加了“培养能力”、“发展智力”、“开发非智力因素”等具有现代意义的内容，直至用“素质教育”这一概念来概括教学目标的丰富内涵。

所以，有人曾经说，“素质教育是个筐，什么都往里面装”，好像教育改革就是将一堆教育目标杂乱无章地放进了素质教育这个筐里。殊不知，当我们肯定素质教育的这个理念时，这个筐实际上已经发生了质的改变，已经将教育目标编织成一个闪耀着和谐之光的美丽的花篮。

教学就是知识、过程、思维方法和文化的和谐统一。知识是前人通过过程发现和积累的成果，过程是为取得成果而进行智力劳动与实践的经历，思维方法是在过程中应用的智慧，文化是在过程中形成并影响过程的情感态度和价值观。只有这样协调发展的教学才有可能为提高现代人的全面素质奠定基础。因此，实现三维教学目标应当成为当代教学的基本要求。

其实，将原有的教学目标说成是一元的，即只以传授知识和技能为目的，也并不公平。因为，一方面，即使在凯洛夫教育学引领全国教育工作的时候，也要求课堂教学有明确的教学目的和教养目的。另一方面，一批优秀的教师始终立足于全面提高学生的素质，他们至今仍然是我们的典范。但是，就教育的全局来看，教学目标的片面性的确是一个痼疾。其原因在于评价制度和教师素质的制约。

所以，当我们试图在教学活动中改变教学目标的片面性，真正将三维目标贯串于全部教学活动之中的时候，应当汲取历史的经验和教训，切实推进评价制度的改革和教师队伍的建设。

在我看来，评价制度的改革是一个“殊途同归”的过程，教师水平的提高是一个“融会贯通”的过程。

当前，要求考试制度和选拔制度的改革一步到位，做到能够考查学生的全面素质是有难度的，但是我们应当努力向着既保障科学性又保障公平性的方向前进，考试和选拔制度的改革势在必行。而在学校督导评价和教师考核评价方面，则应当加快改革的步伐，以落实素质教育宗旨和三维教学目标为重点不断完善评价体系。绝不能因考试制度和选拔制度改革滞后而放松督导和考核评价制度的建设。两者相互借鉴，相互促进，逐步接近，最后希冀实现考试选拔制度改革与督导考核制度改革的殊途同归。

评价制度会形成促进教学活动中三维目标实现的导向、动力和压力。但是，只有导向、动力和压力是不够的，关键还在于教师对三维目标的认同、认识以及自身素质的提高。实验区的实践经验表明，教师在教学活动中难以实现三维目标的原因是多种多样的：既有隐性理念的不认同，也有对三维目标认识上的偏移和割裂；既因为教学惯性所形成的固有的教学方式难以改变，也因为缺少较为成熟的教育经验可以遵循。但是，最重要的原因是教师自身的专业知识、专业能力和专业情意难以支撑起实现三维目标的教学要求。所以，加快教师专业发展的步伐，既是当务之急，又是百年大计。

因此，通过通识培训和学科培训提高教师的理性认识，通过示范课、研究课使教师获得感性认识，这些都是必要的，对于即将实施高中课改的地区甚至是紧迫的。但是，我们切不可认为这样就可以一劳永逸了。教师对学科知识以及相关知识和技能的把握，教师自身的研究过程和思维方法，特别是教师自身的情感态度和价值观，这三者之间的融会贯通是实现三维目标的根本。教师如果解决了自身融会贯通的问题，那么，他就不仅获得了自身专业发展的机遇，也明确了自身专业发展的方向。

美国教师专业化研究者安·莱伯曼指出了传统教师专业发展的特点。“人们期望学生能用自身的经验与他人合作，进行创造，解决真实问题。但当教师自己成为学生时，却不采用这种做法。”在这里，他提出了教师专业发展的一个重要课题，那就是教师要用对学生的期望来教育自己。我想，这也指出了教学活动实现三维目标的真谛。

五

高中课程改革的启动，是一场新的变革的开始，是高中教育活动的一次重大的创新。从实验区的情况来看，教学面貌确实发生了很大的改变，在某些点上，给人以耳目一新的感觉。

我想，在课程改革的进程中，只有变化才能进步，变化是为了进步，但是变化不一定意味着进步。因此，我们要关注变化，但更应关注进步。我们要始终为进步而变化。

只有变化才能进步。最近有些同志对课程改革提出了质疑，认为我国原有的教学传统有着无限的生命力，因此当前的紧迫任务是恢复传统，而不是进行改革。在弘扬民族文化的热潮中，这种声音变得更为响亮。确实，我们因袭了多年的教学传统有它的优势，其中有许多部分现在仍是我国教育事业的宝贵财富。这些传统需要我们继承和发扬。所以在“文革”结束以后，我们曾经恢复了被破坏了的教学秩序，倡导重建“文革”前十七年的教学模式，这在当时是有其合理性，甚至是必要的。但是这种教学模式，从理念、内容到方法，确实在许多方面已不适应时代的发展和人的需求，在现实生活中为社会、家长和学生带来许多困惑和苦恼，制约了我国的经济发展和社会进步。因此，变革是必然的，也是必需的。人力资源是综合国力的重要组成部分，只有用先进的理念和方法开发人力资源，才能创造资源优势，才能增强综合国力。因此，必须解放思想，只有变化才能进步，因循守旧就一定要落后。

变化是为了进步。陶行知先生曾经说过：教育是什么？教人变。教人变好是好教育，教人变坏是坏教育，活教育教人变活，死教育教人变死，不教人变、教人不变不是教育。教育是为了使人变好、变活，也就是使人进步。所以，变化不是目的，进步才是目的。我们需要在哪些方面进步呢？面对社会快速变革带来的价值观念的变化，我们需要以民族传统和时代精神的结合引导学生树立正确的价值观；面对知识经济时代对人才素质的要求，我们需要引导学生增强独立思考能力、创新能力和实践能力；面对社会剧烈变动对学生身心的影响，我们需要使学生的身体和心理更加健康；面对以应试为唯一目的的教育给学生带来的沉重负担，我们应当使学生的学习与生活更加丰富，更加快乐……这些都是我们进行课程改革的目的，正是为了这些目的的达成，我们才下决心改变沿袭多年的传统的教学模式。

关注变化，更要关注进步。在课程改革的进程中，我们需要进行教育理念、内容、方式的一系列的变革，在学校，这种变革最终甚至会带来师生生活方式的改变。但是，一些先行改革的实验区在盘点几年来改革的成果时却常常发现，可以数得出来的变化不少，但是可以数得出来的进步却不多。大家为推进课改做了许多努力，进行了许多变革，贡献了许多出色的研究课，介绍了许多经验，但是我们希望看到的那些进步却很难看到，甚至有些同志感到，课改后，学生的负担更重了，学生的心理压力更大了。所以，变化不一定意味着进步。我们切不可为已经有了的变化而沾沾自喜，我们应该更关注这些变化是否解决了原来存在的一些问题，是否真的有了进步。我想，关键在于我们所进行的每一项改革，都必须是为了进步，而不是为了变化而变化，不能将旧货贴上新的标签，更不能表面抓新，实际护旧。

当然，所有改革的效果都需要经过一段时间才能显现，旧的教育理念、体制、方法的变革，不可能一蹴而就。而且，急于求成反而会造成华而不实，甚至弄虚作假。我们所确定的课程改革的方向是完全符合时代发展的潮流，符合人的发展的需求的。因此，我们要坚定不移地为了进步去革新、去变化。我们要始终争取用较小的代价，取得较大的实实在在的进步。

美国的有些专家评论美国近年来的教育改革是：变化很大，进步很小。台湾地区教育会的负责人评价台湾自 1992 年开始的教育改革是：变化虽有，但代价太大，而且与预期有很大的差距。我想，我国的课程改革从一开始就高度关注实效性，我们一定能够扎扎实实地以变化清除痼疾，以变化谱写新章。我希望，当我们盘点高中课程改革的时候，可以自豪地说：我们不仅有了变化，我们更有了进步。

工具理性与价值理性的统一*

——关于深化课程改革、提高课堂教学质量的思考

近几年，我们在推进课程改革、提高课堂教学质量方面不断取得新进展。

从最早参与课程改革的学校的历程看，大致可以分成三个阶段：(1)以理念启蒙为重点的阶段。这一阶段以通过培训普及新课程的基本理念为特点。这种理念的启蒙为整个课改的推进打下了思想基础。(2)以模式探索为重点的阶段。这一阶段以课堂教学模式的探索为特点，着重研究课堂教学方式的改变，形成了一种观课文化。(3)以增强效能为重点的阶段。这一阶段以教学效能的研究为特点，突出关注课程改革与课堂教学的针对性、实效性以及目标达成度等问题。

总的来看，课程改革是在步步深入的。但是，由于不同地区、不同学校的背景和条件不同，课程改革推进的力度不同，所以，各个地区和学校课堂教学的状况仍然存在

---

* 原载《中小学管理》2008 年第 9 期。

很大差别。有的已进入以增强效能为重点的阶段，多数仍处在以模式探索为重点的阶段，有的长期进行理念启蒙，也有相当一部分学校仍然以陈旧的教学方式主导课堂教学。

当前，要深化课程改革、提高课堂教学质量，就必须着力于课程改革和课堂教学实效性的研究，努力实现工具理性与价值理性的统一。

课程改革同一切改革一样，工具价值必须服从于它的目标价值。这就要求我们始终关注课改的既定目标是否实现的问题。课程改革的推进应当有助于解决原有的教育教学存在的问题，有助于减轻学生的课业负担，有助于增强学生的身体与心理素质，有助于提高学生的思想道德水平、培养学生的创新精神和实践能力，最终取得提高全体学生全面素质的实效。只有这样，我们才可能将工具价值转换为我们所追求的目标价值。

刘延东同志主抓教育工作后提出了一个很重要的指导思想：在转变观念中改革创新，在更新思路中真抓实干，在大胆实践中破解难题。这是对工具理性和价值理性统一的非常好的诠释。

为了增强课程改革的实效、提高课堂教学质量，我们应当深化对课程改革的目标、对象和途径的研究。对目标的研究，要着重探讨如何处理好启迪智慧与培养道德的关系；对对象的研究，要着重探讨如何从以学生的整体为主体转向以学生的个别为主体；对途径的研究，要着重探讨如何在把握所有学科共通的理念和方法的基础上，把握学科教学的特殊规律，探索各个学科所特有的方法与途径。

一、在多元文化背景下，坚持主流价值观的导向

我们有必要由学生价值观的现状反思教育目标的达成度。

太原市团市委在对全市中小学生思想道德状况进行调查后得出结论："现代教育中'轻道德重智力'问题在我市日趋明显。"

这次调查结果显示：乐于助人、团结互助、尊老爱幼等传统美德仍为未成年人广泛推崇，但中小学生在金钱观念、职业向往和学习目的等方面存在功利性。有18.9％的未成年人认为，金钱在人的一生中最重要。31.6％的人不愿意当普通劳动者，脑力劳动、收入高的职业是中小学生职业向往的热点。只有23.8％的中小学生选择了现在的学习是为了"将来为祖国多做贡献"，而近六成的中小学生把"未来有个好职业、高收入、过舒适生活"作为自己的学习目的。青少年总体上继承了中华民族的传统美德，但在实践中，对自己的道德行为约束不够，不敢坚持正义。49.4％的学生"在一般情况下不闯红灯，急的时候也会闯"；32.9％的学生选择"在公共场所看到有人损坏公共设施时别管他，与我无关"；当"与同学发生冲突时"，只有54.9％的人选择"主动和解，搞好关系"。

我们再来看两个发人深省的案例。

一个是源于中小学教育资源站的案例：有一个班的部分同学竟然在教室里出租书籍和电脑游戏光盘。一本书以它的厚薄定租金，少至三角，多至一元。光盘三元。"经营者"说是"财源滚滚"、"生意兴隆"。租者认为挺合算，花几角钱就可以看一本书，三元钱就可以安装游戏软件；出租者认为书看过后不用可惜，光盘安装后没用更可惜，租出去，可以赚点小钱。

另一个是源于浙江省一所小学的案例。讲的是观看影片《白毛女》后，教师要求学生写观后感。有的学生指责杨白劳欠了黄世仁的钱不还，还有劳人家上门去讨，真不应该；有的说喜儿也真是太傻，人家黄世仁那么有钱，干吗不肯嫁给他；有的说那个大春也太不识趣，家里无钱无权，还想娶美女。

首都师范大学的相关研究人员在《2007年北京市高中学生思想道德发展测评报告》中，就高中学生的价值观状况得出这样的印象：(1)现代意识强，现代性比较突出。对科学、公正、民主与法制价值高度认可。(2)责任意识较强。能较好地体会个人责任与国家命运的关系。(3)有一定的尊重意识。在一定程度上懂得关心、照顾父母。在与他人相处，特别是与老师、邻居、来访客人相处时，表现出较好的尊重态度，但对同伴与父母的尊重稍差。(4)人生价值意识呈现多样性。关于人生价值观，按照重要程度排序出现多种答案。有的把健康放在第一位，有的把家庭放在第一位，也有相当多的学生把友谊放在第一位，有六成学生把金钱、地位、名誉和权力放在后面。(5)独立意识与依赖意识并存。在争取进步时，具有较强的独立观念，热衷于表现自己的力量和才能；在面对困难时，有较强的合作观念、较好的乐群性和开放性。但面对困难和挫折时，独立承受和解决问题的观念薄弱。呈现出高中学生依赖性与独立性交织的复杂现象。(6)诚信意识非常淡漠。对诚信的认同与践行都十分薄弱。只有23.9％的学生没有抄袭过作业，有一半学生在考试中作过弊，有的对抄袭作业是否属于诚信问题存在异议。(7)创新精神普遍缺失。普遍依赖权威知识，满足于掌握高效的解决问题的方式，缺乏对课本知识的理性反思，对问题多种途径的解决缺乏探索欲望。

学生的价值观既是社会价值观的反映，也受社会价值观的影响，并且在一定程度上体现出学校教育的效能。

社会价值观的多元化对教育产生着深刻的影响。我们正处于一个思想活跃、观念碰撞、文化交融的时代。主流价值观、传统价值观、西方价值观、封建价值观等多种价值观并存。主流价值观是我国民族优秀传统价值观与现代进步价值观的融合。我们在教育活动中要旗帜鲜明地坚持主流价值观的导向，并将这种导向贯串于全部的教育教学活动中。

年轻作家韩寒曾经说过一句话：人生的第一次说谎常常是从写作文开始的。这提示我们思考这样一个问题，即我们的教育活动本身是否会产生负效应？

在推进课程改革的过程中，我们一方面要启迪智慧，一方面要弘扬道德，而在现实中，一些启迪智慧的教学活动有时会有悖于弘扬道德。

以下我们从两节有争议的课，可以看出课堂教学的价值取向问题。

有这样一节小学语文课：教师用启发式教学的方法讲《灰姑娘》。分析课文后，教师启发学生思考：如果你是灰姑娘的继母，你是让灰姑娘去参加舞会，还是让自己的亲生女儿参加舞会？结果，多数学生回答，还是让自己的亲生女儿去。教师说，这说明继母的做法是人之常情，可以理解，我们应该学会宽容。这节课曾被不少专家评为“好课”，因为它拓宽了学生的思路。但是，如果我们只让学生拓展思路而不引导学生明辨是非，那么其结果必然是：教师运用启发式教学这种工具的水平提高了，但教学生如何做人的价值目标却迷失了。

在广东某大学中文学院文秘专业的课堂上，任课教师要求学生写一份“打劫银行”的计划书，称目的是锻炼文科学生的思维，培养学生的人力资源配置能力，而学生们也普遍反映作业题有创意。有些人提出这样做是不合适的，但教师解释说，这是国外的教育方式，是哈佛大学商学院曾用过的教育手法。今年 4 月我到美国访问时见到一位毕业于哈佛商学院的专家，向他求证，他说这是非常荒唐的事，当时参与我们谈话的还有一位专家，即美国 Upublic 教育咨询公司总裁迈克·波，他说：道德比智慧更重要，如果说智慧应该多一点的话，那么，多出来的那一点就是要懂得“道德比智慧更重要”。

这两节有争议的课说明，我们在课堂教学中重视了启迪智慧，重视了启发式教学，但并不意味着培养人的目标都能实现。要深化课程改革、增强实效性，就必须关注启发学生独立思考与引导学生明辨是非两者结合的问题。

所以，我们有必要强调，在全部的课堂教学活动中坚持主流价值的导向。

刘延东同志前不久在谈到文化问题时说：要以社会主义核心价值体系引领文化建设，在多元中立主导，在多样中谋共识。这是我们在思考如何实现启迪智慧与弘扬道德的统一等问题时应该关注的一个思路。

美国学者拉思斯在《价值与教学》中谈道：“每个人都有自己的价值观，每个人都按他个人的价值观行事，学校教育的根本任务在于抓住价值观，发展学生的道德意识、判断和选择能力。要让学生在内部的道德冲突中澄清自己的价值观，反对公式化的说教和死板的灌输。”

因此，正确处理智慧与道德的关系，在多元文化背景下，坚持主流价值观的导向，是增强教育效能的重要课题。

二、在大班编制背景下，坚持个别化教学的探索

大班编制与个别化教学是一对矛盾，两者的统一是一个难题。

汶川地震救援给我们印象最深的口号就是“决不抛弃，永不放弃”，“只要还有百分之一的希望，我们就要尽百分之百的努力”。如果我们教育工作者都能够把这两个口号贯彻在教育教学活动中，那就

真正做到了以学生为本。

基础教育不是选拔适合教育的学生，而是创造适合不同学生的教育。如同过去有人把“为人民服务”与为每个具体的人服务分开来一样，我们在课改中，也会在某种程度上把“以学生为主体”与为一个个具体的学生的发展服务分开来。

1900 年，法国的心理学家阿尔弗莱德·比奈成功地发明了“智商测试”，测试的结果被称为“智商”。而常识告诉我们，许多被认为是智商高的人，在步入成年以后未必有成就，而有些被认为是智商低的人却取得了很大的成就，包括在学术上的成就。智商理论对教育的发展起到了重要的推动作用，但这种单一的智能理论也存在一定的局限性，难以对很多问题作出解释。

在上述背景下，一些专家提出了多元的智能理论，以回答单一的智能理论所不能解决的理论与实践问题。比如：心理学家戴维·韦克斯勒在 20 世纪 40 年代就提出“智力因素”和“非智力因素”的概念。心理学家巴布娜·柳纳 1960 年提出“情绪智力”的概念。美国著名的发展心理学家、哈佛大学教授霍华德·加德纳 1983 年出版了《智能结构》一书，提出了“多元智能”理论。心理学家丹尼尔·戈尔曼在 20 世纪 90 年代中期出版了《情商》一书。心理学家斯腾伯格于 1997 年提出了“成功智力”的概念。

这些理论有一个共同点，即智力是多元的。这就大大扩充了智力的内涵，使我们能够超越传统的智力测验的范畴，对人的智力水平作出评价，不以智力测验的结果作为衡量智力高低的唯一依据。

但是，传统的、单一的智力理论在 20 世纪对教育有着巨大的影响：产生了一种学校观，即学生的智商水平差不多，因此可以以班级授课为学校的组织形式；产生了一种评价观，即智商高的人就是潜力大的人；产生了一种学生观，即智力水平高的学生就是好学生。

这些观念的局限性在于，它只以学生的学业成绩作为评价标准，只通过传授学业知识发展学生的智力。这样，不仅对学生智力的全面发展产生了直接的不良影响，而且也从整体上导致了学校教育以片面追求学业成绩为目的。

多元智能理论被教育领域借鉴以后，作为一种教育哲学大大拓宽了人们的视野，提供了对人的更为全面和清醒的认识，体现了以人为本的精神。它给我们最重要的启示是：每个学生都有自身的优势智能。学生没有“不好”，只有“不同”。人人都能成功，都有成才的潜能。所以我们要以欣赏的眼光看待学生的优点，以发展的眼光看待学生的缺点。在深化课程改革的过程中，要重视不同学生智能结构类型的差别，通过创造适合不同类型学生的教育，使不同类型的学生的潜能都得到充分开发。即通过因材施教，达到人尽其才。

从世界范围来看，20 世纪末，法国教育思考委员会向法国政府建议的教育改革目标是“让失败率为零”。2001 年，时任美国总统的布什颁布了《不让一个孩子掉队法》，其重点是不让可能掉队的孩子掉队；2006 年，布什实施《美国竞争力计划》，其重点在于不让天才学生掉队。2006 年 12 月 1 日，英国首相布莱尔在伯明翰的特色学校与学园信托大会上讲话时说：“当今教育的要旨是个性化学习，要充分认识到不同的儿童在不同科目有不同的能力。”英国特色学校促进会也提出一个很重要的理念，就是“好的教育能教人变好，好的教育能够改变人的生活。教育好一个孩子，你就给了他一个机会。教育不好，他可能一生中都得不到一个机会”。由此可见，各国政府在 21 世纪提出的口号，都将教育的关注点放在每一个孩子的发展上。

“教有法，无定法。”教学活动的基本原则是适应学生发展的不同需求因材施教。适合学生发展的，就是最好的。因此，我们要努力实现共性教育与个性教育的结合，综合运用多种教学方法，以适应不同学生的发展需求。要推进大班化背景下的个性化教学的研究。特别是要用更多的精力研究学生——要研究学生的共性特点，特别是现代学生的新特点；要研究分层分类教学的问题，研究班级学生的主要层次、类型，制定有针对性的教学方案；要研究有代表性的个案，加强班主任对学生个案的研究以及跨学科团队对学生个案的研究。当然，更为理想的是进行全员性的个别教学，创造条件，实现新形势下的复式教学。

我今年 3 月在澳大利亚西澳洲的尼德兰小学听了一节语文课，内容是讲马可波罗。这个班共有二十多个学生，教师在授课时特别关注不同学生的需要，共发了 6 种自学提纲。我想，如果我们的教师也能像他们那样，将关注点转向研究不同学生的不同需求，那么，我们课堂教学的效能就会大大提高。

北京大学艺术学院副院长丁宁在《中国杂技：仅有高难唯美是不够的》一文中谈到："我国杂技演员对演出节目的重视程度大大超过了对观众的关注，这是国外马戏和中国杂技最大的区别。"他曾经在加拿大观看太阳马戏团的演出。四个多小时的表演，"小朋友们看得眼睛都发绿了，家长拉他们回家，小朋友都不走"，这是因为，整台节目调动了小朋友的情绪，让他们觉得太有趣了。"杂技本身从'要把戏卖艺、牵猴撂地'走来，是地道的'草根'艺术，进入剧场演出后也要回归大众。"我们现在的做课、评课也存在这样的问题，有些教师做了一节非常精巧的课，获得了专家的好评，但实际上，教师与学生并没有更多的心灵上的交流。我们切不可满足于拿出一节唯美的课，而忽视了我们应该关注的对象。

我国相当一部分地区由于教育资源总体不足，或者优质教育资源不足，所以大班额现象十分突出，初中51％以上是大班或超大班。近年来，城市地区大班额现象更为突出。这使得我们难以进行个别化教学。因此，逐步减少班额是提高义务教育阶段教育质量的当务之急。

当然，在短时期内使班额大幅度减少是难以实现的，况且，仅仅减小班额是远远不够的。2008 年 4 月 2 日，英国《泰晤士报》发表了《教育方法比"小班化"更重要》的文章。其核心观点是：班额小并非意味着教学方法好，只有小班额，而不调整教学方法是不行的。比如：麦迪逊大学的亚当·盖莫伦教授的研究结论是："没有明显的证据显示，班额变小后，教师的教学方法作出了相应的调整。有的教师很好地利用了小班额的优势，而有的教师没有。各种情况都存在。"康奈尔大学的罗纳德·艾伦伯格研究团队发现，只要教师调整了教学方法，减少班额的潜在益处就会比现在观察到的大。英国教育专家、伦敦大学教育研究所副所长迪伦·威廉认为，"使用正确的教学方法，性价比是减少班额的 20 倍"。

我国面前的正常班额已是国外的大班额，甚至是超大班额，因此，在严格执行有关班额的各项规定的同时，增强个性化教学的意识，加强对学生情况的了解和研究，改进与创新教学方法，是大班额背景下提高教育质量的重要课题。

三、在普及课改通识理念的过程中，坚持加强学科建设

学科教学研究是当前提高教育质量的重要环节，学科教学能力是教师专业发展的重点。我们在前一时期着重于普及关于课改的通识理念是必要的，但在客观上也造成一些同志忽视学科特点，用一般性原则对待所有学科的教学。

美国卡内基促进教学基金会主席、斯坦福大学教授舒尔曼曾提出教师应具备七类专业知识，即学科知识，一般教学知识，课程知识，学科教学知识，学习者及其特点知识，教育背景知识，教育目标、目的和价值观及其哲学和历史背景知识。他认为，这七类知识中最重要的是学科教学知识。

2007 年 3 月，中日举行了一次有关小学数学教学的研讨会。在对中日两国 11 节课做比较后我们发现，两国教师在学科教学的很多方面都存在差异。从教学目标的排序看，日方把兴趣放在第一位，而中方把知识与技能放在第一位。从内容编排与设计看，日方的教科书更像故事书，教学容量小、进度慢，而中方的教科书就是教科书，教学密度大、进度快。从数学思想方法上看，日方止于感悟，不系统总结、点破，而中方则终于归纳，注重总结与点破。从教学活动的组织与实施方面看，日方的师生之间是朋友共享的关系，而中方是师生互动的关系。从教学活动的设计上看，日方是一节课一个活动，教学内容蕴涵于全部活动过程中，而中方是在一些不同的关键点上设计一些非常精巧的活动。从教学手段上看，我们比较重视使用 ICT 手段辅助教学，而日方比较重视就地取材，多使用普通的原始教具。从教学效果的考核与评估方面看，日方最终的客观评价比较少，主观评价比较多，重视学生在活动中的兴趣与参与，而中方最终评估教学效果的方法是做练习题，通过客观测验来检查学生是否掌握了知识点，注重学生对学习过程的反思。

这种比较很难看出孰优孰劣，但可以看出不同国家对学科教学的理解和认识是存在差异的。

近几年，一些学校在学科建设方面积极探索，积累了一些经验。比如：北京四中在全体数学教师中统一了数学教学的理念，提出了

“全面数学教学观”，并将这种数学教学观作为数学学科建设的基础。这个数学教学观充分体现出几个特点：(1)统一性。他们筛选与整合各种教育教学新观念、新方法，整合教师群体中有效的教育教学心得成果，形成统一的数学教学观。在教学中，保持全校数学教学的根本一致性，减少因教学基本观念不一致给学生造成的适应困境，切实保证与提高教学效率。(2)全面性。既重视数学内容的形式化、抽象化的一面，更重视数学发现与创造过程中具体化、经验化的一面；既注意提高学生的数学学业水平和数学素质，也注意提高学生的基本素质和持续发展的能力，注意提高学生的心理健康水平。(3)开放性。全面数学教学观既有稳定不变的一面，又有开放且发展的一面，能够不断整合教育教学改革的新观念、新方法，不断深化对教育教学规律的认识。(4)辩证性。坚持课堂教学中数学内容与非数学内容的统一，课堂教学中尊重认知规律与把握认知过程的统一，课堂教学过程中学生发展与教师发展的统一。

在深化课堂教学改革的过程中，应该努力处理好上好一节课与把握整个学科的关系。要在把握学科教学的特殊规律的基础上，上好每一节课。现在有些人认为，只要把一节一节课上好了，整个学科的教学自然就好了；而实际上，只有把握了整个学科，才可能上好每一节课。所以，我们要把教学研究引上实际、实用、实效的轨道。狠下功夫，下实功夫，下细功夫，下新功夫，防止教学研究的新偏向。这种偏向一种是以概念化的研究取代实效性的研究。比如：把教学手段的现代化等同于信息技术的应用，评价课堂教学单纯以多媒体应用的状况作为标准，而并不重视应用的效果，更谈不上对效果作科学的分析。一种是以粗放式的研究取代精细式的研究。主要表现为满足于一般化的教学原则的应用，缺少对教学环节的精细研究；善于用一般化的原则评价一节课，而缺少对一般化原则在不同学科应用过程中所涉及的问题的深入研究，更缺少对一般化原则自身的质疑。

在普及课程改革通识理念的过程中，我们要努力加强学科建设，防止形式主义课程文化的滋生与蔓延，这是增强教学实效的重要课题。

总之，课程改革要防止工具理性膨胀，而价值理性缺失。深化课程改革、提高课堂教学质量需要努力实现工具理性与价值理性的统一。

谈高中特色办学*

高中教育在整个国民教育体系中处在承上启下的关键位置，具有独特的重要性和教育价值。自 2000 年以来，中国高中阶段教育规模扩张的速度非常快：整个高中阶段的毛入学率从 2000 年的 42.8％上升到 2007 年的 66.0％，2008 年已经突破 70.0％。2020 年，中国将实现普及高中阶段教育的目标。

要实现 2020 年的目标，普通高中发展还有许多问题亟待解决。如普通高中经费投入保障机制尚不明确；普通高中发展的区域差距明显，中西部农村地区普通高中整体上还比较薄弱；普通高中教育资源短缺，学校班额普遍过大等。其中人才培养模式单一、“千校一面”、办学缺乏特色是一个不容忽视的问题。

加大高中学校特色发展的力度是中国高中教育事业改革与发展的重要课题。下面就高中特色发展的背景、高中特色发展的一般特点、高中特色办学探索、高中特色办学

---

* 原载《中小学管理》2009 年第 8 期。

的体制保证等问题谈一些看法。

一、高中特色发展的重要背景——高中教育面临若干困惑

现在中国高中教育发展的困惑主要表现在：

1. 人才类别的多样化与培养模式的趋同化之间的矛盾

中国教育发展的重要目标，就是努力实现从人力资源大国向人力资源强国的转变，形成由数以亿计的高素质劳动者和数以千万计的专门人才，以及一大批拔尖创新人才组成的人力资源结构。这样的结构反映了人力资源强国对人才类别多样化的需求。社会发展对人的素质要求发生了变化，社会生活越来越丰富多样，职业要求也与已往不同，这些都要求学校教育培养出多种类型的人才。因此，从社会需求的角度看，高中教育需要走特色化发展之路。

2. 人的发展的个性化和学校发展的同质化之间的矛盾

工业化时代标准化的人才观与信息化时代个性化的人才观的冲突在现在表现得很明显。我们应该让具有不同优势潜能和不同兴趣志向的学生都能受到应有的教育，使个人的潜能得到充分的开发，为不同类型人才的发展和脱颖而出创造好的条件。因此，从人的发展需求来看，也要求学校突破单一的模式，创造一种各具特色的、适合不同学生发展需要的高中教育。

3. 学校竞争的激烈化与办学人员的惯性化之间的矛盾

现有的办学模式是长期以来在相对陈旧的教育观念支配下形成的融课程、教学、评价、选拔为一体的完整体系。在这种体系中形成的惯性使得学校教育工作者，特别是普通高中的教育工作者容易墨守成规，产生守旧的惰性。突破原来的单一模式，形成学校的特色，有助

于激发学校的活力，促进学校跨越式发展。

从总体来看，社会的未来呼唤着学校的特色办学，学生的未来呼唤着学校的特色办学。因此，高中应该向特色发展的方向前进：把更多的办学自主权还给学校，把更多的个人发展的选择权还给学生。

二、高中学校特色发展的共同特点——实现某个领域的卓越

新加坡教育部长尚达曼曾提出：要推动新加坡所有学校的专业化，让学校找到令自己卓越的领域，到2012年，期望有一半的学校能实现某一领域的卓越。我认为，学校的特色发展，就是要努力创造某一个领域的卓越。这一领域集中反映学校的价值观体系，并能将价值观融入到学校的生活方式、教学方式以及其他行为方式之中，从而成为促进师生成长的良好的、具有个性特征的生态环境。

1. 特色是学校价值取向的集中体现

学校的价值取向是学校的核心价值与附加价值的统一。学校的核心价值是指学校都要贯彻国家的教学方针、实施国家的课程标准、落实国家的培养目标。学校的附加价值是指学校可能具有的自身改革的切入点、自身的个性追求和自身的独特传统。不同学校的核心价值是共同的，但是它们的附加价值是不同的。因此，一个学校的特色是它的核心价值和它的附加价值的统一。学校的附加价值与核心价值的作用不同。核心价值取向是社会认同的标志，而附加价值取向是社会选择的标志。如果学校不具有社会认同的核心价值，就很难被国家和社会认同。而社会对学校的评价是在考察学校核心价值的基础上考察其附加价值。核心价值和附加价值对于一个学校的发展具有同样重要的作用。

2. 特色是学校教育创新的切入点

学校的教育创新是针对普遍存在的固有的教育理念和教育模式进行的改革，而改革的切入点是形成学校办学特色的基础。学校特色的形成是一个长期的教育创新的过程，需要不断地深化、丰富和积累。因此，形成学校特色的过程，也是学校持续创新的过程，这就彰显了特色发展的能动作用。

学校特色的最终形成应具有如下维度：(1)理念认同度，即学校的价值取向在学校内部和社会上得到的认同度高。(2)参与的广泛度，即师生参与特色活动的范围广。(3)内涵的深刻度，即学校特色不是肤浅的点缀，而是具有相当深度的内涵。(4)实践的系列度，即它是一个持续的、系列的实践活动，而非一时一事。(5)优势的显效度，即与周边学校相比，学校特色显示相对卓越的程度。(6)作用的迁移度，即某一个领域的卓越促进了整个学校办学水平的提升。

3. 特色是学校传统形成的重要基础

每一个学校都应该形成自己的传统，而且也都处在形成自己传统的过程中。学校特色集中体现学校的价值认同，对学校发展发挥着有力的导向作用，对学校整体水平的提高发挥着巨大的推动作用，从而逐步形成学校的相对优势。同时，学校特色的保持和提升也会成为学校的品牌、传统与风格，而学校的品牌、传统与风格就是学校的竞争力。

学校特色的形成是一个长期的过程。开始，它可能只是学校的某一个优势项目，这个优势项目可能逐渐变成一种项目特色，这种项目特色可能再发展成学校特色，学校特色可能推动学校成为一个特色学校。所以，学校特色的形成应该是一个持续的过程。

4. 学校的特色发展是教育家成长的有效途径

教育事业的改革与发展需要理念与实践的引领和示范，教育家就是突破常规理论与实践局限的人。在办学过程中突破常规的理论与实践，实际上就是形成学校的特色。从某种角度来说，教育家产生在具有办学特色的学校之中。

三、高中特色办学的主要类别——多彩的高中特色办学的实践探索

从目前我国的情况看，高中学校办学特色主要体现在办学模式特色、文化特色、学科特色三个方面。

1. 办学模式特色

办学模式的特色大多是在办学体制改革过程中形成的。

例一：广东国华纪念中学。国华纪念中学创办于 2002 年 9 月。学校地处佛山市顺德区，是佛山市顺德区一些企业家捐资兴办的纯慈善、全免费、全寄宿的民办高级中学，面向全国招收思想品德良好、学习成绩优异、家庭生活贫困的初中毕业生。学校明确提出把学生培养成对人生哲理、社会发展、世界未来有深刻理解的精英人才。这所学校在办学体制方面体现出特色。

例二：北京的中加学校。中加学校是北京师范大学附属实验中学与加拿大纽宾士域省的教育部、加拿大的加皇国际教育集团合作举办的高中。学校实行双学籍管理，学生毕业成绩合格将同时获得中国和加拿大两国的高中毕业证书。学校初步构建了中、加一体的课程体系，促进了中国和加拿大基础教育的合作。以 2008 年为例，北京中加学校的高中毕业生共有 321 名，全部进入了加拿大及欧洲、美洲、澳大利亚 68 所大学学习，在境外的录取率达到 100%。这所学校的特点是培养在境外读大学的学生。

2. 学校文化特色

学校文化的特色有的是基于地域特色形成的文化特色，有的是基

于历史特点形成的文化特色，有的是给予特殊价值取向形成的特色，有的是基于特殊的教育对象特点形成的文化特色。

例三：北京四中倡导文化“大气”。这种“大气”是指广阔的视野、长远的目标、深厚的底蕴、高雅的品位，是一种为造就高素质人才的“大器”奠定基础的教育价值观。“大气”的教育价值观体现了教育的多重维度。在时间上，不只顾眼前，更考虑长远；不单纯计较一时一事的得失，更考虑持续发展的需要。在空间上，不局限于小范围内的成就，更着眼于国家的前途、人类的命运。在发展上，不炫耀点滴的亮点，而更关注厚重的积累。

例四：北京八中。北京八中从 1985 年开始隔年（从 2003 年起，每年）招收 30 名 10 岁左右的小学生进入少年班学习。这些学生用 4 年的时间完成普通学生需要 8 年完成的小学、初中、高中课程，在 14 岁时参加高考。从 1985 年开始至今，少年班为大学输送了 290 名平均年龄为 14 岁的优秀少年大学生。其中前四届有 96.8％的学生升入重点大学，第五届之后是 100％的学生升入重点大学。少年班的学生大学毕业后，有 66.5％的学生继续读研究生，其中 71.0％的学生在国外读研究生。超常实验班的科研成果获得了北京市教育科研成果一等奖，现在还在继续进行这样的实验。

3. 学科特色

学科特色是目前学校形成特色的重要导向。从国内的情况看，有基于学校课程体系的学科特色，有基于优势学科的学科特色，有基于优势课外教育形成的学科特色。

例五：北京月坛中学。该校是北京唯一一所以日语为第一外语的公立完全中学。在日语教学中本着“打好基础，扩大容量，加强听说训练，高标准要求”的宗旨，每年都有很多同学通过三级或者二级日本认证的日语水平考试。许多学生进入了北京外国语大学日语系或北京师范大学外语系学习，有的学生到日本留学。

例六：北京师范大学附属实验中学。北京师范大学附属实验中学是一所历史悠久的示范性高中。这个学校很重要的特色之一是在普及的基础上培养优秀的游泳运动员。有游泳特长的学生除了正常的学习之外，每天下午 3:30 分以后进行游泳训练，实行“体教结合”。2005 年 6 月，这个学校的游泳队代表中国参加在法国举行的欧洲青少年游泳锦标赛，摘得 32 块金牌中的 28 块，并获得男女团体冠军。2007 年 3 月，游泳队代表中国参加在德国举行的世界青少年游泳锦标赛，获得 29 枚金牌。到现在为止，这所学校已经有 5 人入选国家队，已经培养出国家运动健将 9 名、国家一级运动员 30 名。

四、高中特色办学的重要机制保证——课程改革

中国普通高中课程改革对于国民素质的整体提高、创新型人才的培养具有极其重要的价值，为因材施教和形成学校办学特色提供了重要的机制保障。

中国普通高中课程改革具有如下特色：课程管理由过去国家统一管理走向三级管理体系，课程结构由过去的线性结构走向塔状结构，课程计划由过去的学期变成学段，学业管理由单纯的考试变为学分管理，学生选课由口号变为现实，综合实践活动由一般性的课外活动变为综合实践活动课程，课程评价由单纯的应试走向发展性评价。这一系列的改革为学校的特色发展和创新型人才的培养提供了较为广阔的空间。

创新型人才的培养是一个长期的过程，应贯串于学校教育的全过程，在不同的学段要突出不同的重点。学前教育阶段主要是保护学生

的好奇心；义务教育阶段主要是激发学生广泛的学习兴趣；高中阶段教育，应该促使学生的兴趣聚焦为志趣；而到了大学阶段，就要使学生的志趣转化为志向。高中阶段教育应该成为培养创新型人才的一个重要的切入点与突破口。要从满足学生个性潜质开发的需求出发，因材施教，增加课程的选择性。另外，要使现代科技发展的部分前沿成果以学生可以理解的方式进入到课程中。同时要大力开展社会实践活动，利用社会资源，建立实践基地，让学生有条件动手，发展学生的兴趣和特长。

在促进高中特色办学的过程中，有关部门、学校为学生的发展提供了一些有利条件。例如：2007 年 8 月，北京市成立了“北京青少年科技创新学院”，启动了“翱翔计划”。“翱翔计划”从高中阶段入手，探索培育现代社会发展急需的创新型人才，来自全市 68 所高中的 132 名高一学生，在一年半的时间内，利用周末完成自选的课程学习，并进入 70 所高等学校实验室参与科学研究。“翱翔计划”以学生的兴趣为主导，不急于要求学生取得研究成果，其主要目的是让学生通过实验室特有的氛围熏陶，形成持久的科研兴趣。再如：2008 年 9 月，北京二中为一位长期从事蜘蛛研究的高一新生提供了一间二十余平方米的实验室，并以他的名字命名，为学生的深入研究创造了条件。

推动高中学校特色办学任重道远，需要观念、条件、机制、管理、社会等多方面的支持。高中特色办学是伴随中国全面提高普通高中质量的历史进程，有关部门应最大限度地改善高中的办学条件，合理扩大学校的办学自主权，减少校长繁杂的事务，给校长更多的空间和时间，改善对学校“一刀切”的评价体系，正确对待学校管理和教育教学工作中形成的特色实验，为高中特色办学提供必要的环境。

百花齐放　英才辈出*

——谈普通高中多样化发展

北京高中教育研究会成立伊始，就以普通高中多样化发展为中心课题展开研究，这的确是抓住了高中教育改革和发展的关键。

中华人民共和国成立以前的高中在校生最高年份只有31.8万人，1949年高中在校生只有20.7万人。而2010年，我国高中阶段学校在校生规模已达4,659.1万人，高中阶段毛入学率接近中等收入国家水平。《国家中长期教育改革和发展规划纲要（2010～2020年）》（以下简称《规划纲要》）指出“树立以提高质量为核心的教育发展观，注重教育的内涵发展和特色发展”，明确了我国普通高中从以规模发展为主向以提高质量为主的发展重点的转变。普通高中教育多样化发展是实现这一转变的重要体现。

世界各国都高度关注高中教育的改革与发展。最近，

* 2011年10月26日在北京教育学会高中教育专业委员会成立大会上的讲话，原载《北京教育（普教）》2012年第1期。

美国希望联盟等三大机构联合提出“公民马歇尔计划”，希望政策制定者、教育者、商业领袖、社区联盟、家长和学生联合起来，共同致力于解决高中辍学危机。法国巴黎“新高中”是本届法国政府竭力推动的改革项目之一，2010年秋季进高一的学生已经在按改革后的“新高中”的学业组织模式接受法国的高中教育，用新的“探索课程”取代“定向课程”。对所有学生进行“个性化陪护”并提高学校的自主性，英国政府正在推行“自由学校”计划，这是一种赋予公立中小学摆脱地方和中央政府控制，获得更多自主权的改革模式。韩国社会形成一种教育要适应国家与学生双重需要的共识，正在推进英才学校、英才班、英才教育院等多种形式的发展。普通高中教育多样化发展是时代的潮流，各国高中教育改革体现了增强综合国力的需要，适应人的发展的需要，提升教育品质的需要。

《规划纲要》指出：“全面提高普通高中学生综合素质。深入推进课程改革，全面落实课程方案，保证学生全面完成国家规定的文理各门课程的学习。创造条件开设丰富多彩的选修课，为学生提供更多选择，促进学生全面而有个性的发展。”这就充分显示出我国普通高中多样化发展的内涵，即高中多样化发展是同一性和多样性的统一，共性和个性的统一，核心价值和附加价值的统一。多样化发展的同一性、共性、核心价值体现在所有学校都要遵守国家宪法、法律，贯彻国家教育方针，彰显社会主义核心价值取向。而多样性、个性、附加价值体现在教育改革切入点的差异、学校教育相对优势的差异、学校文化的差异以及适应不同群体教育需求的差异。这就展示了我国高中多样化发展的持久的生命活力。

普通高中办学多样化改革的重点，正如《规划纲要》指出的“促进办学体制多样化，扩大优质资源。推进培养模式多样化，满足不同潜质学生的发展需要”。当前普通高中办学体制多样化的走向主要有两类：一类是办学主体多样化，有公办高中、民办高中、中外合作高中，以及混合型高中；另一类是办学形式多样化，有多部式、分校式、集团式等。普通高中培养模式多样化的走向大致有四类：普通高中与高等教育的衔接，如走班制、学分制、导师制，体现了传统模式的改变；普通高中与职业教育的融合，如举办综合高中，在普通高中里引入职业教育课程，体现了高中多元功能的调整；普通高中与国际教育的交叉，如引入国际课程体系或课程，引入国外评价认证项目，体现了满足多种的教育需求；普通高中与个人发展的契合，如分层教学、个别教学、建设特色学校或班级，体现了服务于学生的个性发展。

普通高中多样化发展既是优质高中可持续发展的动力和方式，也是基础相对薄弱学校跨越式发展的动力和方式。因为学校自身形成的特色能发挥凝聚作用，形成学校的相对优势点，从而激发师生的自信；发挥迁移作用，激发师生的兴趣和激情，带动整体水平的提高；发挥导向作用，为形成学校风格、品牌、传统奠定基础；发挥发展作用，有助于学校的持续发展与后发超越。因此，学校应主动以每位学生的个性化发展服务为宗旨，以拓展学校教育资源为重要条件推动高中多样化发展。

普通高中教育多样化发展呼唤管理理念的变革。高中多样化发展是在高中推进课程改革的背景下，高考制度改革的过程中，对单纯以应试为目的的培养模式的挑战，是现实条件下，落实高中课改方向和促进高考改革的有益探索。这种探索是艰难的，呼唤办学者的胆识和管理者观念的更新，要防止“叶公好龙”。要贯彻《规划纲要》精神，落实和扩大学校办学自主权。政府及其部门要树立服务意识，改进管理方式，完善管理制度，减少和规范对学校的行政审批事项，依法保障学校充分行使在办学模式、育人方式、资源配置、人事管理、合作办学、服务社区等方面的自主权。加强与改进对多样化教育的管理，要有尊重多样化的意识，包容多样化的胸怀和调适多样化的能力。

高中教育的多样化发展是一种从规模发展到内涵发展的历史需求，是一种从教育目标到培养目标的目标深化，是一种从追求划一到追求多样的观念改变，更是一种从注重整体到注重个体的能力释放。我们期待着我国普通高中教育通过多样化发展呈现出学校百花齐放、学生英才辈出的局面，为人力资源强国的建设和人的持续健康发展做出更大的贡献。

为了孩子健康快乐成长*

“为了孩子健康快乐成长”是基础教育面对的既具有战略性又具有现实性的课题，需要教育工作者认真来回答。

近年来，基础教育改革取得令人鼓舞的成果，许多学校创造了宝贵的经验，而且在教育对象、教育本源、教育宗旨、教育现实等重大问题上达成了许多共识。比如：

要立足“每个学生”。从关注整体到关注个体，从关注百分比，到关注每一个，这既是教育观念的更新，也是教育观念的回归。在关注每一个学生发展的前提下，不少学校提出了促进学生个性化发展的追求。促进学生个性化发展，不仅是一次重要的教育理念革新，更是未来发展基础教育的价值取向。

要立足“打好基础”。许多同志认为今天有许多基础教育实践已经偏离了基础教育的本位价值，这种实践方向的迷失实际反映了价值追求的迷失。他们认为，基础教育的

* 2011 年 12 月 11 日在国务院参事室举办的“为了孩子健康快乐成长”论坛上的讲话。

本位价值应该在于它的基础性。基础教育存在多元的功能，但是，必须认清它的本位价值，这是它有别于高等教育，有别于精英教育的地方。这不禁让我想起法国“共同基础法令”的颁布，那也正是为了纠正基础教育忽视基础从而降低了教育质量的偏向。

要立足“面向未来”。许多学校提出了“一切为了孩子，一切为了明天”的办学思想，提出“我们给后代留下什么样的世界取决于我们给世界留下什么样的后代”的深刻见解。学校更加重视培养每个孩子掌握未来的能力，让他们拥有选择未来、健康成长的力量，并在实践中协调各种教育因素，探索建立和谐教育的体系，为孩子的一生发展奠定坚实的基础。

要立足“直面现实”。不少校长深刻分析了当前教学中存在的直接影响学生健康成长的两个关键因素。第一是目标导向问题。尽管课程改革已推进多年，但由于受“升学教育”和考试压力等大环境的影响，许多学校、教师在课堂上仍然走重知识、轻能力特别是轻情感、态度、价值观的老路，把对知识的掌握当做对学生学习评价最直接最重要的唯一一把尺子。第二是课堂低效问题。在课堂上常常出现简单知识复杂教、重复教，部分学生被忽视或受到不公平的评价；学生的学习方式有了一些变化，但整体上没有根本性的改变；在教学过程中依然存在着对结果的关注胜于对思维过程的关注等普遍现象。而这些问题，直接导致课后留更多的作业来弥补课堂教学的不足，从而加重了学生的学业负担，影响了学生的身心健康。这种直面现实的坦诚分析，体现了当代教育工作者的高度的责任感。

基础教育改革的进展十分可喜，但教育内部和外部对基础教育的焦虑仍在继续加深。教育焦虑的产生是因为社会和教育界仍然坚守正确的教育价值观，并且以这种价值观来评价教育现象，这一点是值得庆幸的。但是，不容回避的是，虽然我们“能上学”的问题已经解决，办学条件也已大大改善，但基础教育的主要价值：为培养做人，培养能力，培养良好习惯奠定坚实基础，却不尽如人意，素质教育的推进步履蹒跚。特别是基础教育承载的压力过大，学生的课业负担过重，已成为部分地区和学校的顽症，甚至有愈演愈烈的趋势。再加上与国外基础教育的比较，更感到我国当务之急确实需要解放基础教育，需要解放中小学生。

因此，我认为当前基础教育应当重点研究课堂有效教学和课外有限与有效作业的有机结合，从而将“为了孩子健康快乐成长”落到实处。

课堂的有效教学重点是研究教师“会教”与“教会”的统一，就如哥伦比亚大学教育学院前院长阿瑟·莱文所说，要将好的教学过程与好的教学效果统一起来，作为衡量教师课堂教学的尺度。课外的有限与有效作业则在相当长的时间里是我们教学研究的空白。当前学生课外作业负担过重，与缺少留作业的研究有关。我看，教师留作业存在的主要问题，一是繁杂，各科都布置许多作业，每科教师都觉得自己留得不多，但集中到学生身上，则分量很重，有的学校还让学生买许多社会上出版的练习册，都作为课外作业留给学生；二是盲目，留给学生的每一种练习目的究竟是什么不明确，所留的作业学生究竟需要用多少时间完成不清楚，不同的学生需要什么样的有针对性的练习不知道；三是重复，许多练习常常要求学生重复多遍，无论你是否需要都要重复地去做，不少学生做作业就是多次炒冷饭，一遍一遍地做无用的功；四是死板，许多作业就是背诵、抄写、默写，枯燥无味，做作业的过程没有增值。今年 9 月 17 日的美国《波士顿环球报》刊登了一篇文章《该不该留家庭作业》，文章说：跟校车和午间休息一样，家庭作业是美国教育必不可少的一步，孩子们有多怕家庭作业，大多数家长就有多爱它。即将发表在《教育经济评论》上的一项新研究对这种老师和家长心目中的教育必需品提出疑问，两名研究者对 2.5 万名 8 年级学生的学习进行了考察，发现每周多学 75 分钟数学的孩子成绩平均可提高 3%，但对其他学科没有任何改善。新研究指出：美国孩子做了至少 150 年的家庭作业，可家庭作业到底对孩子有什么帮助，仍是一团迷雾。文章最后说，老师不应该只是为了让孩子有事情可做而布置缺乏针对性的作业。我想，我们现在很需要加强这种研究。

减轻学生课业负担，提高教育质量，解放基础教育，解放中小学生，我想要下定决心抓好三个关键环节：一是学校引领，综合治理；二是突出主题，标本兼治；三是淡化竞争，立足长远。

首先，要学校引领，形成合力。正如《规划纲要》所指出的："减轻学生课业负担是全社会的共同责任，政府、学校、家庭、社会必须共同努力，标本兼治，综合治理。"但在政府统筹之下，需要学校发挥引领作用，才有可能形成合力。现在，有些同志认为，由于家长和社会的教育观念存在片面性，所以，单靠学校减负是无法奏效的，即使学校将负担减下来，家长还是会把负担加上去；也有些同志认为，只有彻底解决社会上的课外辅导机构所加给学生的负担，才能真正解放学生。这些看法不无道理，但由此得出学校无能为力，从而难有作为的结论，则是问题的症结所在。因为，当学校的行动没有传递给家长和社会正确的观念和信息时，是很难改变家长和社会的认识的。《规划纲要》指出："把减负落实到中小学教育全过程，促进学生生动活泼学习、健康快乐成长，率先实现小学生减负。"明确提出学校必须率先实现减负。由此可见，"减负提质"是一项系统工程，但要由学校引领；"减负提质"是一个漫长过程，但要由学校开始。学校内部减负确有成效，是转变家长和社会认识的开端，也才使形成合力成为可能。

其次，要突出主题，标本兼治。减轻学生课业负担本身就是提高教育质量的重要措施，“减负提质”应当成为现阶段基础教育改革的主题。《规划纲要》指出：“过重的课业负担严重损害儿童少年身心健康。”正因为如此，减轻了过重的课业负担也就创造了学生健康发展的条件。而真正有效地减负，必须从提高课堂教学质量入手。要把教师的积极性引导到教学上来，引导到课堂教学上来，引导到课堂教学改革上来。并以“在课堂上学会、学好”作为课堂教学改革的重要尺度，把不留和少留课外作业作为评价教师业绩的重要标准。现在，在教学改革过程中，“加法思维”已经成为一种思维定势，教学改革就是看又增加了什么内容、什么方式、什么方法、什么活动，但很少考虑增加以后所付出的代价和产生的效益，更很少积极探索应当减少什么。丰田公司曾经倡导“精益管理”，即最大限度减少不必要的环节以真正提高效益。我想，教学研究应当倡导“精益思维”，也就是“减法思维”，减去所有不必要的教学内容和环节，真正提高课堂教学效能。过去有许多优秀教师，他们的教学法的精髓之一就是在课堂上解决问题，不留或少留作业。我们不能丢掉这些宝贵经验，更不能丢掉这种宝贵传统。

再有，要淡化竞争，立足长远。芬兰基础教育阶段并不倡导竞争，特别不在制度上强化竞争意识，这给我们提供了有益的借鉴。基础教育阶段是奠定人生基础的阶段，学校应当为每位学生提供一个打好基础和发展个性的良好环境，从而创造适合学生的教育。因此，不应过早强化竞争，更要引导学校淡出功利，立足长远。

各级政府和教育行政部门应当减少并统一规范各部门对学校的检查评比，保证学校集中精力办好学校；同时，了解学科教学情况的测试应当主要由任课教师进行，首先取消小学阶段一切整班建制参加的统一考试，更不能以此作为考核学校和教师的依据，要进行科学的，以调整教学策略为目的的质量监测；推进以“提高课堂教学质量，减轻课外作业负担”为主题的教育科研、教学研究和教师继续教育，总结、表彰、宣传“减轻课业负担，提高教学质量”的典型，推广先进学校的成功经验。

学校要以培养做人为主线，以培养能力为导向，以培养良好习惯为检验尺度，组织教育活动，不得随意增加规定的课程内容和难度；依照北京市的规定，小学低年级原则上不留课外作业，中高年级课外作业不超过一小时，学校要严格检查教师留作业的数量和质量；取消一切“家长作业”，允许教师给家长布置本应由教师完成的教学工作，是放任教师加大作业量的重要原因之一，应当引导家长共同促进学生健康发展，建立和谐的家校关系；以“提高课堂教学质量，减轻课外作业负担”为主题，加强学校内部的教学研究，推进教师的专业发展，评价教师的工作绩效。

10月初，我去青海参加“两基”国检，在西宁市行知小学，看到他们正在进行一项关于“有效作业”的研究，很使我振奋。他们针对学生负担过重问题，拒绝使用社会上编写的各种练习册，各年级教研组以有效性为原则，反复研讨，精编练习，目前已经取得了良好效果，他们还在继续进行研究。说实话，我从事教育工作这么多年，还很少看见一所学校由校长带领全体教师这么认真地研究作业问题。

我想，中小学生的健康快乐成长就应当从切切实实的“减负提质”开始，深愿基础教育在这个关键性课题上不断取得实质性进展。

回归基础教育的"本位价值"*

义务教育在13亿人口的中国的全面普及，是令世人瞩目的伟大成就，为我国基础教育总体水平的提高创造了先决条件。进一步提高我国基础教育水平，当前最重要的任务是一方面推进教育公平，促进义务教育均衡发展；另一方面是提高教育质量，全面推进素质教育。

基础教育在我国通常是指幼儿教育、小学教育和普通中学教育，其重点是九年义务教育，当然，还应包括相应年龄段的家庭教育。

基础教育的理念和实践不能偏离基础教育的本位价值，不能脱离基础教育的基础性，因为实践方向的迷失实际反映了价值取向的迷失。因此，基础教育的任务是什么，基础教育究竟主要打好什么基础的问题又再一次提到我们探讨的日程上来。

当前，提高基础教育质量应当关注两个方面：一是明

* 2011年12月15日在"北京市第80中学田树林校长教育思想与实践研讨会"上的讲话。

确基础教育的任务是为孩子切实打好基础；二是明确基础教育主要应当打好什么基础。

首先，基础教育必须为孩子切实打好基础。1977 年，联合国教科文组织在内罗毕召开的高级教育计划官员讨论会上，经过广泛而深入的讨论，认为“基础教育是向每个人提供并为一切人所共有的最低限度的知识、观点、社会准则和经验”的教育。“它的目的是使每一个人能够发挥自己的潜力、创造性和批判精神，以实现自己的抱负和获得幸福，并成为一个有益的公民和生产者，对所属的社会发展贡献力量。”

当前，有些地区存在一种现象，不断向基础教育提出新的要求，增加新的任务，增添新的教育内容。邓小平同志提出“计算机要从娃娃抓起”，这是因为它将成为人们获取信息、处理信息的重要工具。但是，现在越来越多的事情都随意地提出“要从娃娃抓起”，各单位、各部门都提出他们所负责的工作应当“进校园”，许多单位和部门还要求将相关内容设为课程，编写专门教材或者编入现行教材，结果基础教育的内容不断拓展，教育活动不断增加，目的可能是希望为孩子打好更加宽泛的基础，结果中小学教育反倒难以真正打好应该打好的基础。知识爆炸的时代，知识总量在成倍翻升，社会生活的不断丰富对人的要求也越来越多，要想在基础教育阶段完成使学生全面适应社会需要的任务，将一切认为有用的东西都纳入基础教育的教材和教学内容，既会加重学生负担，也会最终导致将应当打好的基础淹没在纷繁复杂的内容和教学之中。《中华人民共和国义务教育法》规定：“教科书根据国家教育方针和课程标准编写，内容力求精简，精选必备的基础知识、基本技能，经济实用，保证质量。”这里突出了“精简”和“精选”，强调了“基础”和“基本”，反映了对基础教育任务的明确规定和清醒认识。法国自 1882 年开始实施义务教育，但近年来经过评估显示，法国的中小学生并没有很好地掌握相应的知识和能力。他们认为由于社会的变迁、科技的发展、知识的多样化，基础教育内容不断增加，教师、学生、家长和整个社会都感到需要进一步明确基础教育的内容和目标。所以，2005 年 4 月，法国政府出台了《教育指导法》，法案中非常重要的一条就是保证每个学生掌握基本的知识与能力。法国教育部又专门制定政令，推出界定共同基础知识和能力的"共同基础法令"。所谓"共同基础"包括七个方面，包括对知识、能力和情感态度层面的基本要求，并提出基础教育应当完成它应当完成和能够完成的任务。这给我们一些启示，基础教育必须抓基础，基础教育的创新不能只是"加法思维"，必须有加有减。日本丰田公司曾提出"精益管理"的理念，就是减少生产过程中一切不必要的环节，以最大限度地提高效益。我想，针对当前情况，我们也应当倡导"精益思维"，只有"水落"才能"石出"，才能使学校真正把精力放在为学生切实打好的基础上。

从提高民族素质角度看，少年儿童一代的整体素质决定未来民族的素质，而民族素质决定未来国家的前途命运，我们给未来留下了什么样的孩子，也就给孩子留下了什么样的未来，而基础教育就是承担着为未来留下什么样的孩子的责任。

从人的发展角度看，基础教育是人的社会化进程的初始阶段，基础教育阶段人所形成的健全的体格和人格对于未来发展有着重要影响；基础教育又是终身学习各个层级的初始层级，基础教育阶段人所形成的学习习惯和学习能力对一生的继续学习和发展有着重要的作用，所以，基础教育又是民生工程的重要基础。

接下来的问题就是基础教育究竟主要应当为孩子打好什么基础。

1996年国际21世纪教育委员会提出教育的四大支柱：学会认知、学会做事、学会生存、学会共处。这一教育目标，至今有着重要的指导意义。《中华人民共和国义务教育法》规定：“义务教育必须贯彻国家的教育方针，实施素质教育，提高教育质量，使适龄儿童、少年在品德、智力、体质等方面全面发展，为培养有理想、有道德、有文化、有纪律的社会主义建设者和接班人奠定基础。”这里已经明确规定：品德、智力、体质是基础教育应当为学生奠定的最重要的基础。

从我国的实际出发，基础教育承担着为提高民族素质奠定基础，为人的成长、就业，发展的社会化进程奠定基础，为终身学习奠定基础的责任。因此，《中华人民共和国义务教育法》规定的品德——做人的基础，智力——做事和继续学习的基础，体质——品德和智力的载体、生活和发展的基础，这三项无疑是最为重要的素质基础。

我们需要始终站在这一高度认识基础教育的重要性，并从这一高度来认识基础教育必须打好的基础。思想道德素质是民族文化发展的前提和软实力的体现，智力发展水平决定着经济和社会发展水平，而作为载体的体质，则是促进或者制约经济、文化和社会发展的要素。因此，《中华人民共和国义务教育法》突出了品德、智力和体质发展奠定基础的任务，着力完成这一任务才是基础教育的重中之重。

一要打好品德基础，为学生学会做人奠基。当前，使学生树立正确的价值观，无疑应提到基础教育重要的日程上来。价值观是社会成员用来评价行为、事物以及选择自己合意目标的准则，是决定人们行为的内部动力。教育是价值引导和价值创造的过程，因此，学校应当坚持在各种教学活动中，培育学生正确的价值观念。当前，社会价值观多元化促使思想活跃、观念碰撞、文化交融。但由于价值主体、价值标准、价值取向等越来越多元化，自然就会出现多元价值观对社会主义核心价值观的冲击，在社会转型时期，“核心价值观”与“多元价值观”的张力关系将长期存在。因此，基础教育承担着在多元中立主导，使我国社会主义核心价值体系成为社会的主流价值体系的重要责任。北京的一份学生思想道德发展测评报告指出，现在的中小学生对现代意识具有高度认可，对尊重意识具有一定程度接受，而人生价值意识呈现多样性，诚信意识严重淡漠，创新精神普遍缺失。一个学校观看影片《白毛女》后，要求学生写观后感。有的学生指责杨白劳欠了黄世仁的钱不还，还有劳人家上门去讨，真不应该；有的说喜儿也真是太傻，人家黄世仁那么有钱，干吗不肯嫁给他；有的说那个大春也太不识趣了，家里无钱无权，还想娶美女。另外，几乎所有地区关于社会道德问题的调查报告都说，社会存在的第一位的道德问题是诚信问题，但我们很少关注教育过程中诚信教育存在着许多不容忽视的偏颇。陶行知先生说过：千教万教教人求真，千学万学学做真人。但一位年轻的作家说过一句引起我们对教学活动深思的话，他说：人生的第一次说谎常常是从写作文开始的。当前，我们注重启迪学生的智慧，注重培养学生的兴趣，这些无疑都是培养优秀人才之必需。但决不能把智慧、兴趣的培养与良好道德的形成对立起来。学校应当引导并要求教师坚持在学科教学和全部教育活动中进行社会主义核心价值观的教育。新西兰重塑价值观教育给我们很多启示。该国原来也和许多西方国家一样主张价值相对主义，也就是个人是道德价值和道德规范的源泉，个人也是道德价值标准的创造者和评判者，不存在凌驾于个体之上的价值标准。对于学校而言，没有责任和必要对个体施加价值观影响。但价值相对主义给新西兰社会带来了巨大的危机：从20世纪60年代～90年代，虽然新西兰GDP增长了一倍，政府在教育和卫生方面的投入也有了显著的增长，但与此同时，新西兰的犯罪率增加了4倍，青少年自杀率增加了4倍。2006年7月31日，新西兰教育部颁布了2007年课程草案，特别强调价值观教育的重要性，提出必须将基础价值观教育融入到学校各门课程的教学当中。明确指出，新西兰的学校应教育学生具有以下八种价值观，分别是：追求卓越、创新与好奇、多样化、尊重他人、公正、团结合作、关心环境、诚实正直。从2004年到2008年澳大利亚学校也进行了为期四年的价值观教育计划。该计划明确认同，学校不仅教给学生知识，还应当教给学生进入社会所需要的品质。通过价值观教育增强学生的自信心，使学生乐观地进行自我实现，并帮助学生形成道德判断能力和社会责任感。这些都为我们提供了启示和借鉴。

二要打好智力基础，为学生做事和继续学习奠基。尽管我们近年来一直强调培养能力，但是，总体上看教学还是很难脱离知识本位教育模式的窠臼。我们的教学活动在相当程度上是一种知识循环：教师将书本知识传授给学生，学生记住教师传授的知识，在考试的时候再把这些知识回答给教师。教学过程中几乎没有增值。因此，需要学生死记硬背的东西很多。从深层次分析，这也是学生课业负担过重的主要原因之一。当然，掌握广博的知识也是形成能力的基础，但是，以学习知识，特别是死记硬背知识为目的，是肯定无法培养创新型人才的。《国家中长期教育改革和发展规划纲要(2010～2020年)》(以下简称《规划纲要》)明确提出：“坚持能力为重，优化知识结构，丰富社会实践，强化能力培养。着力提高学生的学习能力、实践能力、创新能力，教育学生学会知识技能，学会动手动脑，学会生存生活，学会做事做人，促进学生主动适应社会，开创美好未来。”这充分体现了培养什么样人的时代要求，明确了教学改革的方向。学生思维方式的形成，与学校教学有着密切的联系。以应试为目的和以知识授受为途径的教学，由于考题答案的唯一性，使得教师重视帮助学生掌握标准答案，而忽视学生发散思维和批判性思维的培养。在推进课程改革的过程中，学生的自学能力得到加强，但多数也只限于获取知识能力的培养。而思维不只是获取信息，更重要的是处理信息。因此，整个教学过程就容易使学生养成相对单一的惯性思维，而没有形成良好的思维方式。近几年，印度提出在中学所有学科的课堂教学中推行“高级思维技能”培养，包括理解技能和批判性思维，强调以应用为基础的问题解决，反对机械学习。以色列教育部门在中学中实施“优秀 2000 计划”，目的是树立学生的创新观念，使学生具有数学的、技术的、经济的综合思维能力。可见加强学生思维能力的培养已经成为当前各国教学改革亟待解决的问题。《规划纲要》提出的“注重学思结合。倡导启发式、探究式、讨论式、参与式教学，帮助学生学会学习。激发学生的好奇心，培养学生的兴趣爱好，营造独立思考、自由探索的良好环境”正是切中教育的时弊，在回答怎样培养人的问题上有着鲜明的针对性和导向性。

三要打好体质基础，为学生一生的生活和发展奠基。国民体质是国民在心肺耐力、力量耐力、柔韧性和体成分(脂肪含量)等生理指标的一个均值，世界卫生组织将社会适应能力也作为健康的一项重要指标。健康促进是世界卫生组织提出的迎接 21 世纪挑战的一个中心概念，“健康促进”就是鼓励健康的行为，增强人们自己改进和处理自己的健康问题的能力，通过教育和调动积极因素来增强人的内在的力量。为国家培养身心健康、社会适应能力强的社会主义建设人才符合人的发展的要求，既是社会主义现代化的目的，也是实现社会主义现代化的条件。所以，加强体育、促进健康是对人一生的发展负责。现行教育存在的弊端之一就是课业负担过重，影响学生的全面发展。为此，许多地区制定了许多政策，但相对来说，限制性的政策比较多，而引导性的政策比较少。说出的“不许”比较多，而应当怎样做比较少。近年来我国倡导的“阳光体育”，是一个积极的正面口号，具有很强的引导性，可以发挥可操作的引导作用。2010年的监测结果显示，我国学生体质状况有所改善：形态发育水平继续提高，营养状况继续改善，肺活量水平出现上升拐点，中小学生的爆发力、柔韧性、力量、耐力等身体素质指标相比2005年有了不同程度的提高。但我国中小学生的超重和肥胖检出率仍在上升，在7～22岁城市男生群体中，肥胖率达13.33%，超重率达14.81%，相比2005年分别增加1.94和1.56个百分点。学生视力不良检出率也在继续上升。学生课业负担重，长时间上网、看电视，体力活动、劳动严重不足等，是导致我国中小学生肥胖率、近视率继续扩大的主要原因。日本青少年研究所对中、日、美三国初、高中学生课外体育活动的问卷调查显示，参加课外体育活动的初中生，中国为8%，日本为65.4%，美国为62.8%；高中生中国为10.5%，日本为34.5%，美国为53.3%。近几年，英国鼓励中小学开展运动会，将竞争激烈程度相当高的体育运动项目引入学校，鼓励校际比赛，以帮助孩子在成长过程中激发出更多潜能。法国自去年秋季新学年开始，在百余所高中和初中里面改变现行教育模式，试验鼓励体育活动的新型教学节奏。在这些志愿成为试点的学校，学生们上午接受文化课教育，下午的时间全部用来参与体育活动。这些也为我们提供了借鉴。

爱因斯坦说过：“如果人们已经忘记了他们在学校里所学的一切，剩下的就是教育。”人能够剩下的就是已经内化了的素质，首先就是品德、智力和体质。而能不能在这三个方面都打好基础，最重要的检验尺度就是是否形成了良好的习惯。从这个意义上说，基础教育的任务就是养成良好习惯。乌申斯说过："好习惯是人在神经系统中存放的资本，这个资本会不断地增长，一个人毕生就可以享用它的利息。而坏习惯是道德上无法偿还的债务，这种债务能以不断增长的利息折磨人，使他最好的创举失败，并把他引到道德破产的地步。"

品德形成的习惯体现在对事物的反应倾向，智力形成的习惯体现在对问题的思维方式，体质形成的习惯在于生活和发展的方式，最终都体现在行为习惯上。习惯影响着人的发展，良好的习惯推动着人的自我突破，不良的习惯制约着人的自我超越。未成年期培养良好的反应倾向、思维习惯和行为习惯的效益远远高于后来的改变习惯。我们的教育只有归结为养成一种习惯，才不会"忘掉"而能够"剩下"，这就是真正的教育成果。

联合国教科文组织正在制定全球普通教育质量诊断、分析和监测框架，在概念性文件里指出：增加入学机会方面所取得的巨大成功并未带来教育质量和教育针对性的提高，对于发展中国家尤其如此。大多数发展中国家正面临教育质量危机。同样，大部分发达国家也没有为所有学习者提供有质量的教育。

因此，要防止将基础教育功利化，以应对升学、培养精英、早期智力开发等作为主要目标，导致忽视奠定所有学生全面发展的基础，造成学生的品德形成、能力培养、身心发展、习惯养成等受到削弱，影响了民族素质的提高和个人的健康成长。全面推进素质教育，真正打好素质基础，是提高教育质量的重要任务，也是实现我国从人力资源大国转变成人力资源强国，从教育大国转变成教育强国的重要任务。

回答大师之问*

——大成智慧学与基础教育改革

动员全党全社会坚持走中国特色自主创新道路，为建设创新型国家而努力奋斗。这是党和国家社会主义现代化建设的目标。

我国距离创新型国家还有很大差距。目前世界上公认的创新型国家的共同特征是：创新综合指数明显高于其他国家，科技进步贡献率在70%以上，研发投入占GDP的比例一般在2%以上，对外技术依存度指标一般在30%以下。

而我国目前科技进步对经济的贡献率还不到40%，研发投入占GDP不到2%，对外技术依存度高达50%以上，设备投资60%以上靠进口。

2011年6月30日，欧洲工商管理学院与世界知识产权组织首度联手推出了2011年“全球创新指数排行榜”。世界上20个最具创新性的经济体依次为：瑞士、瑞典、新加

* 2012年4月20日在北京“‘钱学森大成智慧教育思想研究与实验’开题会暨中国基础教育改革发展战略研讨会”上的主题演讲。

坡、香港、芬兰、丹麦、美国、加拿大、荷兰、英国、冰岛、德国、爱尔兰、以色列、新西兰、韩国、卢森堡、挪威、奥地利、日本。中国今年也进步很大，排在了第29位，首次进入到前30的行列。

胡锦涛总书记于2006年1月9日在全国科技大会上宣布中国未来15年科技发展的目标为：2020年建成创新型国家，使科技发展成为经济社会发展的有力支撑。

中国科技创新的基本指标是：到2020年，经济增长的科技进步贡献率提高到60%以上，全社会的研发投入占GDP比重提高到2.5%，对外技术依存度降低到30%以下，本国人发明专利年度授权量和国际科学论文被引用数均进入世界前5位。

所以，建设创新型国家任重道远。

胡锦涛同志指出：为了实现进入创新型国家行列的奋斗目标，我们要突出抓好以下几个方面的工作：1. 实施正确的指导方针，努力走中国特色自主创新道路；2. 坚持把提高自主创新能力摆在突出位置，大幅度提高国家竞争力；3. 深化体制改革，加快推进国家创新体系建设；4. 创造良好环境，培养造就富有创新精神的人才队伍；5. 发展创新文化，努力培育全社会的创新精神。

新中国成立之初，全国科技人员不足5万人，其中专门从事科研工作的不超过500人；到2007年科技人力资源已达4,200万人，居世界第一位，研究开发人员总量190万人/年，居世界第二位。

虽然我国的人力资源总量位居世界前列，但水平和美国等发达国家相比差距还很大。

上海交通大学世界一流大学研究中心发布“2011世界大学学术排名500强”。美国大学在世界百强中占据53席，有8所大学进入世界前十位。亚洲地区排名最高的是日本东京大学和京都大学，分别排在第21位和第27位。中国内地进入世界500强的大学有23所，清华大学位居前200名内，北京大学、复旦大学、南京大学、上海交通大学、中国科技大学、浙江大学等排在第200至300名。

我国每百万人拥有科学家和工程师人数只相当于日本的9.3%、美国的11.2%、法国的17.1%、德国的16%、俄罗斯的13.5%、英国的17.1%。

60年前甚至是30年前，我国科技界还涌现出钱学森、钱三强、李四光、华罗庚、吴文俊、周培源、竺可桢、邓稼先以及朱光亚、周光召、宋健、陈景润、袁隆平、王选等一批享誉世界的杰出科学家。今天，我国的经济实力不断增强，科研环境和科研条件已发生了巨大变化，科研人员的待遇也有了大幅提高，但在培养和造就顶尖人才方面却不如以前。

自诺贝尔奖开评至2010年的108年中，六大奖项共有569人获奖，分布在30个左右的国家，其中美国占一半以上，其次是欧洲。亚洲以日本为最多，中国还没有。① 近52年来，有8位美籍华人分别在物理学、化学领域获诺贝尔奖。平均6年有一位华人获奖。

2009年9月4日，温家宝总理在考察北京35中时曾透露："我多次看望钱学森先生，给他汇报科技工作，他对科技没谈什么意见，他说你们做得都很好，我都赞成。然后，他转过话题就说，为什么现在我们的学校总是培养不出杰出人才？这句话他给我讲过五六遍。"

为什么现在我们的学校总是培养不出杰出人才？这就是著名的钱学森之问。回答钱学森之问是当代中国教育工作者的历史责任。

---

① 中国作家莫言于2012年获得诺贝尔文学奖，成为首位获得诺贝尔文学奖的中国籍作家。委员会的授奖词称："他的魔幻现实主义作品融合了民间传说、历史与当下。"——编者

如何理解钱学森之问？

我想，这不是从对全部教育目标实现的忧虑提出问题，而是首先从拔尖创新人才培养问题切入；不是对中国教育的全部否定，而是引发对中国教育的全面反思；不是单纯提出问题，而是试图提出解决问题的方向。

大成智慧学的提出就是钱学森之答。

如何尽快提高人们的智能和品德，以适应时代发展的需要？这是钱学森几十年来，尤其是近20年来，着力探索与思考的重大课题。他认为这是件大事，其意义甚至不亚于当年研制、发射“两弹一星”。钱学森倡导的“大成智慧学”，目的在于使人们面对新世纪各种变幻莫测、错综复杂的事物时，能够迅速做出科学而明智的判断与决策，并能不断有所发现、有所创新。

大成智慧学在思维结构中要求具备三个层次：

一、知识层：它是由各种科学技术知识、信息、经验、感受等要素构成的，是思维结构中最重要、最基础的层次。

二、情感层：它是由人们的价值观念、需要、意识、精神、品德、意志、意向、情趣等因素构成的，是思维结构中不可或缺的动力与调控层次。

三、智慧层：它是以知识层和情感层的整体融合为基础的，是由科学的世界观、人生观、方法论、思维方式，以及现代科学技术体系观，人—机结合的学习方法、工作方法等基本要素相互促进、相互交融、有机地建构在一起的，是思维结构中最深刻、最复杂、最富于哲理的层次。

钱学森说：“必集大成，才能得智慧。”大成智慧的核心就是：集大成得智慧！创新型人才是集大成而得智慧者。就像一座喷发的火山。集大成是能量的积累，得智慧则是喷发出熊熊的火焰。

我认为，大成智慧学的教育内涵包括：1. 进行新的通才教育；2. 掌握人类知识体系；3. 充分利用计算机实现人—机结合优势互补；4. 培养高尚的道德情操。

1. 进行新的通才教育

钱学森说："大成智慧的核心就是要打通各行各业各学科的界限，大家都敞开思路互相交流、互相促进，整个知识体系各科学技术部门之间都是相互渗透、相互促进的，人的创造性成果往往出现在这些交叉点上，所有知识都在于此。所以，我们不能闭塞。"

我们掌握的学科跨度越大，创新程度也越大。而这里的障碍是人们习惯中的部门分割、分隔、打不通。而大成智慧学却教我们总揽全局，洞察关系，所以促使我们突破障碍，从而做到大跨度的触类旁通，完成创新。

学生的学科跨度越大，创造性才会越大。他提出不仅理工科要结合，而且要理工文结合，要科学与艺术结合，他还专门强调，科学培养的是逻辑思维，艺术培养的是形象思维，逻辑与形象思维要都得到提高。

这与当代美国科学界提出的聚合科技（NBIC）是同一种结论。2000 年人类刚跨入新世纪的门槛，美国国家科学基金会和美国商务部共同资助研究计划，目的是要弄清楚哪些学科是新世纪的带头学科，七十多位一流科学家研究的结果是一份 480 页的研究报告《聚合四大科技，提高人类能力》。

四大科技指：纳米技术（Nanotechnology）、生物技术（Biotechnology）、信息技术（Informational technology）、认知科学（Cognitive science）。这四个领域是被世界公认的 21 世纪最前沿的技术，每个领域都蕴藏着巨大潜力，而其中任何几项技术的两两融合、三种会聚或四者集成，都将产生难以估量的效能。

这本书断言：科技的聚合将会“加快技术进步速度，并可能会再一次改变我们的物种，其深远意义可以媲美数十万代人以前人类首次学会口头语言”。

2. 掌握人类知识体系

按照钱学森的想法，“集”的对象主要就是现代科学技术体系（或称人类知识体系）中广博的科学技术知识，还有体系外围的前科学知识库，这些是形成大成智慧的科学基础和知识源泉。

钱学森认真总结现代科学技术和文学艺术发展的成就与趋势，从系统科学的角度揭示了现代科学技术发展的整体状况，建立起一个开放复杂的人类知识体系：“现代科学技术体系”。

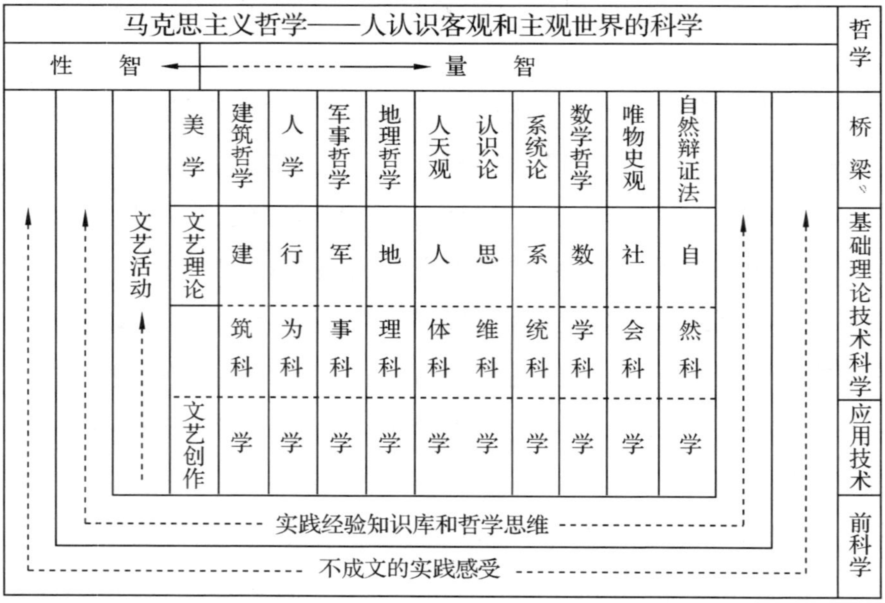

这是个活的体系，是在全人类不断认识并改造客观世界的活动中发展变化的体系。随着社会的发展、科学的进步，这个体系不仅结构

在发展，内容也在充实，还会不断有新的科学部门涌现。因此，教育理念与教学内容以至教学方法，也需要不断充实、不断更新、与时俱进。

重视理论与实践相结合，要特别尊重和提炼前科学知识库里的精神财富。在人类知识体系这个现代科学技术体系的外围，有大量一时还不能纳入体系中的古往今来人们对世界的探索、认知、初步的哲学思考以及点滴的实践经验、不成文的实际感受、直觉、顿悟、灵感、潜意识、能工巧匠的手艺、“只可意会，不可言传”的东西，甚至梦境等等，这些都是前科学知识库里的瑰宝。

现代科学技术体系中广博的科学技术知识和前科学知识库里的精神财富，是科学知识和艺术创新的源泉，是我们终身都需要认真学习、积淀，注意汲取、历练的宝贵精神财富。

3. 充分利用计算机实现人—机结合优势互补

大成智慧教育方式的一个显著特点，就是充分利用计算机、信息网络，人—机结合优势互补的长处，使人能够不断及时获得和集成广泛而新鲜的知识、信息与智慧，从而迅速提高人的智能，培养创新的能力。

4. 培养高尚的道德情操

钱学森要求采取多种教育方式，培养青年人具有大智、大德的思维结构和内涵，为青年人思想的奔放驰骋提供一个广阔而科学的天地。有了这样思想文化基础的学生，适应能力很强，处处可以乘风破浪，他们既是全才，又是专家，是全与专辩证统一的人才，也将是新世纪的主人。

深化教育改革，全面推进素质教育是培养创新型人才的根本途径。大成智慧学对基础教育改革与创新有着深刻的指导意义。

大成智慧学给我们的启示是：集——整体优化。大成智慧学本身就是集对历史、现实和未来的思考，集对人才成长和个人体验的思考，集对东西方教育的比较之大成而得出的规律性认识，是教育思想的创新。

1. 更新人才培养观念，就是要集大成、得智慧

集大成——全面而不片面，融合而不分割。

全面而不片面：学生素质的全面发展，教育过程的整体优化。学生素质的全面发展要有广博的知识、高尚的品德、充沛的激情、科学的思维、审美的能力、创新的冲动。

融合而不分割：学科知识的相互融通。教育目标贯穿于全部教学活动，师生之间的良性互动，教育评价的综合性与发展性。

得智慧——创新型人才是积累而生成的，教育的任务是为其积累创造生成的条件。

2. 创新人才培养模式

(1)注重学思结合

《国家中长期教育改革和发展规划纲要(2010～2020年)》(以下简称《规划纲要》)指出：倡导启发式、探究式、讨论式、参与式教学，帮助学生学会学习。鼓励学生大胆质疑，主动发现问题、分析问题、解决问题。保护学生的好奇心，培养学生的兴趣爱好，营造独立思考、自由探索的良好环境。

“应试教育”是教到学生没有问题；素质教育是教到学生能够提出许多新的问题，并进行新的思考。

一位十二岁的中国女孩到英国小学读六年级，准备进入私立中学学习，学校进行了一次面试。面试的题目之一是阅读一篇记述地震的文章，然后回答一个问题：你认为这篇文章的作者是一个什么样的人？另一个面试题目是：你认为现在的世界最大的问题是什么？未来的世界最大的问题是什么？如果给你一个机会，你将要为改变这个世界做些什么？这些都是无固定答案的问题，但却充分展示对学生思维能力的重视。

要给学生一个完整思考的机会。是思考不是简单重复结论，是完整的思考不是支离破碎，是完整的有创见的思考不是顺应教师的教学设计。

有的学校提出课堂要有三声：掌声、笑声、辩论声。很有道理。掌声，说明深刻与精辟——有感悟；笑声，说明生动与精彩——有兴趣；辩论声，说明启发与探究——有参与。

(2)注重知行统一

《规划纲要》指出，坚持教育教学与生产劳动、社会实践相结合。充分利用社会教育资源，开展各种教学活动。

2006年4月18日，美国总统布什签署总统行政命令：成立国家数学委员会，研究如何最有效地利用科学研究的成果改进数学的教与学，并向总统和教育部长提出政策建议。

《美国教学咨询委员会报告》提出的看法与建议：①高度重视数学教育对培养公民素质和创新人才的重要基础性意义；②以系统的观点指导数学教育新课程改革；③鼓励与支持开展严谨、实证的数学教育科学研究；④逐步把数学教育决策建立在科学研究与民主讨论的基础之上。

可以看出，即使重大决策，也不能单纯依靠推理，要高度重视实证。

(3)注重因材施教

关注学生不同特点和个性差异，发展每一个学生的优势潜能，改进优异学生的培养方式。

企业核心竞争力的提出者普拉哈拉德提出两个核心竞争力公式，其中之一就是：N＝1。即价值是基于每一位顾客独特、个性化消费体验的。因为企业即使面对一亿个消费者，也必须学会关注某一个具体的消费者在某一时刻的体验。

借鉴于教育，则可理解为：教育价值是基于每一位学生独特、个性化的学习体验的。因为教师即使面对许多个学生，也必须学会关注某一个具体的学生的体验。面向全体学生，面向每一个学生。

因此，要改变“好学生，你将来是学校的历史；差学生，学校将来是你的历史”的逻辑，树立每一位学生都是学校的历史的观念。

3. 改革人才评价制度

改进教育教学评价。根据培养目标和人才理念，建立科学、多样的评价标准；完善多种形式的评价方式，激励学生乐观向上、自主自立、努力成才。

总之，回答大师之问，我们应当：(1)明确基础教育的历史责任是为包括拔尖创新人才在内的全民素质的提高奠定基础——为所有学生积累能量。(2)汲取大成智慧学的精华，树立集大成、得智慧的理念，深化教育改革全面推进素质教育，将钱学森的理想和理念转化为教育实践。(3)直面当前基础教育存在的片面性，加强教育改革的针对性，为学生的全面素质的提高和创新精神与能力的培养创造良好的教育生态。(4)加强基础教育各学段的统筹规划，将先进教育理念一以贯之，探讨教育过程的整体优化。(5)以教育的创新培养学生的创精神和创新能力，以打破常规的实验培养具有打破常规精神的人，加大改革力度。(6)创造学校推进教育改革的宽松环境，改进督导评价和质量监测，减少和消除学校推进改革的制度性障碍。以整体优化思想指导改革实践，防止以新的片面性来克服片面性，防止形式主义、表面化。(7)关键在教师队伍建设，要引导教师学习和理解钱学森教育思想，反思教育行为，激发改革精神，投身改革实践。

拔尖创新人才的成长和涌现不是基础教育可以单独完成的，要有良好的社会环境、个人的禀赋和勤奋，也要有机遇。但如果基础教育工作者都在努力为每一名学生积蓄能量，就一定会有一座座火山喷发出耀眼的光辉。

“活教育”：幼儿教育的活力源泉*

——纪念陈鹤琴先生诞辰120周年

陈鹤琴先生是我国现代著名教育家、儿童心理学家和儿童教育专家，是我国现代幼儿教育的奠基人。他全面系统地论述了幼儿教育问题，探索和创造了适合中国国情又符合幼儿心理发展特点的中国化、科学化的幼儿教育，形成了自己独特的幼儿教育理论和思想体系。

1914年陈鹤琴清华毕业赴美留学，原本想学医，在横渡太平洋的邮船上，改变了主意，认为要挽救病弱的中国，必须从教育人做起，而儿童是国家的未来和希望，儿童教育是国民教育的基础，他决定把一生献给祖国的儿童教育事业，他的志向得到同舟赴美的陶行知先生的赞赏，后来两人一起在哥伦比亚大学攻读教育学硕士。

陈鹤琴对儿童无限地热爱，他说：“我是喜欢儿童的，儿童也是喜欢我的。”他呼吁全社会都来“热爱儿童”“尊重儿

---

* 2012年10月24日在北京市纪念陈鹤琴先生诞辰120周年大会上的讲话，原载《未来教育家》2012年11月刊(总第3期)。

童”“一切为儿童”，正是对儿童的这种纯爱，确定了他献身儿童教育事业的人生志向。

1981年，年近90的陈先生还为“六一”国际儿童节题词：“一切为儿童、一切为教育、一切为四化。”同年11月，为浙江《幼儿教育》创刊题词：“热爱、了解和研究儿童，教育他们使之胜过前人。”

“活教育”曾经在20世纪50年代受到不公正的批判，但“活教育”的理念和实践经验至今仍然站在时代的前沿，我们应当还“活教育”以应有的尊严，并借以推进幼儿教育的改革与健康发展。

陈鹤琴认为，旧中国的教育制度空谈理论、教学脱节、读死书、读书死、书本至上、不求进步，学生缺乏创造性，没有“动手”能力。

陶行知先生曾把旧中国陈旧腐败的教育概括为“教死书、死教书、教书死”，针对当时的这种教育现状，陈鹤琴认为自己有责任去改变，他要下决心使这种腐败的“死教育”变为“前进的、活泼的、有生气的教育”。针对旧教育传统的弊病，陈鹤琴创立的中国化、科学化的幼儿教育学说，其中最富有生命力的就是“活教育”理论的目的论、课程论、方法论等相关的论述。1947年，陈鹤琴主编的《活教育的理论及实施》一书出版，标志着“活教育”理论体系的形成。

“活教育”是一种有吸收、有改造、有创新、有中国特色的教育思想，曾在历史上产生过重要影响，对当前的教育改革依然富有指导意义。

1. 学习陈鹤琴“活教育”的目的论，进一步明确幼儿教育的培养目标

“活教育”的目的论就是：“做人，做中国人，做现代中国人。”

陈鹤琴说：“做一个中国人与做一个别的国家的人不同。做一个中国人必须热爱自己的国家……为自己国家的兴旺发达而努力。”“拿目前的情形来说吧！中国还处于半封建半殖民地的境遇，……争取民族独立，对内肃清封建残余、建树科学民主，这便是中国人当前的生活内容与意向，而活教育就是要求做这样的中国人、现代中国人。”

他又说：“我们要做世界人，便要爱全世界的人类。”“爱那些站在真理一面的人类，真理是不会泯灭的，真理是我们做人、做中国人、做世界人的最高准则。”这样就把做中国人和作世界人统一起来，统一于做现代中国人。

陈鹤琴认为“做现代中国人”包含五方面的条件：第一，要有健全的身体；第二，要有建设的能力；第三，要有创造的能力；第四，要能够合作；第五，要乐于为社会服务，为人民服务。

“活教育”的目的论体现了德智体全面发展的要求，体现了时代要求和历史使命。把做人上升到了崇高的境界，仍是我们今天的教育要追求的目标。

2. 学习陈鹤琴“活教育”的课程论，进一步推进幼儿教育的课程改革

“活教育”的课程论就是：“大自然，大社会，都是活教材。”

针对传统教育“把书本作为学校学习的唯一材料”，把读书和教书当成了学校教育活动全部内容的实际状况，陈鹤琴将“大自然、大社会都是活材料”概括为“活教育”的课程论。

1928 年，陈鹤琴负责全国幼稚园课程标准的草拟和制定工作，反对小学和幼稚园的分科教学法，提倡“整个教学法”，主张把儿童所应该学的东西整个地、有系统地教给儿童。1929 年，陈鹤琴负责编制《幼稚园课程暂行标准》，该课程标准由三部分组成：第一部分为幼稚教育总目标，第二部分为课程范围，包括音乐、故事和儿歌、游戏、社会和自然、工作、静息、餐点 7 个方面的内容，第三部分是教育方法，提出了17种教育方法及要点。

1951年春，陈鹤琴发表了《幼稚园的课程》一文，详细地论述了新时期我国幼稚园课程编制的十大原则：“是民族的，不是欧美式的；是科学的，不是封建的；是大众的，不是资产阶级的；是儿童化的，不是成人化的；是发展的、连续的，不是孤立的；是配合目前形势和实际需要而不是脱离现实的；是适合儿童身心发展促进儿童健康的；培养五爱的国民公德和民主、团结、勇敢、守纪律的优良品质；陶冶儿童的性情，培养儿童的情感，要养成儿童能够说话的技能。”

从1928年《幼稚园课程暂行标准》的制定到1951年发表新时期的《幼稚园课程》，体现了陈鹤琴幼稚园课程思想的发展，标志着他幼稚园课程思想的形成。

3. 学习陈鹤琴“活教育”的教学论，进一步改革幼儿教育的教学方式

“活教育”的教学论就是：“做中学，做中教，做中求进步。”

陈鹤琴认为随着课程内容的改变，其组织形式也宜因之变更。“活教育”的课程形式应该符合儿童活动和生活方式，符合儿童与自然、社会环境的交往方式。

陈鹤琴先生研究的“单元教学”(五指教学法)成为中国人最早的幼儿教育课程模式。“活教育”的课程打破以学科组织的传统模式，而改成活动中心和活动单元的形式，具体包括五方面的活动，称为“五组活动”。

1944年，在实验活教育筹划会议上，陈鹤琴提出“五指活动”方案，五组活动如人的五指，互相联系，不可分割，在儿童生活中结成一个有组织、有系统的教育网，实践活教育。

五指活动包括：儿童健康活动(包括体育活动、个人卫生、公共卫生、心理卫生、安全教育等），儿童社会活动（包括动物园、植物园、劳动工厂和科研机关等），儿童科学活动，儿童艺术活动（包括音乐、美术、工艺、戏剧等），儿童文学活动（包括童话、诗歌、谜语、故事、剧本、演说、辩论、书法等）。

1941年陈鹤琴发表活教育的17条教学原则：凡是儿童自己能够做的，应当让他自己做；凡是儿童自己能够想的，应当让他自己想；你要儿童怎样做，就应当教儿童怎样学；鼓励儿童去发现他自己的世界；积极的鼓励胜于消极的制裁；大自然、大社会都是我们的活教材；比较教学法；用比赛的方法来增进学习的效率；积极的暗示胜于消极的命令；替代教学法；注意环境、利用环境；分组学习，共同研究；教学游戏化；教学故事化；教师教教师；儿童教儿童；精密观察。

“活教育”的教学论至今对我们幼儿教育的教育改革依然富有深刻的指导意义 。

陈鹤琴先生的科学态度对当前的幼儿教育研究有着重要的启示。

首先是西方教育和中国教育的结合。

陈鹤琴留美期间，受教于克伯屈、孟禄、桑代克、罗格等知名教授，系统学习了美国的教育学说及心理学的实验、研究方法，特别是受到以杜威为代表的美国资产阶级进步教育运动的影响。美国进步主义教育抨击当时传统教育的形式主义教学方法，反对以教师、教材为中心和对儿童活动的束缚，强调儿童的主动性和学习兴趣，提倡“做中学”的教学方法，提倡“实验”的精神。陈先生十分赞赏并借鉴这种观点，他说：“最知名的教育家之一杜威博士所提倡的美国进步主义教育，对形成中国的活教育运动起了相当的影响。”

1934年7月陈鹤琴又对欧洲11国的教育进行考察，参观了许多新型的实验学校，与各国的教育专家进行了教育问题的讨论，对欧洲新教育有了真实的感受，从中看到现代世界教育发展趋势的共同特性，认为这是中国教育值得借鉴的。特别是各国教育都注重“做”，注重培养儿童的动手能力和创造精神，这给了陈鹤琴很大的启发。

陈鹤琴的借鉴不是盲目的，他在本国进行幼儿教育实验研究的过程中指出：“要晓得我们的小孩子不是美国的小孩子，我们的历史、我们的环境与美国不同，我们的国情与美国的国情又不是一律；所以他们视为好的东西在我们用起来未必都是优良的。”“总之，幼稚园的设施，总应当处处以适应本国国情为主体，至于那些具有世界性的教材和教法，也可以采用，总以不违反国情为唯一条件。”

陈鹤琴面对旧教育的全盘西化、脱离实际、死读书本的时弊，严肃地指出：“今日抄日本，明日抄美国，抄来抄去到底弄不出什么好的教育来。”

陈鹤琴从美国回国后，正值“五四”新文化教育运动时期，他一方面以亲身经历批判封建宗法制陈腐教育对儿童的束缚与残害，另一方面，针对当时中国的幼儿教育被外国教会所垄断、全盘西洋化的现状，疾呼：“幼稚教育抄袭西洋，不切合中华民族性，不适合中国国情，不能使中国儿童适应。”陈鹤琴汲取了杜威的“做中学”、陶行知的“教学做合一”，提出了“做中教，做中学，做中求进步”的教育思想。陈鹤琴的思想超越了杜威的教育思想，是在实验本国教育的基础上提出来的，是符合中国国情的。

陈鹤琴坚持从幼儿教育入手，探索一条适合中国国情、符合幼儿身心发展特点和规律的中国化、科学化、民主化、大众化的现代幼儿教育之路。至今，仍值得我们学习和借鉴。

再有就是教育理论和教育实践的结合。

1920年长子陈一鸣出生，陈鹤琴每天对他的身心发展进行周密的观察、实验和文字与摄影记录，连续808天，对孩子的身体、动作、模仿、暗示感受性、游戏、好奇心、惧怕、知识、言语、美感、思想等多方面进行了系统的研究，积累了丰富的资料，发表了系列关于儿童心理及教育的论文。1923年由东南大学教育科支持，办起南京鼓楼幼稚园，1925年成为东南大学教育科实验幼稚园，助教张宗麟协助研究工作，我国第一所幼稚教育实验中心诞生。陈鹤琴主持实验幼稚园的课程、故事、读法、设备和幼稚生应有的习惯。

1979年11月在全国幼儿教育研究会成立大会上，陈鹤琴被推选为名誉理事长，就开展幼儿教育科学研究提出了以下几点建议：第一，要对于作为幼儿教育基础的儿童心理作全面、系统、切实的科学实验；第二，要重视幼儿家庭教育的科学实验；第三，对幼儿园的教育应进行系统、深入的科学实验与研究，要办好示范性幼儿园；第四，必须重视和解决幼教玩具、教具的科学实验和制造。这是一个极为迫切的重大问题。

理论和实践相结合，重视实验，重视实践是幼儿教育研究健康发展的重要保证，至今仍然要引起我们对幼教科研中理论脱离实际、空喊口号而忽视实验和实证的倾向高度警觉。

同时还有园所教育和家庭教育的结合。

1925年陈鹤琴出版《家庭教育》一书，论述了家庭教育的101条原则和教育孩子的具体方法，堪称为一部影响了中国几代人的家教经典，陶行知先生发表书评《愿与天下父母共读之》，称作者“以科学的头脑、母亲的心肠做成此书，系近今中国出版教育专书中最有价值之著作”。

陈鹤琴认为，儿童早期所接受的家庭教育关系着人一生的发展，具有积极的奠基作用。他在《家庭教育》中写道：“一个人知识丰富与否、思想发展与否、良好习惯养成与否，家庭教育应负完全的责任。”“家庭教育是振兴中华民族的希望，是整个教育的基础，关系到国家的命运。”

陈鹤琴认为，家庭教育的内容不是单一的。家庭教育同幼儿园一样，也担负着儿童体、德、智、美、劳诸方面的教育任务，教育内容也相当丰富。

家庭体育。强健的体魄是孩子幸福的根源，陈鹤琴主张家长应为孩子创设良好的生活环境，加强户外活动，注意孩子的营养与休息，培养良好的卫生习惯和健康的心理品质。

家庭德育。从小让孩子养成良好的品质与习惯“是构建健全人格的基础”，家长应教育孩子体谅他人、具有同情心、对长者有礼貌、尊重别人，养成诚实不作伪的品质、不横行霸道、不欺侮别人，适当参加家务劳动。

家庭智育。主要是丰富儿童生活常识，积累其生活经验，鼓励孩子大胆探索，激发孩子的求知欲望，给孩子创设适宜的条件与环境，以激励他们读书的兴趣。

家庭美育。主要是给孩子创造艺术的家庭氛围，使孩子在与音乐、美术等的接触中，陶冶情操，增强审美意识，形成良好的审美习惯。

家庭劳动教育。家长还应该让孩子做点家务劳动，凡孩子自己能做的事，父母不可替代，让孩子在学会劳动技能的过程中接受思想品质教育和意志的锻炼。

陈鹤琴对于学前儿童家庭教育的内容，要求全面，符合实际，有利于孩子的身心得到和谐的发展，为孩子入学读书以至一生的发展都打下良好的基础。

《家庭教育》一书，提出了“游戏就是工作，工作就是游戏”的早期教育观念。原书提出早期家庭教育原则 101 条：教孩子是从小教起的；游戏式的教育法；不要骤然命令孩子停止游戏或停止工作；孩子应有看图画、画图、剪纸的机会；孩子应有玩沙、塑泥、穿珠、锤击、浇花的机会；叫孩子做事，不宜太易，也不宜太难，须在他的能力以内而仍非用力不可的；我们应当按照孩子的年龄知识而给予适当的做事动机；做父母的应当利用儿童的好奇心，作为教育儿童的一种良好动机；凡孩子能够自己做的事，你千万不要替他做；做父母的最好用积极的暗示，不要用消极的命令；诱导比恐吓、哄骗、打骂都来得好；做父母的应当教育孩子爱人；对于教育孩子，做父母的应当在孩子面前采取同一态度；当孩子做错事的时候，做父母的应当重责其事，轻责其人；做父母的对待孩子应当有相当的礼貌；做父母的不应当以一己之喜怒来支配孩子的动作。

家园共育，重视对家庭教育的指导，全面提高幼儿教育水平与实效，是当前幼儿教育面临的重要课题。

陈鹤琴说过：“我们希望新师资的培养，富有劳动生产的技能，富有组织建设的技能，不但人格、行为，可做人家的楷模，而且服务、为人，可都做人家的榜样。不但要做一个优良的儿童教师，而且要做一个优良的社会工作者。”并提出幼儿教师应有“敬业、乐业、专业与创业”的精神要求，这是对我们全体幼教工作者的激励和鞭策。

纪念陈鹤琴先生诞辰 120 周年，我们要继承和发扬陈先生献身的精神、先进的理念、科学的态度，将幼儿教育真正办成“活教育”，为我国幼儿教育事业的改革与发展作出更大贡献。

创造美的教育*

——谈加强学校美育的问题

我们今天是在一个美的世界里谈美育问题，我们又是在我国文化大发展、大繁荣的背景下谈学校的美育问题。

党的十八大报告指出："文化是民族的血脉，是人民的精神家园。全面建成小康社会，实现中华民族伟大复兴，必须推动社会主义文化大发展大繁荣，兴起社会主义文化建设新高潮，提高国家文化软实力，发挥文化引领风尚、教育人民、服务社会、推动发展的作用。"2011 年中国共产党第十七届中央委员会第六次全体会议通过了《中共中央关于深化文化体制改革，推动社会主义文化大发展大繁荣若干重大问题的决定》。在这个决定里，强调全面建成惠及十几亿人口更高水平的小康社会，既要让人民过上殷实富足的物质生活，又要让人民享有健康丰富的文化生活。特别提到我们的文化建设就是要满足人民的精神需求，丰富人

* 2012 年 11 月 20 日在"北京市中小学首届校长美育论坛"上的主题报告，原载《中国德育》2013 年第 3 期。

民的精神世界，增强人民的精神力量。没有精神引领，没有人民精神的极大丰富，没有全民族精神力量的充分发挥，一个国家一个民族就不可能屹立于世界民族之林。

物质贫乏不是社会主义，精神贫乏也不是社会主义。没有社会主义文化大发展、大繁荣，就没有社会主义现代化。教育战线是文化事业的重要组成部分，也是文化大发展、大繁荣的基础工程。学校美育在促进文化大发展、大繁荣的进程中承担着重要的责任，发挥着特殊的功能。所以，应当抓住文化大发展、大繁荣这一战略机遇期，加强学校美育，促进学校文化建设和艺术教育事业的大发展和大繁荣。我想，这是我们今天加强学校美育的大的社会背景。

一、美育的基本定位及其在学校教育中的功能

(一)美育是学校教育的重要目标

加强学校美育，必须要准确把握美育的定位。首先要强调美育是教育的目标，不单纯是学校教育的一项具体的工作。现在学校教育普遍存在一个问题：不是把美育看成贯穿在学校全部教育活动中的教育目标，而是把它看成艺术教师的一项工作。不仅美育是这样，智育、德育、体育也都是这样。其实，德、智、体、美都是教育目标。但是由于管理体制的原因，也由于对教育目标理解的原因，往往是把教育目标肢解了，使德育、智育、体育、美育几乎变成互不相关的工作。

我是不赞同“德育三支骨干力量”的提法的。这种提法，把德育的骨干力量限定在班主任、政治教师、团队干部。实际上德育最主要的渠道是课堂。“德育三支骨干力量”的提法，将德育的骨干置身于课堂之外，课堂主渠道教师却不把德育当成首要任务。所以一讲德育问题，就会被认为是班主任、政治教师、团队干部的事，同样，一讲学

生健康问题，就被认为是体育教师的事，一讲美育就是音乐、美术教师的事，实际上是把教育目标给切割开了。所以我想，美育是学校的教育目标，因此是所有教师的责任，应当贯穿于所有教育活动之中。美育和德、智、体诸育一样，是为培养身心全面发展的人，是所有教师的责任。

（二）美育具有多种教育功能

美育在学校教育中有许多功能，概括起来最主要是三个方面。

1. 陶冶道德情操。最早讨论教育方针的时候，有一些同志提出是否将美育包含在德育里边。在这个问题上，虽然有各种不同的意见，但是可以肯定的是美育的功能主要是陶冶道德情操。因为美育是一种自由的形态，是润物细无声地使人的心灵得以净化，使人具有丰富而充实的精神世界，并将这种精神渗透到整个内心世界与生活中去，形成一种自觉的理性力量。德国18世纪著名诗人、哲学家、历史学家和剧作家弗里德里希·席勒在他的《审美教育书简》中指出："人必须通过审美状态才能由单纯的感性状态达至理性和道德的状态。审美是人达到精神解放和完善人性的先决条件。"我国著名教育家、政治家、中华民国首任教育总长蔡元培先生指出："美育者，应用美学之理论于教育，以陶养感情为目的者也。"

2. 发展思维能力。很多的时候，我们比较重视逻辑思维的培养，而忽视发展形象思维能力，这在很大程度上影响学生思维能力的发展。美育是发展形象思维能力和想象力的重要途径。1978年度诺贝尔奖金获得者、美国哈佛大学教授格拉索，在回答"如何才能造就好的科学家"的问题时说过："往往许多物理问题的解决并不在物理范围之内，涉及多方面的学问可以提供广阔的思路，如多看看小说，有空去看看动物园也有好处，可以帮助提高想象力……"也就是说，即使是一个科学家，他的科学思维往往也是来自其他的许多方面。大家知道最近中南大学数学科学与计算技术学院酷爱数理逻辑的学生刘路的报告彻底解决了由英国数理逻辑学家西塔潘于 20 世纪 90 年代提出的一个反推数学领域关于拉姆齐二染色定理证明强度的西塔潘的猜想。他所得出的结论得到国际数学界的认可。当有人问他："你中学时候的数学成绩是不是特别好?"他回答说："有的时候考得很好，有的时候很差。时好时坏的原因是自己马虎。"被人质疑：数学最重要的是严谨。不严谨怎么能解决这样复杂的难题呢？而他认为："我认为最重要的不是严谨，而是直觉。我在解决这个难题时，忽然想到可不可以用这方法呢？一试，解决了。"

这个例子给我们一个很重要的启示，就是形象思维同样具有重要意义，而美育正是发展形象思维能力和想象力的重要途径。

3．培养创新精神。著名的钱学森之问是"为什么我们现在的教育培养不出杰出的科学家"？钱学森自己倡导的大成智慧学中强调"集大成得智慧"。而这个"大成"中相当重要的部分就是人的审美能力。审美能力是创新精神的重要源泉。创新型人才是具有较高审美素质的人才，审美素质体现在人的人格、情操、精神境界之中，是人文精神的重要组成部分，创新精神是科学精神和人文精神的高度统一。

日本著名的数学家、茶之水女子大学教授藤原正彦在谈脑力革命的时候，认为创新人才需要六个条件，在这六个条件当中，他把对美的感知力放到了非常突出的地位。他说："天才只诞生于一种特定的环境中。就是他们无一例外都是在美的事物包围中长大的。不是与生俱来的，而是通过环境、家庭和教育培养出来的。"这就把美育的重要性和美育在学校教育中的地位凸显出来了。近代的哲学家王国维讲过："真者知力之理想，美者感情之理想，善者意志之理想也。完全之人物，不可不备真、善、美之三德。欲达此理想，于是教育之事起。教育之事亦分三部分，智育、德育、美育是也。”他认为：为了培养真、善、美的人，我们需要加强智育、德育、美育。

所以，美育的目标，不仅是培养和提高学生对美的感受力、鉴赏力和创造力，而且是要美化人自身，帮助学生树立美的理想，发展美的品格，培育美的情操，形成美的人格。因而，美育的根本宗旨是培育学生的人格和心灵。

二、将美育渗透于学校教育全过程

因为美育是教育的目标，所以应该渗透于学校教育的全过程。渗透在学校的环境中，渗透在教师的形象中，渗透到学校教学、课外活动中，渗透到全部的教育活动当中。

首先，美育要渗透于学校环境。近年来，学校对环境文化建设做了许许多多的努力。有人说，校园环境是学校的第三位“老师”，除了教师、课本之外，那就是环境。好的校园环境对陶冶学生美的情操、培养良好的行为习惯，有着不可估量的作用。环境美不在奢华，而在内涵。现在，学校的环境建设投入不小，有的是园林式的，有的是教堂式的。但是有的墙面上的说教太多，这大概都源于苏霍姆林斯基那句话：“让每一面墙壁都说话。”苏霍姆林斯基的本意是让每一面墙都应该有一种教育的效应，我们却理解成了在每一面墙上都要写上一些话。许多的名人名言上了墙，还不够的话，论语、唐诗也上了墙，这样一来，学校里到处都是标语，还有的学校把订的“十大校规”、“五个不准”等等，全部都搬到了墙上。

大家想一想，如果每一面墙都唠里唠叨地讲了好多话，学生天天打那里经过，他不会去看你十个这个、五个那个的，就是看，几天也就烦了。所以我想，苏霍姆林斯基这句话，是讲环境的教育作用，重要的是氛围的感染。我曾经展示过剑桥大学的图片，墙上很少有文字。你在那里一待，就会感受到这里是一个学术的殿堂，是充满诗意的环境。这实际上就是在说话，是在说一种没有写成文字的话。因此，环境建设关键是内涵，要考虑环境到底想说点什么、想表达点什么。

其次，美育要渗透于教师形象。将美育融入学校教育的全过程，决定性的因素是教师。素质教育不仅对提升学生的全面素质提出了较高的要求，而且首先对提升教师的全面素质提出了较高的要求。最近，特别是“孽童事件”出来以后，社会的种种指责应当引起我们的重视。应该看到我们教师在不同程度上忽视了对学生个性的尊重。我担任北京教育局局长的时候，有一位老师发现四个孩子老在那里随意说话，劝告不听，老师急了，就把这四个孩子叫到教室后面罚站，然后用胶布把这四个孩子的嘴给贴上。当时我们严厉地处分了这位老师。最近我听说一个幼儿园又重复了这种做法。当然除了硬伤害，还有软暴力。

教师要重视自身的素质和形象，教师对学生怀有真挚的情感，具有良好的师德、气质、风度，其本身就是最好的美育。教师要调整自身的知识结构、道德心理结构和审美心理结构，提高自身的美育素养，增强自身的美育意识和美育能力。美育不是教师的单向灌输活动，教师与学生各自有着对美的不同感受，因此教育过程应当成为教师与学生互相激发、互相交流的互动过程。

第三，美育要渗透于学科教学。美育必须以教学过程为主要途径，充分挖掘学科所蕴含的美育因素，确立各学科的美育要求，强调教师要根据学科的特点和规律，努力挖掘教材本身的审美因素，做到让美的内容陶冶学生情操、启迪智慧；使教学过程成为学生美的享受，让学生在愉悦之中获得美感，让教学成为科学与艺术的完美融合。但实际上，现在存在着忽视在各学科教学中渗透美育、不重视教育的美学原则在教学过程中的运用、忽视协调学生在学习过程中的情感心理的现象。比如语文课教学，本来很多的课文都是美育的生动教材，但常常被肢解了。一个词一个词地解释，一句话一句话地解释，最后整体的美没有了，变成了枯燥乏味的字、词、句。

在我们教育工作者的眼睛里，应该把自己的教学看成是艺术，应该重视美育与德育、智育、体育等之间的有机联系。重视知识、情感与行为的有机结合，从而实现真、善、美的统一，通过内化使学生的素质得到全面提升。

第四，美育要渗透于课外活动。课外活动是课堂教学的延伸，是实现教育目标的重要渠道，也是实施素质教育的重要途径。要使学生在课外活动的实践中开阔视野、启迪智慧、获得知识、培养能力、健美体魄、培养兴趣和发展个性特长、丰富精神生活。

第五是渗透于其他多种渠道。要和家庭、社会相结合，对学生实施自然美、社会美、艺术美、人生美等方面的全面指导，引导学生正确、全面地理解生活方式美，展现青春美。通过各种渠道、运用各种美的因素，培养学生成为审美主体，提高他们鉴别美、创造美的能力。

三、加强与改进学校的艺术教育

加强与改进学校的艺术教育是当前全面提高学生基础素质的重要环节。这里我想谈一个值得借鉴的案例，即委内瑞拉“音乐救助体系”的启示。

2008年12月中旬，27岁即已蜚声全球古典乐坛、极富传奇色彩的委内瑞拉指挥家古斯塔沃·杜达梅尔率领委内瑞拉西蒙·玻利瓦尔青年交响乐团，在北京国家大剧院演出两场，引起极大轰动。由他执棒的西蒙·玻利瓦尔青年交响乐团的声誉甚至盖过了欧美一流名团。而这个乐团年仅17岁的低音大提琴手鲁兹现在已成为柏林爱乐乐团最年轻的乐手，中提琴手瓦奎兹连夺八项中提琴国际大赛头奖……这些都不令人惊奇。令人惊奇的是，这些年轻的音乐家原来都曾是街头的不良少年，是委内瑞拉的“音乐救助体系”使他们成长为改写21世纪音乐史的古典乐坛天才。

这个体系从1975年开始创立，至今已成功运作37年。其创始人是何塞·安东尼奥·阿布瑞博士。他最开始的设想是为贫民区的孩子提供免费的乐器和乐团合奏训练，让他们远离街头的毒品和枪战，并能受到音乐的熏陶。第一次排练地点是首都加拉加斯一个废弃的地下车库，只有11个孩子参加，但阿布瑞告诉他们：你们正在创造一个历史。

30多年后，只有3000万人口的委内瑞拉拥有176个儿童乐团、216个青年乐团、400多个歌舞团和合唱团。接受乐队训练的孩子近30万，在体系内工作的音乐教师近万人。委内瑞拉到处都是乐队，乐队就像国旗一样成为该国的象征。“音乐，可以改变这个世界”在这里已不是一句口号，而是一个正在实践中的理想。

委内瑞拉的音乐教育创造了奇迹，这不仅表现在它培养了很多杰出的音乐家，更重要的是，在过去的三十余年里，它拯救了几十万个生活在贫困边缘的孩子。他们中的许多人都曾流落街头，或与偷窃和毒品为伍，是音乐改变了他们的人生。该体系免费地、无区别地为所有儿童和年轻人提供高质量的音乐教育，大大降低了青少年的犯罪率，巩固了家庭和社区关系。在一个盛大的演唱会上，百余名聋哑青年用手语和常人一起参加合唱。那种专注，那种激情，那其中体现出的人的尊严，使人们深深感受到了音乐的神圣。

对比一下，在音乐教育方面，我国贫困地区与发达地区之间还存在较大差距，不少地区的领导同志甚至不少学校对音乐的教化作用还缺乏更深刻的认识，艺术教育的普及与提高任重道远。

另一个可资借鉴的案例是北京金帆艺术团的艺术教育实践。1987年，一张金帆从北京扬帆起航。25年来，金帆载着无数学子驶向成才的彼岸。金帆艺术团的成功实践在北京教育史上写下了浓重的一笔。金帆艺术团不仅在北京市的学生艺术教育中发挥了重大作用，而且在全国范围内引起了广泛的关注，国外艺术教育界的朋友们也给予了很高的评价。一个学生的艺术团体能够产生如此广泛的影响，确实给我们许多深刻的启示。

艺术教育在陶冶情操、提高品位、净化灵魂等方面有着不可替代的作用。从全国来看，我国学校艺术教育的整体水平在不断提高，但是也存在着不容忽视的问题，特别要防止艺术教育的功能异化。

首先，要防止艺术教育特殊化。在一段时间内，部分学校严重忽视艺术教育，把艺术学科列为副科，甚至随意侵占艺术学科的教学时间，课外艺术教育活动也得不到应有的重视。学校只抓个别艺术社团，艺术教育变成特殊教育。一谈到艺术教育，就拿出一个社团来表演，而多数孩子没有接受到应有的教育。

其次，要防止艺术教育低俗化。在一段时间里，低俗文化在校园中蔓延。一些内容不健康、格调不高、不利于青少年健康成长的艺术形式和艺术作品进入了校园，甚至占领了学校艺术活动的主要阵地。我们尊重多元艺术的存在，也不反对学生接触多元的艺术形式，但必须保证高雅文化艺术的主流地位。重视世界优秀文化的弘扬与我国民族文化的传承。艺术教育不能简单地迎合学生的趣味，而要通过引导培养学生的高雅品位，这样才能体现素质教育的真谛。

第三，要防止艺术教育技能化。有些学校和家长为了给学生升学时创造一些有利条件，片面强化音乐、美术等技能训练，这种艺术教育技能化倾向，不能够真正发挥美育的功能。

第四，要防止艺术教育功利化。有些学校和地区将学生作为学校和教师参与比赛获取名利的工具，在艺术教育各种比赛过程中，也出现了一些不正之风，影响整个艺术教育的健康开展。

人们常说，生活中不是缺少美，而是缺少发现美的眼睛。其实，教育中也不是缺少美，而是缺少自觉地进行美育。我们将美育的教育目标最终转化为自觉的教育活动，就是在创造美的教育。

第四辑

教师队伍建设及其他

建设一支德才兼备又红又专的教师队伍*

“七五”期间，我市各级党委、政府认真落实教育的战略地位，坚持不懈地推进教育事业的发展和改革，使我市教育事业发生了令人鼓舞的变化。市委、市政府从战略高度认识加强教师队伍建设、提高教育者素质的重大意义，下大决心，花大力气，努力建设一支具有坚定的社会主义方向、良好的职业道德、又红又专的教师队伍。这是一项具有战略意义的基础工程，它对我市“七五”期间教育事业的发展起了重要的保证作用，也为今后教育质量的进一步提高奠定了良好的基础。现在就我市中小学教师队伍建设情况作一简要汇报。

我市加强中小学教师队伍建设的基本思路是：坚持一个方向——德才兼备，又红又专；抓好两个环节——师范教育和继续教育；突出两个重点——培养骨干教师和青年教师；建立一个机制——教师队伍的激励机制；关心五个

---

* 1992年1月在国家教委工作会议上的发言，收入北京市教育志编纂委员会编《北京普通教育年鉴(1992年)》，北京，北京出版社，1992。

问题——教师的职评、工资、住房、农村教师待遇和退休教师待遇问题，从而达到建设一支数量足够、质量合格、能够教书育人的教师队伍的目标。

一、坚持一个方向——德才兼备，又红又专

在把青少年学生培养成为德、智、体全面发展的社会主义事业建设者和接班人的伟大事业中，中小学教师担负着塑造新一代的神圣使命。落实全面发展的教育方针和德育的首要地位，归根结底要通过教师的教育实践活动来体现。其效果不仅取决于教师的教育思想水平和业务能力，更取决于教师自身的政治、思想、道德水平。在面临“两个挑战”的今天，要求教师队伍必须德才兼备，又红又专。特别要努力提高这支队伍的思想素质，使广大教师以自身坚定的政治信仰和崇高的道德情操影响学生，成为学生的师表和楷模。从总体上看，我市教师队伍政治思想素质、文化业务水平是好的。但是，由于一段时间内教师的思想政治工作薄弱，不少教师的思想政治和师德水平还不能适应培养社会主义建设者和接班人的需要。

党的十三届四中全会以后，市委、市政府和各区县党委、政府在认真总结经验教训，进一步提高认识的基础上，加强了对教师思想政治工作的领导。

一是建立教师思想政治工作的领导体制。市委建立了教育工委，并在教育工委中专门设立了普教处，各区县党委加强了教育工委或教卫部的建设。学校党支部发挥政治核心作用，校长把教师思想政治工作列入工作计划。全市形成了市、区县、学校三级由党委统一领导，党、政、工、团和教代会齐抓共管教师思想政治工作的体制。

二是健全教师政治学习制度，做到学习计划、组织、内容、资

料、时间五落实。在学习《关于社会主义若干问题的学习纲要》时，加强了形势、政策教育的教育，开展了教育思想的讨论。在学习《中小学教职工职业道德规范》时，结合贯彻本市颁布的加强普教系统作风建设的五项规定，广泛开展了师德教育活动。

三是组织教师参加社会实践活动，使教师亲身了解社会主义建设的各项成就。组织青年教师赴山区、老区体验生活，激发了教师热爱社会主义的感情，增强了建设祖国的使命感。

四是制定了表彰奖励制度。市政府隔年表彰一次模范校长、模范班主任、先进教育工作者和"教书育人，为人师表"先进个人。此外，在评定教师职务、评选特级教师、聘任教师和考核教师工作等方面，都把政治思想和"教书育人，为人师表"作为首要标准。

五是树立了一批又红又专的先进教师典型。通过出版优秀教师事迹汇编，组织优秀教师事迹报告会等方式，宣传他们的先进思想、先进事迹，号召广大教师向他们学习。

上述工作的落实，使我市教师队伍中涌现出一批热爱教育事业，又红又专的优秀教师。正如全国人大义务教育法北京检查组在检查报告中指出的："北京市有一支素质较高、可以信赖的教师队伍，在全面贯彻党的教育方针，实施《中华人民共和国义务教育法》中，起了重要的不可替代的作用。"

二、抓好两个环节——师范教育和继续教育

新师资的培养和在职教师的提高是提高教师队伍素质的两个关键环节。我市抓住这两个环节不放，取得了一定成效。

对于大、中学毕业生来说，北京具有就业渠道多、吸引力强的行业多的特点，所以许多优秀中学毕业生不愿报考师范院校，师范院校

的毕业生不愿到中学任教。这个局面如不及时扭转，势必导致中小学师资总体水平的下降。因此，加强首都教师队伍建设，必须努力改善师范院校生源，办好师范院校，提高师范教育的质量。

“七五”期间，市政府加强师范院校的建设，18 所中等师范学校净增校舍面积 5.7 万平方米；为 5 所市属高等师范院校增加了基建投资和教学设备专款。现在，全市的师范院校已具备年输送 6,000 名新教师的能力，基本保证了中小学教师的来源。

为了改善师范院校的生源，我市在提高师范生待遇的同时，充分发挥舆论导向作用，动员优秀中学毕业生报考师范院校，并对工作做得好的区县、学校给予重奖。同时，我市在试点的基础上，先后在 6 所市属重点中学举办了高师预备班，现已有两届学生。这些学生都是经中考选拔上来的优秀学生，他们的入学平均成绩高于市重点中学入学平均成绩。由于是自愿报考、定向培养，他们的专业思想比较稳定，学习质量也优于同届学生。

我市教育发展的历史表明，教师队伍以师范院校毕业生为主体，适当吸收综合大学毕业生和各类高校硕士生，可以形成优势互补的良性结构。因此，从 1990 年起，市政府决定每年安排一定数量的非师范院校毕业生和硕士生到中学任教，两年来吸收非师范院校毕业生 411 名，硕士生 59 名，成为一支新生力量。

“七五”期间，我市对在职教师进行了大规模的教材教法培训、学历达标教育和《专业合格证书》考试。目前全市小学教师的学历达标率为 90.7％，初中为 75.9％，高中为 69％；此外还有 4,000 多名正在进修，近一二年内就能取得合格学历，中小学教师的学历教育任务已基本完成。针对教师培训工作的现状和今后的需要，市政府认为，北京的教师培训工作，应当在继续进行学历教育，有计划地提高中小学教师学历层次的同时，把培训重点转移到学历后的继续教育上来。通过继续教育使全体教师的政治思想素质和教育教学能力有较大幅度的提高。1989 年 7 月，市教育局、市科技干部局共同发布了《北京市中小学教师继续教育暂行规定》，开始在全市范围内全面实施中小学教师继续教育。

我市实施中小学教师继续教育的基本思路是：面向全体教师，注重素质提高；加强基本建设，狠抓工作落实；建设师资队伍，保证教育质量。

第一，面向全体教师，注重素质提高。按照《北京市中小学教师继续教育暂行规定》，接受继续教育是每位教师的权利和义务，教育行政部门和学校必须保证各级教师每五年接受规定时间的继续教育。我市规定继续教育和教师的考核、职评、晋级结合，作为职评、聘任、晋级和新教师转正的一个必要条件。教师接受继续教育期间，原来在校的待遇原则上不变，职务不受影响。这些政策和规定对教师参加继续教育起了鼓励和保证作用，中小学教师参加继续教育的积极性比较高。现在全市约有 26％的中小学教师正在接受继续教育，其中中学 15,622 人，小学 8,577 人，并且已有 5,963 名中学教师和 2,157 名小学教师取得了第一期继续教育合格证书。

在实施继续教育制度的工作中，我市注意处理好政治与业务的关系，加强对教师的政治思想教育和师德教育；处理好知识和能力的关系，突出对教育教学能力的培养。我市中小学教师继续教育计划明确规定，思想政治教育课是各学科各层次教师的必修课，每个教师必须每期学满 30 课时。其内容包括马列主义和毛泽东思想的基本观点、四项基本原则和形势、政策。此外，还结合各学科的特点，努力做到政治思想教育与学科教学有机结合。去年，我市贯彻国家教委关于对教师进行近现代史和国际形势教育的要求，对全市中小学教师进行了全员培训。参加培训的人数占教师总数的95%以上，近一半区、县100%的教师都参加了培训。

第二，加强基本建设，狠抓工作落实。继续教育是培训在职教师的一项新任务，从内容到做法都没有现成的模式，必须根据自己的实际情况积极探索。我们首先加强继续教育规章、制度的建设，使继续教育有章可循。在《北京市中小学教师继续教育暂行规定》的基础上，市教育局制定了《继续教育管理办法》，建立并严格执行学籍管理、教学管理、考核发证、行政管理等几项制度。各区、县依据这些规章制度制定了自己的继续教育规划和措施。其次，加强教学大纲和教材建设。市教育行政部门组织力量，按照从实际出发、区别要求、分类指导、按需施教、讲究实效的原则，编写了继续教育的教学计划和教学大纲。1990年制定出适用于中学12个学科、4个层次教师的4套继续教育教学计划和367门课程的教学大纲，以及小学继续教育的教学计划和教学纲要。与此同时，我们抓紧编写继续教育教材，1991年底已有12门教材定稿付印。在经费方面，除国家教委和市政府提供的专项培训经费外，各区、县财政按中小学教师人数计算，中学人均40元、小学人均25元拨给培训经费。在校舍设备方面，海淀区教师进修学校已建成9,000平方米新校舍，使校舍总面积达到14,000平方米，同时添置了包括卫星电视接收设备在内的一大批电教设备。西城区教师进修学校12,000平方米新校舍即将落成。

第三，建好师资队伍，保证教育质量。继续教育对师资培训机构的教师队伍提出了新的更高的要求，必须把这支队伍的建设作为实施继续教育的关键抓紧抓好。北京具有大学集中、人才众多的优势，普教系统的教师进修院校有一支2,000多人的教师队伍。我们充分发挥这两方面的优势。首先，以进修院校教师为主体，加强专职教师队伍的建设。一方面，组织专职教师深入中小学，参加教育与教学改革的实践，了解教育教学的实际和中小学教师继续教育的需求，以提高自己教学工作的质量；另一方面，用走出去、请进来的办法，让专职教师向大学的专家、教授学习新的教育理论，拓宽加深专业知识，增长才干。现在，全市教师进修院校 70％的教师参加了各种研修。其次，努力建设继续教育兼职教师队伍。我们聘请治学严谨、专业水平高、教学效果好的专家、教授和优秀的中学教师担任兼职教师，仅海淀区就聘请了 30 多名教授、副教授和外籍英语教师。

三、突出两个重点——加强骨干教师和青年教师的培养

骨干教师，特别是各学科带头人的水平是教学水平的重要标志，也是提高教师队伍总体水平和教育教学质量的重要保证。今后十年，我市中小学将出现大规模的新老教师交替，30％的中学教师和 34％的小学教师将陆续从教育教学岗位上退下来。加强中青年骨干教师的培养，是教师队伍建设中急需解决的问题，也是发展我市普教事业的紧迫任务。我市“八五”期间的具体目标是，五年内建设起一支由市、区县、学校三级组成的万人规模的新骨干教师和学科教学带头人队伍，使市和区县级中小学各学科都有 30～50 名骨干教师和教学带头人。目前已初步选定市级中小学骨干教师 1,241 名，学科教学带头人 475 名；区县级中小学骨干 5,456 名，学科教学带头人 1,869 名。

培训骨干教师的具体措施如下。(1)举办骨干教师研修班，学习新技术革命的新学科知识，使骨干教师开阔眼界，更新知识。(2)组织骨干教师参加各种类型的教学研究课、示范课、观摩课，研讨当前学科教学中的重大课题。(3)对个别学科的骨干教师采取特殊的培训

措施。如连续五年每年拨专款组织20名中学政治教师到全国各地考察；与澳大利亚合作建立“中学英语师资培训中心”，四年来已对1,500名中学英语教师进行了较高水平的强化培训；我市还先后选送133名中学优秀青年教师出国进修；为音乐教师每月举办专场观摩演出，并为音乐教学带头人举办个人音乐会等。(4)市政府拨专款出版《北京教育丛书》，鼓励骨干教师和学科教学带头人总结教育教学经验，著书立说。第一批计划出100本，目前已出版68本。(5)从具有较高思想政治觉悟、师德修养和业务水平，教育教学成绩和科研成果显著，在教育界有较高威望的优秀骨干教师中评选特级教师。“七五”期间，我市共评选了167名特级教师。

“七五”期间，我市中小学补充了大批新教师，青年教师已经在教师队伍中占有很大比重。加强青年教师的培养，是关系到教育事业的未来，关系到能否坚持社会主义办学方向，培养社会主义事业建设者和接班人的大事。基于这个认识，我市明确提出要在教师队伍建设中突出加强青年教师培养这个重点。具体做法有以下几点。(1)新教师必须在上岗第一年接受120学时的继续教育。培训的重点是专业思想、师德规范和教育教学方法。(2)为青年教师配备指导教师，建立青年教师见习制度，规定听课、讲课、评课任务。(3)每年开展全市性青年教师教学评优活动，树立典型，总结推广他们的经验。(4)建立考核和表扬、奖励制度，对有突出贡献的青年教师破格提拔。1991年市政府专门表彰了300名优秀青年教师。

四、建立一个机制——教师队伍的激励机制

教育事业的发展和教育质量的提高，归根结底要靠广大教师的智慧和力量。充分发挥广大教师的积极性，提高教育质量才有坚实的基

础。多年来，市委、市政府采取了许多尊师重教的措施，如增加对教育的投入，提高教师待遇，增建教职工住宅，建立表扬奖励制度等等。这些措施起到了激励作用，但并没有形成持续不断地调动教师积极性的机制。事实证明，解决教师积极性不高的问题，仅从教育外部找原因，改善教育的外部环境是不够的，还必须从教育内部找原因，建立学校内部的激励机制。市委、市政府经过深入的分析、研究后，强调指出，改革是教育的根本出路，要把教育搞上去，必须在继续改善教育外部条件的同时，深化教育内部和学校内部的改革，建立起具有激励作用的新的管理体制和运行机制。

1988 年 6 月，我市中小学开始实行学校内部管理体制改革。改革过程中，始终着力通过改革学校内部的人事、劳动、分配制度，建立教师队伍的激励机制。起激励作用的关键环节是实行教师岗位聘任制，改革任用制度；实行校内结构工资制，改革分配制度。

实行教师岗位聘任制，加强了学校对教师使用管理的主体地位，使学校在国家的政策和计划导向下真正拥有管人的权力；同时，也加强了教师的主人翁地位，使教师真正拥有选择岗位的权利。学校按照优化教师队伍的素质和结构的思想，以及任人唯贤、择优聘任的原则，对本校教师实行全员岗位聘任，这就改变了以往教师的职务、岗位基本不变的状况。每个人能否上岗、上哪个岗、承担什么职务，与自己的思想政治素质、文化业务水平、工作态度、工作效果直接有关，每个人都存在被聘、不聘或待聘的可能性。这样就在教师中形成了一种努力做好工作，不仅要得到聘任，而且要争取获得较好的职务的心理动因。

实行校内结构工资制是启动学校内部活力的又一根杠杆。长期以来，中小学实行的工资制度在一定程度上反映了教师的资历、业务和工作状况。但是这种工资制度与教师现实工作的数量和质量没有紧密结合，而且各种补贴大都平均地发放，变成福利性的“大锅饭”，社会主义按劳分配的原则没能充分体现出来，难以真正调动教师的积极性。为了改变这种状况，我市中小学在工资总额包干的基础上，突破了教师工资只由国家一级管理的模式，在上级宏观管理下实行了校内结构工资制，使学校在工资管理上有一定的自主权。在充分考虑教师职务、资历等因素的基础上，强调工资分配上的劳酬统一，增加体现教师现实工作的数量、质量、工作责任和工作态度的工资份额，合理拉开工资差距。实行校内结构工资制以后，教师现实工作的好坏直接影响工资的收入，教师之间工资收入的差异明显，打破了工资分配上的平均主义“大锅饭”，进一步体现了按劳分配的原则。对于教师来说，努力工作，提高工作绩效，多作贡献，就可以获得较高的工资。这就成为激励教师努力做好工作的又一动因。这样，在加强教师思想政治工作，提高教师工作自觉性的同时，辅之以教师任用和分配制度的改革，有效稳定地调动了教师的积极性。

三年来，通过推进、完善和深化，北京市的中小学已全部实行学校内部管理体制改革，并初步建立起教师队伍的激励机制。今年，我市中小学教师 10 万人中，未聘教师 5,563 人，占教师总数的 5.18%。从总体上看，教师队伍稳定，编制趋于合理，工作效率和工作质量都有提高。

市委、市政府及时总结了中小学的改革经验，进一步在市属高校、中等专业学校、技工学校以及成人院校推进学校内部管理体制改革。目前市属高等院校 25 个办学实体、50 所中等专业学校已经实行改革，12 所技工学校和 4 所成人高校也进行了改革试点。这些学校的改革也都取得了较为明显的成效。

五、关心教师的五个问题

一是职评。1988年中小学教师首次职评，因中、高级教师职务指标与申报数差额悬殊，许多符合条件的教师不能获得相应职务，矛盾十分突出。市政府经过调查分析后，决定增加5,000名中、高级教师指标，所需经费由市财政解决，缓和了矛盾，使首次职评进展顺利，并为第二次职评创造了良好的条件。

二是工资。实行校内结构工资制以后，为使改革经费来源相对稳定，市政府决定，远郊经济基础较为薄弱的5个区县，全部由财政拨款，其他区县无自筹能力的学校，由市和区县负责补贴，自1991年起，市和区县财政用于补贴改革的经费每年增加10%。目前我市中小学教师人均收入已基本达到市属全民所有制企业职工收入的平均水平。

三是住房。1985年，市政府决定用三至五年的时间为城近郊区中学教师建造50万平方米住房，现已全部竣工并超建6万平方米。1986年，市政府决定为远郊区县中小学教师建住宅5万平方米。1988年又为远郊区县安排20万平方米的教师住宅指标，市补助投资1,000万元，其余由区县筹集。现在全市中小学教师居住条件有所改善。

四是农村教师待遇。农村教师由于地区特点，有其特殊困难。为解决长期在农村任教教师家属户口农转非的问题，“七五”期间我市为原中教五级、小教三级以上和1966年前大专毕业的教师家属2,049人办理了户口农转非。对代课教师今年再为具有高级专业技术职务和年满40岁，或工龄满30年的男教师解决转正问题。我市“七五”期间共安排7,000名代课教师转正指标，全部解决了1980年以前开始任教的合格代课教师的转正问题。

五是退休教师的待遇。为鼓励教师长期从事中小学教育事业，我市决定从1986年起，对满30年教龄的男教师、满25年教龄的女教师，退休后给予奖励金，奖励金与退休金之和相当于本人的原工资。

改善教师的工作和生活条件，是提高教师地位的具体体现。上述问题的逐步解决有利于教师队伍的稳定，有助于振奋教师精神，使我市的中小学教师岗位开始具有一定的吸引力。

五年来，我市加强教师队伍建设工作，取得了一定的进展和成效。但工作刚刚起步，教师队伍的整体素质和水平还亟待提高。因此市委、市政府强调，当前应当坚决克服盲目乐观和消极畏难情绪，进一步解放思想，奋力开拓，把今后的工作做得更好。“八五”期间，我市将继续坚持把加强教师队伍建设摆到突出位置。各级党委、政府和教育行政部门要比以往更加重视教师的思想政治工作，切实加强师范教育和继续教育，加快对骨干教师和青年教师培养，力争五年内除极少数山区外，中小学在职教师基本达到国家规定学历标准，并有20％的小学教师、40％的中学教师学历比国家规定的标准提高一个层次，使我市中小学教师队伍在“两个挑战”的严峻形势面前，真正担负起全面提高教育质量，培养社会主义事业的建设者和接班人的重要使命。

实施"五四工程" 加强青年教师队伍建设*

全面提高青年教师的素质，建设一支德才兼备、又红又专的青年教师队伍，是教育战线坚持党的基本路线，全面贯彻党的教育方针的迫切需要；也是加快教育的发展与改革，使教育迈上一个新的台阶的迫切需要。

一、要把加强青年教师队伍建设放在突出的重要的位置

邓小平同志年初在南方的重要谈话和政治局全体会议精神，极大地鼓舞了全党全国人民投身改革开放，加快社会主义现代化建设的热情。教育战线的广大干部和教师普遍反映，学习了小平同志的讲话，加深了对建设有中国特色社会主义基本理论和基本实践的理解，增强了贯彻执行党的"一个中心，两个基本点"的基本路线的自觉性。广大教育工作者一定要根据"三个一"(思想再解放一点，胆子再

---

* 1992年6月在北京市普教系统青年教师工作会议上的报告，收入北京市教育志编纂委员会编《北京市普通教育年鉴(1993年)》，北京，北京出版社，1993。

大一点，步子再快一点)的精神，跟上新的形势，加快教育改革与发展的步伐，使教育更加自觉地、主动地为经济建设和社会发展服务，为实现 20 世纪 90 年代以至 21 世纪中叶经济发展的第二步和第三步战略目标服务。

教育的发展和改革，归根到底要依靠广大干部和教师的智慧和力量。北京市普教战线已经有了一支整体素质比较好，老中青教师结构比较合理的教师队伍。由于从“七五”计划开始，补充了大量的青年教师，队伍老化、后继乏人的问题从数量上已经得到了缓解。据统计，现在教师队伍中 35 岁以下的青年教师有 41,800 多人，占教师总数的 44.5%，今后还要陆续增加。1991 年在 7 个区县进行的典型调查的结果是：青年教师在工作岗位上周教学工作量在 7～15 节的占 44%，在 15 节以上的占 37%，有 55%的青年教师担任了班主任工作。但是，今后十年是新老教师大规模交替的时期，将有 30%的中学教师，34%小学教师，特别是现在在岗的相当一部分干部和大部分高级教师、学科教学带头人都将陆续离开工作岗位，而青年教师中的骨干队伍尚未形成。目前，全市青年教师中骨干教师有 569 人，只占青年教师总数的 1.3%；在市级学科教学带头人 475 人当中，青年教师 13 人，只占青年教师总数的 0.03%。因此，重视并加速青年教师的培养，特别是尽快培养出一批优秀青年干部、青年学科教学带头人和优秀青年班主任是一项带有战略意义的紧迫任务。它不仅直接关系到“八五”计划和十年规划的实现，而且关系到 21 世纪教育事业发展的前途。

近几年，特别是今年以来，各区县都为加强青年教师工作做了许多努力。有的召开了专门会议，有的制定了有关条例，有的采取了一系列的政策和措施，有的进行了表彰，树立了典型。我们这次会议就是在总结各区县的经验的基础之上，进一步推动全市党、政、工、团各级组织加强青年教师的工作。制定规划，采取措施，密切协作，切实把这项工作抓紧抓好，抓出成效。

二、解放思想，充分发挥青年教师在教育事业发展与改革中的作用

青年教师是教师队伍的新鲜血液，是战斗在教育教学第一线的生力军，并且正在逐步地成为学校教育工作的主力军。这一代青年教师无论是曾经上山下乡、进厂、参军，而后进入教师队伍的；还是在党的十一届三中全会以后，从各类师范院校或者非师范院校毕业进入教师队伍的，都亲身经历了十年改革深刻的历史性变化，都经受了国际国内严峻斗争形势的锻炼与教育，有着较高的文化素质，较新的知识结构，较强的开放意识和改革精神。他们现在承担着相当一部分教育教学任务，其中不少同志已经成长为学校的领导干部或优秀教育工作者。像努力探索在新形势下做好班主任工作的翟京华同志、任小艾同志；像为使贫困山区走上致富道路而扎根山区进行教育和生产劳动相结合实验并取得可喜成果的杨艳等一批大学毕业生；像刻苦攻关，培养农村地区的学生，连续四届取得全国和北京市竞赛优异成绩，并被破格授予“中国奥林匹克一级教练员”称号的郭志江同志；像积极进行历史教学改革，并大胆实验双语教学，取得可喜成果的硕士生饶莹同志等。他们都很年轻，但是确实富有朝气，勇于进取，奋力开拓，努力创新，在为教育改革作出贡献的过程中不断成长。当然，不容忽视，部分青年教师在政治信念、价值观念、教育思想、职业道德、实践经验、工作和生活态度方面存在着这样或那样的不足或缺陷，但是必须看到这些问题并不是这一代青年教师自身固有的。存在这些问题，有些是由于对近代史和国情缺乏了解和体验，有些是由于缺乏社

会实践经验，有些是由于受到某些社会思潮和价值观念的影响，也有些是由于因袭了学校早已存在的陈旧的教育思想和方式。因此，解决青年教师教育的问题，根本还在于如何创造使他们健康成长的条件，如何关心、爱护、信任、帮助与严格要求，从而引导他们自觉地投身到社会主义建设的洪流中去，克服自身的不足，使自己日臻成熟。

几年以来，一些区县和一批学校在培养青年教师方面所做的富有成效的努力，就说明了这一点。

当前仍有部分领导同志在青年工作上存在着顾不上、用不着、摆不平、看不惯、不放心等等思想。有些同志觉得眼前工作多得了不得，青年教师工作效益在将来，眼前顾不上，排不上队；有些同志认为中老年教师还能顶几年岗，没有紧迫感；有部分条件比较好的学校认为可以通过聘任吸引外校的教学骨干来本校任教，因此用不着自己花力气去培养青年；有的同志觉得现在中老年教师还有许多问题解决不了，如果破格去提拔、使用、照顾优秀青年干部和教师恐怕摆不平，中老年教师不服气；有些同志对青年教师中存在的某些现象，甚至言谈、衣着、爱好看不惯，而不去认真分析哪些是必须反对的，哪些是应当引导的，哪些是可以理解的，哪些是不应以我们当年的模式去加以苛求的；还有不少同志对青年干部和青年教师，认为他们不安心、不专心、不用心、不成熟、不保险等等，从而不敢放心地发挥他们的作用，在使用中培养教育。因此，要做好青年教师工作，必须进一步解放思想，从对青年教师种种片面的认识中解放出来。我们的希望与未来，只能寄托在青年教师身上，而青年一代的成长关键在于我们的工作。使用青年干部和发挥青年教师作用的胆子要再大一点，培养青年干部和青年骨干教师工作的步子要再快一点。

三、抓好“五四工程”，实现“八五”期间加强青年教师队伍建设的目标

培养青年教师的总目标是建设一支德才兼备、又红又专的青年教师队伍。

坚持培养青年教师的总目标，既是教育战线坚持党的基本路线，贯彻党的教育方针的需要，又是青年教师自身发展与成才的需要。党的需要和青年教师个人成长的道路是完全一致的。实现这一目标，要靠各级教育部门，党、政、工、团组织积极创造青年教师健康成长的条件，从而调动青年教师奋发向上、立志成才的积极性。今年5月20日，江泽民总书记与首都高校毕业生座谈时，勉励大学毕业生要继承发扬知识分子的优良传统，积极投身改革开放的伟大洪流，并提出了三项要求：一是深入实际，深入群众，坚持理论与实践相结合，坚持与工农群众相结合，把个人的前途同祖国的前途与命运紧密地联系起来；二是要艰苦创业，自强不息；三是要在工作中加强学习，自觉地克服弱点和缺点，使自己更快地成熟起来。我想，这也是对青年教师的殷切希望，我们要引导青年教师在教育工作实践中落实这些要求。

近年来，特别是近一两年来，市、区县教育部门和学校重视青年教师工作，积累了一些有益的经验。这些经验集中概括起来主要有：对青年教师要严格要求，热情关心，在正确导向下充分发挥他们自我教育、自我锻炼、自我发展成才的积极性；坚持全面提高素质，政治、业务、生活一起抓；表彰先进，树立典型，建立激励机制；要办好师范院校，提高新师资的质量；要加强调查研究，总结经验，有针对性地提出和制定加强青年教师工作的意见、制度和管理办法等等。我们要继续坚持、发展成功经验，加强薄弱环节。

我市制定了“八五”期间加强青年教师队伍建设的“五四工程”。这项工程的具体目标如下：

1. 市、区县、学校党、政、工、团切实把培养青年教师工作列入议程，有规划、有要求、有措施、有检查。形成党、政、工、团齐抓共管，各部门纵横配合的工作网络。

2. 有关培养青年教师的政策、措施真正得到落实。

3. 市、区县和学校三级青年骨干教师队伍基本形成。这支队伍，重点应该包括三部分人，就是青年干部、青年学科带头人和优秀班主任。

为了实现这一目标我们要对青年教师做到“五给”、“四促”，我们称之为“五四工程”。

1. 给要求。严格要求是青年教师成长的动力。要从青年教师成长的一般规律出发，并根据每个青年教师的不同情况，分阶段、分层次地提出前进的目标，对于刚参加工作的青年教师要明确提出贯彻教育教学常规的要求，提高教学基本功的要求，担任班主任工作的要求，职业道德的要求，使他们既明确当教师的ABC，又明确个人努力方向。

2. 给担子。要给青年教师压担子。教育教学实践是青年教师成长的途径。由于实行学校内部管理体制改革和目前中学在校学生数量处于低谷期，有些学校没有给新教师排课，这很不利于青年教师的成长，需要通过深化改革，处理好储备和使用的关系。

在这里特别强调一下对后备干部的培养。一定要选择优秀青年教师作为后备干部，认真培养并大胆安排青年同志到领导岗位上来，使他们经受锻炼，使干部队伍后继有人。在“八五”期末，要做到后备干部和现任干部的比例达到1∶1。最近两周以来，我们已经有两位著名的校长去世，八中校长陶祖伟同志，清华附中校长万邦儒同志。我们一批校长将陆续退休。干部梯队如果建设不好，教育事业的发展就会受到影响，甚至挫折，因此我们在青年干部培养使用上一定要加快步伐。目前有些区县采取青年干部上岗不占职数等措施，都是可行的。这个问题一定要摆在工作日程上，认真加以考虑。

3. 给师傅。中老年教师是青年教师成长的榜样和引路人。要给青年教师配指导教师，可以一定三年。根据有些区县的做法，管一年导两年，这是很好的经验。指导教师不仅要带业务，也要带政治，带思想作风，带师德，要用党的优良传统和自己的模范行动影响带动青年教师。指导教师与青年教师既是师徒关系，又要互帮互学。既要指导得具体、实际，又要注意发挥青年教师的优势与长处，帮助他们形成自己的特色。全体在职的特级教师都要收徒弟，本月 18 号我们要举行百名特级教师收徒弟的会议。高级教师要履行指导青年教师的职责，师徒可以在同一个学校，也可以在不同学校，甚至在区县之间结对。

4. 给条件。要努力为青年教师创造良好的条件。一要创造提高思想政治水平的条件。要办好教师党校，组织好青年教师的理论学习，组织青年教师参加社会实践，进行社会调查，帮助他们了解国情。市教育工会以及各有关单位，从今年起将每年组织部分青年教师进行社会考察，以推动区县和学校开展这项活动。要开展好教师团组织的活动，注意培养积极分子，及时发展符合党员条件的青年教师入党。二是创造学习条件。要认真落实我市继续教育制度中规定的青年教师参加 120 学时岗前培训的要求，并注意实用有效，要支持青年教师参加各类继续教育，要创造青年教师到外校听课观摩和部分优秀青年教师到外地和出国考察的条件。三要创造工作环境。要为青年教师展示教育教学成果创造条件。组织好青年教师的评优课和青年教师教育教学经验交流并吸收青年教师参加教育科学研究，帮助青年教师出版他们的研究成果。我们的教育丛书到明年出版100本的任务将要完成。现在很多区县利用这套书来培养青年教师，最近怀柔县专门向市委领导同志作了汇报，我们也将要推广它在这方面的经验。三要为青年教师改善生活条件。要尽最大的力量，努力帮助他们解决婚姻、待遇、住房等困难。工会、共青团要组织开展适合青年特点的文化娱乐活动。

5. 给鼓励。为了加快青年教师的培养，鼓励他们脱颖而出，全市将建立青年教师奖励基金，用于对优秀青年教师的表彰、奖励和组织青年教师参加社会调查和社会实践。隔年由五个部门联合评选表彰市级优秀青年教师，对其中特别优秀、贡献突出的十名标兵给予重奖。在教师职务评定、住房分配、家属农转非等方面，要打破“论资排辈”的传统观念，对优秀青年教师给予特殊照顾。今年我们全市职评就将划出一部分指标用于40岁以下的优秀青年教师。

加强青年教师工作，不能游离于各项工作之外，它是教育整体工作的重要组成部分。我们要通过做好青年教师工作，来推动整个教师队伍总体水平的提高，促进教育事业的全面发展。为此要努力做到“四促”。

1. 促教育思想的转变。改革教育思想，更新教育观念，摒弃陈旧的但是仍然在教育领域里顽固地起着作用的教育观念，全面贯彻党的基本路线，全面贯彻党的教育方针，强化教育为社会主义现代化建设服务的意识，并以此来端正我们的办学思想和业务指导思想。这是进一步推进教育事业发展的前提和保证，也是全面提高教育质量的关键所在。不论是职前的师范教育，还是在职教师的继续教育和进修提高；不论是学校对青年教师的要求和评价，还是师傅带徒弟的工作，都要重视导向问题。我们不能让各种错误的教育思想所导致的错误做法一代一代地传下去，也不要培养一批只能抓高分的尖子，而是要以负责的态度来促进我们整个教育思想的转变。

2．促职业道德的建设。教师职业道德的核心是热爱教育事业，热爱学生，忠于职守，为人师表，教书育人。全体干部和中老年教师的言传身教对青年教师是巨大的潜移默化的力量。我们要在带好青年教师队伍的同时，促使全体教职工严格要求自己，促进教师队伍整体职业道德的加强。

3．促教育改革。我们要继续深化管理的改革、教育结构的改革和教育内容、教育方法的改革，以适应首都经济建设和精神文明建设再上一个新台阶的要求。深化改革的方向是把改革调动起来的积极性向教育的整体改革延伸。教育改革实验的步子要再大一些，而青年教师则是推进改革的有生力量。我们要引导青年教师积极投身于教育改革，鼓励他们进行改革实验。

4．促进教育质量的不断提高。这是我们培养青年教师也是全部教育工作的根本目的。通过青年教师队伍的建设，将教育事业的发展与提高统一起来。我们相信通过全体同志的努力，“五四工程”的目标一定能够实现。这样，不仅我市青年教师队伍将出现一个新的面貌，整个教育事业也将会登上一个新的台阶。

关注教师的全面发展*

今年将迎来第二十个教师节，二十年来，随着整个教育事业的发展，特别是义务教育的推进，基础教育的教师队伍发生了很大的变化，整个教师队伍建设的成绩是巨大的。

教师队伍近年来的变化主要表现在以下几个方面：

第一，教师队伍的年龄结构发生了很大的变化。教师队伍总体的年轻化程度加快了，许多小学教师的平均年龄不到 30 岁，许多中学教师的平均年龄不到 40 岁，年轻化给教师队伍带来了活力。

第二，教师知识结构发生了很大的变化。教师的学历层次明显地提高了，教师对新观念、新知识和新技能掌握得较快，这对推进教育改革也起到了重要的作用。

第三，教师的择业观念发生了很大的变化。过去一名教师一生当中很少变换工作岗位，现在由于用人机制不断发生变化，教师自身的择业观念也发生了变化，越来越多

* 原载《基础教育参考》2004 年第 9 期。

的优秀教师选择了到更适合发挥自己作用的地区工作，教师的流动频率比过去大多了，这也给教师队伍增添了活力。

当然，教师队伍也面临严峻挑战，主要是对发展与改革的不适应：

第一，教育理念的不适应。新老教师都存在着不适应，特别是在课程改革推进过程中，由于传统教育理念与现代教育理念的碰撞，造成许多教师容易在改革实践中出现不理解或反复的现象。

第二，知识结构不适应。当前教育改革和课程改革中的学科交叉，综合课程，特别是新的课程设置，使得许多教师感到应对有些困难。

第三，专业能力的不适应。现在课堂教学重视学生主动性的发挥，教学模式体现以学生为主体，许多教师感到组织课堂教学出现困难。

第四，敬业精神的不适应。目前在学校新的管理体制和机制的变革过程中，也出现了教师不同程度的敬业精神的不适应。

因此，教师队伍建设要与时俱进，需要实现几个方面的转变：

第一，要在重视教师使用的同时更加重视教师的发展。教师自身的发展已成为整个教育教学质量提高的关键问题，因而要更加关注教师的发展。

第二，要在重视教师现实的教学效果的同时更加重视教师的教育过程。由于过去学校教育受“应试教育”的影响，常用学生的考试分数和升学率这些现实角度来评价教师，而素质教育是重视教育过程的教育，是在教育过程中使学生发生变化的。

第三，要在重视对教师的绩效性评价的同时更加重视教师的发展性评价。绩效性评价对教师从业绩上进行横向评价，而发展性评价对教师进行纵向评价，要鼓励教师在自己原有的基础上不断取得进步和提高。

第四，要在重视形成教师激励机制的同时更加重视学校文化建设。深化教师激励机制是必要的，但也是不够的。对学校来说，要使教师得到发展，就要重视学校文化建设，形成一种能产生教师凝聚力的共同的价值观和价值取向。

我们国家现在有将近1,000万中小学教师，是世界上规模最大的中小学教师队伍。这支教师队伍对中国教育事业的发展，特别是基础教育的发展做出了重大的贡献。教师队伍自身的建设也取得了很大成绩。但在目前，教师队伍不同程度存在着“四困”现象：

困惑。即教育理念与教育教学实践的冲突对教师造成的困惑，我把它叫做二元体系的困惑。一方面素质教育和课程改革要求教师转变观念，需要对教学内容和方法进行深刻的变革。另一方面由于招生考试制度改革相对滞后，而社会评价看重的是考试结果，教师不得不违背教育教学规律为应对考试而教学。两种不同的要求或观念使得教师在教学中出现了观念与实践、口号与行动的矛盾。教师所处的二元体系的困惑，阻碍了教师的健康发展。

困难。目前主要的困难是教师知识结构与专业能力的不适应。一些地方和一些学校的教师在课程改革中有从零开始的感觉，使得教师觉得了解和掌握新课程改革的规律有困难，甚至由于不适应，造成学生或家长对教师教学的不满。

困扰。主要是教育管理上的形式主义的困扰，比如教学管理上的形式主义、教师进修上的形式主义、人事制度上的形式主义、科研上的形式主义等等。中国教师的课时量明显低于国外或境外，但中国教师的教学负担并不比国外或境外的轻。香港的物理教师的课时量一个星期在28个课时以上，而中国物理教师的课时量如达到15个课时以上时就很吃力。为什么呢？因为中国教育教学管理要求教师要把教案写得很完备，每年还要写教学计划、总结、思想汇报等等，虽然有些要求是必要的，但许多要求常常是为学校管理工作服务的，不是为教学服务的。因为管理人员没有时间或没有意识去听课，那么检查教学的方式就是看教案、计划和总结，这就使得教师很难专心地去教学，而要花很多时间和精力去应付这些管理上的要求。各种各样的形式主义对教师的发展带来了很多困扰。

困窘。虽然大多数教师的生活有很大改善，但部分地区教师处于比较困窘的境地，表现在一方面没有得到合理的待遇，一方面没有得到合法的保障。比如教师按时、足额发放工资问题，代课教师的工资问题。特别是民办教师，还没有得到与公办教师同等的待遇。

针对以上“四困”现象，我们的教师队伍建设应当关注：

第一，要解除困惑。旗帜鲜明地倡导教育理念与教育实践相结合，缓解教育教学中的二元体系状态。

第二，要解决困难。主要是把使用和培养统一起来，创造教师不断提高自己的机会和环境。

第三，要排除困扰。下决心克服教育教学管理中的形式主义，做到务本求实，做到共性要求和发展教师个性特点相结合。

第四，要摆脱困窘。要重视教师生活的改善和合法权益的维护，其关键在于《中华人民共和国教师法》以及《中华人民共和国民办教育促进法》的全面落实。

我国城乡和区域间，总体来看，教师所面临的基本问题大致相同，但程度上是有差异的，而程度上的差异决定了我们在工作上关注点的差别。

按照科学发展观的要求，我们应当努力缩小城乡之间的差距，应当更加关注农村教育和农村教师的发展。

目前农村教师队伍面临的总的问题不外乎稳定问题和提高问题：

稳定问题。农村教师的待遇在按时、足额发放工资的同时，要达到公务员工资的水平，更应争取略高于公务员工资水平。

提高问题。目前城乡教师的总体水平是有差距的，提高教师水平，城乡都有共同任务。但农村地区的教师在教育思想、教育内容、教育方法上，要更贴近“三农”发展的需要，因此，更应加强教师的教育。

总体上说，落实科学发展观应该更多地关注农村教育和农村教师的发展，特别是要关注农村教师待遇上的问题。现在许多农村教师的生活很艰难，拖欠教师工资现象在部分地区依然存在。彻底解决这一问题应是农村教师队伍建设的当务之急。

以学习求发展*

教师是专业性很强的职业。我读高中的时候，我校初中有一位数学教师课教得不好，学生要求换老师，这位被换的数学老师就是我们国家伟大的数学家陈景润先生。这说明，数学家和数学教师并不是同一个专业。任何轻视教师专业知识、轻视教师专业能力、轻视教师专业素养的观念，都是教师队伍建设的障碍。而没有教师素质的提高就谈不上教育素质的提高，也就谈不上素质教育。

20 世纪 80 年代以来，教师专业发展已经形成一个世界性的潮流，推动着许多国家教师教育新理念和新制度的建立。可以说，教师专业化已经成为教师队伍建设与改革的主流课题。

实现教师专业化的途径，首先是专业入门教育——培养新教师，也就是师范教育；接着就是专业终身教育——职后教育，也就是继续教育。教师专业的持续发展是教师专业化的保证。我们应当从过去的一劳永逸的静态发展观

---

* 原载《中国教育报》2007 年 1 月 12 日。

转变为终身学习的可持续的专业发展观。教育行政部门和学校有责任关注教师专业化的进程。我们应当实行“双作业线”，不仅要有明晰的教育教学的工作规划，而且要有明晰的教师发展的工作规划。只有加快教师的专业发展，提高学校与地区的教育质量才有保证。

推进教师的专业发展应当坚持三项原则。一是坚持教师专业发展的服务性，二是坚持教师专业发展的人文性，三是坚持教师专业发展的务实性。

教师专业发展的服务性，就是要明确教师为全体学生全面发展服务的目标。促进人的全面发展应当作为教育改革的出发点和落脚点。教师通过多种渠道获取知识、增长才干，但只有通过为学生的发展服务的实践，才能将这些知识和才干内化为自身的专业素质。我们讲教育是科学，因为教育本身具有规律性；我们讲教育是艺术，因为教育需要个性化。但我认为，教育也是一项修炼，教师必须在实践中把教育的科学和艺术融合于为学生的发展服务的实践中。现在各地都在加大对教师的培训力度，有些教师还被送到外地或者国外去培养，这当然是有益的，但是，如果教师不把这些学习的收获融合到他的教育实践中，那么，这些收获也不可能转化为教师的专业素质。

所以，教师的专业发展应该建立在对学生有针对性地进行教育的活动过程中，教师的才华应该更多地展现在面对学生的活动中，教师的成就也应该更多地体现在学生的成长中。总之，我们不能脱离为学生发展服务而谈教师发展。

教师专业发展的人文性，就是强调教师的发展要与学生的发展统一起来。传统的学校教育突出了教师在教育活动中的中心地位，突出了师道尊严，突出了教师的社会责任和道义责任，但往往忽视了教师自身的追求和学术水平的提高。过去，我们常常讲教师是春蚕，春蚕到死丝方尽；教师是红烛，燃尽了自己照亮了别人。这些都是歌颂教师的奉献精神，但也有些许悲壮的意味。现代学校是教师与学生共同发展的地方。教师的发展与学生的发展永远是一个不可分割的统一体，教师在促进学生发展的过程中也实现了自己的理想、体现了自身的价值。学校应该为教师搭建一个创造工作成就和享受工作快乐的平台。

教师专业发展的务实性，就是要摒弃那些形式主义的东西。一个地区或一所学校，应该科学地制定教师专业发展的规划，防止简单地以数量要求冲淡质量意识。比如一些地方实行名师工程或名校工程，这是促进教师专业发展和拓展优质教育资源的一种途径，但有的地方做出硬性规定，如三年之内要出100个区级名师、10个市级名师，还要出5个全国级名师，把培养名师变成了造星运动。名师应该是在与学生长期互动的过程中，得到学生、家长、社会的信任与尊崇的人，而不能单靠宣传出名。另外，应该加强基于教师整体素质提高的常态教学研究，防止把教学研究表演化、看点化，更不能以牺牲常态教学为代价。专家的专业引领很重要，专家评价的导向作用很大，但是我们也要提倡对专家的评价进行再评价。专家评教师的教学，教师也可以评价专家的评价。如果我们建立了这样一种教评相长的良性机制，那么，教师的专业发展就会步入更加健康的轨道。

教师应该以学习求发展，教师需要在一个良好的学习型组织中成长，学校应该成为一个学习型的组织。

建设学习型组织是关于学校组织形态的一种哲学思考，它不是一种模式，而是一种理念。学习型组织的共性理念是：所有成员都具有持续学习的愿望、机会和能力；每个人掌握的新知识都能在组织之中共享；学习是为了实现自身的可持续发展的目标；把学习、研究与实践结合起来，以学习提高基本素养、启迪教育智慧、发展创造力；教师自身的发展、自我价值的实现与学校的发展和学校价值的实现相统一；建设学习文化，形成浓郁的学习氛围和学习文化的价值观体系。

学校在创建学习型组织的过程中，一要建立学校教育发展的共同愿景。愿景是高于现实的、具体的、明确的发展目标，共同愿景形成后能够发挥引领作用、激励作用、超越作用和凝聚作用，从而保证学校的可持续发展。二要激发学校成员高度的创新热情。教育创新就是教育的自我超越，就是让学校今天比昨天好、明天比今天好，使学校永远处于持续发展之中。三要提升教育的智慧，改善思维模式。过去，教师带着知识走向学生就可以了，现在我们不只是让学生掌握知识，还要促进学生情感、态度、价值观的发展，提高学生的能力，这就要求教师带着智慧走向学生。四要树立团队意识和提高团队的水平。学习型组织所产生的凝聚力应当使教育的总体效益大于教师个体效益的总和。

同时，学习型组织的建设不仅是对传统管理形式的挑战，更是对传统管理观念的挑战。我们要将传统的垂直型管理的过程，变成扁平型的共同学习、研究、实践、反思的过程，推动管理方式的变革。在学习型组织中，校长既是领导者，又是执行者；既是学习的组织者，又是学习者。当前，校本学习制度，包括校本管理、校本教研、校本培训制度的建立，促进了教师学习方式、工作方式、研究方式甚至生活方式的变革。网络环境下的校本学习更为推动学习型组织的建设提供了新的平台，为区域学习共同体的建设创造了条件。

静下心来教书　潜下心来育人*

2007 年第 23 个教师节前夕，胡锦涛同志在全国优秀教师代表座谈会上发表了重要讲话。他充分肯定、高度赞扬了全国广大教育工作者的重要贡献和高尚精神，同时指出教育的基础性、先导性、全局性地位和作用更加突出，要求继续坚持好、落实好把教育摆在优先发展的战略地位的方针。

胡锦涛同志在讲话中对教师提出的要求，激励着全国教师奋发进取。其中有三句话给我们以特别深刻的启示。第一是“着力提高教育质量”；第二是“没有高水平的教师队伍，就没有高质量的教育”；第三是广大教师要“静下心来教书，潜下心来育人”。

一、“着力提高教育质量”——提高教育质量已经成为全球教育的共同话题。不仅发展中国家，

* 原载《中国教育报》2007 年 10 月 16 日。

而且发达国家都把提高教育质量当成促进教育发展的一个着力点

胡锦涛同志特别在提高教育质量前面加了“着力”两个字。

去年，经济合作与发展组织(OECD)副总干事来我国访问，她谈了一个观点，“教育投入的增加和教育质量的提高没有正相关，不是教育投入增加了，教育质量就提高了”。她以经济合作与发展组织所进行的国际学生评价项目(PISA)为例。PISA项目是经合组织国家学生发展水平的评价体系，2003年，对15岁学生数学学科平均成绩进行测查的结果显示，数学成绩最高的经合组织国家是芬兰，而美国排在倒数第四位。这个结果表明，美国的生均教育投入虽高，但是基础教育阶段学生的学业成绩并不好。这一问题引起了美国各界的关注，为此，国家专门成立了以提高教育质量为目的的国家数学委员会。我当时补充了一句：“在教育投入能够保证学校教育的基本运行之后，教育投入的再增加确实并不意味着教育质量的必然提高。”

去年11月底，英国召开了特色学校大会，时任英国首相的布莱尔在会议上发表演讲，他说：“上一代的教育留下了700万读写能力未达到11岁学生水平的成人，这是下代人不能承受的。我们必须要有消除自满的紧迫感。”当年英国工党的竞选口号就是“教育、教育、教育”，他们打出的一张牌就是要推进教育公平、提高教育质量。

应该看到，当前我们讲教育公平，实际上已不单纯是上学机会的公平，而是接受保证质量教育机会的公平。提高教育质量已经成为全球教育的共同话题。不仅发展中国家，而且发达国家都把提高教育质量当成促进教育发展的一个着力点。所以，胡锦涛同志提出要着力提高教育质量，完全符合当代国际教育发展的潮流。

中国的教育事业，经历了一个令世人瞩目的快速发展期，在较短的时间里，形成了世界上规模最大的教育。但世界各国的历史经验都证明，教育规模的迅速扩大并不一定与教育质量的提高同步，有时甚至要以牺牲一定的质量为代价。中国当前同样存在规模与质量的矛盾。我们现在无论是提出巩固普及九年义务教育的成果，还是提出提高高等教育的质量，都要解决规模与质量不协调的问题。推进保证质量的教育公平，就是要使规模与质量协调起来，而实现保证质量的教育公平，关键在于教师队伍建设。

二、“没有高水平的教师队伍，就没有高质量的教育”——教师队伍建设是解决规模与质量协调发展的关键环节

胡锦涛同志提出：“推动教育事业又好又快发展，培养高素质人才，教师是关键。没有高水平的教师队伍，就没有高质量的教育。”因此，加强教师队伍建设就成为着力提高教育质量的一个着力点。

半个世纪以来，中国的教师队伍建设取得了显著的成果，支持了中国义务教育的普及和基础教育的发展。但是我们也应该看到，当前教师队伍建设也存在一些矛盾。

首先是教师队伍出现了结构性的不协调。比如地区结构的不协调、学科结构的不协调、体制结构的不协调等。

其次是教师队伍的现状与全面实施素质教育、推进课程改革的要求不相适应。这种不适应表现为两种情况：一种是在开始推进课程改革的时候教师不适应；一种是在课程改革推进到一定阶段的时候，教师又出现了新的不适应，包括专业理念、专业知识、专业能力和专业情意（专业态度）的不适应。

再有就是教育内部重新出现了对教师培养途径的不同看法。包括

是否需要加强独立的师范教育体制建设，是否需要实行教师职前职后教育一体化等。

联合国教科文组织早在20世纪70年代发表的重要文献《学会生存》中就提出：“加快教师专业化的进程是提高教师质量的成功策略。”从20世纪80年代开始，教师专业化就成为各国教师教育的主题，现在，教师专业发展也已成为我国教师队伍建设的中心课题。

三、“静下心来教书，潜下心来育人”——具有良好的职业心态是教师专业发展的基础，也是教师专业发展应有的内涵和重要目标

胡锦涛同志特别指出，希望广大教师“静下心来教书，潜下心来育人”，这体现了对教师职业心态的高度关注。关于教师的专业发展，我们一般比较关注教师专业知识的拓展、专业能力的提高，为在学校内部形成教师专业发展的机制，包括竞争机制，我们也想了很多办法，但是我们常常疏忽了教师的专业心态。而事实上，具有良好的职业心态是教师专业发展的基础，也是教师专业发展应有的内涵和重要目标。

“静心”就是使内心平静，“潜心”就是用心专和深。“静下心来”就是使内心平和、宁静，“潜下心来”就是用心专注、深入。教师教书要“静心”，不动荡、不浮躁；教师育人要“潜心”，不繁杂、不肤浅。

“静下心来教书，潜下心来育人”不仅表现出对于教师职业心态的关注，而且也有很强的针对性。现在，在教师队伍中确实不同程度地存在着一些浮躁、肤浅的问题。一些教师静不下心来教书，潜不下心来育人，存在较严重的职业倦怠和职业困惑。

教师的这种职业倦怠如果呈蔓延趋势，那么，无论我们花多大力

量搞教师培训、教研活动，最终也很难使教师队伍的专业发展取得比较理想的效果。

教师职业倦怠的产生有其深刻的内因，即教师的自我修养有待加强。但是，教师职业倦怠的产生也有其外因，即教师发展的生态环境有待改善。

我们现在讲学校生态，讲建设学校文化，往往在给学生创造一个良好的成长环境方面考虑得比较多，但是我们也要关注目前教师是在一个什么样的环境里工作。造成教师职业倦怠的外因包括过重的压力、无限的责任、烦琐的管理，文山、会海、检查风，再有就是个别扭曲的舆论使教师感到心理压力很大，地位没有得到应有的尊重。这样的生态环境很难让教师“静心”和“潜心”。

因此，要使广大教师“静下心来教书，潜下心来育人”，就必须加强教师的自我修养，改善教师发展的生态环境。

首先，应该加强教师的自我修养。这一次胡锦涛同志的讲话对教师提出了四点希望，这四点希望实际上是以社会主义核心价值体系作为基础的教师职业道德准则，是广大教师加强自我修养的基本依据。

概括起来第一是爱岗，要爱岗敬业、关爱学生；第二是勤奋，要刻苦钻研、严谨笃学；第三是创新，要勇于创新、奋发进取；第四是乐业，要淡泊名利、志存高远。爱岗、勤奋、创新、乐业，是国家对教师的期望，也是教师自我修养的准则。广大教师应当加强学习、提高自身的修养。

同时，应努力改善教师发展的生态环境。我们不要一方面高喊“教师要静下心来教书，潜下心来育人”，而实际上做的却是使教师难以“静心”、“潜心”的那一套。我们应该在改善教师待遇、加强教师专业发展规划与加大投入的同时，创建良好的教师专业发展文化。教师专业发展文化，也就是教师的生态环境，也就是教师共同的价值取向。我们应该在教师专业发展文化的建设上下功夫，用教师专业发展文化的建设来引领教师形成正确的情感、态度、价值观，从而使教师得以“静下心来教书，潜下心来育人”。

四、在教师专业发展文化建设上，当前要重点倡导服务文化、情意文化、效能文化、节奏文化、团队文化，这是目前应该着重创造的教师专业发展的生态环境

服务文化就是要强调教师专业发展的服务性。我们强调教师要提高自身的水平，但是教师的专业发展是在为全体学生的全面发展服务的过程中实现的。教师的专业发展，如同医生的专业发展，医生是在和病人的互动过程中发展的。如果一名医师只是去参加了这样的学习、接受了那样的培训，而从来不研究病人，那他根本不可能成为一名高水平的医师。如果一名教师经常去参加这样的进修、那样的培训，听各种观摩课、研究课，但是最终他并没有研究过学生，没有与学生形成真正的良性互动，那恐怕他也不能算做一名高水平的教师。所以，我们不能简单地以学习经历评估教师专业发展的水平，否则教师往往会以追求学习经历而冲淡了为学生服务的实践。教师也不能只从书本上了解学生的共性，从而取代研究自己所面对的学生的个性。我们现在十分缺少对具体学生的个性研究，现在做的很多研究课可以在全国任何地方讲，反正一节课讲过很多遍，不认识学生也没关系。这就造成了一种误导，即不必重视学生的需要，不必了解学生，特别是不必了解学生的个性发展需要。再者，就是不能将教师为学生发展服务的目标倒置。目前已经开始出现这种情况，教师要通过搞研究课，甚至靠赛课成名，结果，不是教师为学生服务，而是倒过来，学

生为教师的成名服务。当然，还有一个倒置应当防止，就是不能让管理为教师和学生服务的目标倒置，服务文化一定要真正地建设起来。

情意文化是指教师专业发展的人文性。如果没有一种充满人文关怀的环境，教师就很难在他的专业发展过程中体验自身的价值和成功的快乐。我们应该改进管理，消除教师产生职业倦怠的外在因素，使教师感到自己的工作充满情趣。要减轻教师过重的压力，统筹相关的工作，明确学校和教师的有限责任。要推进“精益管理”，最大限度地减少工作过程中的不必要的环节，最大限度地提高工作效率。

我们现在往往花很大的力量把管理复杂化，好像不复杂就不足以体现我们的水平。许多烦琐的工作环节汇集在教师身上，教师就很难“静下心来”和“潜下心来”。当然还要引导舆论正确地看待教育，使教师体验到社会的尊重。总之，要尽量地创造充满人文关怀和富有情趣的氛围。

效能文化是指教师专业发展的务实性。要重视对教育效能与负效能的研究。学校教育当然对学生的成长有重要的促进作用，但是不良的教育也会对学生产生不良的影响。如果我们不重视对教育负效能的研究，就很难使我们的教育真正完善。另外，不能只注重教育改革过程中的变化，更要注重教育的实际进步。我们要立足于通过变化取得进步，因为进步才是我们的最终目的。最近，美国专家评价美国近年来的教育改革，结论是“变化很大，进步很小”。我们同样要防止在教师专业发展过程中工具理性的膨胀和价值理性的缺失。如果我们可以历数自己做了多少工作但唯独讲不出教育面貌是不是真正有了改观、原有的问题是不是真正得到了解决，那所有的变化又有什么意义呢？

节奏文化是指教师专业发展的稳定性。要重视教育研究的合理周期，我们要“好中求快”，要警惕“快文化”对教育发展的影响，要重提

"教育的改革一切要通过实验"。应当说，现在我们比较忽视实验，决策时，常常是用专家论证来取代实验。其实，通过专家论证的东西，如果没有经过实验也可能是不完善的，甚至有的时候也是片面的、错误的。因此，专家论证固然重要，但是不经过实验也很难作为决策的依据。另外，应该制定科学的教师专业发展规划，防止简单地以数量要求冲淡质量要求，防止将培养名师、推出教育家变成一种"造星运动"。名师是那些在长期的与学生、家长、社会的互动中获得广泛的高度信任的教师。所以，我们应该正确发挥评价的导向作用，防止简单地把教育评价评比化，要提倡对评价的再评价。

团队文化是指教师专业发展的团队性。教师要在学习型组织中成长，学习型组织的建设所产生的凝聚力使教育的总体效益大于教师个体效益的总和。我们要通过学习型组织的建设形成一个高质量的教师团队。

加强教师的自我修养与教师专业发展文化的建设，创造良好的教师专业发展氛围，引导教师专业发展的正确方向，从而使我们的教师"静下心来教书，潜下心来育人"，这不仅是教师专业发展的关键问题，也是教师队伍整体水平提高的关键问题，更是我们着力提高教育质量的重点课题。

为继续教育事业的更大发展而努力*

——在教师教育发展与创新论坛暨纪念《北京市中小学教师继续教育暂行规定》颁布20周年大会上的讲话

首先，请允许我代表北京市继续教育协会，向《北京市中小学教师继续教育暂行条例》颁行20周年表示热烈祝贺！同时向20年来北京市在中小学教师继续教育方面取得的重大成就表示祝贺！更要向为从事北京市干部培训和中小学教师继续教育做出重大贡献的市和区县教育学院、干训机构、研修机构的历届领导同志、教学人员和全体工作人员致以崇高的敬意！也向全市通过各种形式关心和支持北京市中小学教师继续教育工作的同志们致以衷心的感谢！

一、五点成绩

《北京市中小学教师继续教育暂行规定》颁行20年来，北京市中小学教师继续教育取得了重大进展和成就，对北京市教育改革和发展做出了重要的贡献，这里有五个方面

* 原载《北京教育学院学报》2010年第1期。

值得我们认真总结：

(一)推动了广大中小学教师在完成学历达标任务后，继续提高自身素质、拓展和更新知识、增强教育教学能力的继续教育制度的建立

“文革”结束后，我们曾经加强了教师培训，当时主要是完成学历补课的任务，实现了北京市广大中小学教师达到国家规定的学历标准。在此之后，教师教育应往何处去？20年前，我们征求了各方意见，也参考了国际经验，最后大家认为，应继续开展学历达标后的继续教育。当时就把继续教育定位在为学历达标后的教师继续提高服务的教育，因此《暂行规定》的颁布促进了这种继续教育体制的形成。

(二)《暂行规定》颁布后，开展了多种形式的教师培训与研修

广泛开展了教育系统的干部和教师的培训与研修，提高了全市基础教育与职业教育干部和教师的素质和业务水平，为促进全市教育改革与发展，为全面推进素质教育做出了重要贡献。

(三)形成了一支高水平、高素质的从事继续教育的专家和教师队伍

原来的教师教育主要是由从事学历教育有经验的教师进行，还没有形成一支基础素质高、业务能力强的继续教育的教师队伍。经过20年的努力，全市从市教育学院到区县教育学院和培训机构都已形成了忠诚于继续教育工作的教师队伍。他们兢兢业业，无私奉献，为一线干部、教师的工作提供了有力的支撑。

(四)将继续教育与教育科学研究紧密地结合起来

进一步推动学校成为教育科学的应用研究与行动研究的重要基地，推动了教育教学和管理的革新。将继续教育与教育科研紧密结合，提高了干部、教师的科学研究素质。

(五)不断深化继续教育的理念，促进继续教育内容与形式的创

新，为继续教育的改革与发展提供新鲜经验

教育系统的继续教育为北京市其他领域的继续教育，包括公务员和专业技术人员的继续教育提供了宝贵的借鉴。在此基础上，也促成了北京市人大常委会通过了《北京市专业技术人员继续教育规定》，推动了全市范围内其他领域继续教育的开展。

二、四点建议

今后，我们要站在新的起点推动教师继续教育的发展。我们国家的教育进入了新的发展时期，最主要的特点是以提高教育质量为核心，以素质教育为主题，那就必然要以干部、教师队伍建设为关键。我想对下一阶段的继续教育工作提出四点建议：

（一）进一步深化对教师继续教育功能的认识

第一，教师的继续教育是教师专业发展的基本途径。

教师专业水平的提高是提升整个教育质量和全面推进素质教育的根本保证。

有人问我："什么是素质教育?"我说，高素质的教师所进行的教育就是素质教育。也有人问我："到底什么是高质量的教育?"我说，高质量的教育也是高素质的教师所进行的教育。如果没有高素质的教师，任何好的教育方案都只能是空谈。因此，教师继续教育一定要更好地为教师的专业发展服务，进而为提高教育总体水平和全面推进素质教育服务。

第二，教师的继续教育是个人终身学习的重要平台。

我们已经进入终身学习社会，每个人都要在现在的基础上继续学习，从而实现自身持续发展目标。继续教育坚持以人为本，以每位教师的终身发展作为我们服务的对象，这就使得我们对继续教育功能认识进一步深化。

(二)进一步完善教师继续教育的体制建设

如何建设适合我国国情的教师继续教育体制是提高继续教育质量的重要保证。无论是职前职后一体化，还是建立高等学校、教师培训机构和学校的继续教育共同体，再有是强化教育培训机构的统筹协调作用，关键在于符合实际和具有实效，既符合中国国情，又符合当地的实情，更要注重实效。我们正在进行这种体制的探索，我相信各地都会在探索中找到适合本地区发展的继续教育体制。

(三)进一步更新教师继续教育的观念

教师的继续教育应强调六个方面：

第一，倡导教师继续教育主体的参与性。干部和教师既是继续教育的受众又是继续教育的直接参与者。干部和教师有着教育的需求，又有着丰富的实践经验。他们作为主体，参与教学活动，才能使继续教育具有更强的针对性和活力。

第二，倡导教师继续教育内容的多样性。继续教育既要满足刚刚进入教学岗位的教师掌握基本教学方法、教学原则的需要，又要为不同层级教师继续提升他们自身水平搭建平台，同时还要为有成就的教师发挥他们在教育教学方面的辐射作用创造条件，因此我们应倡导继续教育内容多样化，应该有直接为教学内容服务的教学活动，又要有提升教师素养和拓展教师视野的教学活动。

第三，倡导继续教育方式的实践性。教师继续教育主要的任务是提高教师的实际教育教学水平，而教育教学本身是一种实践活动，教学过程应当将理论与实践紧密结合。从某种意义上讲，应更多强调教学实践活动。在整个教学设计中应该把教学实践放在更加突出、更加重要的地位。

第四，倡导继续教育教学的示范性。这是我们当前包括职前师范教育在内，最迫切需要解决的问题。我们经常要求教师掌握许许多多教学原则，如应如何调动学生积极性，如何进行探究式学习，但如果我们教师教育本身就做不到上述几点，就无法让老师们通过我们的继续教育活动，看到活生生的教学方式。因此我们应该重视教师教育教学活动的示范性。

第五，倡导继续教育资源的广泛性。任何教育机构自身内部资源都无法满足教师、干部的学习需求，因此，应树立广泛的资源意识，一方面要整合校内资源，另一方面要充分利用社会资源和国际资源，利用各种资源为实现继续教育目标服务，实现继续教育在更加广泛的资源系统内寻求支撑。

第六，倡导继续教育评价的有效性。究竟我们的继续教育是否成功，不完全在于教育专家的评价如何，关键在于是否实际地推动了北京市教育教学的改革与发展，是否实际地推动了北京市教学质量的提高。在教育评价方面，应更多地做些实证研究，到学校中去，到学生中去，到家长中去，到社会中去，这可能是对继续教育成果最好的评价。

（四）进一步加强继续教育教师队伍建设

继续教育水平最终取决于继续教育教师队伍的水平。继续教育教师队伍应当发挥：

第一，引领作用。从事继续教育的教师应该在理念和实践上起引领作用，应当是最前沿的、最具时代精神的教育理念的传播者，或者说是使最先进的教育思想和理念进入北京市学校的最重要的窗口和渠道。

第二，组织作用。继续教育的教师是继续教育活动的组织者，应提升自身组织教学活动的能力，应善于整合教师、学校的需求来确立教育目标，同时善于整合各种资源为满足这种需求服务。

第三，示范作用。继续教育的教师应该是教育教学工作的示范者，应该是先进教育理念的示范者，应该是教师的高素养、高品位的示范者，应该是最好的教学方法的示范者，同时更应该是崇高师德的示范者。这样才能使我们的继续教育活动不仅提高教师教学能力，同时也提高教师的素养，影响教师的情感、态度和价值观。

第四，激励作用。通过教师的继续教育活动激励广大教师愿意学习、乐于学习，觉得学习有用，同时自觉提高自身专业水平，自主发展，持续发展。

总之，20年来北京市的继续教育已经奠定了非常好的基础。我们相信，在新的起点上一定会有更大的发展、更大的提高，为北京市教育事业做出更大的贡献。

没有爱就没有教育*

——学习教育家霍懋征

处于社会转型期和教育转型期的当代中国，最需要教育家，也产生和正在产生许多杰出的教育家。霍懋征正是在中国教育改革与发展的关键时期出现的人们心中最为敬仰的教育家之一。今天在纪念教师节的时候，我们应当以这位教师楷模为榜样，推动更多的优秀教育工作者涌现。

霍懋征老师1921年9月18日出生于山东省济南市教师之家。1943年毕业于北京师范大学数学系。毕业后留任师范大学第二附属小学工作（即今北京第二实验小学）。由于工作努力，成绩突出，1956年被评为全国首批特级教师。2010年2月11日逝世。享年88岁。

在霍老师去世后，她的学生们曾经为她写了一幅挽联："懋德千丈奉献大爱倾毕生心血树园丁楷模，征迹万里躬身小教以纯青师艺育桃李天下。"这是霍懋征老师教育理念与精神的生动写照。

---

* 原载《现代教育报》2012年9月10日。

没有爱就没有教育，这就是霍懋征教育理念的核心。

教育是基于情感交流的生命运动，爱是成功教育的原动力，因此，没有爱就没有教育。教师的爱之所以伟大，因为它是无私的爱、无疆的爱、无痕的爱。学习霍懋征老师，就要大爱无私、大爱无疆、大爱无痕。

一、大爱无私

教师的爱是无私的爱，它来自对国家民族的责任担当，来自对每一个生命的尊重。因此，应当将爱转化为教育事业的光荣感和使命感，应当警惕教育行为的功利化和商业化。

在庆祝霍老师五十年教龄大会上，她用六个字总结了自己的教育生涯：光荣、艰巨、幸福。光荣的是为国家为民族培育了有用的人才，艰巨的是孩子们来自不同的环境，要让每一个孩子成材谈何容易，幸福的是孩子们长大成人后都为国家做出了贡献。

她说过，当老师最大乐趣是什么？看到我的学生，淘气的变乖了，不会的学会了，看到他们长大了，我最幸福。的确，没有哪种快乐比得上桃李满天下的幸福与荣耀了！

学习霍懋征，我们就要增强教育事业的光荣感与使命感，警惕教育行为的异化。

“人永远是目的”——全部教育活动的出发点和归宿。在任何情况下，始终要把人作为目的而非手段。把人作为目的，这是人类尊严的基础。学生的发展永远是教育活动的目的，也是教师专业发展的目的。任何时候都不能把学生当成手段。

目前，部分地区质量检测的功能异化与绩效工资的实施，使得部分教师压力过大和功利性增强，引发压力传导造成学生课业负担过重。升学压力造成家长的补习需求，造成部分教师以影响学校正常教学的方式，参与课外和校外的有偿补课。这些都违背了教师应有的职业道德，也损伤了教师的完美形象。

二、大爱无疆

教师的爱是无疆的爱，她来自对每一个生命的尊重与信任。因此，没有偏爱，没有嫌弃，没有放弃。教师永远要面向每一个学生，永远坚信能教好每一个学生。

在从教六十年的庆祝会上，霍懋征曾说："我六十年没有丢下一个孩子，所以没有教不好的学生。"

她说，没有教不好的孩子。有的孩子确实很聪明，一学就会，有些孩子比较不开窍，需要老师帮助。我觉得只要能调动起孩子的积极性，每个孩子都能学好。要以极大的爱心、耐心、细心、信心、责任心，把孩子教好。我自身反思，不能总找孩子的原因，有时也要找找教师自身的原因，把不好的孩子教好，这是最美最实用最有成效的育人艺术和教育硕果！

她认为，爱一个"问题"学生才是对教师的考验，而这正是教师的天职。每一个老师心里都很想把学生教好，但如果对学生缺乏爱心，单是"恨铁不成钢"，铁就难以成钢。作为教师，要用发展的眼光看待他们，鼓励他们在原有的基础上不断进步。

正如陶行知先生所说："你的教鞭下有瓦特，你的冷眼里有牛顿，你的讥笑中有爱迪生。你别忙着把他们赶跑。你可不要等到坐火轮、点电灯、学微积分，才认识他们是你当年的小学生。"

我们今天学习霍懋征，就要坚持面向全体学生，坚持关注特殊群体。

三、大爱无痕

教师的爱是无痕的爱，不是爱的表演，不是为求回报的展示，是将爱渗透于教育的科学与艺术的完美结合之中，因此，是滋润学生心田的无声的雨，是沐浴学生肌肤的温暖的风。

霍老师将爱总结为八个字“激励、赏识、参与、期待”。激励，可以打开孩子的心扉，使其有奋斗的方向。赏识，可以通过创造成功的机会，让每个学生都感受到成功的喜悦。参与，可以调动每一个学生的积极性，促进每个学生的健康成长。期待，让每个学生获得奋发进取的力量。

霍懋征的“四个从没有”是现在的教师难以做到的。第一，从教六十年，从没有和学生发过一次火。第二，从教六十年，从没有因为学生犯错请过一个学生家长。第三，从教六十年，从没有惩罚过或变相惩罚过一个学生。第四，从没有让一个学生掉过队。

2004 年教师节刚过，三十几个已经五十多岁的学生聚在一块儿，你一句我一句说着童年的趣事。这时，当年的班长给大家来了个突然袭击：“同学们，现在都把手伸出来，把你们的手绢也拿出来，再让霍老师检查一次卫生。”让霍懋征吃惊的是，虽然当年的小手变大变粗了，每人的指甲却仍像儿时一样，铰得秃秃的。手绢也一如半世纪以前一样干净、齐整。

教育之所以伟大是因为它可以影响人的一生，教育之所以平凡是因为每一次行动都从细节开始。宏观的理念总是浓缩在一件件教育的小事中。

今年 3 月，世界经合组织与美国教育部、教育国际联合召开了第二届“国际教师大会”。教育部长、工会领袖和教师领袖们汇聚纽约，交流、分享了他们的经验。

会议认为，21 世纪的教师和过去的教师有很大的不同。

过去，教师期望他们所教的内容能够延续学生的一生，而今天，大量常规认知技能正被数字化，教育必须更加强调让个体成为终身学习者，能够进行复杂的思维，并能够完成计算机不能简单代替的复杂工作；过去，是传递现有的知识，现在面临的挑战是一线教师需要不断应对学生拥有的知识；过去，教师只需停留在课堂，他们非常明确要教什么，现在，最先进的教育体系为学生设定了宏伟的目标，需要培养教师并提供给他们工具以构建教学内容和教学方式；过去，不同学生用相同的方式教，而现在教师需要用差异化教学实践来包容学生的多样化；过去的目标是标准化和一致，现在则强调独创性和个性化教育体验；过去是课程中心，而现在是学习者中心。

因此，就要求教师需要精通所教学科，需要改变教学方法使学习效果最大化；需要拥有丰富的教学策略，能够将各种方法结合，知道如何以及什么时候使用特定的方法和策略；需要能够向学生提供个性化反馈；需要深入理解学生如何学习，也就是学生的动机、情感以及课堂之外的生活；需要以高度合作的方式，与其他教师、专业人士、其他组织的个体以及不同的伙伴一起工作；需要拥有很强的技术技能，将技术作为有效的教学工具，并使数字化资源在教学中的使用效果最大化，同时使用信息管理系统跟踪学生学习。

所以，21 世纪的教师必须成为高水平的知识工作者，不断提高他们自身的专业知识和专业发展。

在纪念教师节的时候，面对教育事业对教师提出的新的要求，我们期待着每位教育工作者都像霍懋征老师那样，努力加强自身的道德修养和专业发展，从自己的岗位上用革新者的姿态探索解决问题的途径，以更加无私、无疆、无痕的爱，创造更加突出的业绩。

发达的职业教育是建设现代化强国的必要条件*

在我国实现社会主义现代化的进程中，必须加快教育结构的改革步伐，建设发达的职业教育。

近年来，我国的职业教育，特别是面向第三产业的中等职业教育，有了很大的发展。但是职业教育在我国教育体系中的地位并未得到根本的改变，职业教育在社会主义建设中的作用尚未被充分认识。

职业教育的任务是培养应用型、技能型、成品型的劳动者。这些人接受职业教育以后就将直接上岗，从事生产劳动。因此，他们的水平是我国生产力水平的重要标志，是我国劳动者素质的直接体现，也是我国产品、管理和服务质量的决定因素。在实现由粗放型向集约型转变的过程中，应用型与技能型人才起着至关重要的作用，是科学技术转变为现实生产力的关键因素。同时职业教育在提高劳动者基本素质的同时使他们掌握新的劳动技能，从而增强就业的能力，这也是在计划经济向社会主义市场经济转变

---

* 原载《求是》1996 年第 22 期。

过程中，防止和减少分化的重要条件。

因此，职业教育是社会主义教育体系的重要支柱，具有和基础教育、高等教育同等重要的地位。

但是，传统的教育观念总是把由基础教育到高等教育作为教育的正统体系，重学术教育轻技能教育的观念相当普遍地存在于社会之中乃至教育内部。有些人认为职业教育是非学术性的，因而是低层次的教育，不需要优秀的学生就读。所以虽然都在讲学生的“分流”，有些人实际上是把由基础教育到高等教育看作是教育的主流，而把职业教育看作是教育体系中的支流。

这就造成一方面社会主义建设需要的高水平的应用型技能型人才没有足够的来源，而另一方面高校的一些专业的毕业生又分配不出去；一方面我国的技师和高级技术工人后继乏人，而另一方面，基础教育却仍把向普通高校输送优秀学生作为主要的甚至唯一的目标。

因此，加快教育结构改革的步伐，建设发达的职业教育，就应该成为我国迎接新世纪教育发展的重要战略目标。

为建设发达的职业教育首先必须确立职业教育应有的地位。要像重视学术型人才培养一样重视应用型、技能型人才的培养，要把高水平的职业教育和高水平的普通教育同样看作是高水平教育的标志。德国的职业教育法律明确规定职业教育和普通教育具有同等重要的地位，从而使其职业教育成为引以自豪的出口产品，这为我们提供了十分重要的借鉴。

要建立职业教育的发展机制。要从推动经济发展的两个“转变”的高度，认识职业教育的功能，从而将职业教育切实纳入国民经济和社会发展规划加以统筹。要明确国家和行业、企业发展职业教育的职责，特别是要落实行业、企业发展职业教育的责任，把发展职业教育作为建立现代企业制度的必要条件。

要完善职业教育的体系。在少数贫困地区，可以适度发展义务教育阶段的初等职业教育，多数地区应当大力发展义务教育阶段后的中等职业教育，并应发展与之衔接的高等职业教育，使职业教育形成完整的学校教育体系，以适应对各级各类应用型、技能型人才的需要。同时，要健全职业培训体系，使岗前培训，转岗培训和转业培训制度化，规范化。

要改善职业教育的管理体制。强化劳动部门设置岗位，确定岗位资格和制定岗位基本素质和技能要求的职能，并健全岗位合格的考核机构和制度，以确保培养质量。同时要强化教育部门依据劳动部门有关规定，确定教学内容、教学方法和培养教师的职能，以确保职业教育适应经济发展与社会进步的需要。

同时，要推进职业教育的教学改革。我国的职业教育，特别是职业学校教育，一部分自企业内部产生，一部分由行业内部建立，还有相当一部分是在普通学校的基础上改建的，因此，保留着相当多的普通教育特点。无论是教学内容，教学方法，还是考核办法，都相当普遍地存在着脱离生产实践，忽视技能培养的弱点。所以，必须加快改革步伐，以摆脱普教模式，建立适合职业教育发展的教学体制。

我国的教育方针规定教育必须为社会主义现代化建设服务，而职业教育正是教育与社会主义现代化建设的直接结合点。因此，我国必须通过建设发达的职业教育来推动建设现代化强国的目标的实现。

树立新的职业教育发展观*

——在北京市西城区职业教育协会研讨会上的讲话

"十五"计划是21世纪我国的第一个五年计划，是进入实现第三步战略目标阶段的第一个五年计划，也是社会主义市场经济体制初步建立以后的第一个五年计划。这样一个新世纪、新阶段、新体制下的五年计划，对我国的社会主义现代化建设具有重要的战略意义。"十五"计划纲要将"加快教育发展，提高全民素质"放在重要地位，朱镕基总理在关于"十五"计划纲要的报告中明确指出，在"十五"期间，要"大力发展职业教育和职业培训，建立职业教育与普通教育相互沟通的教育体系"。这无疑为职业教育的发展提出了更高的要求，提供了良好的机遇。

"十五"期间我国国民经济和社会发展计划把发展作为主题，因此，为经济和社会发展直接服务的职业教育也必然要以发展作为主题。当然"十五"期间职业教育发展的重要特点是在重视数量增长的同时，更加重视质量与效益的

---

* 原载《职教探索》2001年5月第4期。

提高。因此，职教战线的同志应当抓住新的机遇，创造新的辉煌。为了实现数量、质量与效益综合发展的目标，我们应当树立新的职业教育发展观。新的发展观应当是以结构调整为主线，以创新为动力，以人为本，同时注重协调发展的发展观。

一、以结构调整为主线

“十五”计划突出了经济结构的战略性调整。从“六五”计划到“九五”计划，我国也在不断进行结构的调整，但主要是围绕解决供给短缺问题的产业结构调整。而“十五”期间将要进行的经济结构的战略性调整则不同于以往的几个五年计划，它不是一般意义的适应性调整，而是对全局有重大影响的调整；它不是局部的调整，而是包括产业结构、地区结构、城乡结构、所有制结构的全面的调整；它不是封闭式的调整，而是开放式的调整，是一个参与经济全球化的调整。

进行战略性的调整是新阶段的迫切需要。我国目前的产业结构不合理，比如农业就业人员太多，第三产业比重过低，产品结构也不合理，不适应市场的需求。因此，我们已经到了不调整就不能发展的时候。同时调整结构也是提高国际竞争力，迎接新的挑战的迫切需要。发达国家就是通过结构调整扩大了和发展中国家的差距。美国的结构调整促进了十年的经济高速增长，使美国经济在全球经济中的比重日益增大。所以，如果我们不调整，国际竞争力就会日益降低，就无法迎接新的挑战。

我国经济的战略性调整，首先要调整产业结构。在农村要提高非农业的比重，农业中要改变种植业多、养殖业少的状况，工业要加快以高新技术改造传统产业的步伐，当然也要发挥劳动密集型产业的比较优势。在第三产业中要把服务业放在重要位置，一方面要提高服务业在国民经济中的比重，一方面要提高服务业的就业人数在全社会就业人数中的比重。以市场化、产业化和社会化为主线，发展面向生活消费的服务业和主要面向生产的服务业。其次，要调整地区结构。一方面要继续提高东部地区的发展水平，一方面要进行西部大开发，还要关注中部的发展。这实际上存在着生产力的梯度转移，存在着生产要素的流动。第三要调整城乡结构。要实施城镇化战略，转移 4,000 万农村人口以有利于农民致富，并提供经济发展的广阔市场和持久动力。还要继续调整所有制结构。继续形成以公有制为主体，多种所有制经济共同发展的基本经济制度，发挥国有经济在国民经济中的主导作用，发展多种形式的集体经济，鼓励、支持和引导私营、个体企业健康发展。

经济结构的战略性调整必然要求并推动直接为经济发展服务的职业教育进行战略性调整。

1. 要求职业教育适应经济结构战略性调整的需要调整自身的专业结构与层次结构。要创建新的专业，改造保留专业，淘汰落后专业。要重视发展培养适应农业结构调整的养殖业，科技含量高的精品农业、加工农业、创汇农业、观光农业、籽种农业需要的应用型、技能型人才的专业；设置并发展以高新技术改造传统产业技术需要的专业；设置培养有比较优势的劳动密集型产业的应用型、技能型人才的专业。特别是要重视新兴服务业专业的设置，包括面向生活消费的房地产业、装修装饰业、物业管理业、旅游市场促销业、旅游产品开发业、社区服务业、文化产业、体育产业等，也包括主要面向生产的服务的连锁经营业、物流配送业、网络服务业、信息技术应用服务业、数据库服务业等。同时要下决心淘汰过剩的与落后生产力相联系的专业，并推动保留专业的现代化。以专业调整培育职业教育发展的新的增长点，从而带动整个职教的发展。

与此同时，要重视高等职业教育与中等职业教育层次结构的合理。要重视高等职业教育，但决不能放松中等职业教育，同时必须严格劳动力市场的准入制度。这样才不至于一方面盲目发展高等职业教育，实际造成某些劳动岗位的人才高消费，另一方面劳动力市场准入过宽，未经培训或者培训层次很低的劳动力流入市场，又造成某些劳动岗位的人才低消费。

2. 要求职业教育适应经济结构的战略性调整的需要调整自身的布局结构与所有制结构。要逐步形成由骨干学校为核心，多种类型职业学校和培训机构蓬勃发展的职业教育格局。这就要求一方面必须加强骨干学校的建设。骨干学校不能只是大校，更要是强校；不能单纯发挥示范作用，还要发挥辐射、服务，甚至管理的综合作用。要不断增强骨干学校的覆盖能力，以充分发挥投入效益。

要支持多种类型的职业学校和培训机构的发展。“十五”计划纲要规定要“理顺职业培训的管理体制，探索公办民助、民办公助、中外合作等多种办学方式，促进职业培训产业的成长”。在这里，一是把职业培训作为产业提出；二是倡导采取多种办学形式；三是强调了职业培训的重要地位。大力发展职业培训才可能满足我国产业结构、地区结构、城乡结构调整过程中提出的大量的提高劳动者素质的培训任务的需要。

同时还要探索建立骨干学校和其他学校与培训机构之间的调适方式。不少地区已把组建职业教育集团作为一种重要的调适方式。江苏省以一批“强校”为核心，组建了不同类型的行业性和区域性的职教集团，这无疑是一种有益的探索。当然也有一些地区采取加强中介机构建设，包括建立提供劳动需求与职业教育咨询与评估等各种服务的中介机构以发挥调适作用。

有的同志把20世纪80年代初的中等教育结构改革，特别是创办职业高中看作是第一次创业，90年代初以创建骨干示范校为重点的职教发展看作是第二次创业，经过近几年的探索，现在面临的结构调整则将是职业教育的第三次创业。

二、以创新为动力

"十五"计划纲要指出"经济发展和结构调整必须依靠体制创新和科技创新"。我国社会主义市场经济体制只是初步建立，破除旧体制的任务只是初步完成，新体制仍处在探索阶段。旧体制的影响严重阻碍着调整，也阻碍着发展。因此，必须加快体制创新的步伐，以尽快完善新的体制。这是发展的重要的推动力。

科技创新也是结构调整和经济发展的强大动力。单纯依靠数量增长来寻求发展的时代已经过去。"十五"期间我国要推进具有战略意义的高技术研究，努力提高自主创新能力，促进高新技术成果产业化；要通过技术创新为传统产业升级提供技术支撑；要加强基础和应用基础研究，提高持续创新的能力。我国要力争在主要领域跟住世界先进水平，缩小差距；在有相对优势的部分领域，达到世界先进水平；在局部可跨越领域，实现突破。

这两个创新有着非常强的导向性，也同样是"十五"期间我国职业教育发展的强大动力。以创新为动力推动职业教育发展，必须增强生存意识、前沿意识、借鉴意识和品牌意识。

要增强生存意识。这是一种面对危险和挑战必须生存下去而且要有所作为的意识。危机就是危险加机遇，既要正视危险，又要抓住机遇，这样才能创新。有些同志认为目前职业高中的生存意识低于中专，因而改革步伐也慢于中专，原因在于中专的危机感强于职高。因为中专的生源下降直接影响到国拨经费的锐减，也就直接影响到中专的生存。不少地区 1998 年以前由计委下达中专招生指标，同时给学校一半指标转户口，现在这一吸引力明显下降。过去中专招生主要面向行业，现在一般只有 10%面向行业，90%面向社会，使中专招生数量、质量都受到严重影响。而财政拨款对中专是按在校生数，所以学校的实际规模就决定财政拨款的实际数量，因此招不来学生不仅没有公用经费，教师也发不出工资。而职业高中的经费体制是按校拨款，教师工资是全额拨款，虽然学生公用经费给的不多，但与学校规模的关系只是学杂费的多少，不影响财政拨款。人们常说穷则思变，中专这一计划经济体制下的坚强堡垒，目前创新的自觉性、改革的意识相对来说较强，就是因为它不能坐等，坐等就无法生存。于是就促使中专必须调整专业以扩大生源，提高质量以增强学员的就业能力，面向市场以树立自己的品牌。我想，职业高中同样应当增强生存意识，因为职业教育的产业属性决定，它必然要按照市场规律运作，优胜劣汰。过去辉煌的背景已经发生了变化，只有重塑自己才能有新的辉煌。

要增强前沿意识。职业教育的发展必须树立前沿意识，那就是专业设置和课程设置以及设施必须站在行业的前沿，管理水平和教学质量必须站在同类学校和教育机构的前沿。前沿意识是创新的目标动力。

树立前沿意识应当强调两种认识。一种认识是要适应市场需求，要预见市场需求，还要创造市场需求。我们的专业设置或者课程设置要适应市场需求，这是无疑的。职业学校目前虽然生源不足，但毕业生的市场需求很旺盛，分配不成问题，有些专业还很紧俏。这就说明，职业学校生源滑坡是暂时现象，目前高中阶段教育的结构变化经过几个周期的劳动力市场的调节，会使职业学校招生出现新的复苏。因此，必须预见市场需求。同时，还要看到有些新的生活消费，正是因为有了新的技术，才引发新的需求。像手机的发明，引发了手机市场的蓬勃发展；美容、美发、健身、保健业中许多新的专业技能的涌现拓宽了新市场的需求，也拓展了对掌握新的专业技能人才的需求。因此，站在市场的前沿就必然孕育着创新的活力。

另一种认识是“大”可能强，但未必强。我们追求的发展是有效益的发展，不仅是规模效益，还包括质量效益。有一定规模，才能产生规模效益。但如果没有市场需求和先进的专业技能水平，规模大，也只能培养低素质的劳动力。尽管第一次就业可能没有多大问题，但他的发展潜力，他的再就业就可能遇到许多困难。因此，一次分配率高可以创牌子，但岗位表现差也可以砸牌子。大而“强”才能成为骨干，成为核心，否则“小”的同样可以以其投入小、调头快、技能新而迅速发展。

要增强品牌意识。当前进行消费革命，使得原来追求耐用价廉的消费观念已经逐渐为追求时尚、个性所取代。因此品牌已经成为市场竞争的重要形式，名牌的市场价值日益显现。有些地方正在进行中等职业学校现代化标志专业和骨干特色专业的评估，我想就是倡导树立品牌意识的表现。当然，品牌主要不是靠官方评定来树立，关键还是看市场是否认可，社会是否认可。

每个学校都应当致力于树立自己的品牌。这里面关键要抓住三点：一是善于分析自身的比较优势。有些学校有综合优势，有些学校没有综合优势，但有自己的比较优势。善于利用现有的比较优势，是形成品牌的基础。世界软件出口额很高的印度和爱尔兰，他们并无综合优势，但是他们善于利用自身的比较优势。香港、新加坡等都是利用地理、人文、服务等方面的比较优势来发展自己、树立品牌的。二是善于集中力量形成特色。我们常说“人无我有，人有我精，人精我新，人新我特”。这是一种不断创新的思维方式。实际上水平都是通过特色来体现的。有了特色才可能显示出水平，才可能体现价值所在。川、粤、鲁、淮扬各大菜系以其特色树立名菜品牌，茅台、五粮液以其特色树立名酒品牌。新的专业与技能是特色，熟练的技能技巧是特色，学生敬业精神是特色，学生适应性强是特色，学生外形气质好是特色，校风严谨也是特色。有了特色就可能创造自身的比较优势，就会产生效益。三要重视宣传自己。就是要善于宣传自己的特色。品牌是靠实际水平树立的稳定的形象，但是要在人们心目中树立这一形象也需要宣传。“好酒也怕巷子深”，人们的选择范围扩大了，宣传品牌就是帮助人们选择。品牌有稳定性，但一个稳定的品牌也要靠充实新的内涵，突出新的特色，创造新的优势来支撑，不少过去的名牌现在已经无名就是一个悲剧。因此创造品牌靠创新，保持品牌同样要靠创新。

要增强借鉴意识。创新要善于借鉴，这是降低创新成本的重要途径。当前，我们特别要重视在管理领域和教学领域里的创新，因此，就特别要重视在管理和教学领域里的借鉴。应当说，总体上看管理和教学领域仍然是职业教育比较保守的领域。信息时代创造了我们借鉴的条件，要借鉴企业的经验，兄弟学校的经验，兄弟省市的经验以及国外的经验，从中受到启示，再结合我们的实际进行创新。由于我们是在新体制下的创新，因此，市场经济体制国家在发展职业教育方面的成熟的经验应当为我们提供重要的借鉴。现在在国际上影响比较大的职业教育模式都已介绍到我国，并且已经对我国的职教改革产生影响。比如英国的Btec模式，澳大利亚Tife模式，德国的双元制模式，加拿大的CBE模式等。这些模式都有助于我们转变观念，推进职业教育的素质教育，改善我们的管理和教学过程。借鉴也是创新必不可少的意识。

总之，迎接第三次创业必须立足于创新，这样才可能有新的发展。

三、以人为本

“以人为本”是制定“十五”计划纲要的出发点，就是以提高人民生活水平为根本出发点。这是社会主义的本质特征，也是“三个代表”思想的重要体现。

长期以来，我们受“先生产，后生活”观念的影响，考虑生产多，考虑生活少，考虑物质多，考虑精神少，忽视了人的发展和人的需求。不少地方以追求经济增长速度为唯一的目标，这常常造成经济发展的目标异化。因此明确经济发展的出发点已经刻不容缓。

“十五”计划将提高人民生活水平作为根本指导思想贯彻始终。要在“十五”期间，努力解决好提高服务水平问题，就业问题，农民和低收入人群的生活问题等等。“十五”期间将新增劳动力4,650万人，仅就业问题，就为职业教育和培训提供了广阔的发展空间。

“以人为本”也应当是职业教育发展的出发点。要通过提高劳动者的素质使产品质量水平、社会服务水平不断提高，使人民真正享受到社会主义现代化的成果；同时要使受教育者自身得到发展，从而使他们进入社会以后能够不断增强自身的就业能力，能够不断提高自身的生活质量和生活水平。也就是说我们办学必须在考虑到社会需要的同时，考虑到学生、家长的需要。

从这个意义上看，有些学校探索通过ISO9000质量体系认证是有积极意义的。当然我们并不主张每所学校都采取这种管理模式。这种管理模式之所以说是现代化的管理模式，首先表现在它的观念现代化，特别是“以学生为中心”的观念和“重视过程管理”的观念。

学校要以学生为中心，学校是为学生和家长服务的，这一口号我们必须明确地、响亮地提出。这和为社会主义现代化建设服务，为人民服务是一致的。长期以来，我们的职业教育观念有错位的现象。我们强调尊师，而忽视了尊生，强调了为人民服务，却忽视了为每个具体的人服务。学生的地位、学生的个性、学生的需求放在学校的发展之外。现在，是应当摆正位置的时候了。我们正在进行的弹性学制、学分制、必修、限修、选修的课程改革，模块式教学，以及设立导师制，为学生选课提供指导、咨询等等，都是这种观念转变的体现。只有学生感到学校是竭诚为他服务的，他才可能进入社会以后真正树立为别人服务的意识，全社会也才可能形成人人为我，我为人人的风尚，社会的物质和精神生活的质量才可能真正提高。

ISO9000的另一重要观念就是重视过程管理。传统的质量观认为质量体现于结果，因而重视对结果、对成品的检验。而现代质量观认为质量产生于过程之中，只要有明确的目标，制定了科学的目标体系，将达到目标体系的过程标准化，那么严格过程管理，就必然可以保证质量。现代食品和药品生产为了保证质量有一个GMP标准，严格规定了生产过程中对每一个环节的控制和监测，还有一个HACCP标准，是对过程中危险因素的分析和对关键点的控制标准。我想如果我们的管理和教学都能重视过程，我们以人为本的发展观也就有了保证。

四、注重协调发展

“十五”计划纲要坚持突出经济、社会协调发展，以保证可持续发展和促进社会的全面进步。体现在重视地区的协调、城乡的协调，当然最重要的是经济与人口、资源、环境的协调发展。比如我们不能再以牺牲环境为代价来发展经济，因为这种发展最后将导致无法发展，甚至会导致不能生存。

协调发展同样应当成为职业教育发展的指导方针，要处理好教育与经济发展的协调，教育中各类教育的协调，职业教育内部布局、专业、课程的协调，否则都有可能会因为失调形成发展的阻力。

我想在这里强调一下在职业学校推进素质教育过程中，人才素质结构的协调。当前诸多不协调的素质结构中，最突出的矛盾是道德素质的缺陷。“十五”计划纲要提出依法治国和以德治国并重，提出要建立社会主义思想道德体系，更为我们推动这一协调发展提出了明确的要求。

职教的德育工作必须改进，不改进则无法加强。我们现在思想教育课程开设不少，政治经济学、世界观、职业道德、心理健康、法律常识、创业教育等等，但实效并不很高。我们近年来一直在研究德育的实效性和针对性问题，但研究这个问题也必须有实效性和针对性。我们要认真学习江泽民同志在思想政治工作会议上的讲话，努力探索增强德育工作的时代感、综合性和渗透力，同时旗帜鲜明地反对形式主义。以使德育工作能真正出现新的面貌，取得新的成果。

职教工作者是带着 20 世纪高峰时期的辉煌与调整时期的困惑进入新世纪的。现在“十五”计划已为我们的发展提供了良好的机遇，相信我们的职教工作者都会在“十五”计划纲要的指导方针的指引下，树立新的发展观，从而排除困惑，创造新的辉煌。

推动中国民办教育合理转型*

经过二十多年的发展，民办教育步入了重要的转型阶段，如何引导推动民办教育合理转型，是我国民办教育健康发展的重要条件。

推动民办教育由边缘化地位向主流化地位转型。这是科学发展观的要求，也是破除民办教育边缘化观念的需要。虽然在《中华人民共和国民办教育促进法》中确立了民办教育的法律地位，认定民办教育同样是我国主流教育的组成部分，但在实践中，人们的观念还要进一步转变。首先，政府和社会应当树立民办教育的主流价值观，不应忽视甚至贬低民办教育的地位作用。其次，民办教育应当树立自身主流教育的责任感，与公办教育共同承担起建设学习化社会的任务。

推动民办教育由补充性作用向发展性作用转型。民办教育不仅是公办教育的补充，而且为公办教育的改革发展积累了许多新鲜经验。例如：扩大办学自主权、建立灵活

---

* 原载《教育与职业》2005 年第 22 期。

的运行机制、坚持教学改革和进行制度创新等。应该认识到，由于民办学校自身的特点和所发挥的独特作用，它已成为整个教育事业中重要的组成部分。在教育的改革发展中，不能忽视民办教育的发展性作用。因此，民办教育面临着从补充性作用向发展性作用的转型。

推动民办教育由行政性管理向法制化管理转型。政府作为民办教育的管理者，要依法明确政府职能，依法落实民办教育同公办教育同等的法律地位和办学自主权；要依法转变政府职能，由以办学为主向以服务为主转变。政府对公办、民办学校应该同样管理和服务，否则，作为公办教育的举办者，容易把民办学校视为竞争对手；依法落实政府职能，要做到履职到位和增强效能。履职到位既不越位也不缺位。不越位就是不应该由政府管理的，由市场调节，或者应该由民办学校与社会团体管理的，行政部门不干预。不缺位当前主要表现为：法律规定的原则，特别是一些优惠的政策要具体化、程序化。

推动民办教育由指令性调节向市场化调节转型。对于民办学校的收费，由于其生源是根据自身的办学条件和社会需要决定的。它提供给公民自由选择学校的机会，它的生源靠市场进行调节，所以其收费也应该由市场来调节。民办学校的办学成本和公办学校不一样，有前期投入和合理回报等因素存在。因此，不能简单地把民办学校的收费理解为按教育成本收费。应该在坚持诚信、依法办学的前提下，让民办学校的收费做到以依靠社会调节为主。当然，必要的审批、备案手续应当依法进行。

推动民办教育由机遇性竞争向实力性竞争转型。民办教育是在公办教育数量和规模不能满足社会需要的情况下，逐步发展起来的。如今，各类教育都在探索改革创新，要想在竞争中立住脚，民办学校需要增强核心竞争力，做到科学准确定位，建设师资队伍，努力打造品牌，以赢得社会的认同。

推动民办教育由一般化模式向多元化模式转型。民办教育的发展已呈现出多元化的趋势，在非义务教育领域更是如此。目前还出现了从第一型教育(在学者的教育)向第二型教育(在职者的教育)和第三型教育(退休者的教育)发展的动向，这种转变适应了构建终身教育体系的需要。另外，民办学校与公办学校开展了多方面的合作，同时加强了中外合作办学项目合作，有些地区还开始出现发展地区教育产业，包括面向国外或境外的教育产业的新动向。

促进民办教育在更高层次上的健康发展*

日前，包括北京城市学院在内的五所民办高校已通过教育部审批，正式获得研究生招生资格。这是新中国成立以来，我国民办高校首次获得研究生教育资格，此举打破了过去研究生教育由公办高校、科研院所独家举办的局面。五所民办高校获得研究生招生资格有着重要意义。

第一，是贯彻落实《国家中长期教育改革和发展规划纲要(2010～2020年)》(以下简称《规划纲要》)的具体体现。《规划纲要》提出："民办教育是教育事业发展的重要增长点和促进教育改革的重要力量。"无论是本科教育还是研究生教育，民办教育都是教育事业发展的重要增长点和促进教育改革的重要力量。五所民办高校获得研招资格是其初步体现，也是落实《规划纲要》的具体行动，将来会有更多民办高校脱颖而出。

第二，对已经成长起来的一批优秀民办高校的充分肯定。改革开放以来，我国民办教育经过二十多年的发展，

* 原载《中国教育报》2011年11月3日。

已经成长起一批优秀的民办高校。他们的重要特点是适应经济社会发展对人才的需求，适应学生个人选择性教育的需求，重视应用型、技能型人才培养。由于民办高校具有相对宽松的办学自主权，也有自身较为灵活的管理体制和机制。在专业设置、课程设置和教学方式方面，民办教育也有自身优势。目前，民办高校主要有两类，一类是经过多年发展滚动发展起来的民办高校，如今，他们规模已经形成扩大，实力很强；还有一类是后来以高投入为起点的民办高校，他们从建校起就具有良好的校舍和设施。这两类民办高校促成了一批教学质量高、社会声誉好的民办高校产生。

第三，优质教育成为民办高校的发展目标。民办高校已经过了初创阶段。初创阶段的特点是民办高校适应国家总体教育资源不足，主要是对公办高校起到补充作用，特别是数量补充的作用。但是随着近年来高等教育资源的扩大，一般意义上的数量补充作用，对民办高校来说，在相当部分地区，已不再是主要发展方向。优质教育成为民办高校的发展目标。从规模化发展转向内涵发展，也是民办高校自身生存发展的必然要求。《规划纲要》提出，“要深化办学体制改革。调动全社会参与的积极性，进一步激发教育活力，满足人民群众多层次、多样化的教育需求”。相当一部分民办高校经过整合后，明确了向优质教育发展的目标，民办高校都有提高办学层次的愿望。

第四，专业硕士招生引导民办高校培养应用型人才。首批获得硕士生招生资格的民办校主要招收专业硕士，专业硕士侧重于应用型学科。高等教育既要有学术类学科，也要有技术类、应用类学科，培养专业硕士是发展和完善高等教育结构的重要方面。以前高等教育侧重学术型，但技术型、应用型人才缺乏已成为制约我国从人力资源大国向人力资源强国发展的瓶颈。技术型、应用型人才的培养对高等教育也非常重要。专业硕士设立的初衷，就是鼓励高层次技能型人才培养。其实，多数国家都很重视技术性、应用型人才。对我国而言，学术型和应用型人才都需要。民办教育无论是专科、本科，都是朝着培养技能型、应用型人才的方向发展。这次民办高校获得招收硕士生资格，有助于引导民办高校发展的正确方向：多数民办高校应朝着培养技能型、应用型人才方向发展。这个导向的强化，能避免民办高校盲目朝学术型定位发展。结合民办高校办学基础和发展历史等因素，朝技能型、应用型方向发展，是应当鼓励和倡导的民办高校办学方向。

第五，推动民办高校从规模发展向优质发展转型。民办高校向优质教育发展是机遇，也是挑战。挑战一方面来自发展环境。《规划纲要》为民办教育的定位勾画了非常美好的图景。但是政策的落实，还有一个过程。另外，人们对民办高校的认识也有一个过程，走近和走进民办高校的人，与远离民办高校的人，对民办高校的看法是不一样的。民办高校的政策和舆论等外部发展环境需要进一步改善。另一方面，民办高校自身建设需要加强。在从规模发展向优质发展转型的过程中，办学者需要明确正确的发展方向，真正以为大众服务为宗旨，不管是否营利，都是办教育。办学者要以人为本，加强师资队伍建设、专业建设、提高教育质量，增强社会诚信度。

第六，激励更多民办高校脱颖而出。五所民办校获得研招资格，仅仅是开始。随着教学质量的提高，将来会有更多民办高校获得社会和教育部门重视和认同。部分民办学校的办学层次会更高，质量也会更好。教育是面向未来的事业，我国民办教育再度兴起的时间还不长，但我们坚信，多年之后，我们国家一定会出现世界知名的高水平的民办高校。

办好让人民满意的民办教育*

站在新的历史起点，民办教育事业肩负着新的期盼，承载着新的使命，迎接着新的挑战，也充满着新的活力。

党的十八大深刻分析了国内外复杂形势，准确把握了机遇与挑战的并存关系，着力推动了发展理论和发展方式的创新，使我们进一步增强了贯彻落实科学发展观的自觉性和坚定性，对于把科学发展观贯彻落实到我国社会主义现代化建设全过程，落实到教育事业改革和发展的全过程，落实到民办教育改革和发展的全过程有着重要的指导意义。

学习十八大文件，使我们加深了对发展民办教育的认识。

首先，保障和改善民生是政府领导下的全社会共同的责任，发展教育事业需要发挥政府的主导作用，也需要充分调动社会力量。十八大从民生视角看待教育事业的重要性，把办好人民满意的教育，放在保障和改善民生重要任

---

* 2012 年 12 月 5 日在"中国民办教育发展大会暨中国民办教育协会 2012 年年会"上的讲话，原载《中国教育报》2012 年 12 月 18 日。

务的第一位，又将“学有所教”放在解决好人民最关心最直接最现实的利益问题之首，不仅再一次强调了教育是民族振兴和社会进步的基石的重要战略地位，而且从民生的视角看待教育事业的重要性，这给我们全面认识教育的地位和作用以重要的启示。同时，明确提出要鼓励引导社会力量兴办教育，再一次重申了促进和支持民办教育健康发展的方针。说明保障和改善民生并不单纯是政府的责任，而是全社会都应当承担的责任。民办教育事业的发展同样是保障和改善民生的重要方面。

其次，完善中国特色的社会主义教育体制要求在政府统一领导下公办教育和民办教育共同发展。十八大报告强调“要加快完善社会主义市场经济体制，完善公有制为主体、多种所有制经济共同发展的基本经济制度”。同样，社会主义教育体制也需要共同发展，最终形成在政府主导下，公办教育以提供基本公共服务为主，民办教育以提供选择性教育为主的教育格局。推动公办教育和民办教育共同发展以形成这种格局是各级政府应当承担的责任。

再有，民办教育事业发展的核心问题是处理好政府和市场的关系，必须更加尊重市场规律，更好发挥政府作用。十八大报告指出“经济体制的核心问题是处理好政府和市场的关系，必须更加尊重市场规律，更好发挥政府作用”。同时指出要“更大程度更广范围发挥市场在资源配置中的基础性作用，完善开放型经济体系，推动经济更有效率、更加公平、更可持续发展”。因此，民办教育的可持续发展，不尊重市场规律、不发挥政府作用也同样是不可能的。

同时，深化教育领域的综合改革是推进教育事业全面发展的动力，也是推进民办教育发展的动力。十八大报告指出：“全面实施素质教育，深化教育领域综合改革，着力提高教育质量，培养学生创新精神。”教育改革包括促进民办教育发展的改革确实已经进入深水区和攻坚区。教育领域千头万绪，牵涉面广、影响大、难度也大，改革涉及诸多相关因素，涉及诸多矛盾，也涉及诸多利益相关体。许多长期存在的问题还没有得到根本的解决，同时随着社会的转型和发展变化，又不断会有新的问题产生，人们对教育也不断产生新的需求，如果不坚持深化教育的综合改革，教育事业包括民办教育事业就难以取得进展，就无法真正做到让人民满意。

还有，促进民办教育事业发展的改革需要勇于实践，勇于变革，勇于创新。十八大报告指出：“解放思想、实事求是、与时俱进、求真务实，是科学发展观最鲜明的精神实质。实践发展永无止境，认识真理永无止境，理论创新永无止境。全党一定要勇于实践、勇于变革、勇于创新。”空谈误国，促进民办教育事业的健康发展，不能只靠鼓舞人心的话语，更要靠实实在在的政策支撑。任何的改革关键在于正视难题而不是回避难题，破解难题而不是绕过难题，没有突破就没有改革。民办教育改革和发展面对的有观念障碍、体制障碍、政策障碍，还有已经形成的利益格局。所以推进艰难，需要勇气、智慧和担当。这样才能使改革取得实际成效，永葆生机活力，永葆发展动力，才能在创造性实践中开拓更为广阔的发展前景。

十八大报告提出“为全面建成小康社会而奋斗”，体现了我国发展阶段的重大变化。在实现全面建成小康社会的宏伟目标的过程中，教育事业包括民办教育事业承担着极为重要的责任。

面对新机遇、新要求、新使命、新情况、新问题、新挑战，我们要在十八大精神的指引下，进一步从人民群众需要的地方做起，从人民群众不满意的地方改起，以更加昂扬的精神状态、更加坚定的信念信心，办好让人民满意的民办教育！

我国民办教育的初创发展期是1978年到2003年，初创期的特点是高需求、低成本、完全依照市场规律办事，政府干预很少，发展速度很快。从2003年开始，估计要到2020年，以《民办教育促进法》的颁布实施为起点，民办教育进入法制化阶段后的转型发展期。民办教育的发展在特定的历史阶段为我国的教育事业扩大了资源总量，提供了数量补充，并且进行了各种创新探索和模式更新，为教育事业的改革与发展提供了宝贵的借鉴。在为群众提供教育服务的过程的同时，也成就了一批优质的民办学校，涌现了一批优秀的民办教育工作者。在我们已经形成世界最大的教育规模的时候，我们由衷地为中国民办教育事业为此做出的贡献感到骄傲。

但我国民办教育从高速发展的初创期向成熟期的过渡还需要更多理性的思考和实践的努力，才能实现民办教育在更高层次上的健康发展。从民办教育当前发展的外部环境和内部建设看，以下几个特点日益显现：态势很好，但区域差距很大；发展平稳，但优胜劣汰加快；方向喜人，但政策不够完善；自律加强，但办学不够规范；水平提高，但队伍不够稳定；合作增强，但行业不够成熟。

态势很好，但区域差距很大。《国家中长期教育改革和发展规划纲要(2010～2020年)》颁布以来，国务院和教育部高度重视落实民办教育发展的要求，各地也进行了许多探索，特别是试点地区有了不同程度的进展，有些地区在政策上有重大突破。温州等一些取得明显进展地区，他们的经验给我们的启示是：民办教育发展必须领导重视，下大决心；必须立足现实，尊重规律；必须勇于探索，敢于突破；必须加强统筹，协同作战；必须狠抓落实，注重实效。他们的经验为中央决策提供了依据、为兄弟地区提供了借鉴，对民办教育界是极大的鼓舞。比如，在电视剧《温州一家人》里所见到的特别能创业、敢为天下先的精神，在温州促进民办教育健康发展的过程中再一次得到验证。但是，还有相当多的地区和部门认识没有这样的高度，行动没有这样的速度，决策没有这样的力度，落实没有这样的强度。甚至，错误地解读法律和政策，在促进民办教育健康发展方面无所作为。

发展平稳，但优胜劣汰加快。2011 年，各级各类民办教育承继“十一五”的发展态势，规模继续扩大。全国各级各类民办学校为 13.08 万所，比上年增加 1.26 万所；各级各类民办教育在校生为 3714 万人，比上年增加 320.9 万人，增长 9.5％。

从类别上看，总体态势是：民办学前教育规模保持较快增长，民办义务教育规模比上年略有增加，民办普通高中规模基本稳定，民办中职教育规模下降比较明显，民办高等教育规模有所增加。民办培训机构总体规模在不断扩大，教育培训机构近两万家，有关部门估计各类培训机构已近十万家。

我国民办学校基本上是在改革开放之后再度重生，发展时间不长，积淀不够深厚，总体上还没有完全成熟。民办学校的实力和影响力总体上还难以抗衡公办教育规模不断扩大，以及教育国际化浪潮的冲击。在激烈的市场竞争中，民办学校在优胜劣汰中分流，一部分进一步发展壮大形成强势品牌，另一部分规模日益萎缩甚至转让关闭，还有个别学校甚至被依法责令停办。发展不平衡的态势仍在发展。

方向喜人，但政策不够完善。目前，国家对民办教育的地位、作用和发展方针是明确的，促进民办教育发展的方向也是坚定不移的，但具体政策还需要进一步完善。民办教育相关法律的修改，国家领导机构关于促进民办教育发展的实施意见，均尚在酝酿中。因此民办教育界出现一种不够稳定的矛盾心态。部分地区进行了政策试点，取得了可喜的成果，但试点方案并不完全一致，对试点制定的政策也尚未形成统一认识。民办教育界希望能有关于分类、产权、土地、税收、师生地位以及管理等明确的政策表述，但又担心具体实施意见中优惠政策很原则，而管理规范很具体，最后相关文件实际促进发展的力度很小，压力反而加大。清理并纠正对民办教育的歧视政策鼓舞人心，但实质性的进展还令人期待。总之，民办教育的重要属性是在市场的平台上发展、壮大和提高，因此，必须尊重市场规律。竞争是市场法则也是民办教育发展的能动的机制，近三十年来正是社会主义市场经济体制为我国的繁荣和民办教育事业的发展带来了无限活力，因此，宏观调控是必要的，但不能长期采用对民办学校限制规模、限制招生、限制收费等管理措施来规范市场行为，这并不符合市场的竞争规律，也不应当是长久的政策。

自律加强，但办学不够规范。我国改革开放以来，民办学校从小到大，从弱到强，已成为社会主义教育的共同组成部分。随着市场经济的发展和社会需求的推动，民办教育在我们整个国民教育体系中占据着越来越重要的地位。在特定的社会环境下民办教育发展模式呈现出多样化的特征，适应了国民对教育的多种需求。民办教育发展虽然困难重重，但通过不断的制度创新，目前已经基本步入规范发展的轨道。近年来由于各级行政管理部门的努力和市场竞争机制的推动，民办学校的自律水平大大提高。但由于民办教育发展基础不同、管理环境不同、市场竞争激烈等各种因素影响，部分民办学校自身在诸如培养目标、办学层次、教学管理、队伍建设、社会信誉等多方面也存在着不少问题，要化解困境、提高民办教育质量，还有诸多难关有待突破。近期“多所民办高校证书涉假”事件广为社会所关注，发放虚假招生信息也仍在部分民办学校存在，民办园在连续出现“虐童事件”后，也引起社会的强烈反响，不仅引起对民办教育的责难，也严重地损害了民办教育的形象。当然，媒体也应当更加公正，引导社会、公众全面、准确评价我国民办教育所处的历史阶段，深化认识民办教育存在和发展的价值。

水平提高，但队伍不够稳定。在转型期，低速度增长的数量变化与高内涵高效益的质量变化相统一，已经成为民办学校发展的显著特点。因此，在适度的规模下转向提高质量的内涵建设上来，这是民办学校办学理念的转型。目前，民办学校的硬件设施已经大大改善。民办学校的教师队伍也在年轻化和高学历化方面有了很大改变，不少学校开始形成了自身的骨干教师队伍，师资队伍的变化是令人鼓舞的。但目前，民办学校的教师仍然处于弱势。有的专家用“不够（编制不够）、不高（整体素质不高）、不稳（流动性、随意性大）、不齐（水平参差不齐）、不顺（教师心态不顺）”来概括民办学校教师队伍的总体情况。有的专家将民办学校教师队伍现状归结为：结构不合理，队伍不稳定，待遇不公平，管理不规范，心态不积极。教师是学校教学和科研的主体，是完成教学任务和提高教育质量的决定因素。因此，建立一支相对稳定和有较高素质的师资队伍是民办学校保证教学顺利实施和教育质量稳步提高的首要前提，也是民办学校实现新的飞跃的首要条件。

合作增强，但行业不够成熟。以中国民办教育协会成立为标志，民办教育行业概念逐步强化。协会和各专业委员会在引领行业方向、促进行业发展、增强行业团结、推动互利共赢方面做了许多工作。但是，共同树立行业的良好形象的观念尚有待强化。有的民办教育投资方过于单纯看重利益导致同行之间的恶性竞争，相互诋毁、相互挖走师资并由师资带走生源等现象时有发生，对由于自身的失误会给行业带来的影响也缺乏认识，使得行业形象受到影响。

十八大为民办教育的发展提供了机遇，民办教育也面对诸多挑战，民办教育界应当通过深化改革，加快转型的步伐。

当前，民办学校机遇性成功的机会相对减少，实力型发展成为主要途径。这是新形势下社会发展的需要，是民办学校生存环境变化的需要，是受教育者从对量的需求转向对质的追求的需要，也是新教育市场竞争环境的需要。民办教育界应当把握住继续发展的契机，凭实力进取显示出质的飞跃。

首先，要坚持目标明确，正确处理民办教育营利需求与教育事业公益需求的矛盾。

民办学校是公益性事业。因此，无论是否取得合理回报，无论是否确定为营利性，都要把育人放在第一位，都不能以营利为唯一目的。这是由民办教育行业性质所决定，也是由民办教育行业道德所决定。当前，正在进行分类管理的试点和研究，但无论最后如何决定，也无论举办者最后如何选择，育人第一的办学基本宗旨不能改变。学校可以有不同类型、不同特色，但都要有正确的方向，都要明确办什么样的学校、培养什么样的人、走什么样的道路。民办学校是社会主义教育事业的重要组成部分，为社会主义现代化事业服务是民办学校的办学方向，立德树人是民办学校的基本任务，与生产劳动相结合是民办学校的办学途径。因此，民办学校只有在坚持正确的办学方向的前提下，才可能发展，才可能取得政府、群众和市场的认同，才可能提高社会声誉，也才可能使营利活动与教育的公益性统一起来。单纯以营利为目的的民办学校将丧失应有的社会责任，必然无法持久，最终将会被社会淘汰。

其次，要坚持优质发展，正确处理群众优质选择需求迫切与民办优质教育供应能力不足的矛盾。

民办学校单纯满足数量需求，是特定历史阶段的任务，目前有的领域这项任务已经基本完成，有的即将完成，有的可能还会维持较长时期。归根结底民办教育的属性是选择性教育。失去群众的选择价值，民办教育也就失去存在的可能。因此，立足长远，为了生存与发展，必须以优质的教育、优质的服务来吸引生源，提高社会声誉。海尔集团张瑞敏同志有一种“三只眼理论”，很有道理。那就是民办企业的发展必须有三只眼：一只看市场，即社会需求；一只看内部，即加强自身建设；还要有一只看政策，看政府政策的变化。民办学校的举办者和办学者也应当有“三只眼”。要始终关注教育资源供求关系的变化，关注政府政策的变化，及时进行调整，以形成长期、稳定的发展态势。民办学校的一切工作均应围绕发展优质教育这个中心展开，促进学校教育的管理优化、教学优化、队伍优化。优质发展是民办教育发展的根本要求，也是人民群众日益增长的物质文化的首要需求。优质教育没有公办与民办之分，社会不能有体制歧视，民办校自身也不能有体制自卑，民办校应理直气壮地创造条件，下定决心发展优质教育，树立办成名牌学校的信念和信心。当然，政府、社会也要对民办校创优质教育一视同仁地给以关怀和支持。

最后，要坚持特色鲜明，正确处理公办教育办学模式与民办教育办学模式同质化的矛盾。

民办学校和公办学校，作为学校教育是相通的，但是由于投资主体和经费渠道的不同，民办学校除有一般学校的共性外，还有着极其鲜明的特殊性。目前在民办学校从事教育、教学和管理的干部、骨干教师基本上来自公办学校，需要有一个角色转换、角色定位和角色适应的问题。民办教育只有转变自身观念，办出学校特色，才能克服各种困难得以生存和发展。准确定位是民办学校内部诸因素中最根本的因素，民办学校要找到在教育大舞台上所充当的角色，确实成为一个教育品类的优秀代表，这样才能成为公众选择的目标。

教育改革已经进入深水区和攻坚区，十八大也为我们的改革和发展提供了一个窗口期，只要我们按照十八大报告指出的那样，胸怀理想、坚定信念，不动摇、不懈怠、不折腾，顽强奋斗、艰苦奋斗、不懈奋斗，面对挑战，把握机遇，新的美好图景已经展现在我们面前。

在这个关键时刻，我们不要忘记三十多年前的那批民办教育的最初的创业者，不要忘记他们创业的勇气、创业的艰辛、创业的魄力、创业的不朽功勋。尽管我们现在面对的挑战也是严峻的，但我们没有理由退缩，没有理由畏惧，我们要向民办业界的前辈学习，因为我们不仅是在举办着一所或者几所学校，我们是在为完善中国的教育体系奋斗，为办人民满意的民办教育献身。我相信，我们全体民办教育工作者一定不会辜负人民的期望、时代的重托。

让人民选择*

——引导与服务于合理的教育消费

一、选择性的教育是满足民生需求的重要的组成部分

选择性教育是合理的教育消费，部分群众也具备选择性消费的能力，我们应该支持，更应加强引导。

人民满意的教育应该可选择。我认为人民满意的教育应该考虑三个方面：公平的教育机会，优良的教育品质，同时满足教育的选择需求。合理的教育结构，就是在政府主导下公办教育以提供均等化的基本公共服务为主，民办教育以提供选择性教育为主。

选择性教育实际上是一种合理的教育需求，群众的选择需求总体上看是为了提高生活品质。比如，适合不同家庭对子女的期望，适应不同学生的个性发展，适应社会对不同人才的需要，适应市场变化影响下的就业形势，适应

* 2013 年 5 月 19 日在首届中国民办培训教育优秀项目展示合作交流会上的主题报告，原载《人民政协报》2013 年 6 月 19 日。

转岗能力的培训，适应提升文化生活质量等等。所以，这种教育消费是合理的消费，实际也是一种教育投入，它有利于提高国民素质，有利于培养各类人才，有利于满足选择的需求，有利于提高消费的品位，有利于节约财政投入，有利于促进教育公平。民办教育的发展本身实际有利于公办教育发展，因为民办教育发展了以后节约了公共教育经费，公共财政就可以更好地用于促进教育公平，更多地向薄弱的地区倾斜、向困难群体倾斜。因此，我们应该鼓励教育消费。

目前，我们国家经济发展的水平和国民收入的水平都决定一部分人已经具备了教育消费的条件。让子女接受好教育，已经成为家庭生活的重要内容。同时，中等收入和中等收入以上的家庭，也有一定的支付能力，应当说这部分人既有教育消费的需求，也有教育消费的能力。目前已经出现了追求选择性教育消费的态势，比如优质特色民办学校吸引力的增强，教育培训业的多元兴旺发展，以及出国学习需求的涌动等等。

对于教育的选择性需求要支持、引导。在合理的教育结构中，群众的选择性需求，主要要由民办教育来满足，因为公办教育主要应当解决基本公共服务均等化的问题。所以大力支持民办教育发展，是提供选择性教育的重要途径，这也是我们国家将民办教育作为教育事业发展的重要增长点的原因之一。

从民办教育的发展历程看，它满足两种需求：补充性需求和选择性需求。补充性需求主要是数量补充，现在除了局部地区和局部领域之外，补充性需求的作用已经不大，但是选择性需求会越来越强烈。在必要的政策支持下，在相对宽松的环境下，民办教育的优质和特色发展，可以逐步满足民生对于教育的选择性需求。所以，发展以育人为导向的民办教育事业，引导合理的教育消费，是实现教育的公益性质和产业的发展属性相统一的途径。

当然，必须引导合理的教育消费。教育消费总体来说是合理的，但也有不合理的成分，因此有必要引导教育消费的方向。我想一个行业、一个企业、一个民办学校、一个培训教育机构的发展，很重要的一点，就是不仅能够服务于群众，而且能够引导群众的合理消费。

总的来说，人民满意的教育，不能一概地提“人民教育人民办”，但是也不能一概地提“人民教育政府办”，我国如此大的教育规模和不同的教育需求不可能完全由政府包下来。以政府办学为主体，全社会积极参与，公办教育和民办教育共同发展，相互补充、相互借鉴、相互促进，这样会给整个教育事业带来更多的生机和活力。

二、选择性教育一定要坚持育人为本

中国的民办教育培训机构，包括营利性的民办教育培训机构，一定要坚持贯彻国家的教育方针，以育人为宗旨，在这个问题上不要有丝毫的动摇。

民办教育和公办教育的根本属性都应以育人为本。营利性和非营利性，只是举办方式的区别，但办学宗旨应该是一样的，都应该以育人为目的。现在有公办医院，也有民办医院，但我们能不能说民办医院就是以营利为目的？它还是要以治病救人为目的，固然它可以营利。选择性教育是国家的教育事业重要的组成部分，所以也必须要坚持国家的教育方针，坚持德智体美全面发展，坚持为社会主义现代化建设服务。

教育是一把双刃剑，陶行知先生早就说过了，好教育教人变好，坏教育教人变坏，活教育教人变活，死教育教人变死，教人不变的不是教育。这就说明教育有好教育，也有坏教育。日本也有军国主义教育，希特勒也有法西斯教育，不能说所有的教育都是好的。在二十多年前，我在北京担任教育局局长的时候，曾经组织过一次学前教育的调查，主要是进行幼儿素质的研究，通过调查发现，在某些素质上，未入园的孩子比入园的好；农村幼儿园孩子比城市幼儿园的孩子好。这是什么原因呢？教育也有可能把孩子教坏了——他本来不会说瞎话，结果入园后学会说瞎话了；他本来体质很好、胆子很大，入园后他体质弱了，学规矩了，不敢说话了。所以，不能认为只要是受教育就一定好，因此，民办教育不应该一切都从营利角度考虑，不要进入办学的误区，违背教育根本的宗旨。中国的民办教育培训机构，包括营利性的民办教育培训机构，一定要坚持贯彻国家教育方针，以育人为目的，在这个问题上不要有丝毫的动摇。

三、选择性教育必须提供可供选择的优质产品

民办培训教育拿什么东西提供选择？必须要提供可供选择的优质产品。民办培训教育机构要具备像海尔集团提出的“三只眼”：一只眼睛看着政府政策的变化，一只眼睛看着市场的需求，还有一只眼睛看着自己内部的建设，从而决定向社会提供什么样的产品。

选择性教育是提供产品来给教育消费者选择，所以必须适应消费者的需求。校外培训教育是目前培训教育结构中占的比重最大的，它在满足补习文化课程的需求、增强综合能力的需求、进行国学教育的需求、提高身心素质的需求、培养兴趣特长的需求、矫正不良习惯的需求等方面发挥了相当大的作用……这些校外培训的选择性是非常明显的，是适应特定群体的需求的。

选择性教育必须提供优质的教育产品。优质的教育产品至少应该具备这样一些条件：

需求的适应性——民办教育机构的产品必须适应国家的需求、社会的需求和消费者的需求，一定要睁开面对市场那只眼睛。

理念的先进性——产品的教育理念应该是先进的，符合国家教育方针，符合教育科学规律，特别是善于将教育科学研究以及其他领域的科学研究成果应用于教育。

技术的超越性——教学过程的技术和教学工具的使用应该超越目前的常规范式，应该高于目前学校一般的教学水平。

过程的愉悦性——能够给孩子带来快乐，能够使学生、成年人将参与学习作为一种享受。

结果的显效性——这个效果不在于广告上怎么说，而是实际的教育成果。从发展上看，不单纯在于尖子水平的提高，而在于所有孩子发展水平的提高。

性价的合理性——教育的品质与收费的价格匹配，同时，在力所能及的范围内，应当强化社会责任，增强公益性的贡献。

校外的培训教育应当和学校教育相辅相成，形成育人的合力，共同引导家长，坚持适合、适量、适度的原则，争取减负提质的最佳效果，不能形成学生负担的此消彼长，产生负效应。

关于减负提质，政府相关部门和学校应该用实际措施给家长传递有效减负的信息。学校本身由于各种原因产生了层层的压力，外在压力压给校长，校长压给教师，教师再传导给学生。就像有的老师在课堂上对学生讲："这次质量监测的成绩，你们谁跟我过不去，以后别怪我也跟你过不去。"所以，减负不能变成家长、培训机构、学校相互指责，变成一个"罗圈架"，最后说不清从哪里入手。我认为减负必须从学校开始，向外界传递出一个信号：我的主张是什么，怎么样才是好的。而培训机构也要引导家长合理消费，提供符合学生个性发展需要的、适合、适量的可供选择性的教育产品，让孩子喜欢，而且能够承受，有利于孩子的全面发展。这样才能够形成合力，达到减负提质的最佳效果。

形成一个具有良好的社会声誉的教育品牌，是教育机构可持续发展的根本保证，选择性教育必须依法办学，取信于民。

培训教育机构要想让人民选择，就必须取信于人民。如果说当年的竞争是培训机构之间的竞争，甚至于有的机构在网上还想办法诋毁另外一个机构的名声来抬高自己。那么，现在每一个机构的举动都牵动到行业发展，一个培训机构出事，整个行业的信誉受损。所以，今天的培训机构要想生存发展，归根结底要保证守法守信的底线。

政府加强对民办培训教育的规范管理是选择性教育健康发展的有力保证。培训教育发展的过程中确实也出现了一些乱像，甚至有一些机构收费以后举办者找不到了，影响了行业信誉，不利于行业的健康发展。所以培训教育专业委员会举办优秀项目展示会就是把一些示范性的企业推出来，不仅从教育的水平上，而且从他们的守法水平、守信水平上，为行业树立典范；另外，政府健全管理制度、加强规范管理，实际上是为选择性教育的有序发展创造一个公平的市场条件。当然，这种规范本身的合理性也需要逐步地完善。再者，优胜劣汰是选择性教育发展的规律，培训市场的成熟，必然会反复经历一个优胜劣汰的过程，整个民办教育也都是这样。

四、选择性教育必须坚持教育创新

办好优质的民办培训机构，满足人民群众多层次、多样化的教育需求，是新时期民办培训教育存在的价值。民办培训教育机构和所有的企业一样，没有永恒的品牌，只有不断的创新。

民办培训教育机构应整体创新与局部创新并行。我很认同英国对“创新”一词的定义——“新思想的成功应用”。对于培训教育行业来说，需要有新思想的成功应用，需要有创新。创新有理论的创新，也有制度的创新，但是我们不能忽略“微创新”。比如苹果手机，虽然从iphone发展到iphone5，但实际上它的系统没变，只是每次用一点技术的改进来更好地满足市场需求。微创新就是生产力，可以使产品不断地增值，不断地占领市场。目前，培训教育机构在教学管理、教学内容、教学方式等方面都遇到一些新情况、新技术与新需求，社会也有一些新意见，所以我们要结合这些情况、技术、需求和意见，有针对性地进行创新，让今天比昨天好。

培训教育产品的创新，实际上是一个过程，从新思想的产生，到市场效益的实现，应该形成一个创新链，每一个环节都可以创新，但关键在于最后能不能成功地应用，并且产生效益。所以，培训机构可以有整个体系的创新，也可以有局部的创新。

民办培训教育工作者应有创新的激情。政府政策的调整、客户严苛的要求、金融市场的困扰、人力资源的动荡、机构竞争的激烈等因素，都使得民办培训机构面对着巨大的压力。压力可以变成动力，动力可以产生创新的激情，激情是创新的精神内涵，而富有激情才能创新不断，才能把困难变成机遇，也才能够持续发展。所以墨守成规吃老本是目前培训业同质化现状存在的一个根本原因，而“老本”目前已经没多少可吃了。因此，有创新的激情，把资本运作和业务的创新紧密地结合起来，培训教育机构才可能真正得到发展。

把顶层设计与基层实践紧密地结合起来。培训业的顶层设计大概有两部分，一部分是指国家对民办培训教育的政策设计，另一部分是培训机构自身的系统改变。目前社会舆论对于民办教育确实存在不同程度的体制歧视。虽然政策的顶层设计可以改变我们的生存环境，但并不能改变每一个培训机构自身在市场上的水平。即使在宽松的发展环境下，也有某些机构垮台，这只能说明自身的发展水平不行。所以培训机构只有在自身的实践中有针对性地创新，才能推动发展，形成特色，创立品牌，增强竞争力。

培训教育行业应当形成一个高效的创新网络。只有开放才能创新，如果一个机构对于自己的绝招秘而不宣，就很难打开创新的思路。最近一两年，在论文和发展专利上，我国的创新能力都有所提高，其原因之一就是对外开放和"海归"回流带来了更多的信息，拓宽了更广的思路。而目前培训教育行业固步自封，就在于各机构相对封闭。创新主体不仅仅取决于某个培训机构或者个人，更取决于各个行为主体之间是否有高效的信息流动、技术流动，甚至资金流动。所以，培训教育机构之间不要互相为敌，应该互相为友，应该加强信息沟通、技术沟通和资金沟通，取各家之长，各家也取你之长，才能更快地产生新产品。因此，民办培训教育专业委员会应当成为教育创新的网络平台，发挥相互沟通、交流与合作的枢纽作用。

我们期待着在不断创新的激励下，会有更多品质优良的培训机构出现，也期待着更多培训门类的诞生，更期待着民办培训业为完善中国的教育体系做出更大的贡献。民办教育培训业的追求应该是：用我们所创造的产品让人民选择。

打好做人和成才的基础*

——与年轻父母谈素质教育

现在年轻的父母们，普遍存在着对子女的高期望值、补偿心理以及从众心理。这些，往往使得父母们都以一种急切的心情给予子女以超乎寻常的对待。

高期望值当然来自对孩子的热爱，有时也来自对孩子不切实际的过高的估计，甚至包含着把自己的人生追求全部转移到使孩子幸福上来。也有些做父母的，特别是中年人，他们在自己的青少年时代，由于历史的原因失去了很多，因此，他们希望通过努力使自己失去的能够在子女的身上得到补偿，在孩子的身上重新塑造自己理想的人生。在这种心理的支配下，社会上的每一股浪潮，都会诱使父母们竞相追逐。小到一种流行服装，一件新鲜玩具，一种营养品，大到增加课外补习，聘请家庭教师。凡是人家孩子有的，我的孩子也要有，凡是别人为孩子做到的，我也要为孩子做到。

* 原载《家庭教育报》1998 年第 2 期。

应当说，对子女的关心，都是出于做父母的责任感，理所当然，无可非议。但是，对孩子一时负责，不等于对孩子一生负责。父母难以陪伴子女终生，未来的人生道路还要靠他们自己来走。因此，为了孩子的一生幸福，父母真正的责任不在于满足子女的一时需求，而在于为他们的未来奠定坚实的基础。家庭教育归根结蒂是为了孩子的未来。

当孩子长大成人步入社会以后，他所能发挥的社会功能的性质和水平，固然受到他所处的环境的影响，但起决定作用的还是他自身内在的稳定的品质，也就是我们通常所说的素质。当前提出的全面实施素质教育，就是为了使我们的教育能够真正为人的一生打好素质基础。一个人的素质关系到他个人的发展，一个地区人群的素质关系到这个地区的前途，而一个国家、一个民族的整体素质，则关系到这个国家和民族的命运。因此，立足于提高子女的素质不仅是父母对子女的责任，也是公民对社会的责任。

我们衡量一个国家的实力，已经不再用单一的指标，而是看它的综合国力。同样，我们衡量一个人的水平，也已不能用单一的指标，而要看他的全面素质。重视孩子全面素质的提高，是当前家庭教育应当放在首位的问题。在打基础的阶段，对于子女的思想道德素质、科学文化素质、身体心理素质、劳动技能素质和审美素质的培养，都应给予高度重视。因为将来每个人的社会表现，都是这些素质的综合反映。现在由于教育的偏差，带来了不少青少年的素质缺陷。像缺乏责任感、公德观念、公益意识，勤劳俭朴不足，不讲文明礼貌，缺乏科学精神、创造能力、动手能力，心理调适能力不强，体力特别是耐久力差，没有树立正确的审美观念等，这些无论对于个人的发展还是国家的前途，都将产生不可估量的影响。家长应当关心女子的文化学习，掌握知识是提高科学文化素质的必要条件，但是，片面地把“分数”作为衡量孩子水平的唯一标准，用以指导全面的教育活动，必然会导致孩子素质的片面性。家长应当关心子女的营养，必要的营养是增强孩子体质的重要条件，但片面的把增加营养作为增强孩子体质的唯一标准，也必然导致孩子体质的片面发展。因此，重视对子女全面素质的提高，是父母责任心的重要体现。

要为孩子打好素质基础，就必须重视他们的基础素质的形成。目前我们的教育质量不够高，教育效果不够理想，既有在某些方面要求过低的原因，也有在某些方面要求过高的原因。树大自然直和望子成龙是父母对子女的教育心态，放任自流和揠苗助长也都是不足取的教育方法。

现在应给予更多关注的是对子女提出许多不适当的要求并强制孩子去实现的现象。有些家长不考虑甚至不了解孩子的实际情况，就为孩子设计了成名成家的远景，并从幼小的时候开始定向培养。往往是在孩子完成了学校留下的大量作业之后，还要让他们参加各式各样的培训。结果使孩子失去了生活的乐趣，丧失了学习的兴趣，并造成了其他方面诸多素质缺陷。有的父母对子女关心备至，但孩子并不知孝敬父母；有的父母包办了所有家务以保证孩子专心学习，结果孩子不愿劳动、不会干活；有的父母只要孩子学习成绩好就娇惯放纵，造成孩子经受不了挫折，心理承受能力很差等。这些都表明，只有打好做人和成才的基础，孩子才能终身受益，否则很可能“小时了了，大未必佳”。

素质是在参与社会生活中表现出来的内在的稳定的品质，它的稳定性不是来自一时外在表现的影响，而是通过认识和实践的积淀内化的结果。这就要求父母必须把对女子的教育当成一件实实在在的事情来做，千万不能只追求一时的表面效果。现在有一些家长为使孩子取得好的成绩代替他们完成作业；为使孩子获得荣誉而不惜在竞赛中托人情、走后门；为使老师对自己的孩子印象好而夸大他们在家中的优点、掩饰他们的缺点……这些成绩、荣誉、好的印象，都不可能成为真实的教育效果，相反会成为他们成长的阻力。

在这里，我们还要特别强调重视教育的过程。“应试教育”最重要的特点之一，就是片面地以暂时、表面的效果作为追求目标，而忽视教育过程。但是，由于真正的教育效果是在未来显现的，因而，它寓于过程之中。家长不仅要重视孩子的荣誉，更应重视取得荣誉的过程。过程的科学性与教育性才真正决定教育的效果。能够促使良好品质内化的教育过程，就必须重视孩子的参与，他们的感性认识通过实践才能上升为理性认识，也只有通过反复实践才能形成稳定的品质。所以，充分调动子女的积极性、主动性，为他们广泛参加社会、学校、家庭的各种实践活动创造条件，才能有利于他们生动、活泼、主动地得到发展，才能有利于良好素质的形成。

家庭是孩子的第一个课堂，父母是孩子的第一位教师。但是自古做父母难，今日做父母就更难。因为孩子的生活环境发生了变化：由于绝大多数是独生子女，所以生活条件越来越好了；由于多种传媒的发展，他们的信息渠道越来越多了；由于社会价值观多元化的存在，对他们的影响越来越复杂了……这一切使得今日的孩子遇到了许多过去孩子没有遇到过的问题。而今日的父母也与过去的父母不同了：由于绝大多数父母只有一个孩子，所以他们无法亲身积累教育子女的经验；由于带有片面性的人才观在社会上还有相当的影响，使家长们在如何帮助孩子成长成才方面产生许多困惑……这一切也使得今日的父母遇到许多过去父母们没有遇到过的问题。因此，我们的家庭教育既要继承我国家庭教育的优良传统，又必须具有强烈的时代感，认真研究新情况、新问题，并且不断总结新的经验，探索新的理论。家长的再教育的任务已经历史地摆在了我们的面前。一方面，家长必须努力提高自身的素质，以自己的言行为子女做出表率；另一方面，家长要学习家庭教育的基础知识，努力提高自身的基本素质，努力提高科学的教育水平；同时，社会和学校也必须加强对家庭教育的指导，提高全社会对家庭教育的认识，促进家庭教育的科学研究，为所有做父母的人提供帮助。

改革人才培养模式，全面实施素质教育，已经写入我国“九五”计划和 2010 年远景目标纲要。这体现了家长的追求与国家的奋斗目标的高度统一。我们要把家庭教育、学校教育、社会教育紧密地结合起来，为提高全民族的素质而努力，这是为了孩子的未来，更是为了国家和民族的未来。

家庭教育指导要科学化*

“家庭教育指导行动”是北京家庭教育研究会在 1994 年发起的一项活动，连续进行了九年，取得了良好的社会反响。当年，提出家庭教育指导行动主要是为了发挥三个作用，强化三个影响，实现三个转变。

三个作用。第一是唤起全社会对家庭教育的重视。当时比较流行的观点是教育主要是学校的事情。其实家庭是学校教育的基础，也是终身教育的基础，所以要通过这个活动唤起对家庭教育的重视。第二是为了推动家庭教育的科学研究。因为当时在家庭教育领域存在许多认识上的误区，比如在对待孩子的态度上，有的主张放任，结果造成孩子自流，有的主张严管，结果造成孩子没有独立性；在教育的内容上，有的只重视学业，而忽视了全面发展，有的则是多样繁杂，结果造成了负担过重；在学习方法上，有的主张要严格，有的又主张过分的宽松。鉴于这些情况，需要加强家庭教育的科学研究。第三是协调社会各方面家

* 原载《当代家庭教育报》2010 年 10 月 5 日。

庭教育的力量。过去的家庭教育主要是学校办家长学校，给家长讲一点家庭教育的知识，这次想通过活动，把学校、社会，包括社区、媒体、专家学者都调动起来，大家共同围绕一个主题开展研究与宣传，所以这项活动凝聚了各方面的力量。家庭教育指导行动连续九年提出了九个主题，围绕这些主题开展了多种有影响的活动。

三个影响。开展这项活动就要产生社会影响，当时提出了要强化三个影响。第一就是要有有影响的观点。经过大家的讨论，每年的主题，一定要有时代性，同时要有针对性，所以先后提出了像孝敬父母、增强自信、增强自理能力、增强自尊、培养创新精神、培养实践能力等一系列主题，受到了社会的关注。第二就是要开展有影响的活动。专家组成理论组进行深入的研讨，同时培训许多讲师，来宣传主题。在学校、社区、社会各方面进行宣讲，电台、电视台、报纸也围绕主题进行宣传，还举办文艺晚会等群众喜闻乐见的活动，产生了较为广泛的影响。最后的一个影响就是推出有影响力的典型。当时通过调研，推出了在家庭教育做得比较好的家长，宣传好家长的事迹，产生比较大的社会影响。

三个转变。经过九年的家庭教育指导行动的开展，我们预期的目标就是能够在三个方面有所转变，应该说取得了一定的效果。第一就是使家长对孩子的教育从感性的爱转变为理性的爱。第二是使家长对孩子的教育从经验的教育转变为科学的教育。第三是使过去家庭教育主要由学校进行转变为学校、社会、家庭大家共同来进行。家庭教育指导行动的开展确实发挥了这些作用，所以应当对参与这些活动的专家学者、学校老师、家庭媒体等各个方面表示感谢。

家庭教育任重道远，现在存在许多新的难题，在过去多子女的时代，家长通过教育大孩子来积累教育小孩子的经验。现在在独生子女的时代，这样经验的积累已经不可能了，所以就需要更多的对于家长的指导。现在家长的文化水平普遍比较高，对孩子很关爱，所以应该结合新的时代客观因素，创造新的更适应于现在的家长，包括“70后”、“80后”家长需要的家庭教育指导。我相信，在大家的共同努力之下，北京的家庭教育一定会取得更大的进展。

教育就是文化的传承，家庭教育就是家长对于孩子文化的传承，这个文化包括很多方面，既有传统的，也有时代的，既包括知识也包括能力，家庭教育实际上是在家庭中对孩子传承文化的过程。上学之前，孩子的初始教育是在家庭进行的，孩子在上学以后，家庭教育是学校教育的延伸和补充，因此，家庭教育实际上是对人的一生奠定基础的教育。

现在世界处于一个多元、多样、多变的时代，所以家庭教育的主张实际上也是多元、多样、多变的。它的多元、多样、多变，是随着时代的发展产生的，是由于转型期的社会矛盾造成的，也是由于某些突发事件引起的。所以，家庭教育的价值取向实际上处在一种不是十分稳定的情况下。同时，由于家庭不同的社会地位、背景，对家庭教育的价值取向的追求也会不同。所以，我认为首先要看到这是一个多元、多样、多变的时代，在这种情况下，专家对于家庭教育的研究有时也会随着形势的变化产生一定的倾向性。比如这个阶段安全问题比较突出，安全就成为最高价值取向。等到强调社会实践的时候，走出去就是首要的，安全又退居其次了。所以，专家必须考虑到有时对某一问题的指导强调得过度的时候也会产生指导上的片面性。我想，所谓科学的家庭教育指导，一方面要考虑社会和时代发展的整体要求，另一方面要强调针对性。不同的家庭在教育上都有自己的理念，而这些理念有可能是片面的，要针对不同的偏向提出合理的指导。所以，指导家庭教育的理念应该是全面的和动态的，因为孩子经不起实验；所谓动态是指教育的重点是要调整的，要考虑不同阶段的针对性。

我不认为家庭教育存在的问题完全是共性的，也不认为家庭教育的主张都是很科学的。现在有的家长对孩子的期望值非常高，特别是三四十岁的家长，认为自己的事业大体就是这样了，把未来的希望，包括自身没有实现的愿望都寄托在孩子身上，从小就非常严格地按照他们的希望来塑造孩子，给孩子加了很多的这样那样的要求。可是每个孩子都有自身的特点，不可能完全按照你的想法变成你所想要的人，结果反而会限制孩子的发展。这种情况，特别是在城市比较普遍。所以一些专家提出应该让孩子自由发展，我认为这同样有片面性，孩子在未成年阶段在很多方面需要引导，你让他完全地自由发展，也容易使孩子在这样一个复杂的社会环境下缺乏自我判断能力，造成自己行为的放任和不良习惯的养成。因此，不要简单化地把当前的许多问题都看成是普遍的问题，这样才能使家庭教育的指导更全面、更有针对性，指导的效果更好。当初的家庭教育指导行动，就是通过多个主题，经过积累最后形成相对完整科学的体系的。

家庭教育指导行动仅仅是家庭教育发展历史上的一种尝试，应该说这种尝试的效果还是比较好的。家庭教育指导行动在推进过程中，每月还提出了家教忠告，这是由卫生部门专家负责的，这样就把生理健康、心理健康和思想品德教育都融合在一起。我觉得形式应该继续创新，因为不同时代有不同特点。全社会对家庭教育的关注比以前要多得多，家长渴求家庭教育指导的需求更加强烈，所以家庭教育指导的方法也要有新的创造。现在关于家庭教育的信息非常多，家长学习家教知识上也要戒躁，各种观点都有，大部分都有不同侧重，要善于吸取，同时要善于分析，要更多地了解自己孩子的心理、生理特点，有针对性地来进行教育。所以，家庭教育对于每个家庭是一个吸取营养、消化，然后再创造的过程。

家庭教育要以欣赏的眼光看待孩子的优势智能，以发展的眼光看待孩子的弱势智能。

“图钉式”的人才是我们对人才的整体概念。人才好比一个图钉，图钉盖指的就是要有比较宽厚的基础，图钉尖就是要有个性和特长，把基础和特长结合起来，这就是人才。我一直主张把全面发展解释成宽厚的素质基础跟个性特长的全面发展。我认为每一个人都有成才的潜质，通过我们的教育活动，帮助他们做到人尽其才，这就是我们的任务。不同的人有不同的特质，人与人只有智力结构的不同，优势智能的不同，而没有绝对的好坏。可是我们现在只有一个标准，就是用学业考试的水平来检查人才，如果以操作技能作为考核标准，可能出来的就是另外一些人才。因此，人才就是要有比较好的素质基础，同时，在某一方面有相对突出的、得到发展的优势智能。多元智能理论认为人和人的差别就是智能结构的差别，不同的人具有不同的优势智能，在借鉴多元智能理论的时候，西方教育重视发展孩子的优势智能，是一种扬长的教育；而中国往往由于应对考试各科总成绩的需要，重视多项智能的平均发展，更倾向于一种补差的教育。其实，这两者要结合起来，我认为要先扬长后补短。我们现在是先补短，其实杰出的人才都是长处得到了发挥的。

陶西平主编及著述书目

1.《启动学校内部活力的理论与实践——北京市学校内部管理体制改革研究》，呼和浩特：内蒙古教育出版社，1990。

2.《实用中小学校长工作方法大典》，北京：人民日报出版社，1993。

3.《教育工作博览》，北京：北京工业大学出版社，1994。

4.《从这里起步》(北京市优秀教师教学方法精粹丛书)，北京：北京教育出版社，1997。

5.《教育评价词典》，北京：北京师范大学出版社，1998。

6.《面对渴望的眼睛——家庭教育经验谈》，北京：北京科学技术出版社，1999。

7.《让失败率为零》，北京：人民教育出版社，2003。

8.《多元智能与教学策略》(多元智能与课程改革丛书)，北京：开明出版社，2003。

9.《多元智能理论与问题解决教学》(借鉴多元智能理论实践研究丛书)，北京：开明出版社，2004。

10.《课程改革与问题解决》(借鉴多元智能理论实践研究丛书)，北京：开明出版社，2004。

11.《多元智能在中国》(借鉴多元智能理论实践研究丛书)，北京：首都师范大学出版社，2004。

12.《多元智能在世界》(借鉴多元智能理论实践研究丛书)，北京：首都师范大学出版社，2004。

13.《一路走来——陶西平教育漫笔》，北京：京华出版社，2006。

14.《尊重，从心开始》，北京：中信出版社，2007。

15.《追梦人——陶西平教育漫笔》，北京：人民教育出版社，2008。

16.《尊重，小习惯改变大世界》，北京：中信出版社，2009。

17.《当代杰出青少年闪光的足迹》，长春：吉林大学出版社，2009。

18.《中国民办教育》，北京：教育科学出版社，2010。

19.《改变教育行为——素质教育怎么办》(尊重改变未来丛书)，北京：经济管理出版社，2010。

20.《让孩子有尊严——素质教育怎么办》(尊重改变未来丛书)，北京：经济管理出版社，2010。